Dileta Delmanto

Licenciada em Letras (Português e Inglês)
Mestra em Língua Portuguesa pela PUC-SP
Professora das redes estadual e particular de São Paulo

Laiz B. de Carvalho

Licenciada em Letras e Mestra em Literatura Brasileira pela Universidade Sagrado Coração (USC-Bauru-SP)
Professora das redes estadual e particular de São Paulo

Jornadas.port
Língua Portuguesa

6

CB026639

Editora
Saraiva

Jornadas.port – Língua Portuguesa – 6º ano (Ensino Fundamental)
© Dileta Delmanto, Laiz B. de Carvalho, 2016
Direitos desta edição:
Saraiva Educação Ltda., São Paulo, 2016
Todos os direitos reservados

Dados Internacionais de Catalogação na Publicação (CIP)
(Câmara Brasileira do Livro, SP, Brasil)

Delmanto, Dileta
    Jornadas.port : língua portuguesa, 6º ano : ensino fundamental / Dileta
Delmanto, Laiz B. de Carvalho. -- 3. ed. -- São Paulo : Saraiva, 2016.

    Suplementado pelo manual do professor.
    Bibliografia.
    ISBN 978-85-472-0051-0 (aluno)
    ISBN 978-85-472-0052-7 (professor)

    1. Língua portuguesa (Ensino fundamental) I. Carvalho, Laiz B. de. II. Título.

15-08271   CDD-372.6

Índice para catálogo sistemático:
1. Língua portuguesa: Ensino fundamental   372.6

Gerente editorial	M. Esther Nejm
Editor responsável	Olivia Maria Neto
Editor	Daisy Porcira Daniel
Coordenador de revisão	Camila Christi Gazzani
Revisores	Diego Carbone, Luciana Azevedo, Maura Loria
Produtor editorial	Roseli Said
Coordenador de iconografia	Cristina Akisino
Pesquisa iconográfica	Mariana Valeiro, Juliana Prado da Silva
Licenciamento de textos	Érica Brambila, Marina Murphy, Wabatan Mantovanello
Gerente de artes	Ricardo Borges
Coordenador de artes	Narjara Lara
Design	Casa Paulistana de Comunicação
Capa	Sérgio Cândido com imagem de Thinkstock/Getty Images
Edição de arte	Rodrigo Bastos Marchini
Diagramação	Select Editoração
Assistente	Camilla Cianelli
Ilustrações	Andre Flauzino, Cayane Cabral, Cris Eich, Daniel Araujo, Estúdio BRx, Fernando Pires, Jorge Zaiba, Mauro Souza, Mário Yoshida, Quanta Estúdio, Robson Moura, Tati Spinelli
Tratamento de imagens	Emerson de Lima
Produtor gráfico	Thais Mendes Petruci Galvão
Impressão e acabamento	Bercrom Gráfica e Editora

603750.003.001

O material de publicidade e propaganda reproduzido nesta obra está sendo utilizado apenas para fins didáticos,
não representando qualquer tipo de recomendação de produtos ou empresas por parte do(s) autor(es) e da editora.

Editora Saraiva

SAC **0800-0117875**
De 2ª a 6ª, das 8hs às 18hs
www.editorasaraiva.com.br/contato

Avenida das Nações Unidas, 7221 – 1º andar – Setor C – Pinheiros – CEP 05425-902

"Palavras são ferramentas que usamos para desmontar o mundo e remontá-lo dentro de nossa cabeça. Sem as ferramentas precisas, ficamos a espanar parafusos com pontas de facas, a destruir porcas com alicates." (Antonio Prata)

Caro aluno,

Gostamos muito dessa reflexão sobre a importância da língua como ferramenta para entender o mundo. Por isso a escolhemos para iniciar este livro que trata de palavras e ideias, sentimentos e razões, fantasia e realidade e de escritores e de leitores que precisam conhecer e manejar essas ferramentas com precisão e sensibilidade para que possam interagir de forma eficiente com o mundo que os cerca.

Para tecer esta proposta, da qual você e seu professor serão os protagonistas, procuramos selecionar textos e atividades que possam fazer você se apaixonar cada vez mais pela leitura, percebendo-a como uma fonte inesgotável de prazer e de conhecimento que permite transformar a visão de mundo, reavaliar os sentimentos, suscitar emoções, conhecer novos mundos sem sair do lugar, viajar no tempo, compreender outras culturas e civilizações e ter contato com inúmeros livros.

Desejamos que as atividades deste livro propiciem a você muitas oportunidades de refletir sobre a realidade que o cerca, de expressar seu pensamento, de decidir como agir em relação aos desafios, de perceber a importância de atribuir sentido adequado aos textos que povoam nosso cotidiano e de conhecer as inúmeras possibilidades de expressão que a língua oferece.

Concluindo, esperamos que este livro possa levá-lo a novas descobertas e novas reflexões.

Grande abraço,

As autoras

Este livro está organizado em oito unidades. O desenvolvimento dos temas foi distribuído em diferentes seções, cada uma com finalidade específica.

Conheça essa estrutura.

Abertura da Unidade

Estas páginas são um aquecimento para o estudo da unidade. Aproveite as perguntas da seção **Trocando ideias** para conversar sobre a imagem e os assuntos que serão estudados a seguir, ao longo da unidade.

O boxe **Nesta unidade você vai** apresenta algumas das principais habilidades e conteúdos desenvolvidos na unidade.

Leitura 1 e 2

Nestas seções, sempre duas por unidade, você estudará um conjunto diversificado de gêneros textuais, como conto, fábula, lenda, poema, texto teatral, roteiro de cinema, crônica, letra de samba-enredo. Antes de iniciar a leitura desses textos, algumas perguntas em *Antes de ler* irão despertar o seu interesse pelo tema e antecipar o estudo do gênero.

Depois da leitura

Ao explorar vários aspectos da intertextualidade, sua compreensão do texto lido será expandida.

Do texto para o cotidiano

Aqui o objetivo é discutir temas como Cidadania, Ética, Meio ambiente e Pluralidade cultural.

Exploração do texto

O trabalho realizado nesta seção permitirá que você desenvolva habilidades de linguagem necessárias para se firmar como um leitor competente. Você também vai conhecer a estrutura e a função social do gênero a que pertence o texto lido, a relação entre texto, suporte e meio de circulação e outros recursos linguísticos.

Produção oral e Produção escrita

As produções propostas nestas seções são trabalhadas passo a passo. Entre os gêneros orais, você terá a oportunidade de elaborar um *rap* e apresentá-lo em público, participar de exposições orais e debates e apresentar uma propaganda em um programa de rádio. O trabalho com gêneros escritos incluirá conto, notícia, relato de viagem, propaganda, artigo de opinião e editorial.

Teia do saber

Esta seção levará você a retomar os conhecimentos sobre língua abordados anteriormente, por meio do trabalho com alguns gêneros.

Reflexão sobre a língua

As atividades desta seção permitem que você reflita sobre o uso da gramática como recurso para uma comunicação oral e escrita competente e expressiva.

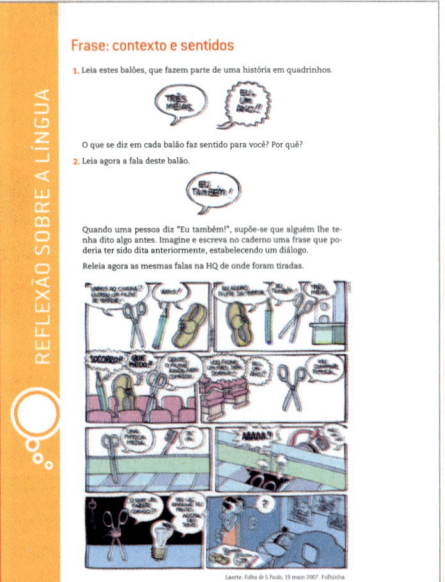

Experimente fazer

Nesta seção, você trabalha com as ferramentas indispensáveis ao estudo de todas as disciplinas: como pesquisar com eficácia, tomar notas, resumir textos, encontrar a ideia principal e as secundárias de um texto e elaborar um mapa conceitual.

Fique atento

Este é um momento especial para a observação de questões relacionadas a ortografia, acentuação e pontuação, além de aspectos da textualidade, como coesão, coerência e conexão.

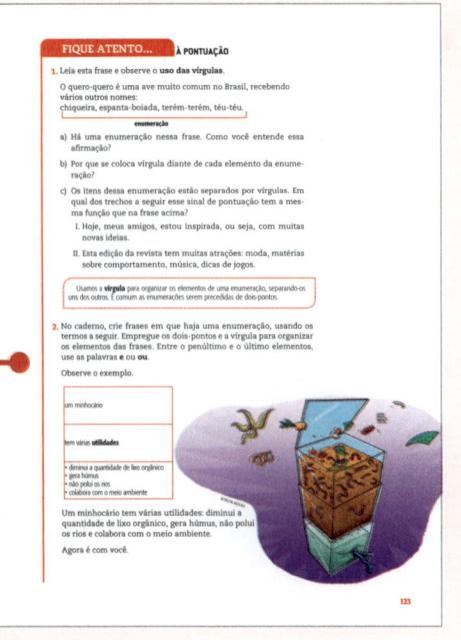

Ativando habilidades

Esta seção relaciona os temas vistos na unidade com a sua aplicação em provas oficiais.

Conhecimento interligado

Esta seção explora a relação interdisciplinar que a área de Língua Portuguesa estabelece com as demais áreas do conhecimento (História, Geografia, Arte etc.).

Encerrando a unidade

Esta seção traz a oportunidade de rever e refletir sobre sua aprendizagem. Aproveite esse momento de avaliação para retomar os assuntos estudados e tirar suas dúvidas.

Projeto do ano

Trabalhando em equipe, você vai organizar, planejar e realizar um grande projeto, ao longo do ano, utilizando as produções feitas no decorrer do estudo das unidades.

Infográficos

Este recurso, que reúne imagens e textos, é utilizado para comunicar de maneira dinâmica e direta o conteúdo trabalhado. Por meio dele, você compreende melhor os assuntos estudados.

SUMÁRIO

THE BRIDGEMAN LIBRARY/GRUPO KEYSTONE

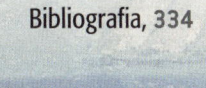

SCALARCHIVES/GLOW IMAGES

Registrando o cotidiano

PHOTOS 12 CINEMA / GK FILMS/DIOMEDIA

Nesta unidade você vai:

- refletir sobre as características dos gêneros diário íntimo e blogue pessoal e estabelecer as diferenças entre eles

- analisar como a linguagem é usada nesses gêneros e por que é assim

- conhecer algumas diferenças entre o que é língua e linguagem e entre fala e escrita

- identificar alguns mecanismos que regem a grafia de determinadas palavras

A imagem reproduzida aqui é uma cena do filme A *invenção de Hugo Cabret*, baseado no livro de mesmo nome, escrito por Brian Selznick. A história narra as aventuras de Hugo, um garoto órfão que vive escondido em uma estação de trem, onde conserta os gigantescos relógios do lugar. É aí que procura peças para consertar um robô que fora a última invenção de seu pai. Hugo continua trabalhando nele, guiado pelas anotações secretas que encontra em um caderno no qual o pai havia registrado o processo de construção do homem mecânico.

1. Além de Hugo o que mais chama atenção nessa imagem?
2. Há algum elemento na cena que permita localizar o tempo em que decorre a ação?
3. Para quem você acha que seriam destinadas as anotações que o garoto encontra registradas no caderno?
4. Você conhece algum gênero de texto cujo interlocutor seja apenas o autor? Você consegue relacioná-lo de alguma forma com a história de Hugo Cabret?

LEITURA 1

ANTES DE LER

1. Observe a capa de livro reproduzida ao lado. Procure relacionar a palavra **medo**, em destaque no título, à imagem em que aparecem personagem e ambiente. Por que você acha que Demétrio poderia causar medo às pessoas?

2. Você tem um diário ou conhece alguém que tenha? O que se costuma escrever nele?

3. O que poderia estar registrado em um diário escrito pela personagem da capa?

EDIÇÕES SM

O trecho de diário que você vai ler é fictício, isto é, foi criado por um escritor como um recurso para contar a história de Demétrio, um garoto de doze anos que não tem nenhum amigo e nunca foi à escola antes. Tudo é muito estranho em sua vida: mora em uma casa enorme e nunca sai de casa.

O diário de Demétrio Latov

Minha casa, quarta-feira, 31 de julho

Hoje é meu aniversário.

E estou escrevendo aqui, no meu diário. Acabei de ganhar da minha tia Eulália.

A tia Eulália sempre vem nos visitar nos aniversários e nas festas (escrevo "festas" porque é assim que chamam o Natal, o Ano-Novo e todas essas coisas na televisão, mas na minha casa não fazemos muitas festas. Ou melhor, nunca fizemos nenhuma). [...]

Falo primeiro da tia Eulália, porque foi ela que me deu o diário. E porque acho que é mais fácil falar dos outros do que da gente mesmo. Mas chegou a minha vez. Vou me apresentar: sou Demétrio Latov, hoje estou fazendo doze anos e a minha vida é uma chatice.

Primeira verdade sobre mim: não tenho amigos. Não conheço nenhum menino da minha idade. Pode parecer esquisito, mas é assim. Nunca me levam para nenhum lugar e também não me deixam sair sozinho. Hoje é meu aniversário (eu já disse isso) e não tem nenhum convidado. Bom, é claro que tem a tia Eulália, a minha avó, que mora com a gente, e os meus pais, que são muito legais. Mas não tem meninos de doze anos. Nem de onze, nem de treze. Nenhum.

Segunda verdade (fico com vergonha de falar): não vou à escola. Meus pais não me mandam. Não sei por quê. Se eu pergunto, eles me enrolam. Mas não estou com vontade de falar disso agora.

Larguei um pouco o diário porque não sabia mais o que dizer, mas já peguei de novo. Eu disse pra minha tia:

CRIS EICH

14

— Dá tanto trabalho escrever no diário! Parece que eu tenho que pensar em cada palavra.

A tia Eulália riu e depois me respondeu:

— No começo é difícil. Mas espere só alguns dias. Você vai voltar correndo de onde estava, pegará seu diário e começará a escrever desenfreadamente. É só esperar mais uns dias…

E ficou falando de um monte de coisas que aconteceriam comigo e com o meu diário daqui a alguns dias. Ela gosta de usar palavras como "desenfreadamente" e outras do tipo. Eu nem sei o que vou fazer daqui a alguns dias, nem sei se vou escrever no diário. Mas, enquanto minha tia falava, fiquei imaginando que meus pais me deixavam ir sozinho até a cidade e que eu dava umas voltas, pegava o trem, ia para a escola, todos me cumprimentavam, e tudo o mais. E que depois eu subia correndo pelo atalho da montanha e chegava ao meu quarto com a língua de fora.

A verdade, por mais que me doa, é que fui poucas vezes à cidade, e já faz tanto tempo que é como se nunca tivesse ido. Eu posso vê-la da sacada do meu quarto, bem pequenininha, como se estivesse a meus pés. Às vezes, quando fico olhando pra ela, parece até que posso pegá-la com as mãos. Mas também não estou com vontade de falar sobre isso agora.

O que eu quero mesmo é falar sobre a capa de meu diário. Meu diário é gordo, menor que um caderno. Veio numa caixa de papelão que dizia:

"cor: carmesim".

Não lembrava que cor era o carmesim, e então perguntei para minha tia.

— É vermelho. Vermelho carmesim — ela respondeu.

Na mesma hora começou a cantarolar: "Teus lábios de rubi, vermelho carmesim, lari lara-rara…" (etc.).

O vermelho é minha cor preferida. Abri a caixa. E lá estava o diário.

Abri. Cheirei as folhas. Acariciei. Dei mais voltas nele do que se fosse uma bola. Ou melhor: girei oitenta vezes o meu diário pensando no que eu ia escrever.

Nesse momento, no meio de todas essas dúvidas, passou minha avó. Minha santa avó. E foi logo dizendo:

— Que costume mais antigo, dar um diário a um menino!

Minha avó é a pessoa mais antiga que eu conheço, e tudo que é antigo lhe agrada: as rendinhas, os costumes antigos, os contos antigos, a visita ao cemitério antigo. Mas quer ter um neto moderno, é claro! Por um lado, ela me leva ao cemitério para conversar com os parentes e me conta histórias velhíssimas, mas, por outro, quando alguém quer que eu seja antigo, ela torce o nariz.

Mesmo assim estou gostando da ideia antiga do diário. Escrever no caderno escarlate. Vermelho carmesim. Se tivesse um amigo, era até capaz de dar a ele um diário de presente. Assim, ele poderia contar todas as coisas que lhe acontecem.

Comigo não acontecem grandes coisas. Deve ser porque vivo meio sozinho aqui. Tenho a minha família dos vivos e a minha família dos mortos. E só. Hoje à noite, eu e minha avó vamos lá contar para os mortos como foi o meu aniversário.

Meu único amigo é o Rouch, um lobo branco.

DURINI, Ángeles. *Quem tem medo de Demétrio Latov?* São Paulo: SM. 2005, p. 7-12.

Ángeles Durini nasceu em 1957, no Uruguai, mas sempre viveu em Buenos Aires, Argentina. É professora e trabalha como redatora em uma revista para crianças. *Quem tem medo de Demétrio Latov?* é o primeiro de seus muitos livros infantojuvenis.

EXPLORAÇÃO DO TEXTO

Nas linhas do texto

1. Releia este fragmento do diário.

> "Nunca **me** levam para nenhum lugar e também não **me** deixam sair sozinho. Hoje é **meu** aniversário (**eu** já disse isso) e não tem nenhum convidado."

a) A que personagem se referem as palavras **destacadas**?

b) Essa personagem é também autora do livro *Quem tem medo de Demétrio Latov?*. Como você chegou a essa resposta?

2. No dia 31 de julho, um acontecimento especial é registrado no diário. Que acontecimento é esse?

3. Nesse trecho do diário, a personagem revela um pouco sobre sua vida, seus desejos, seus sentimentos e com quem ele convive. Quem são as personagens mencionadas nesse trecho do diário?

4. Como Demétrio avalia sua vida? O que o leva a essa avaliação?

5. O que o garoto pensa sobre a atividade de escrever um diário? Por quê?

a) Como a avó de Demétrio vê o costume de escrever diários?

b) Por que Demétrio diz que a avó "é a pessoa mais antiga que ele conhece"?

6. Embora o garoto afirme que não tem amigos, ele se refere a um, que parece ser bem próximo. Quem é esse amigo?

Nas entrelinhas do texto

1. Lendo o registro do diário de Demétrio, como o leitor pode imaginar que era o relacionamento entre ele e sua família?

2. Por que o autor do diário se refere a "festas" em vez de Natal, Ano-Novo e outras datas normalmente comemoradas em família?

3. Demétrio menciona várias vezes seu aniversário no registro feito por ele no diário. Observe.

1º parágrafo: "Hoje é meu aniversário".

4º parágrafo: "[...] hoje estou fazendo doze anos [...]".

5º parágrafo: "[...] Hoje é meu aniversário (eu já disse isso) [...]".

Penúltimo parágrafo: "[...] vamos lá contar para os mortos como foi o meu aniversário".

ILUSTRAÇÕES: CRIS EICH

a) A que você atribui essa insistência?

b) Qual o efeito de sentido produzido por essa repetição no registro feito por Demétrio?

4. Como o garoto se sente em relação ao fato de não frequentar a escola? Em que você se baseou para responder?

5. Em dois momentos diferentes, o autor do diário interrompe o que diz para explicar: "Mas não estou com vontade de falar disso agora.". O que os fatos que ele menciona têm em comum?

Além das linhas do texto

1. Demétrio era um menino diferente dos demais. Todos nós também somos seres únicos, diferentes das demais pessoas. Quais são os aspectos que nos diferenciam? E quais aspectos nos tornam semelhantes a outras pessoas?

2. Você acha que os seres humanos precisariam ser todos iguais para viverem em paz e harmonia? Justifique seu ponto de vista.

COMO O TEXTO SE ORGANIZA

1. Você leu um trecho do diário de uma personagem, Demétrio Latov. Para a autora ser o mais fiel possível à estrutura de um diário, ela precisou basear-se nas características de um diário íntimo autêntico. Vamos refletir um pouco sobre o que é um diário íntimo.

a) Qual o perfil das pessoas que costumam escrever um diário?

b) Por que se escreve um diário íntimo?

c) Quem é o público leitor do diário?

d) Quem seria o provável leitor do diário ficcional *Quem tem medo de Demétrio Latov*?

2. Leia e compare estas duas afirmações.

> Quem escreve um diário tem como objetivo relatar fatos que vive e vê acontecer todos os dias de sua vida, anotando suas impressões e dando sua opinião sobre eles.

> Quem escreve um diário tem como objetivo relatar fatos do dia a dia, anotar suas impressões sobre eles e registrar emoções, angústias, desejos que sente no momento da escrita.

Qual dessas duas afirmações é a que, de modo mais completo, nos ajuda a entender o que é um diário? Explique sua resposta.

NÃO DEIXE DE ASSISTIR

- *Diário de um banana* (EUA, 2010), direção de Thor Freudenthal Comédia inspirada no livro de Jeff Kinney.

Mostra a rotina do garoto Greg Heffley, que, como a maioria de seus colegas, não é popular na escola.

3. No diário de Demétrio, houve preocupação em destacar o momento e o local do registro: "Minha casa, quarta-feira, 31 de julho".

a) Por que, em um diário, é comum anotar a data e o local do registro do que se escreve?

b) O fato de o autor do diário ter colocado "minha casa" como local do registro reforça para o leitor a ideia do que se passava com a personagem?

4. Vimos que, além de registrar fatos do cotidiano, o autor de um diário registra sentimentos, emoções, desejos, críticas, impressões sobre os fatos que vive ou presencia e sobre as pessoas com quem convive. Releia estas frases de Demétrio e indique no caderno o que cada uma delas expressa:

fato	desabafo	opinião	desejo

> **Desabafo:** expressão explícita de sentimentos e pensamentos íntimos.

a) "[...] sou Demétrio Latov, hoje estou fazendo doze anos e minha vida é uma chatice."

b) "Hoje é meu aniversário."

c) "E porque acho que é mais fácil falar dos outros do que da gente mesmo."

d) "[...] fiquei imaginando que meus pais me deixavam ir sozinho até a cidade e que eu dava umas voltas, pegava o trem, ia para a escola, todos me cumprimentavam, e tudo o mais."

5. Escreva em seu caderno, como fez Demétrio, frases sobre a sua vida, o seu dia a dia, que registrem:

a) um desabafo;   b) uma opinião;   c) um fato;   d) um desejo.

CRIS EICH

6. A autora Ángeles Durini poderia ter escrito o texto em <mark>primeira pessoa</mark> ou em <mark>terceira pessoa</mark>.

a) Por que ela escolheu escrever em primeira pessoa?

b) Anote no caderno um trecho que confirme sua resposta anterior.

c) Qual é o efeito que essa escolha da autora provoca no leitor?

7. O fato de a história de Demétrio ser contada no formato de um diário permite que se crie expectativa no leitor. De que modo isso se dá?

> • Quem escreve na **primeira pessoa** conta algo que aconteceu consigo mesmo. Observe, nesta frase, as palavras que mostram que a pessoa fala de si mesma: "**Eu saí** de casa com muita pressa. Nem **notei** que o cachorro estava **me** seguindo.".
>
> • Quem escreve na **terceira pessoa** conta algo que aconteceu com outra pessoa. Observe: "**A menina saiu** de casa com muita pressa. **Ela** nem **notou** que o cachorro **a** estava seguindo.".

RECURSOS LINGUÍSTICOS

1. Observe a linguagem utilizada no diário e, depois, anote no caderno a afirmação mais adequada. Justifique sua escolha.

a) Trata-se de linguagem formal, mais elaborada, com termos pouco usados no nosso cotidiano.

b) Trata-se de linguagem mais espontânea, adequada a um garoto de doze anos que relata o que lhe acontece no dia a dia de forma simples e direta.

2. Diários geralmente são escritos em linguagem mais próxima do dia a dia, os registros são mais descompromissados, pois o diário não é, em princípio, para ser compartilhado. Mesmo quando se trata de diário ficcional, como é o caso de *Quem tem medo de Demétrio Latov?*, houve a preocupação em manter esse tipo de linguagem.

Abaixo relacionamos duas características de uma linguagem próxima do dia a dia. Verifique se há algum exemplo delas no trecho do diário e anote-o no caderno.

a) uso de gírias ou de expressões muito comuns no dia a dia;

b) palavras reduzidas, como **tá**, **tô**, **né**.

3. Leia o quadro ao lado, depois responda: Nos trechos destacados a seguir foram utilizadas palavras ou expressões em sentido próprio ou figurado? Explique.

a) "[...] mas, por outro, quando alguém quer que eu seja antigo, **ela torce o nariz**."

b) "Meu diário é **gordo**, menor que um caderno."

4. Releia estes fragmentos e observe as palavras destacadas.

> "A tia Eulália **sempre** vem nos visitar nos aniversários e nas festas [...]."

> "Ou melhor, **nunca** fizemos nenhuma."

> "**Hoje** à noite, eu e minha avó vamos lá contar para os mortos [...]."

> "Mas também não estou com vontade de falar sobre isso **agora**."

a) O que indicam as palavras destacadas nesses enunciados?

b) Por que são importantes no gênero diário?

5. Em um diário, os fatos podem ser relatados no tempo presente ou no passado. Releia estes fragmentos do diário de Demétrio.

> "E estou escrevendo aqui, no meu diário. Acabei de ganhar da minha tia Eulália."

As palavras podem ser usadas em sentido **próprio** (ou **denotativo**) ou **figurado** (ou **conotativo**).

Sentido próprio ou denotativo é o sentido comum da palavra. Sentido figurado ou conotativo é um novo sentido que as palavras ou expressões adquirem em determinadas situações de uso. Exemplos:

- João colocou duas pedras de **gelo** no copo. (gelo = água congelada; a palavra está em sentido próprio)
- João sentiu um **gelo** na espinha! (gelo = sensação de frio ou medo; a palavra está em sentido figurado)

"Ou melhor, nunca fizemos nenhuma."

"Primeira verdade sobre mim: não tenho amigos."

"A tia Eulália riu e depois me respondeu [...]."

a) Em que tempo estão as ações relatadas?

b) Quando o autor do diário relata fatos que aconteceram com ele ou com pessoas dessa família, os verbos ficam no passado ou no presente?

c) E quando a personagem relata como é sua vida, o que faz, quem são (ou não) seus amigos, os verbos aparecem também nesse tempo verbal?

6. Releia estes trechos.

"Falo primeiro da tia Eulália, porque foi ela que me deu o diário."

"Primeira verdade sobre mim: não tenho amigos."

"Segunda verdade (fico com vergonha de falar): não vou à escola."

a) Nesses trechos, quais são as palavras que expressam a sequência do que a personagem Demétrio está contando?

b) Quando usamos palavras como essas, o que indicamos para quem lê nosso texto?

ⓘ PARA LEMBRAR

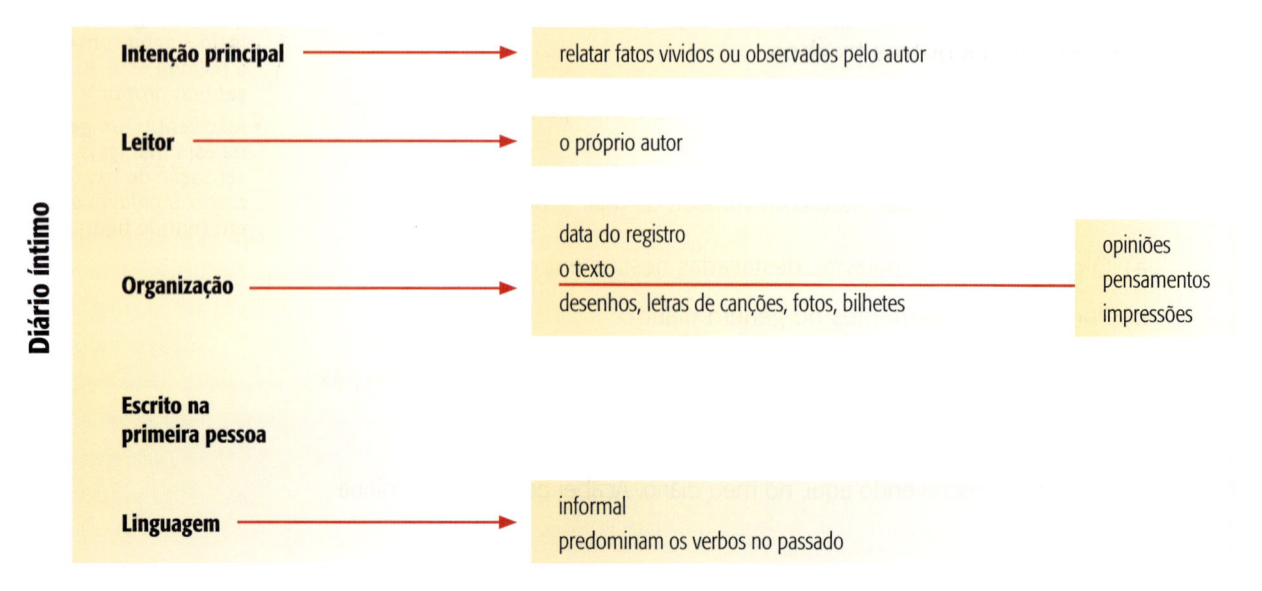

Diário íntimo

Intenção principal →	relatar fatos vividos ou observados pelo autor
Leitor →	o próprio autor
Organização →	data do registro o texto — opiniões / pensamentos / impressões desenhos, letras de canções, fotos, bilhetes
Escrito na primeira pessoa	
Linguagem →	informal predominam os verbos no passado

DEPOIS DA LEITURA

O DIÁRIO ÍNTIMO NÃO FICCIONAL

A Segunda Guerra Mundial (1939-1945) foi um conflito militar que começou logo após o término da Primeira Guerra (1914-1918). A crise foi provocada pela Alemanha e pela Itália, descontentes com suas perdas econômicas e territoriais. Ao mesmo tempo em que se impunha militarmente, a Alemanha aumentava a perseguição e a violência contra o povo judeu, considerado pelo movimento nazista como responsável pela conspiração que levou a Alemanha à derrota e a fez sofrer humilhações após a Primeira Guerra. As famílias que não foram levadas aos campos de concentração, onde eram exterminadas, migraram para outros países e buscaram se refugiar de diversas maneiras. A família de Anne Frank foi uma das que tentou refugiar-se dessa perseguição.

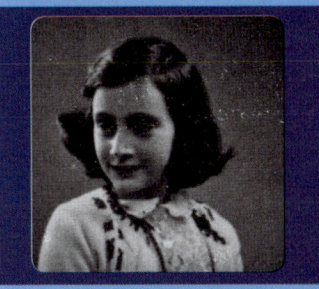  

Retratos de Anne Frank em 1940.

Os diários podem ser fictícios, ou seja, inventados por um escritor, como o *Diário de um banana*, de Jeff Kinney, ou reais, em que pessoas contam fatos vividos por elas. Os diários desse tipo algumas vezes são publicados. Um exemplo é o que foi escrito entre 1942 e 1944 pela menina Anne Frank, no esconderijo onde ela e sua família ficaram durante a perseguição nazista aos judeus ocorrida durante a Segunda Guerra Mundial.

Assim começa esse famoso diário:

Espero poder contar tudo a você, como nunca pude contar a ninguém, e espero que você seja uma grande fonte de conforto e ajuda.

FRANK, Otto e PRESSLER, Mirjam (eds.). *O diário de Anne Frank*. Rio de Janeiro: BestBolso, 2009.

Leia agora estes outros trechos.

Sábado, 20 de junho de 1942
Fiquei alguns dias sem escrever porque queria, antes de tudo, pensar sobre meu diário. Ter um diário é uma experiência realmente estranha para uma pessoa como eu. Não somente porque nunca escrevi nada antes, mas também porque acho que mais tarde ninguém se interessará, nem mesmo eu, pelos pensamentos de uma garota de 13 anos. Bom, não faz mal. Tenho vontade de escrever e uma necessidade ainda maior de desabafar tudo o que está preso em meu peito.

[...]

Quinta-feira, 16 de março de 1944
[...] A melhor coisa é poder escrever todos os meus pensamentos e sentimentos; do contrário, iria me sufocar. [...]

1. De que fala a garota nesses trechos do diário? Resuma o assunto em uma frase.

2. Qual a importância do diário para Anne Frank?

3. E qual a importância desse diário para os leitores de hoje?

4. Inicialmente, a própria Anne Frank era a única leitora de seu diário. Depois de publicado, quem se tornou o possível leitor do livro?

5. Compare os dois textos desta unidade. No caderno, anote as frases que se referem a *Quem tem medo de Demétrio Latov?*, as que se referem a *O diário de Anne Frank* e as que se referem a ambos os textos.

   a) Relata fatos do cotidiano.

   b) Relata fatos fictícios.

   c) Relata fatos reais vividos por uma pessoa.

   d) Procura criar no leitor a impressão de que é a própria personagem quem relata os acontecimentos.

   e) É escrito em primeira pessoa.

   f) Além do relato de fatos, traz reflexões e opiniões do autor.

   g) Leva o leitor a compreender melhor a época em que o diário foi escrito.

6. Reescrevemos abaixo outro trecho de *O diário de Anne Frank*. Lembrando-se das principais características de um diário, diga qual o trecho original e qual sofreu alteração. Justifique sua resposta.

Ontem de manhã, aconteceu-lhe uma coisa incrível. Enquanto ela passava pelos bicicletários, ouviu alguém chamar seu nome. Virou-se e lá estava o garoto legal que ela tinha conhecido na tarde de ontem na casa de sua amiga Vilma. [...] Ele foi em sua direção, meio tímido, e se apresentou como Hello Silberger. Ela ficou meio surpresa e não sabia bem o que ele queria, mas não demorou muito a descobrir. Ele perguntou se poderia acompanhá-la até a escola.

Ontem de manhã, aconteceu uma coisa incrível. Enquanto eu passava pelos bicicletários, ouvi alguém chamar meu nome. Virei-me e lá estava o garoto legal que eu tinha conhecido na tarde de ontem na casa de minha amiga Vilma. [...] Ele veio em minha direção, meio tímido, e se apresentou como Hello Silberger. Fiquei meio surpresa e não sabia bem o que ele queria, mas não demorei muito a descobrir. Ele perguntou se poderia me acompanhar até a escola.

O esconderijo da família Frank

Anne Frank nasceu na Alemanha, em 1929. Pertencia a uma família judia que, em 1933, refugiou-se na Holanda. Entre 1942 e 1944, a família permaneceu escondida, sob a constante ameaça de ser descoberta pelos nazistas. Nesse período, Anne escreveu com regularidade um diário, em forma de cartas a uma amiga imaginária, Kitty.

A família Frank só saiu do esconderijo quando foi denunciada e enviada a um campo de concentração. Anne morreu aprisionada, três meses antes de completar 16 anos. Apenas o pai dela sobreviveu e, mais tarde, preparou o diário da menina para a publicação.

A entrada do esconderijo da família Frank era camuflada por uma estante móvel.

GETTY IMAGES

No trecho do livro *Quem tem medo de Demétrio Latov?*, que lemos anteriormente, a personagem se queixa de não ter amigo e de nunca ter ido à escola. Você consegue imaginar como foi o primeiro dia de aula quando Demétrio finalmente conseguiu ir à escola? Leia o trecho a seguir e depois realize as atividades propostas junto com um ou dois colegas.

❝ À noite, segunda-feira, 12 de agosto

[...]

O mais importante é que nesta manhã teve início a minha vida na escola. [...]

Papai me levou de carro para a escola. No caminho eu estava contente, mas quando chegamos fiquei um pouco assustado. Era uma confusão de gente dentro e fora do prédio.

Entrei sozinho.

Tinha criança correndo por todos os lados. Gritavam. Não sei como podiam gritar desse jeito a essa hora da manhã. Logo tocou um sinal e todos se calaram. Naquele instante fez tanto silêncio como no cemitério da cidade. No silêncio, notei que algumas crianças estavam me olhando.

Primeiro vi um ruivo com o corpo paralisado em posição de correr (ele ficou assim desde que tocou o sinal) e com os olhos grudados em mim. Mas os olhos não estavam paralisados. Eles se desviaram e ficaram dando voltas de um lado para outro. Então virei para trás e percebi que tinha um gordinho me olhando também. Virei para frente de novo e desta vez era uma menina de tranças. Depois, outra de cabelo enrolado. Os olhares pareciam dizer: "Ei, quem é esse aí? É o aluno novo? Que esquisito!".

Tocou outro sinal. Os corpos congelados se descongelaram no mesmo instante e começaram a se movimentar e a avançar em direções contrárias. Em menos de um segundo, todas as crianças tinham desaparecido.

Fiquei sozinho no meio do pátio. [...] ❯❯

CRIS EICH

DURINI, Ángeles. *Quem tem medo de Demétrio Latov?* São Paulo: SM, 2005. p. 45-47.

Anotem no caderno as conclusões a que vocês chegaram para, depois, apresentarem-nas à classe.

1. O que vocês fariam se encontrassem um menino tão desambientado assim como Demétrio em sua escola?

2. Como ser amigo de uma pessoa que parece diferente de nós? Como dar os primeiros passos para uma aproximação?

3. O que vocês fariam se:

a) vissem um colega ridicularizando alguém que não pode se defender?

b) o valentão da classe viesse provocá-los?

4. Que sugestões vocês dariam para acabar com problemas de isolamento e de agressão entre colegas na escola?

5. Ao final da atividade, apresentem as respostas ao professor e aos demais colegas e proponham à turma uma ação coletiva para conscientizar todos os colegas da escola no respeito ao próximo. O que poderia ser feito concretamente?

> Você gostaria de saber o que aconteceu depois? Não deixe de ler o livro e descobrir o porquê de tanto mistério...

PRODUÇÃO ESCRITA

DIÁRIO ÍNTIMO

Nesta unidade, você conheceu uma personagem (Demétrio) e uma pessoa (Anne Frank) que decidiram capturar alguns momentos importantes de suas vidas registrando-os em um diário.

Que tal você também vivenciar a experiência de escrever um diário? Para isso, vai precisar de um caderno (ou uma agenda), que vai ficar reservado só para suas anotações. Registre nele, diariamente, os fatos mais importantes ocorridos na escola, em casa e no convívio com os amigos, expresse seus sentimentos mais íntimos e suas opiniões.

Nenhum leitor terá acesso ao que você irá escrever. Será um cantinho para registrar o dia a dia sem cobranças nem preocupação com a avaliação de outras pessoas.

> **Texto e imagens**
>
> Em um diário, além de seus relatos, você pode reunir fotos, desenhos, letras de músicas de que gosta, bilhetes, cartas e até cópias de *e-mails* que recebeu.

DIÁRIO FICCIONAL

Nossa segunda proposta é que você produza uma página de um diário ficcional, como o *Quem tem medo de Demétrio Latov?*. Nessa página, a personagem criada por você relatará um episódio vivido por ela, bem como seus sentimentos e impressões, da mesma forma que fez a personagem Demétrio. Seus leitores serão colegas de outras classes, familiares e amigos que tiverem acesso ao Almanaque que produziremos no final do ano.

Será necessário planejar o texto, revisá-lo e reescrevê-lo, para que ele seja bem compreendido e apreciado pelos leitores.

Antes de começar

1. Observe algumas maneiras de datar um diário.

   Diamantina, 10/2/2012.

   Minha casa, quarta-feira, 31 de julho de 2012.

   No meu quarto, na inesquecível noite de sexta-feira, 30 de agosto.

   Terça-feira, 3 de setembro, na escuridão da noite.

   Escreva no caderno três maneiras diferentes de datar uma página de diário ficcional.

2. Tanto o diário real como o ficcional relatam fatos que aconteceram com a própria pessoa – ou personagem – que escreve. Por isso, eles são sempre escritos em primeira pessoa. Leia a anedota a seguir e siga as orientações para reescrevê-la em primeira pessoa, como se o fato tivesse acontecido com você.

O dono do pomar chega no quintal e descobre um bando de meninos em cima da mangueira.

– Ei! Vocês estão roubando as minhas mangas?

O mais espertinho responde:

– Não, não. Estamos só organizando. Pegamos as que caíram no chão e estamos colocando de volta nos galhos.

Almanaque Brasil. Disponível em: <http://www.almanaquebrasil.com.br/bom-humor/nosso-e-dos-leitores-5/>. Acesso em: 26 jul. 2010.

ROGÉRIO BORGES

Você pode começar assim sua reescrita:

Quinta-feira, 13 de maio de 20...
Hoje me aconteceu uma coisa que nem eu mesmo acredito! Quando fui ao quintal de casa...

Agora continue. Conte o episódio com suas próprias palavras.

Planejando o texto

Faça um levantamento de todas as ideias que possam ser aproveitadas em sua página de diário ficcional.

1. Para começar, pense sobre estas questões e anote no caderno o que decidir:

a) Quem será a personagem que escreve o diário? Um menino, uma menina, uma pessoa idosa, um herói de história em quadrinhos...?

b) O que essa personagem irá relatar na página do diário?

- Será um fato engraçado, triste, comum, emocionante, assustador?

- Como esse fato começa?

- O que acontece em seguida? Como as pessoas envolvidas reagem?

- Qual o momento mais complicado, mais emocionante, mais engraçado, mais assustador?

- Como a situação se resolve?

c) Que outras personagens participam do acontecimento?

d) Quando e onde o episódio acontece? (Lembre-se de que no diário é costume registrar os acontecimentos do dia.)

e) Que impressões e sentimentos a personagem irá registrar?

f) O autor de um diário ficcional pode ter a intenção de divertir seus leitores, emocioná-los, fazê-los refletir sobre alguma questão etc. Assim, decida que tom você pretende dar a sua página de diário: divertido, triste, emocionante, crítico.

2. Releia suas anotações e só então comece a produzir seu texto.

a) Ao escrever, não se esqueça de colocar a **data** e o **lugar** onde a personagem estava quando escreveu a página de diário.

b) Utilize a **primeira pessoa**.

c) Procure envolver o leitor na história. Um recurso para conseguir esse efeito é dialogar com o diário como se ele fosse um amigo. Veja um exemplo em um diário ficcional.

> Ela também é tudo para mim. Ela é minha mãe. Você já sabia disso, não sabia? Se nos visse juntas você poderia adivinhar. Irmã mais velha e irmã mais nova, você iria pensar. Sendo que eu seria a mais velha. Brincadeirinha!
>
> WILSON, Jacqueline. *Projeto Lottie*. São Paulo: Edições SM, 2005.

ROGÉRIO BORGES

Avaliação e reescrita

Terminada a produção, troque de texto com um colega para que ele verifique se você seguiu todas as recomendações. Faça o mesmo com o texto dele. Observem principalmente os seguintes pontos:

- Há data?
- O texto está escrito na primeira pessoa?
- O leitor consegue entender quem é a personagem que escreve o diário?
- A personagem conta um episódio ocorrido com ela?
- Há expressão de sentimentos, emoções e opiniões da personagem?
- Fica clara a intenção de fazer rir, emocionar, criar suspense, fazer refletir ou criticar?
- Há erros de grafia, acentuação ou pontuação?

Quando receber os comentários do colega, releia seu texto e reescreva-o, fazendo as modificações necessárias.

Entregue essa versão ao professor e, quando ele devolvê-la, corrija o que for solicitado. **Depois guarde a produção com cuidado, pois ela poderá ser aproveitada no projeto do ano.**

Língua e linguagem

Você já reparou como a todo momento estamos interagindo com as pessoas das mais variadas formas: pela fala, pela escrita, por gestos, imagens, códigos ou pela linguagem específica da comunicação digital?

1. Leia esta tira.

Laerte. *Folha de S.Paulo*, 27 jul. 2002. Folhinha.

a) Como Suriá se sente no início da história? Por quê?

b) O que, além da fala de Suriá, permite ao leitor perceber que ela se sente assim?

c) Com quem ela conversa nos dois primeiros quadrinhos?

d) Para produzir essa história em quadrinhos, que recursos o cartunista utilizou?

Lendo essa tira, percebemos que o autor, Laerte, reproduz falas, gestos e expressões corporais e faciais para nos fazer compreender a história. Portanto, para interagir com seus leitores, conseguindo expressar o que sente, o que quer e o que faz sua personagem, foi necessário que o cartunista recorresse a uma linguagem que se vale de palavras e imagens.

> **Linguagem** é a capacidade de interagir com as pessoas por meio de palavras, desenhos, símbolos, gestos, cores, sons etc. em diferentes situações e com diferentes objetivos.
>
> Todas as vezes que usamos a linguagem, há sempre um "eu" – o locutor, aquele que busca **interagir** – e um "tu" ou "você", a quem o locutor se dirige.

2. Observe as imagens a seguir e procure encontrar uma palavra que expresse o sentimento ou emoção que cada uma delas desperta em você. Compare sua resposta com a de alguns colegas.

As fotos acima, que registram gestos, posturas corporais, movimentos, expressões faciais, provocam em nós impressões e emoções variadas, sem a necessidade de uma palavra sequer. Com base nessa observação, é possível concluir que podemos nos comunicar usando tanto linguagem verbal como não verbal.

> Além da **linguagem verbal**, podemos interagir com as pessoas de outras formas. Por exemplo, pelos gestos, pelos símbolos, pelas imagens, pela música, pelo movimento, ou seja, utilizando a **linguagem não verbal**.

3. Observe novamente os quadrinhos de Suriá e responda: neles é utilizada linguagem **verbal**, **não verbal** ou **mista** (verbal e não verbal)?

Todas as vezes que usamos a linguagem, praticamos uma ação, e essa ação é dirigida a alguém: nosso interlocutor. Usar a linguagem é agir socialmente, escolhendo palavras e frases, compondo textos, para exprimir o que queremos e para que nosso interlocutor nos entenda. Pode ocorrer o inverso: alguém fala, e é a nossa vez de procurar entendê-lo.

Uma das linguagens mais usadas no dia a dia é a **linguagem verbal**, que emprega a palavra escrita ou falada. Essa linguagem se realiza sempre por meio de uma **língua** – no caso da história de Suriá, a Língua Portuguesa.

> **Língua** é um sistema constituído de **palavras** e **regras** que se combinam entre si para formar **enunciados** em situação de interação e troca comunicativa.

1. Faça uma tabela no caderno com três colunas e escreva o seguinte em cada uma: **linguagem verbal**, **linguagem não verbal** e **linguagem mista**, ou seja, verbal e não verbal. Em seguida, organize o nome das formas de expressão manifestadas nas fotos em cada coluna, de acordo com a linguagem usada. Complete a tabela com outras formas de manifestação.

Música instrumental	Dança	Canção	Escultura
Poema visual	Cartaz	Conto	Romance

2. Pelo que você já viu, é possível refletir sobre mais uma questão: língua e linguagem são palavras sinônimas? Relembre o que dissemos sobre linguagem verbal e não verbal, leia o quadro ao lado e anote no caderno a resposta mais adequada a essa pergunta.

> Lembre-se: em sentido geral, **língua** é um conjunto organizado de palavras e regras, combinadas entre si pelos seus falantes.

a) Sim, língua e linguagem são palavras sinônimas, porque querem dizer a mesma coisa. Uma pode ser empregada em lugar da outra, indiferentemente.

b) Não, linguagem tem sentido mais amplo, pois engloba as formas de expressão verbais e não verbais. Língua é uma das linguagens: a que usa palavras.

3. É necessário conhecer as regras de funcionamento da língua para criar textos com sentido. Além disso, é preciso que as pessoas que usam a mesma língua tenham também certos **conhecimentos a respeito do mundo em que vivem**, para que não haja problemas de comunicação entre elas.

Veja o que acontece no texto a seguir.

> Juquinha foi visitar o Museu Histórico. Aí cansou de andar, sentou-se numa cadeira belíssima que estava no centro da sala. Veio o guarda:
> — Meu filho, não pode sentar nesta cadeira, não. Esta cadeira é do Pedro I.
> E o Juquinha:
> — Não tem problema. Quando ele chegar eu me levanto!

Ziraldo. *Mais anedotinhas do bichinho da maçã.* São Paulo: Melhoramentos, 1998

a) Juquinha entendeu a intenção das palavras ditas pelo guarda? Explique.

b) Como você explica a interpretação do menino?

4. Lembre-se do que falamos a respeito da **intenção** de interagir socialmente com outras pessoas por meio da linguagem: aquele que produz um texto busca um resultado, que pode ser uma resposta ou uma ação de seu interlocutor. Vamos ver se você consegue **identificar a intenção principal do produtor de cada texto** a seguir.

a)

b)

Conheça a Olimpíada Brasileira de Astronomia e Astronáutica (OBA)

[...]

Ao participar da Olimpíada Brasileira de Astronomia e Astronáutica (OBA), crianças e jovens têm oportunidade de aprender mais sobre ciência de uma maneira divertida. Realizada desde 1998, a olimpíada já contou com a participação de quase 5 milhões de estudantes. Em 2012, o evento reuniu cerca de 800 mil alunos e 64 mil professores de aproximadamente 9 mil escolas das redes pública e particular de todo Brasil, e distribuiu mais de 32 mil medalhas.

Disponível em: <http://redeglobo.globo.com/globoeducacao/noticia/2013/05/conheca-olimpiada-brasileira-de-astronomia-e-astronautica-oba.html>. Acesso em: 13 maio 2014.

c)

Laerte. *Folha de S.Paulo*, 25 fev. 2006.

Nina e Leo são amigos desde que entraram na escola. Eles são muito atentos, bem curiosos e envolvidos em tudo o que acontece a sua volta. São sempre os primeiros a perceber quando uma frase está mal organizada ou quando um texto não faz sentido. Tanto que alguns professores começaram a chamá-los de "revisores do cotidiano". Nesta e nas próximas unidades, você vai acompanhar situações em que eles se viram envolvidos e será desafiado a participar com eles da solução dos mais variados problemas. Vamos ao primeiro episódio.

Episódio 1

Logo que receberam a folha com exercícios de matemática, Nina e Leo foram dizer à professora que não era possível resolver um dos problemas. Leia atentamente o enunciado desse problema.

"Lucas e Ana vão todo final de semana ao cinema. Como muitos espectadores, consomem pipoca e refrigerante. O preço do refrigerante é R$ 3,00 e o da pipoca, R$ 1,50.

Calcule:

a) Quantos refrigerantes eles consomem por mês?

b) Quantos sacos de pipoca eles consomem por ano?"

Responda agora.

1. Nina e Leo têm razão, ou seja, é mesmo impossível resolver o problema? Por quê?

2. Se eles estavam enganados, como é possível resolver o problema?

Leia a frase a seguir.

> Por que **separado** se escreve tudo junto e **tudo junto** se escreve separado?

A pergunta traduz uma dúvida muito comum quanto à grafia de certas palavras e expressões. Vamos ver algumas delas.

1. Observe a expressão destacada neste provérbio.

> Nunca puxe o tapete dos outros, afinal você também pode estar **em cima** dele.

a) Qual o antônimo de **em cima**? Verifique o significado que o dicionário registra.

> **Antônimo:** palavra ou expressão de significado oposto, contrário ao de outra.

b) O que você observou em relação à grafia do antônimo da expressão **em cima**?

c) No caderno, crie duas frases em que apareçam **em cima** e seu antônimo.

2. Outras palavras que causam dúvida quanto à grafia são **a gente** e **agente**. Leia e observe.

> "A nota de corte para **agente** de organização escolar da área de gestão de atendimento aos alunos foi de 63 pontos."
>
> *O Estado de S.Paulo, 13 maio 2014.*

> "Posso dizer que é meu amigo. **A gente** se deu muito bem."
>
> *Quem tem medo de Demétrio Latov?, p. 86.*

a) Qual dessas duas formas utilizamos no dia a dia para substituir o pronome **nós** na linguagem informal?

b) Procure no dicionário o sentido da palavra **agente** e, depois, explique em que contexto essa palavra foi usada.

c) Leia estas frases publicadas em jornais e revistas. Reescreva-as no caderno, substituindo o que está entre parênteses por **agente** ou **a gente**. Em seguida, explique sua resposta.

I. A identidade dos (militares) da GSG9 (Grupo de intervenção da guarda nacional) é considerada *top secret* e, por isso, ela é a força que divulga menos detalhes sobre seu treinamento.

Disponível em: <http://mundoestranho.abril.com.br/materia/quais-sao-os-treinamentos-de-tropas-de-elite-mais-dificeis-do-mundo>. Acesso em: 18 set. 2014.

II. **Funcionário dos Correios é preso em flagrante por desviar encomendas**

Os (policiais) da Polícia Federal foram até a casa do funcionário [...], e encontraram um projetor e vários aparelhos eletrônicos importados.

Disponível em: <http://www.parana-online.com.br/editoria/policia/news/694541/?noticia=FUNCIONARIO+DOS+CORREIOS+E+PRESO+EM+FLAGRANTE+POR+DESVIAR+ENCOMENDAS>. Acesso em: 18 set. 2014.

III. Hoje (a turma) teve Educação Física, então a primeira coisa que eu fiz foi dar uma escapada até a quadra de basquete para ver se o Queijo ainda estava lá.

KINNEY, Jeff. *Diário de um banana*: um romance em quadrinhos. São Paulo: Vergara & Riba, 2008. vol.1. p. 8.

3. Observe este fragmento de *O diário de Anne Frank*, prestando especial atenção à última frase do trecho.

> Minha irmã Margot teve notas brilhantes, como de costume. Se houvesse louvores ela passaria — com distinção e louvor, a mais alta classificação, pois é muito inteligente. O pai, desde que não pode ir ao escritório, passa muito tempo em casa. Deve ser uma sensação horrível, isto de uma pessoa se sentir, de repente, posta de parte.

> **De repente** é uma locução formada por duas palavras, **de** e **repente**, que escrevemos sempre separadamente. Se quisermos utilizar uma só palavra, podemos trocar **de repente** por **repentinamente**.

Repente é um substantivo que quer dizer "atitude ou fala repentina e impensada".

Locução é um grupo de palavras que equivale a uma palavra só.

a) Anote no caderno a frase tirada de *O diário de Anne Frank*, acima, trocando **de repente** por **repentinamente**.

b) Compare a frase que você acabou de escrever com a frase original e responda: como ela fica mais de acordo com a linguagem de um adolescente?

c) Se você quisesse reescrever essa última frase de modo que o pensamento de Anne Frank não fosse interrompido pela locução **de repente**, como faria?

LEITURA 2

ANTES DE LER

1. Leia o quadro abaixo, que explica o que é um blogue. Você costuma acessar blogues ou conhece alguém que tenha criado um?

2. Que assuntos ou quais tipos de comentários você acha que são publicados nos blogues? Tente citar alguns.

Os chamados blogues pessoais contêm relatos em que o autor registra seu cotidiano, seus sentimentos e impressões, faz críticas e comentários sobre o que acontece a sua volta. Esses relatos costumam ser chamados de diários virtuais. Leia a seguir trechos de dois deles.

> **Blogue:** é uma página pessoal na internet que pode ser atualizada periodicamente por seu autor por meio de novos textos (chamados de *posts*).

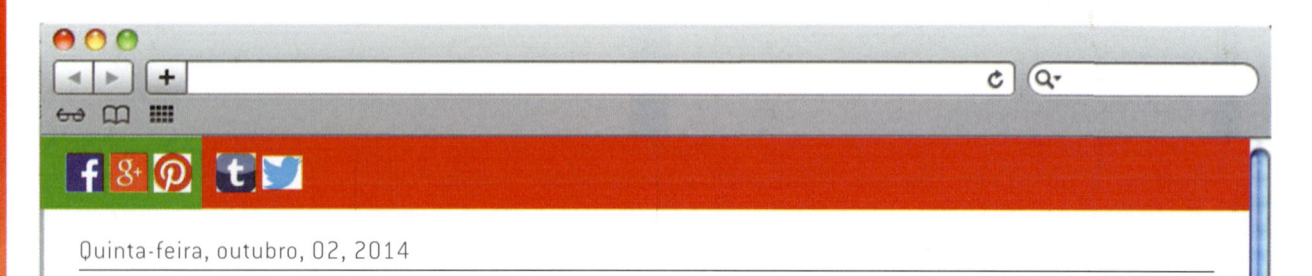

Quinta-feira, outubro, 02, 2014

Cidade do Porto (em fotos!)   6 Comentários

Hey! Como já disse mais do que uma vez aqui no *blog*, e até mesmo na minha **autobiografia**, eu amo Portugal. Acho que temos um país lindíssimo ao qual nem sempre damos o valor que ele merece. Durante este verão, em agosto, fui visitar a capital do norte. Moro a 20 minutos do Porto, mas ainda não conhecia o seu centro histórico. Tirei imensas fotos e tentei absorver tudo o que vi, ao máximo. Tal como referi **neste** poste, em que falei da minha experiência na cidade de Lisboa, é simplesmente magnífico ouvir tantas línguas diferentes à minha volta. *Como eu sou uma pessoa extremamente generosa e magnífica (maybe not)*, vim partilhar com vocês algumas das fotos que tirei! :)

Adoro conhecer sítios novos, especialmente, se tiverem um bocadinho de "história" à mistura. Conhecem a cidade do Porto? Gostaram de ver as minhas fotos? Toca a comentar, quero ler as vossas opiniões! ❤ Se quiserem falar comigo, tiverem algum pedido para fazer, ou alguma sugestão para dar, basta mandarem *mail* para danielanogueira19@gmail.com :). Beijinhos*

1 de Outubro de 2014

Porto, Portugal.

Porto, Portugal.
Quarta-feira, outubro, 01, 2014

DANIELA NOGUEIRA/HTTP://WWW.DIARIODEUMAADOLESCENTE.COM/

Camisola do Avesso (?)

4 Comentários

Boa tarde :) Além de partilhar textos da minha autoria com vocês, de vos dar dicas sobre assuntos do meu interesse e de vos *tentar* ajudar, quando precisam, também gosto de partilhar com vocês algumas situações da minha vida que foram simplesmente, engraçadas. E é precisamente isso que venho fazer com vocês hoje! Preparadas para se rirem um bocadinho comigo?

Então, por volta da segunda e terceira semana de setembro, costuma haver, na minha cidade, uma festa popular. Há uma feira, carrocéis, barracas com doces, etc. Era domingo, os meus pais tinham ido sair e eu estava sozinha em casa com o meu irmão. Até que dei a sugestão de irmos dar uma volta pela festa. Troquei, rapidamente, de camisola porque a que estava a usar era muito quente e eu detesto sentir-me abafada. Saímos de casa, demos uma volta na festa, comemos um docinho ou outro e já no caminho para casa, o meu irmão vira-se para mim e diz: "oh Dani, tens a camisola ao contrário". Entrei em fase de negação: "Não tenho nada... A camisola é mesmo assim.". "Não é não... Dani, tens as costuras para fora... Olha a etiqueta aqui!" Comecei a rir porque ele tinha realmente razão, e por perceber que tinha acabado de andar pela minha cidade, apinhada de gente, com a camisola do avesso. Fui para casa, sempre a rir com o meu irmão! (se não fosse a minha mãe, também já tinha saído de casa com as calças vestidas de trás para a frente...) Moral da história: não existe nada tão bom como sabermos rir de nós próprios e das coisas que nos vão acontecendo.

Alguma vez vos aconteceu algo do género? Gostam deste tipo de postes? Deixem um comentário e contem-me tudinho :) Se quiserem falar comigo, para desabafar, contar algo, tirar uma dúvida, podem mandar um *mail* para: danielanogueira19@gmail.com! Sou rápida a responder, prometo! Beijinhos* ❤

12 de Julho de 2013

Maybe not (inglês): talvez não.
Apinhada: repleta.
Estridentes: que têm som agudo e penetrante.

Sexta-feira, julho 12, 2013

Simplicidade*

5 Comentários

Gosto da simplicidade dos dias de verão. De acordar e ir para a praia. Ficar lá todo o dia, almoçar lá. Sentir a areia quente. Ouvir as gargalhadas estridentes das minhas primas. Ir comprar gelados para todos. Brincar no mar. Deixar-me levar pela corrente da água. Mergulhar. Ver o reflexo do sol. Fechar os olhos e ouvir o som das ondas. Olhar para a costa e ver pessoas despreocupadas. As horas passadas a jogar UNO. Os berros do meu irmão sempre que o homem das pipocas passa por nós. Estar na praia até às 8 da noite. Estar na praia e saber que no próximo dia, se quiser, posso repetir tudo.

NOGUEIRA, Daniela. Disponível em: <http://www.desapontamentos.com>. Acesso em: 18 nov. 2014.

1. No diário íntimo, o interlocutor do autor é o próprio autor. E no diário virtual, a quem o autor se dirige?

2. Releia o primeiro *post*. Observe que algumas palavras destacam-se do restante do texto por estarem escritas em negrito: são ***links***, palavras que, ao receberem um clique, remetem o internauta a outra página da internet.

a) A que você acha que esses *links* remetem?

b) Leia o fragmento abaixo, a que o primeiro *link* remete. Verifique se sua hipótese anterior se confirma e explique por que dados como esses são importantes em um blogue.

Sobre mim

Sexo Feminino

Atividade Aluno

Local Portugal

Introdução Sou inteligente e boa aluna, por consequência. As minhas disciplinas favoritas são Português e Filosofia, e a que menos gosto é Matemática. Sou responsável, empenhada, trabalhadora. Não desisto do que quero e fico extremamente magoada e desapontada quando não alcanço um objetivo a que me propus. Sou inalcançável.

Interesse Amigos, Família, Escrita, Leitura, Amor, Música, Cinema, Desenho, Pintura.

Filmes favoritos Piratas das Caraibas, Harry Potter, The Hunger Games, 12 rounds: reloaded

Músicas favoritas Voices

Livros favoritos Guarda-da-Praia, No dia do terremoto, Amor & êxtase, Harry Potter, Luke-livre.

3. Lendo os trechos dos diários e os *posts* do blogue reproduzidos nesta unidade, podemos perceber algumas diferenças entre eles. Anote no caderno quais poderíamos apontar.

a) Os blogues são escritos por pessoas reais; os diários íntimos, ou por uma pessoa real ou por um escritor que cria uma personagem, no caso de diário íntimo ficcional.

b) Os trechos de diário apresentam apenas texto, já o blogue oferece outros recursos, como a possibilidade de postar comentá-rios, de agrupar textos postados por meio de marcadores, de conseguir seguidores.

c) Um diário pessoal pode apresentar texto, fotos e desenhos; os blogues, texto, fotos, desenhos, vídeos e outros *links*.

4. Autores de blogues, em geral, ao escrever, costumam revelar sentimentos e emitir opiniões. No diário virtual que lemos, isso também acontece. Procure no texto trechos em que a blogueira revela:

a) uma opinião;

b) vontade de dialogar com o leitor;

c) um sentimento (alegria, decepção, preocupação etc.);

d) uma confidência.

5. Observe estes símbolos que aparecem na abertura do blogue.

a) Você sabe o que significam? Escreva no caderno a que se referem.

b) Por que a autora do blogue os utiliza?

6. Depois de ter lido os trechos do diário virtual reproduzido, anote no caderno as afirmações que podem se aplicar aos blogues pessoais em geral.

a) Há sempre a data de cada *post*.

b) A linguagem é geralmente simples e espontânea.

c) A leitura é descontínua (o leitor não precisa conhecer os registros anteriores).

d) O autor registra o cotidiano, suas ideias, sentimentos, impressões e faz comentários sobre o que acontece a sua volta.

e) Não são secretos: estão acessíveis a qualquer internauta.

f) Existem modelos rígidos a serem seguidos por quem se dispõe a criar um diário virtual.

g) Apresentam muitos recursos, como possibilidade de se postarem fotos, filmes, ilustrações; de contar quantos acessos à página houve; de agrupar assuntos por data ou por temas; de receber comentários dos internautas.

7. Releia.

"Moral da história: não existe nada tão bom como sabermos rir de nós próprios e das coisas que nos vão acontecendo."

a) Qual foi o motivo que levou a autora a rir de si mesma?

b) Você acha que realmente é importante "rir de si próprio"? Por quê?

8. Quando os blogues pessoais surgiram, eram usados quase que exclusivamente como "diários virtuais" *on-line*, em que as pessoas expunham suas ideias, narravam o que acontecia em suas vidas. Com o tempo, os conteúdos tornaram-se mais amplos, e por isso muitos blogueiros migraram para as redes sociais. Relembre o que falamos sobre blogues e estabeleça uma comparação com o Facebook. Veja um exemplo de uma conversa realizada por meio dessa rede social.

Ana

Feeeeeeliz dia do #friend sz

Obrigada por sempre estarem ao meu lado, pelos conselhos, e por todas as vezes que precisei e vocês estavam ali me apoiando, dando forças, ajudando a carregar o revólver u.u kkkkkkk brinks. Espero que o tempo nunca nos separe, vocês são muito importantes pra mim, ainda quero ter muitas "aventuras" pra contar pros meus sobrinhos. Enfim, estarei aqui sempre que precisarem. Mesmo tendo meus problemas faço o que for pra ajudar, aah e também precisamos urgentemente marcar algo saudades de vocês ❤ kkkk, amo vocês mais que paçoca.

Fernanda e outras 16 pessoas curtiram isso.   4 de 80

Visualizar comentários anteriores

Júlia - Pra vc tbm irmazinha

Fernanda - Obrigada, pode contar sempre cmg!! Feliz dia do amigo

Daniel - Obrigado, sdds de vc, temos q conversar mais, está sumida rsrs pode contar sempre comigo, temos q marcar algo ^ ^

Ana - Verdade ☺

---

a) Quem são as pessoas que conversam na página da rede social anterior?

b) Isso também ocorre nos blogues?

c) Qual a intenção das pessoas que trocam mensagens nessa rede social?

d) Os usuários do Facebook esperam resposta rápida?

e) Você acha que nos blogues acontece o mesmo? Explique.

f) Observe a linguagem utilizada na conversa realizada na página do Facebook. Como você a descreveria?

9. Escolha na internet um blogue que lhe interesse para publicar nele um comentário. Se não tiver acesso à internet, escreva no caderno um comentário que você enviaria à autora do blogue da Leitura 2.

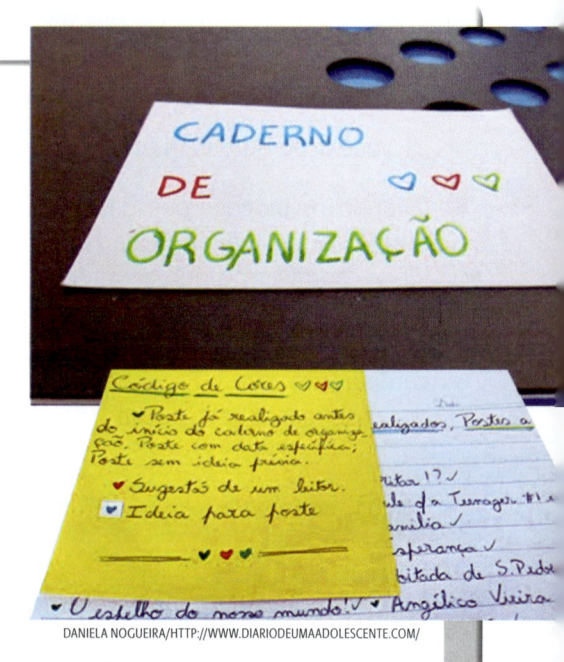

Dicas para organizar seu blogue

Se você for criar um blogue pessoal e precisar de ajuda para organizá-lo, veja as dicas de Daniela Nogueira, a blogueira de Portugal, para facilitar seu trabalho.

Caderno de organização do blog

Domingo Maio 11, 2014

Olá meninas! Hoje, em jeito de dica, venho mostrar-vos o caderno que uso para me organizar em relação ao *blog*. Já não saio de casa sem o meu. Percebi que se torna muito mais fácil manter o meu cantinho atualizado se apontar todas as ideias que vou tendo, e todas as sugestões dos leitores (que tal mandares uma?). Tenho-o dividido em 5 separadores: "Conteúdo", "*To Do*", "Metas", "Outros" e "Textos". Se quiserem cada separador com mais detalhe, continuem a ler!

DANIELA NOGUEIRA/HTTP://WWW.DIARIODEUMAADOLESCENTE.COM/

Neste separador eu tenho o título de todos os postes que já foram publicados no *blog* (os quais identifico com um coraçãozinho verde), as sugestões para postes dos leitores (coraçãozinho rosa), e as minhas ideias para futuros postes (coraçãozinho azul). Além disso, se tiver alguma ideia específica para fotografar algo, também aponto aqui (visto as fotos dos postes, serem da minha autoria). Este separador ajuda-me a nunca ficar sem ideias para atualizar o *blog*.

[...]

Disponível em: <http://www.diariodeumaadolescente.com/2014/05/caderno-de-organizacao-do-blog.html>. Acesso em: 22 set. 2014.

🛈 PARA LEMBRAR

Diário virtual

Intenção principal →	registrar o cotidiano, ideias, sentimentos, impressões, produções, fatos vividos ou observados pelo autor e comentários sobre o que acontece a sua volta
Leitor →	qualquer internauta
Organização →	o texto — opiniões / pensamentos / impressões leitura descontínua (o leitor não precisa conhecer os registros anteriores) relatos publicados em ordem cronológica: do mais antigo para o mais recente fotos, *links* para outros *blogs* e redes sociais data da postagem
Escrito na primeira pessoa	
Linguagem →	informal — uso do "internetês" predominam os verbos no passado

Fala e escrita

1. Leia esta história em quadrinhos, que tem como personagens Hagar, um *viking*, e seu filho, Hamlet. Hagar não sabe ler. Observe a atitude dele diante de um livro.

HAGAR   DIK BROWNE

BROWNE, Dick. *O melhor de Hagar*, o horrível. Porto Alegre: L&PM, 2005. V. 2.

a) Você achou essa história engraçada? Por quê?

b) Observe os gestos e as expressões faciais de Hagar em cada quadrinho da história. Que tipo de emoção está representado em cada quadrinho?

c) Em qual dos quadrinhos Hagar faz algo que surpreende o leitor?

d) O que, na fala de Hamlet, fez com que Hagar agisse como agiu?

e) Hagar não sabe ler e não conhece livros, por isso interpreta a palavra **contar** a sua maneira. Explique como essa interpretação contribui para construir o humor dos quadrinhos.

Fala e escrita são duas modalidades da língua, cada uma com suas próprias características.

O texto falado acontece ao vivo, isto é, no momento em que é produzido, e depende, na maioria das vezes, da contribuição do interlocutor, que pode ir interrompendo a pessoa que está falando, mudando o rumo da conversa, acrescentando detalhes, discordando, pedindo explicações. Ele também conta com recursos expressivos próprios, como gestos, expressões faciais e modulação da voz.

2. Os textos orais estão muito presentes no cotidiano de todo falante da língua. A conversa pelo telefone é um deles. Tente se lembrar de outros gêneros orais.

Já o texto escrito será lido em um momento posterior. Depois de produzido, seu autor tem a **oportunidade de revisá-lo, fazendo alterações e ajustes** que possam torná-lo mais claro, mais compreensível para o leitor – ainda que esse leitor exista somente em sua imaginação enquanto escreve.

3. Tente se lembrar de alguns exemplos de gêneros escritos.

Para observar algumas diferenças entre um texto escrito e um texto falado, leia este trecho de um diário ficcional e, em seguida, a transcrição de algumas falas de uma conversa entre duas pessoas.

Fragmento 1

Fomos subindo pela montanha até que chegamos a um lugar onde podíamos ver, detrás das árvores, um teto de uma casa enorme. Meu avô disse que aquele teto era do casarão que, visto da praça, parecia um pontinho. Ele me contou que ali vivia uma mesma família havia várias gerações e que corriam várias lendas a seu respeito.

Eu quis saber que lendas eram essas, mas meu avô me respondeu: "Besteiras".

DURINI, Ángeles. Quem tem medo de Demétrio Latov? São Paulo: SM, 2005. p. 51.

Fragmento 2

Hora de ir para a escola

Locutor 2 – na minha casa de manhã ...

Locutor 1 – o quê?

Locutor 2 – é uma loucura ...

Locutor 1 – na minha casa também porque ... saem ... ahn, cinco ... comigo de manhã

Locutor 2 – que horas?

Locutor 1 – ... às sete horas ...

Locutor 2 – sete? Onde vocês vão tão cedo?

Locutor 1 – à escola ...

Locutor 2 – uhm ... uhm ...

Locutor 1 – três vão para o colégio e dois vão para uma ... um cursinho ... de matemática ... e o menor então esses cinco saem ... e vão ... para Pinheiros.

CASTILHO, Ataliba Teixeira de (org.). *Gramática do português falado.* Campinas: Unicamp, 1996. (Adaptado.)

4. Que diferenças é possível observar entre esses textos? Anote no caderno as afirmações que lhe parecerem corretas.

a) Um texto escrito, como o texto 1, pode ser planejado e revisado, pois é produzido em um momento anterior ao momento em que alguém o lê.

b) Como em geral o texto falado é produzido no momento em que se fala, os interlocutores se ajudam mutuamente para se fazer entender.

c) O texto 2 tem interrupções e pausas, indicando que os interlocutores constroem o texto em conjunto, alternando os papéis de falante e de ouvinte.

d) Há muita fragmentação, repetições e indecisões em textos falados.

e) No texto oral, há grande preocupação com a organização do texto, que pode sofrer aprimoramento e muitas revisões.

Existem textos escritos que se aproximam da língua falada, como o *e-mail* pessoal e as mensagens instantâneas trocadas por meio de programas que permitem conversar com qualquer pessoa também conectada a eles, em tempo real. Por outro lado, existem textos falados que se aproximam do texto escrito, como a palestra de um cientista em um congresso; embora essa palestra seja exposta oralmente, ela pôde ser planejada e preparada anteriormente, com apoio da escrita.

Lembre-se

- Um texto escrito pode ser planejado e revisado, pois é produzido em um momento anterior ao momento em que alguém o lê.
- Em geral, o texto falado é produzido no momento em que se fala, e os interlocutores se ajudam mutuamente para se fazerem entender.
- Na fala do dia a dia, costuma haver interrupções, repetições e pausas, e os interlocutores constroem o texto em conjunto, alternando os papéis de falante e de ouvinte.
- Há textos orais que se aproximam da escrita (conferência) e textos escritos que se aproximam da fala (*e-mails* pessoais, mensagens instantâneas trocadas pela internet etc.).

A LÍNGUA NÃO É SEMPRE A MESMA

1. Releia.

> [...] o meu irmão vira-se para mim e diz: "oh Dani, tens a camisola ao contrário".

Considerando que a autora do blogue e seu irmão estavam em uma praça pública, a palavra **camisola** foi empregada com o mesmo sentido que a utilizamos no Brasil? Por quê?

2. Como você pode observar no blogue da Dani, além da palavra **camisola**, outras palavras ou expressões são empregadas de forma diferente da que usamos no Brasil. Explique como nós diríamos cada uma das expressões selecionadas abaixo.

    a) Hey!

    b) Toca a comentar.

    c) ...de vos dar...

    d) ...para se rirem um bocadinho comigo.

    e) ...estava a usar...

    f) ...as calças...

    g) ...comprar gelados...

    h) ...vos aconteceu algo do género?

    i) ...Gostam deste tipo de postes?

    j) ...Adoro conhecer sítios novos...

3. Você observou que em um blogue é possível utilizar *emoticons*, caracteres e símbolos que revelam emoções. Procure dois exemplos que ilustrem essa afirmação e explique seu significado no texto.

4. Os internautas podem comentar as postagens dos blogues. Observe alguns desses comentários, extraídos de um outro blogue.

> [C.]
> Jurava que eu era o único a olhar esses cartões nos livros, hehehe. Sucesso aí nessas viagens e que tragam ainda mais histórias!
> 28/10/2012 08:30
>
> [R. P.]
> Índigo, nosso país necessita de escritores como vc. Que nos fazem viajar!!!! Muito obrigado por vc. existir bjo do gordo.
> 25/10/2012 12:40
> RESPOSTA:
> Hehe. Valeu!

Disponível em: <http://diariodaodalisca.zip.net/>. Acesso em: 22 set. 2014.

a) Onde é possível encontrar frequentemente palavras ou expressões como as que você observou?

b) A linguagem empregada nesses comentários estaria adequada a um documento oficial ou a um artigo publicado em um jornal? Explique.

1. O trecho abaixo é <mark>transcrição</mark> de uma parte de uma <mark>resenha</mark> oral, apresentada por uma contadora de histórias. Leia-o, pense nas diferenças entre língua escrita e língua falada e, em seguida, faça as atividades propostas.

Transcrever: passar para o papel algo que está sendo ouvido, como o texto de um discurso ou de uma conversa, a letra de uma música etc.

Resenha: análise crítica de um produto cultural (livro, CD, *show*, peça de teatro).

Uma chapeuzinho vermelho

Bom… *Uma chapeuzinho vermelho* é um livro imperdível [...] é um livro... hã... muito bonito, que tem um traçado... é... que nos remete ao desenho infantil, nos, nos, dá à Chapeuzinho Vermelho é… uma leveza, uma inocência, né?…[...] Hã… algo frágil uma fragilidade esse traçado simples, sem muitos detalhes… É… um traçado mais limpo, um desenho mais claro, né, traz essa leveza pra história e pra personagem, i… é… o que é bacana no livro é o casamento entre o texto e a imagem; os dois é que narram a história... então, esse não é um livro pra gente só ler hã… ou só escutar, mas é um livro pra gente ver pra gente apreciar porque o desenho fala das ações ele… o desenho descreve as ações das personagens, descreve o cenário, né? Descreve as características das personagens; então o casamento entre texto e imagem é que vai nos contar esta história. Isso é muito legal! [...]

Edi Fonseca recomenda *Uma chapeuzinho vermelho*, de Marjolaine Leray, Companhia das Letrinhas. Disponível em: <http://www.contarhistorias.com.br/2012/08/100-indicacoes-de-livros-infantis-e.html>. Acesso em: maio 2014.

DANIEL ARAUJO

O trecho foi reproduzido no papel conservando-se palavras ou expressões mais comuns na linguagem falada. Anote no caderno as afirmações abaixo sobre as características da modalidade oral que aparecem nesse fragmento de resenha.

a) O trecho é construído com a participação de dois interlocutores que se revezam para construí-lo.

b) As falas dos interlocutores às vezes se sobrepõem, isto é, um interlocutor interrompe a fala do outro para fazer novas considerações.

c) Aparecem muitas interrupções, indicando pausa para seleção das palavras mais precisas.

d) Aparecem pausas que introduzem reformulação do que vinha sendo dito.

teia do saber

e) São frequentes os recursos linguísticos que ajudam a manter o contato com o ouvinte, como **né**, **hã...**, **é...**, **então**.

f) Preocupação com a organização do pensamento e com repetições desnecessárias.

2. Esse trecho transcrito apresenta outras características da modalidade oral. Anote no caderno as afirmações que são adequadas ao texto.

a) Quebra na construção das frases.

b) Repetições que ajudam a reforçar o que se está dizendo ou a ganhar tempo na formulação da próxima frase.

c) Preocupação com o planejamento e com a utilização de palavras com mesmo significado para evitar repetições.

d) Vocabulário simples, com linguagem do dia a dia em conversas informais e uso de gíria.

3. Em sua opinião, se esse trecho transcrito fosse publicado em um jornal de circulação nacional, em uma revista para adultos, em uma revista para jovens, em um diário, em uma carta pessoal ou em um livro de memórias, ele precisaria de alguma adaptação? Por quê?

4. Fala e escrita são modos diferentes de usar a língua. Reescreva no caderno o trecho *Uma chapeuzinho vermelho* na modalidade escrita.

5. Nem sempre o modo como se utiliza a língua em textos escritos impressos é o mesmo dos textos publicados na internet. Leia os trechos do comentário a seguir e observe a linguagem utilizada.

Vale a pena escrever diário?

Eu tenho um diário sim. Tenho este costume desde os meus 14 anos até hj e olha o tempo passou. Mas o legal disto é que eu olho meus registros e vejo de onde eu vim, por onde passei e onde estou, é legal isto! Vi minhas deficiências, vi as formas de conquistas, vi como cultivei as experiências boas ou não. Vi qdo sofri, vi qdo amei, vi qdo as coisas e pessoas chegaram e partiram de minha vida.

É legal, [...] é um ótimo companheiro e conselheiro. Sim conselheiro, pq no futuro ele mesmo te dirá: faz assim e não assim, pois olha o que passou nesta época, entende?

Nanã

Disponível em: <http://br.answers.yahoo.com/question/index?qid=20080105145026AA 2GWpz>. Acesso em: 19 nov. 2014.

a) O que você nota em relação ao uso de "hj", "qdo", "pq"?

b) Esse trecho também contém palavras ou expressões mais comuns na linguagem falada. Por que isso acontece?

1. (Prova Brasil)

Mente quieta, corpo saudável

A meditação ajuda a controlar a ansiedade e a aliviar a dor? Ao que tudo indica, sim. Nessas duas áreas os cientistas encontraram as maiores evidências da ação terapêutica da meditação, medida em dezenas de pesquisas. Nos últimos 24 anos, só a clínica de redução do estresse da Universidade de Massachusetts monitorou 14 mil portadores de câncer, Aids, dor crônica e complicações gástricas. Os técnicos descobriram que, submetidos a sessões de meditação que alteraram o foco da sua atenção, os pacientes reduziram o nível de ansiedade e diminuíram ou abandonaram o uso de analgésicos.

Revista *Superinteressante*, out. 2003.

O autor do texto pretende:

a) criticar.

b) conscientizar.

c) denunciar.

d) informar.

2. (Encceja) Leia a seguinte propaganda:

Passe na loja e ganhe este lindo relógio!
Grátis! Você pode ganhar um relógio grátis!
Na compra de um lindo fogão. Por apenas 24 parcelas de R$ 60,00.
Relógio grátis! Não perca essa promoção!

A repetição da palavra **grátis** quer convencer o leitor da propaganda a:

a) receber um relógio de graça.

b) comprar um fogão na loja.

c) comprar um relógio barato.

d) receber um fogão de graça.

Encerrando a unidade

• Nesta unidade, você pôde conhecer três modalidades de um diário íntimo; refletiu sobre o que é língua e linguagem; conheceu as diferenças entre a língua escrita e falada, e algumas diferenças de uso de vocabulário no Brasil e em Portugal. Com base no que você aprendeu, responda:

1. Quais são as principais características do diário íntimo ficcional, do diário íntimo autêntico e do diário íntimo virtual?

2. Você entendeu o que é língua? E o que é linguagem?

3. Aponte algumas diferenças entre a modalidade escrita e a falada da língua.

4. Como você avalia sua produção de diário ficcional? A revisão feita por seu colega ajudou-o a melhorar o texto?

Almanaque

> Todas [pessoas] tinham almanaques. [...] era moda trazer o almanaque na algibeira. [...] E choviam almanaques, muitos deles entremeados e adornados de figuras, de versos, de contos, de anedotas, de mil coisas recreativas. E choviam. E chovem. E hão de chover almanaques.

Em grupo com alguns colegas, você vai montar, no final do ano, um almanaque com as produções de texto realizadas em diferentes momentos ao longo dos meses. Vai ser uma oportunidade de você se divertir e de divertir muitos leitores: colegas, amigos e familiares.

Esse projeto vai exigir algum planejamento, mas, antes de iniciá-lo, conheça um pouco da evolução do almanaque ao longo do tempo.

Fontes pesquisadas: Almanaque Brasil de Cultura Popular. Disponível em: <http://www.almanaquebrasil.com.br/especiais/informacao-e-diversao-dos-camelos-do-deserto-aos-ceus-do-brasil/>. Acesso em: 5 ago. 2010; *Folha de S.Paulo*, 1 maio 2015. Folhinha. Disponível em: <http://www1.folha.uol.com.br/folhinha/dicas/di03090506.htm>. Acesso em 1 maio. 2015.

Machado de Assis

Por volta do séc. XIX inicia-se a publicação de almanaques que logo se popularizaram e ganharam inúmeros leitores. Virou uma verdadeira moda.

ESPÓLIO DA FAMÍLIA COTINELLI TELMO E DA FAMÍLIA LEITÃO DE BARROS/
ESPÓLIO DO CORONEL MARQUES LEITÃO

COLEÇÃO PARTICULAR

1954

Almanaque do BIOTONICO

Em 1905 foi lançada a primeira revista de quadrinhos do Brasil, *O Tico-Tico*. Anualmente, saía o ***Almanaque do Tico-Tico***, que, além dos quadrinhos, tinha poesias, contos, jogos, enigmas, atrações educativas e históricas, textos sobre cinema, letras de músicas e peças teatrais.

Muitos almanaques eram patrocinados por empresas de medicamentos e distribuídos em farmácias. Em 1920, surge o mais importante deles: o ***Almanaque do Biotônico Fontoura***. Com tiragem elevada e distribuição gratuita, abrangia as mais distantes regiões do Brasil com dicas de higiene e saúde, festas e romarias, informações astrológicas, melhor época do ano para plantações, tabelas de marés, orações, ditados populares, causos... Uma verdadeira enciclopédia popular.

ALMANAQUE

O que é: são publicações com textos variados de interesse do dia a dia e passatempos, muitas vezes curtas e fáceis de ler. No início, traziam informações sobre estações do ano, calendário lunar, a melhor época para plantar e colher.

Origem da palavra: vem do árabe *al manakh*, que significa "a conta". Receberam esse nome inicialmente por trazer a conta dos dias, das luas e das estações do ano.

O que contém: calendário com fases da Lua, testes, anedotas, cartas enigmáticas, adivinhas, causos, receitas caseiras e informações úteis para o dia a dia.

> [O *Almanaque do Tico-Tico*] tinha muitas curiosidades e historinhas, uns enigmas e umas brincadeiras com números.

PANDA BOOKS

EDITORA ÁTICA

EDIOURO

EDITORA ABRIL

Ruth Rocha

Uma leitora voraz do *Almanaque do Tico-Tico*, Ruth Rocha acabou publicando o *Almanaque Ruth Rocha*. Mas há muitos outros publicados hoje em dia.

O nosso almanaque

Agora que você já conhece um pouco da história dos almanaques, vamos começar a organizar a produção dos almanaques da classe, que serão finalizados no fim do ano letivo.

1. Com a orientação do professor, forme um grupo com três ou quatro colegas.

2. Ao trabalhar as unidades deste livro, vocês vão produzir diversos textos. Alguns deles estarão marcados com o símbolo → **PRODUÇÃO PARA O PROJETO**

   Esses textos vocês devem guardar, pois eles poderão ser selecionados para publicação no almanaque do grupo.

3. Decidam se vocês vão guardar todos os textos do grupo em uma mesma pasta ou se cada um vai ter sua própria pasta.

4. Caso resolvam ter só uma pasta, definam quem vai ficar responsável por ela.

5. Nos próximos meses, procurem informar-se sobre os almanaques que existem hoje e, se possível, ler alguns deles. Esse conhecimento vai ajudá-los na hora de produzir a publicação de vocês.

De palavras e imagens faz-se a história…

Nesta unidade você vai:

- identificar os elementos constitutivos do gênero história em quadrinhos (HQ)
- trabalhar os recursos verbais e não verbais das HQs
- aprender a reconhecer a intenção que o autor de HQ pode ter
- planejar, organizar e fazer uma exposição oral
- conhecer as etapas de elaboração de uma HQ e produzir uma
- refletir sobre o emprego dos sinais de pontuação na frase e seus efeitos de sentido na escrita
- compreender a relação entre os sons da língua e suas representações na escrita

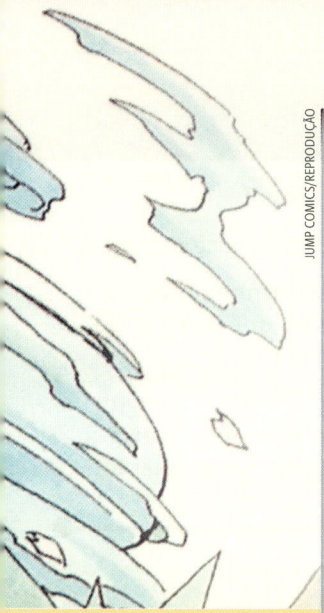

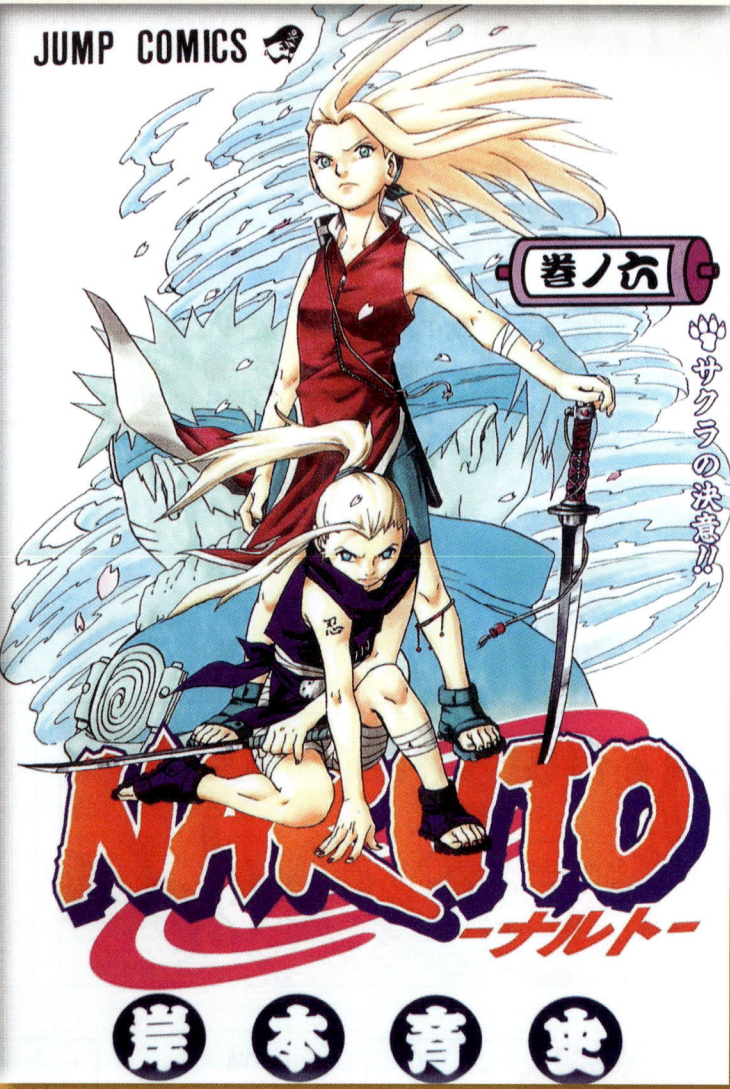

JUMP COMICS

NARUTO ーナルトー

TROCANDO IDEIAS

Observe a capa de revista reproduzida acima.

1. Qual a finalidade de uma capa de revista?

2. Pela capa, essa revista se dirige a crianças, adolescentes ou adultos? Justifique sua resposta.

3. A capa da revista contém apenas imagens?

4. Personagens como as dessa capa são características de um estilo de histórias em quadrinhos que teve origem em outro país.

   a) Você sabe que país é esse? Que elemento do texto verbal confirma sua resposta?

   b) E como são chamadas as revistas em quadrinhos que apresentam personagens como as dessa capa?

   c) Existe uma diferença curiosa entre a forma como se faz a leitura dessas revistas em seu país de origem e a forma como nós fazemos. Você sabe qual é?

5. Com que finalidade são publicadas revistas como essa cuja capa foi reproduzida acima? Todas as histórias em quadrinhos têm o mesmo objetivo?

LEITURA 1

ANTES DE LER

1. Você costuma ler quadrinhos?

2. Que personagens de quadrinhos você conhece?

3. Em uma história em quadrinhos, além do desenho das personagens, que outros elementos costumam aparecer?

4. Observe a história em quadrinhos a seguir. Só pelas imagens, tente dizer qual seria a intenção do autor dessa história: ensinar, divertir, criticar?

Você vai ler agora uma das aventuras de duas famosas personagens dos quadrinhos: Calvin e seu amigo imaginário Haroldo (Hobbes, no original). Haroldo é um tigre de pelúcia que ganha vida quando Calvin está só e volta a ser brinquedo quando outras pessoas estão presentes.

WATTERSON, Bill. Disponível em: <http://depositodocalvin.blogspot.com/search/label/Tirinhas%20de%20Domingo>. Acesso em: 29 abr. 2015.

Nas linhas do texto

1. Calvin e Haroldo são personagens de histórias e tiras publicadas em livros, em jornais e na internet.

   a) De onde foi retirada essa história em quadrinhos? Como você sabe?

   b) Quem é o autor desses quadrinhos?

2. Sua hipótese sobre a intenção da história se confirmou? Explique.

3. Nessa história, onde estão e o que fazem as personagens?

4. Mesmo com a cueca toda ensopada, Calvin diz que "valeu". Por quê?

5. Uma história em quadrinhos pode ser identificada por um título ou pelo nome das personagens que aparecem nela. Em que caso a história que você leu se encaixa?

Nas entrelinhas do texto

1. No primeiro quadrinho, Calvin fala sobre o cheiro do ar.

CALVIN & HOBBES, BILLWATTERSON © 1987
WATTERSON / DIST. BY UNIVERSALUCLICK

   a) Pela expressão dele nesse quadrinho, o leitor imagina que o menino vai comparar o cheiro do ar a algo bom ou a algo ruim?

   b) Por que o leitor se surpreende no segundo quadrinho?

2. Como Calvin e Haroldo estão se sentindo no passeio? Que elementos dos quadrinhos mostram isso?

3. Nos quadrinhos, a expressão do rosto das personagens é importante para que o leitor entenda a história. Observe a expressão de Calvin e Haroldo nos quadrinhos indicados abaixo. No caderno, faça a correspondência entre as colunas, indicando o que parecem sentir as personagens em cada um desses quadrinhos.

   a) Alegria   1º quadrinho

   b) Decepção ou contrariedade   2º quadrinho

                    4º quadrinho

   c) Descontração   6º quadrinho

   d) Nojo   8º quadrinho

CALVIN & HOBBES, BILLWATTERSON © 1987
WATTERSON / DIST. BY UNIVERSALUCLICK

Além das linhas do texto

1. Você acha que história em quadrinhos é leitura para crianças? Explique.

2. Você acha que o contato com as histórias em quadrinhos pode despertar em crianças e adultos não alfabetizados a vontade de aprender a ler e a escrever? Explique sua resposta.

Outros nomes das histórias em quadrinhos

As histórias em quadrinhos são conhecidas como *comics*, nos Estados Unidos (pois as primeiras histórias eram cômicas); *bande dessinée* ("tiras desenhadas"), na França; *fumetti* ("fumacinhas", porque os balões lembram fumaça saindo da boca dos interlocutores), na Itália; *tebeos*, na Espanha (por causa de uma revista chamada TBO); *historietas*, na Argentina; *muñequitos*, em Cuba, e *mangás*, no Japão.

Mafalda, famosa personagem de *historietas* argentinas.

Muitas expressões

Um estudioso dos quadrinhos calculou existirem mais de 1500 formas diferentes de representar uma expressão facial. Somadas às representações das posturas do corpo, elas oferecem um alto número de possibilidades de representação de ações, reações e sentimentos das personagens.

O gato Garfield, criado pelo estadunidense Jim Davis.

COMO O TEXTO SE ORGANIZA

1. A aventura de Calvin é contada por meio de imagens ou de palavras?

2. Em uma história em quadrinhos, os fatos são apresentados em uma sequência que permite ao leitor perceber a passagem do tempo. Observe novamente a história de Calvin e Haroldo.

 a) A sequência de fatos mostra o desenrolar de uma história com começo, meio e fim. Explique resumidamente o que acontece nesses quadrinhos.

 b) Quantos quadros foram utilizados para apresentar a ação das personagens?

3. As personagens aparecem em movimento? Que recursos o autor utilizou para indicar isso?

4. Nas histórias em quadrinhos, aparecem recursos que costumam ser utilizados no cinema. Por exemplo, o *zoom* aproxima um rosto ou um objeto, mostrando-o de perto e com detalhes.

Já quando se quer que o leitor conheça o cenário, pode-se apresentar a personagem mais ao longe, assim o espaço em volta dela é mostrado. Leia o quadro a seguir.

NÃO DEIXE DE LER

• *A arte dos quadrinhos*, de Raquel Coelho, Formato.
O livro mostra o surgimento e a evolução dos quadrinhos, chegando aos dias de hoje.

A autora fala da linguagem característica das HQs, dos primeiros heróis, dos diversos estilos, da importância cultural e econômica dessa arte popular no mundo inteiro.

Plano de detalhe: chama a atenção para um aspecto da imagem.

Primeiro plano: limita o espaço à altura dos ombros para dar maior destaque à expressão facial.

Plano geral: apresenta o conjunto todo, cenário e personagens.

Plano total: mostra as personagens de corpo inteiro.

Plano americano: mostra as personagens a partir do joelho.

Plano médio: mostra as personagens da cintura para cima.

Volte à página 50 e reveja o primeiro quadrinho da história de Calvin.

a) Que plano foi utilizado nesse quadrinho? Por que, provavelmente, foi escolhido esse plano?

b) No oitavo quadrinho, o efeito de aproximação é maior. Como você explica o autor ter feito essa aproximação nesse momento da história?

RECURSOS LINGUÍSTICOS

1. Releia o balão.

> JÁ NOTOU COMO O AR CHEIRA DIFERENTE DEPOIS DE UMA BOA CHUVA? CHEIRA COMO... COMO...

a) Que sinal de pontuação aparece depois da palavra **como**?

b) Responda no caderno. A repetição de **como** e esse sinal de pontuação mostram que Calvin:

  I. queria fazer uma pausa para criar suspense;

  II. não sabia como continuar a frase porque ainda não havia identificado o cheiro;

  III. tentava lembrar-se do que estava falando.

> No texto das HQs, é comum aparecerem palavras, expressões e construções que reproduzem a linguagem e recursos da conversação espontânea do cotidiano. Por exemplo:
>
> • pausas nas falas, mostradas por reticências, que marcam a hesitação das personagens;
>
> • superposição de vozes das personagens;
>
> • reduções de palavras: **tá**, **tô**, **pra** etc.;
>
> • gírias, interjeições, apelidos: "É isso aí, cara!", "Só...","UAU!", "Rolinho" (uso do diminutivo).

Além dos desenhos e das falas, as HQs utilizam vários outros recursos não verbais. Por exemplo: diferentes formatos de quadrinhos e de balões, variados tipos e tamanhos de letra e outros sinais e símbolos.

Além de organizarem as falas e mostrarem ao leitor quem está falando, os balões também nos permitem, pelo seu formato, saber se a personagem está falando em tom normal, cochichando, gritando, pensando, sonhando etc.

2. Diga o que os balões abaixo indicam.

a)

b)

c)

d)

e)

f)

3. Faça no caderno um quadro-resumo com todos os tipos de balão vistos, dizendo o que cada um deles indica. Esse quadro servirá de fonte de consulta quando você produzir sua própria história em quadrinhos.

4. Outro recurso muito utilizado nos quadrinhos, além das interjeições, são as onomatopeias. Leia estes quadrinhos.

Tako X. Disponível em: <http://www.takox.com.br/>. Acesso em: 8 set. 2010.

a) Por que as onomatopeias foram empregadas nesses quadrinhos?

b) Aparecem também interjeições nos quadrinhos. Quais são? O que expressam?

c) O que indicam os sinais que aparecem no balão do penúltimo quadrinho?

d) Nos quadrinhos de Calvin foram utilizadas onomatopeias e interjeições. Que efeito elas produzem no texto?

Onomatopeia é a palavra formada de modo a imitar sons. Por exemplo: glu-glu, au-au, chuá, buá, bang, atchim etc.

Interjeições são palavras ou grupos de palavras que expressam emoções, sentimentos, estados de espírito; podem ser empregadas também como forma de saudação e cumprimento: Ui!, Nossa!, Credo!, Ei!, Oi!, Psiu!, Coragem!, Epa!, Arre!, Ai de mim! etc.

Apagão é o mesmo que blecaute: interrupção noturna no fornecimento de eletricidade.

1. No terceiro quadrinho, Calvin exclama: "Wow! Olha o tamanho daquela poça!".

a) Exclamações como **Wow!** são mais comuns na linguagem falada ou na escrita?

b) Você costuma empregar essa exclamação ao falar?

2. No texto dos balões das HQs, é comum aparecerem recursos característicos da linguagem oral. No caderno, faça a associação de acordo com as imagens.

I.

II.

III.

IV.

a) superposição de vozes das personagens.

b) pausa na fala, mostrando hesitação das personagens.

c) expressões orais, expressões populares, gírias, interjeições.

d) redução de palavras.

● PARA LEMBRAR

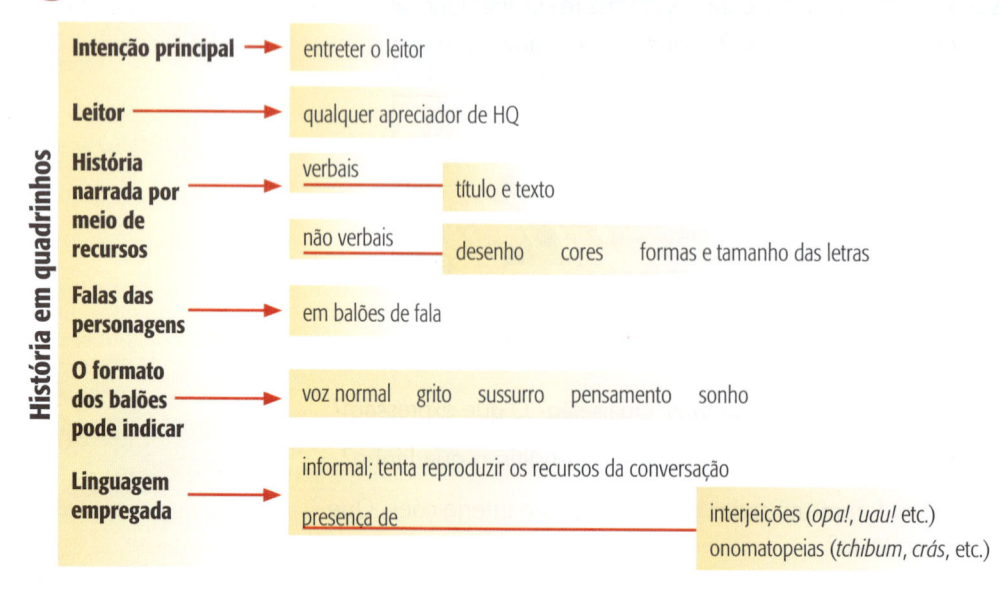

História em quadrinhos

Intenção principal →	entreter o leitor
Leitor →	qualquer apreciador de HQ
História narrada por meio de recursos →	verbais — título e texto
	não verbais — desenho cores formas e tamanho das letras
Falas das personagens →	em balões de fala
O formato dos balões pode indicar →	voz normal grito sussurro pensamento sonho
Linguagem empregada →	informal; tenta reproduzir os recursos da conversação
	presença de — interjeições (*opa!, uau!* etc.)
	onomatopeias (*tchibum, crás*, etc.)

A INTENÇÃO DO AUTOR DOS QUADRINHOS

Quando se fala em quadrinhos, a primeira ideia que nos vem à mente é diversão e humor. Mas será que os quadrinhos sempre são produzidos com a intenção de divertir?

1. Veja as imagens a seguir e diga a qual das intenções (I, II ou III) corresponde cada uma.

I. Fazer uma crítica à violência entre as nações.

II. Criar novos comportamentos e atitudes, levar o leitor a fazer algo.

III. Divulgar uma obra literária para torná-la mais conhecida.

a)
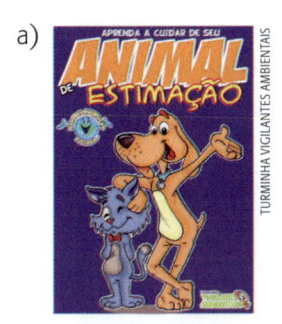

b)
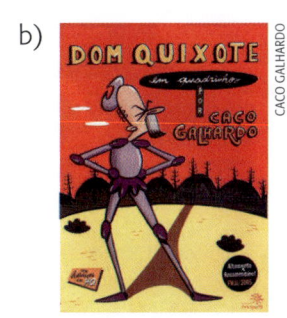

c)
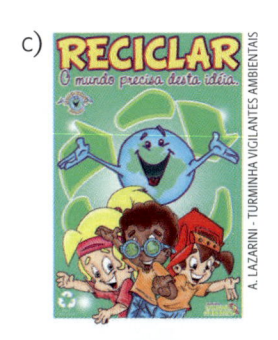

d)

Quino. *Toda Mafalda*. São Paulo: Martins Fontes, 1995. p. 116.

2. Considerando as conclusões a que você chegou acima, leia este texto.

E aí? Já passou na banca de jornal para pegar uma revistinha? Que tal usar sua vontade de ler quadrinhos para aprender história? Ou filosofia? O que isso tem a ver com quadrinhos? Ora, tudo! Quadrinhos e educação andam juntos. Pelo menos é isso que grandes editoras e quadrinistas vêm provando aos leitores.

Não é só para os alunos que os assuntos dos livros didáticos parecem distantes e formais. Imagina... A Primeira Guerra Mundial aconteceu há mais de 50 anos em países distantes do seu com pessoas cuja fama você só conhece pelos livros que ficam na sua estante. Como seria se você pudesse visualizar as pessoas, as roupas, as ruas, as casas, as batalhas, as conversas, tudo que aconteceu, vivenciando cada segundo através de imagens coloridas e ricas em detalhes?

Governo do Rio de Janeiro. Conexão Aluno. Disponível em: <http://www.conexaoaluno.rj.gov.br/especiais-11.asp>. Acesso em: 8 set. 2010.

a) Para você, os assuntos dos livros didáticos parecem distantes e formais, como se afirma no texto? Explique.

b) Responda à última questão feita no texto.

▶ Como fazer um cartaz

Por meio de cartazes, transmitimos rapidamente informações que julgamos importantes para um determinado público. Eles devem ser simples, claros, com linguagem objetiva, para que as pessoas possam olhá-los e entenderem rapidamente o que se deseja informar. Devem ainda ser bem elaborados e criativos para atrair a atenção.

Texto, cor, imagem são fundamentais em um cartaz. Observe o cartaz abaixo. O texto é conciso, reduzido ao essencial; o formato das letras permite leitura imediata, as cores são usadas com cuidado e as imagens são atrativas e de fácil entendimento.

EDUCAR PARA CRESCER / EDITORA ABRIL

Veja alguns passos que podem ajudá-lo a elaborar manualmente um cartaz.

1 Colete as informações sobre o assunto (um convite, uma campanha, um aviso etc.). Tendo claro o que deseja ressaltar em seu cartaz, selecione as que julgar mais importantes para o público-alvo. As informações devem ser escritas em frases curtas.

2 Pegue uma folha de papel ou cartolina. Decida se pretende utilizá-la na vertical ou na horizontal.

3 Trace, a lápis, pequenas linhas leves. Elas vão ajudá-lo a distribuir o conteúdo das informações. Lembre-se de reservar espaço para o título e para as imagens, como na ilustração abaixo.

JORGE ZAIBA

4 Escreva levemente as palavras ou frases selecionadas, usando letras de forma, no tamanho desejado. Lembre-se de que elas devem ser grandes, legíveis e bem delineadas. Escreva a lápis, assim você poderá fazer os ajustes necessários. Reserve lugar, no meio ou nas laterais, para as ilustrações. Deixe alguns espaços vazios para que texto e imagem sobressaiam.

5 Decida que cores pretende utilizar. Cores claras em um fundo também claro dificultam a leitura. Use preto, marrom, azul-escuro nas letras e detalhes em algumas outras cores para dar vida ao cartaz.

6 Complete seu cartaz. Se o cartaz já estiver como você deseja, desenhe cuidadosamente as letras. Para isso, você pode utilizar canetinhas, marcador, giz de cera... Utilize letras maiores para chamar a atenção para o texto principal.

7 Capriche nas imagens. Você pode fazer desenhos ou colagens. Se pretender fazer uma colagem, recorte e cole as imagens que usará. Se pretender usar desenhos, utilize-os como forma de trazer cor ao texto.

8 Divulgue seu cartaz. Pronto o cartaz, decida onde colocá-lo. Essa é uma questão muito importante, pois não adianta fazer um belo cartaz se ninguém o vir. Portanto, escolha cuidadosamente a localização para que muitos possam ter a oportunidade de lê-lo.

EXPOSIÇÃO ORAL DE PESQUISA

Há muito que contar sobre as histórias em quadrinhos. Que tal fazer uma pesquisa e descobrir coisas interessantes sobre a origem e o desenvolvimento das HQs no Brasil e no mundo? Depois você irá apresentar oralmente o resultado aos colegas e, no fim do ano, poderá publicá-lo no almanaque que será feito pela classe. Vamos lá?

Junte-se a um colega e sigam as orientações a seguir.

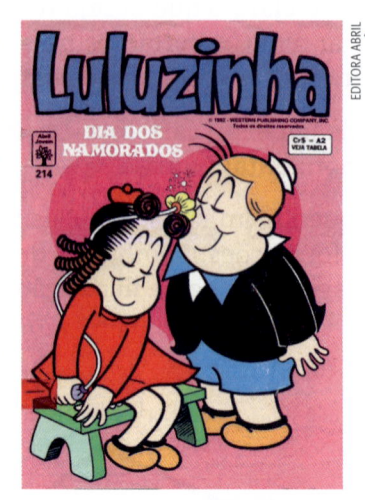

EDITORA ABRIL

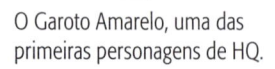

THE BRIDGEMAN LIBRARY/GRUPO KEYSTONE

O Garoto Amarelo, uma das primeiras personagens de HQ.

Antes de começar

Quando surgiram as HQs no mundo? E no Brasil? Que aventuras viveram as primeiras personagens das histórias em quadrinhos? Quando foram criados os super-heróis? Quem são os autores mais importantes?

Converse com seu colega de dupla: o que vocês gostariam de pesquisar sobre as histórias em quadrinhos? Escolham um aspecto para ser desenvolvido. Quando se decidirem, apresentem suas escolhas ao professor.

Planejando o roteiro

Vocês deverão planejar tanto a pesquisa quanto a exposição oral. Veja alguns passos importantes.

1 Definam um prazo para fazer a pesquisa, que deve ser realizada individualmente.

2 Pesquisem em fontes confiáveis (livros, enciclopédias, jornais, *sites* de universidades ou de instituições conhecidas etc.).

3 Selecionem as informações necessárias e anotem: fonte (nome do livro, do jornal ou endereço do *site*, nome do autor, da editora, data de publicação e número da página).

4 Juntem o material coletado e selecionem as informações mais importantes para montar o roteiro da exposição.

5 Combinem com o professor quanto tempo deve durar a exposição.

6 Ensaiem bem a parte de cada um.

MAURICIO DE SOUSA EDITORA LTDA.

Realizando a exposição oral

1. Se possível, usem transparências (no retroprojetor) ou cartazes com imagens e textos curtos e escritos com letras grandes, bem legíveis, ou usem a lousa.

2. Para iniciar a exposição, empreguem expressões como: "Nossa dupla vai falar sobre...", "Falaremos dos seguintes assuntos...", "O primeiro a se apresentar será...", "Ele tratará de..." etc.

3. Ao falar, dirijam-se diretamente ao público, evitando ler as anotações (o roteiro é só um apoio para o caso de vocês se esquecerem de algo).

4. Falem em voz alta e com calma; movimentem-se um pouco, mas sem exageros.

5. Usem linguagem adequada à situação: empreguem vocabulário que os colegas compreendam; evitem repetições, gírias e excesso de termos como *né*, *daí*, *aí*.

O estadunidense Will Eisner (1917-2005), um dos mais importantes criadores de quadrinhos, em um autorretrato.

Avaliando a produção oral

Participe de uma avaliação coletiva. Em relação a cada exposição, analise estes pontos com seus colegas.

- Os estudantes da dupla usaram um tom de voz adequado?
- Eles falaram diretamente ao público (em vez de apenas ler um texto)?
- Eles enriqueceram sua apresentação com cartazes?
- Foi possível entender a sequência de informações?
- A linguagem utilizada estava adequada ao nível de conhecimento dos colegas?
- A dupla respeitou o tempo estipulado?
- Qual foi o ponto alto de cada apresentação?

Frase: contexto e sentidos

1. Leia estes balões, que fazem parte de uma história em quadrinhos.

O que se diz em cada balão faz sentido para você? Por quê?

2. Leia agora a fala deste balão.

Quando uma pessoa diz "Eu também!", supõe-se que alguém lhe tenha dito algo antes. Imagine e escreva no caderno uma frase que poderia ter sido dita anteriormente, estabelecendo um diálogo.

Releia agora as mesmas falas na HQ de onde foram tiradas.

Laerte. *Folha de S.Paulo*, 19 maio 2007. Folhinha.

Quando são lidas no contexto da HQ, as falas abaixo ganham sentido.

– Vamos ao cinema?
– Vamos!
– Eu adoro filme de terror!
– Eu também.
– Três meias.

Frases que aparecem nos balões da HQ

> **Frase** é toda palavra ou grupo organizado de palavras, com sentido completo, que tem por finalidade estabelecer comunicação, de forma escrita ou oral.

3. Lendo todo o texto da HQ, as frases que as personagens dizem ganham sentido no contexto. Leia esta frase.

"Três meias".

a) Qual o sentido dessa frase na historinha?

b) Escreva essa mesma frase em outro contexto.

4. No último quadrinho, a mãe da personagem abre a porta do quarto e, no balão de fala, aparece um ponto de interrogação.

a) O que o rosto da mãe expressa?

b) Em sua opinião, qual frase poderia ficar no lugar do sinal de pontuação?

5. Identificamos as frases de acordo com a intenção que elas expressam. Leia estes quadrinhos e observe a fala da mãe de Ozzy.

Angeli. Ozzy 4 – *As lesmas carnívoras e outros amigos esquisitos*. São Paulo: Companhia das Letras, 2006.

A mãe de Ozzy diz a ele:

"Você não tomou a sopa!"

Se a situação fosse outra, ela poderia ter dito:

"Você não tomou a sopa?"

Ou ainda:

"Você não tomou a sopa."

Todas as frases acima escrevem-se com as mesmas palavras. Só que existem diferenças de sentido entre elas. Você saberia dizer quais são essas diferenças e como elas estão marcadas na escrita?

Reconhecemos os tipos de frases de acordo com a intenção que elas expressam. Na fala, por exemplo, além das palavras usadas e do contexto, a entonação, a pausa e os gestos ajudam a diferenciar uma frase de outra. Na escrita, a pontuação ajuda a criar um sentido para elas e a traduzir essa intenção.

6. Releia estas falas da HQ de Ozzy e indique qual é a intenção de cada uma delas.

a) "Ozzy, cadê a sopa?"

b) "Atirou onde, Ozzy?"

c) "Ah... Você não vai acreditar!"

Observando os pontos finais de cada frase e a intenção de cada uma, podemos classificar cada uma delas como interrogativas (frases a, b) e exclamativa (frase c).

Além de frases com intenção de perguntar algo (**frases interrogativas**) ou de expressar um sentimento ou emoção (**frases exclamativas**), existem outros tipos de frase.

7. Leia o trecho a seguir, em que o criador de Ozzy fala sobre a personagem.

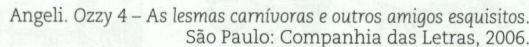

Amigos, Ozzy tem aos montes. Na escola, no clube, na rua, tem em todo lugar. Se bem que amigos mesmo, daqueles que nos acompanham por toda parte, ele só conta com as Lesmas Carnívoras Gigantes.

Angeli. *Ozzy 4 – As lesmas carnívoras e outros amigos esquisitos*. São Paulo: Companhia das Letras, 2006.

a) Releia a afirmação do autor.

> "Amigos, Ozzy tem aos montes."

Essa frase tem a intenção de perguntar ou declarar, afirmar, contar algo?

b) De que forma o autor reforça a afirmação de que Ozzy tem muitos amigos?

c) Após fazer essa afirmação, o autor dá outra informação. Veja.

> "Se bem que amigos mesmo, [...] ele só conta com as Lesmas Carnívoras Gigantes."

Lendo as declarações do autor, você acha que Ozzy tem ou não muitos amigos?

d) Que pontuação foi usada nessas declarações?

A frase que declara ou informa alguma coisa recebe o nome de **frase declarativa**.

Veja mais exemplos de frases declarativas neste fragmento de um livro em que se discute se HQs são literatura.

> Quadrinhos são quadrinhos. E como tais gozam de uma linguagem autônoma, que usa mecanismos próprios para representar os elementos narrativos. Há muitos pontos comuns com a literatura, evidentemente. Assim como há com o cinema, o teatro e tantas outras linguagens.
>
> RAMOS, Paulo. *A leitura dos quadrinhos*. São Paulo: Contexto, 2009, p. 17.

8. Além dessas, temos ainda mais outros tipos de frase. Releia.

> "Muito bem, diga onde escondeu o maldito prato."

Essa frase, tal como aparece na HQ, tem intenção de perguntar, dar uma informação ou uma ordem?

A **frase** cuja intenção é fazer com que o interlocutor faça algo recebe o nome de frase **imperativa**. Geralmente, exprime proibição, conselho, instrução, sugestão ou convite.

E temos ainda a **frase optativa**, em que se expressa um desejo.

> "Tomara que chova /Três dias sem parar." (Marcha de Carnaval)

1. Leia o fragmento abaixo.

> ### Quer aprender a decorar o interruptor do seu quarto? Então vem!
>
> Essa dica é super simples e fica a coisa mais fofa do mundo! Um espelho de luz que tenha a sua cara e que combine com o resto da decoração do seu quarto.
>
> **Tudo o que você vai precisar é:**
> Cola
> Pincel
> Tesoura
> Tecido fofo
> Estilete (*mas toma cuidado com ele, hein!*)
>
>
>
> Blogue da Revista *Atrevidinha*. Disponível em: <http://atrevidinha.uol.com.br/category/blog/page/2/>. Acesso em: 17 nov. 2014.

a) Qual a intenção de cada frase que aparece no título do *post*?

b) Você acha que a autora do blogue espera respostas quando formula as duas primeiras frases de cada bloco? Explique.

2. Nos trechos a seguir, indique o que expressam as frases destacadas.

a)

> – Tome a sua sopinha de aipim, vamos. O aipim é deste ano, eu mesmo lavei.
> – **Argh**!
> – Hoje ela tem até um pouquinho de sal. **Coragem**...
>
> VERÍSSIMO, Luís Fernando. Evolução. In: _____. O nariz. São Paulo: Ática, 2003. (Col. Para Gostar de Ler, v. 14).

b)

> "Estremeci como se acordasse de um sonho, e levantei-me às pressas. Dei com o mestre, olhando para mim, cara fechada, jornais dispersos, e ao pé da mesa, em pé, o curvelo. Pareceu-me adivinhar tudo.
> – **Venha cá**!, bradou o mestre."
>
> ASSIS, Machado de. Conto de Escola, In: *Histórias sobre Ética*. São Paulo: Ática, p. 24.

3. Leia a tira abaixo.

BROWNE, Dik. *Hagar, o horrível*. Rio de Janeiro: Ópera Gráfica Coleção King Komix, nº 4.

a) Com base no assunto da história, a quem você imagina que essa HQ se dirige: a crianças, adolescentes ou adultos? Explique sua resposta.

b) Localize as frases imperativas nos balões. Elas indicam ordem, conselho, instrução ou proibição?

c) Escreva uma frase imperativa em que a intenção seja expressar uma proibição em relação a um local que se deve evitar.

4. Leia esta tira.

Adão. *Folha de S.Paulo*, 6 dez. 2003. Folhinha.

a) A personagem, no primeiro quadrinho, faz uma pergunta aos gatos, mas ela mesma responde com uma frase exclamativa. Qual a verdadeira intenção dela ao formular a pergunta?

b) Nos quadrinhos, o uso do sinal de exclamação reforça várias frases da menina. Que frases são essas?

c) Releia.

“Não entendo por que vocês comem essas coisas!!”

A personagem poderia ter dito essa frase de outra forma. Veja.

Por que vocês comem essas coisas?

Com essa mudança, qual seria a diferença de sentido?

5. Leia.

- Não use a privada como lixeira ou cinzeiro e nunca acione a descarga à toa, pois ela gasta muita água.

- Limpe os restos de comida dos pratos e panelas com esponja e sabão e, só aí, abra a torneira para molhá-los.

- Adote o hábito de usar a vassoura, e não a mangueira, para limpar a calçada e o pátio da sua casa.

- Junte bastante roupa suja antes de ligar a máquina ou fazer uso do tanque.

Fonte: Sabesp. Disponível em: <http://www.sabesp.com.br/CalandraWeb/CalandraRedirect/?temp=4&proj=sabesp&pub=T&db=&docid=EB0921FE7BA4EC33832571FF006773F5>. Acesso em: 2 ago. 2010.

Essas frases são parte de uma campanha para conscientizar a população da necessidade de economizar água, feita pela Companhia de Saneamento Básico do Estado de São Paulo. Elas expressam proibição ou conselho?

6. Em algumas situações, uma única palavra pode ter o valor de uma frase. Leia o cartum abaixo.

Angeli. *Ozzy 4 – As lesmas carnívoras e outros amigos esquisitos.* São Paulo: Companhia das Letras, 2006.

a) É verdade que "Ozzy não tem medo de nada!"? Explique.

b) Nesse cartum, qual é a palavra que corresponde a uma frase?

c) O que essa frase expressa, nesse contexto?

7. A frase que você escreveu é constituída por uma interjeição. Uma interjeição, sozinha, pode constituir uma frase. Exemplo: "Uai! Mas você já chegou?". Volte ao cartum de Ozzy e identifique outra interjeição. O que ela expressa?

Como você já sabe, fala e escrita são duas modalidades da língua, cada uma com suas características.

Na fala, a forma de pronunciar a frase, ou seja, sua entonação, geralmente já indica a intenção do falante: perguntar, afirmar, ordenar, pedir alguma coisa, tentar convencer, expressar um sentimento. Caso haja desentendimentos, as pessoas podem esclarecer suas dúvidas diretamente uma com a outra.

Na escrita, autor e leitor do texto não estão frente a frente. Para evitar dificuldades de compreensão, a escrita dispõe de vários recursos, entre eles a pontuação, usada para criar sentidos e exprimir intenções.

1. Leia as frases retiradas de um portal da internet. Depois faça no caderno um quadro, como o que reproduzimos abaixo, e complete-o adequadamente, observando a intenção de cada frase.

Frase	Intenção	Sinal de pontuação no final da frase	Tipo de frase
É a partir do vilão que as histórias acontencem.			
Mas não ligo mais.			
Quem você quer que vença?			
"Show de bola, Rio!"			
Esperamos que a canção atinja o número um de vendas para conseguir muitos fundos.			
Dê uma olhada nos principais tópicos abordados no filme.			

Frases disponíveis em: <www.uol.com.br>. Acesso em: 15 nov. 2014.

2. No caderno, pontue estes trechos adequadamente, de acordo com a intenção indicada entre parênteses.

   a) Ozzy não quer mesmo pular do trampolim (fazer uma declaração)

   b) Ozzy não quer mesmo pular do trampolim (pedir a Ozzy que pule do trampolim)

   c) Ozzy não quer mesmo pular do trampolim (mostrar indignação, contrariedade)

ANGELI

3. Agora leia as três frases acima para um colega, com a entonação adequada ao sentido e à intenção expressos por você. Depois peça a ele que escolha outras três para ler em voz alta com a entonação adequada à intenção das frases.

LEITURA 2

ANTES DE LER

1. Leia o título do texto a seguir. Você sabe o que quer dizer a palavra **travessura**? Se não souber, consulte o dicionário ou converse com os colegas.

2. Podemos pensar que o texto a seguir faz parte de uma série de histórias? Por quê?

Você vai ler a seguir uma das primeiras tentativas de narrar uma história integrando texto e desenho: Juca e Chico – História de dois meninos em sete travessuras. Escrita originariamente em alemão, em 1865, essa história foi traduzida para o português pelo poeta Olavo Bilac, em 1905.

Atenção: os quadrinhos devem ser lidos na vertical: primeiro, a coluna da esquerda e, depois, a coluna da direita de cada página.

Sexta travessura

Chegou a Semana Santa.
Há tanta encomenda, tanta,
Que andam todos ligeiros
Padeiros e confeiteiros...

E o Juca e o Chico namoram
Os doces, e quase choram.
Mas, como entrar, se, matreiro,
Fechara a porta o padeiro?

Só há um meio. Qual é?
Entrar pela chaminé!

ILUSTRAÇÕES: WILHELM BUSCH. TRADUÇÃO DE OLAVO BILAC. 11ª E. SÃO PAULO: MELHORAMENTOS.

Tudo depende de jeito...
E pronto! Foi dito e feito!
Vêm os dois num trambolhão,
Mais pretos do que carvão.

Mas, paf! – ó sorte mesquinha!
Caem dentro da farinha.

E ei-los, dos pés ao nariz
Todos brancos como giz,

ILUSTRAÇÕES: WILHELM BUSCH. TRADUÇÃO DE OLAVO BILAC. 11ª E. SÃO PAULO: MELHORAMENTOS.

Atirando-se gulosos
Aos biscoitos saborosos.

Zás-trás! Parte-se a cadeira!
Vem a penca lambareira,

Por cúmulo da desgraça,
Mergulhar dentro da massa!

Vejam só que cataplasmas!
Até parecem fantasmas!

E entra o padeiro... É agora!
Soou a última hora!

E, como por encanto
Transformam-se em pães, – enquanto

O diabo esfrega o olho,
Um pimpolho e outro pimpolho.

Eia! Ao forno para assar!
Ninguém os pode salvar...

E aí estão os dois acabados,
Cheirosos, louros, tostados.

"Era uma vez! Afinal..."
Dirão todos. – Porém, qual!

Rap... rap... Os dois diabinhos,
Como dois ratos daninhos,
Roem a casca do pão,
E safam-se da prisão.

Foi essa a sexta dos dois...
Houve outra logo depois.

BUSCH, Wilhelm. *Juca e Chico – História de dois meninos em sete travessuras*. Trad. por Olavo Bilac. São Paulo: Melhoramentos, 1905. Disponível em: <http://www.unicamp.br/iel/memoria/Ensaios/LiteraturaInfantil/jucaechico/jcsexta.htm>. Acesso em: 28 abr. 2015.

Antes de iniciar o estudo do texto, tente descobrir o sentido das palavras que você não conhece pelo contexto em que elas aparecem. Se for preciso, consulte o dicionário.

1. Como são os dois protagonistas da história?

2. Qual é o primeiro obstáculo que Juca e Chico enfrentam nessa aventura?

3. Que solução encontram para vencer tal obstáculo?

4. Releia.

> "Vejam só que cataplasmas!
> Até parecem fantasmas!"

a) A quem o autor se dirige quando diz: "Vejam"?

b) Por que ele chama os meninos de cataplasmas?

5. Releia o fragmento abaixo. Depois explique como você entendeu o trecho em destaque.

> "E, **como por encanto**
> Transformam-se em pães, – enquanto
> O diabo esfrega o olho,
> Um pimpolho e outro pimpolho."

WILHELM BUSCH. TRADUÇÃO DE OLAVO BILAC. 11ª E. SÃO PAULO: MELHORAMENTOS.

6. Agora vamos comparar alguns aspectos da história de Juca e Chico com as histórias em quadrinhos atuais que você conhece.

Desenhe este quadro no caderno e preencha-o. Considere o tipo de desenho, as cores, a organização da história, a maneira de representar os movimentos e a feição das personagens.

	"Sexta travessura"	Quadrinhos atuais
Sequência de leitura dos quadrinhos		
Cores e traçado		
Linguagem		
Expressão das personagens		

Protagonista: personagem principal de uma peça teatral, um filme, uma tira etc.

Cataplasma: pasta amolecida feita de farinhas, polpas ou pó de raízes e folhas que se aplica sobre a parte inflamada ou dolorida do corpo. A palavra também é usada com o sentido de "pessoa mole, lerda".

Sobrinhos do Capitão

A primeira série em quadrinhos da forma como os conhecemos hoje se chama **Sobrinhos do Capitão** e foi criada por um alemão naturalizado estadunidense, Rudolph Dirks, em 1914. Conta as aventuras de Hanz e Fritz, irmãos gêmeos que adoram "aprontar" e pregar peças na vizinhança. As vítimas preferidas são os dois moradores da pensão da mãe dos pestinhas: o Capitão e o Coronel. Jornais do mundo todo já publicaram as aventuras dos dois.

7. Algumas palavras que aparecem na história "Sexta travessura" são pouco usadas hoje em dia. Escolha em cada quadro a palavra que corresponderia hoje ao termo destacado. Se precisar, consulte o dicionário.

a) "Mas, como entrar, se, **matreiro**, Fechara a porta o padeiro?"

irritado	esperto	inteligente

b) "Zás-trás! Parte-se a cadeira! Vem a **penca lambareira**,"

turma bagunceira	dupla gulosa	dupla odiosa

c) "E, como por encanto Transformam-se em pães, – enquanto O diabo esfrega o olho, Um **pimpolho** e outro pimpolho."

tipo de pão	menino	visitante indesejado

d) "Rap... rap... Os dois diabinhos, Como dois ratos daninhos, Roem a casca do pão, E **safam-se** da prisão."

roubam	tiram	escapam

8. Na unidade anterior, você viu que sentido figurado é um novo sentido que as palavras ou expressões adquirem em certos contextos. Em quais destes trechos o autor utiliza linguagem figurada?

a) "E o Juca e o Chico namoram Os doces [...]"

b) "[...] andam todos ligeiros Padeiros e confeiteiros."

c) "Como dois ratos daninhos, Roem a casca do pão, E safam-se da prisão."

9. Observe este verso do texto:

Todos brancos como giz.

a) Por que o poeta compara os meninos ao giz?

b) O que a farinha e o giz têm em comum?

c) O autor utilizou uma comparação ao descrever os meninos. Procure mais uma comparação no texto "Sexta travessura".

d) Qual é a palavra que estabelece a comparação nos dois casos?

Variedades linguísticas

Você notou como a língua sofre variação através do tempo? Além de serem escritas de diferentes modos em diferentes épocas, as palavras também "aparecem" e "desaparecem". Você encontrou no texto "Sexta travessura" palavras que hoje em dia são pouco usadas, são usadas com outro significado ou deixaram de ser empregadas. Por outro lado, muitas outras palavras vão sendo incorporadas ao idioma.

• Das palavras que você usa, quais provavelmente não seriam conhecidas dos leitores de *Juca e Chico* na época da publicação da história?

Além da variação no tempo, a língua pode apresentar variação de região para região do Brasil. As pessoas não usam a língua do mesmo modo em todas as situações de sua vida: elas falam de um jeito com os amigos, de outro com o diretor da escola, e assim por diante. Essa propriedade de sofrer mudanças dá origem ao que chamamos de **variedades linguísticas**.

WILHELM BUSCH. TRADUÇÃO DE OLAVO BILAC. 11ª E. SÃO PAULO: MELHORAMENTOS.

1. Leia este trecho de uma entrevista com Mauricio de Sousa, criador da Turma da Mônica, em que ele fala sobre o futuro dos gibis.

Com a internet, o celular e a preocupação com o consumo de papel, existe um futuro para os gibis?

❝ O papel pintado ainda vai durar muito tempo. Há uma diferença gigantesca entre a atenção que as crianças dão ao que está no papel e a dedicada ao que aparece nos equipamentos modernos, como video game e computador. Meu filho Maurício ouve música com três telas ligadas, joga video game e estuda ao mesmo tempo. Para quem é mais velho parece estranho, mas as crianças de hoje conseguem fazer isso normalmente. Quando uma criança pega um gibi, contudo, ela se isola totalmente do mundo. Fica completamente mergulhada na história. Com isso, o gibi ou o livro ajudam os pequenos a se concentrar. O cérebro deles estabelece uma prioridade, o que é ótimo para o aprendizado e a memória. Se eles lerem gibis cinco minutos por dia, o papel nunca vai desaparecer. ❞

Revista *Veja*. São Paulo, Abril, 4 fev. 2009.

a) Segundo o entrevistado, qual a importância da leitura de gibis para as crianças?

b) Para Mauricio de Sousa, as crianças se concentram mais quando leem um gibi do que quando estão na internet ou jogando *video game*. Você concorda com ele? Por quê? Isso acontece com você?

c) Você acha que no futuro vão existir gibis? Explique.

d) Algumas pessoas acham que ler um gibi ou as tiras que saem no jornal não tem o mesmo valor que ler um livro. Diga se você concorda com essa opinião e por quê.

2. Leia a tira abaixo.

O COMEÇO DA BELEZA...   O ESPETÁCULO DELA...   E O SEU FIM TRÁGICO.

Disponível em: <http://www.cbpf.br/~eduhq/html/tirinhas/tirinhas_assunto/meioambiente/meioambiente.php?pageNum_Recordset1Meioambiente=19&totalRows_Recordset1Meioambiente=173>. Acesso em: 26 nov. 2014.

a) Esta tira foi criada para um *site* educacional. Com que intenção ela foi produzida?

b) Que outras situações poderiam ser ilustradas em uma tira que tivesse o mesmo objetivo?

HISTÓRIA EM QUADRINHOS

Você vai reunir tudo o que sabe a respeito de HQs para montar sua própria história em quadrinhos. Ela poderá fazer parte de um gibi da classe e também será lida por todos os leitores do almanaque que será produzido no final do ano.

Antes de começar

Conheça algumas etapas importantes na produção dos quadrinhos.

1 Os quadrinhos são produzidos com base em um argumento, isto é, uma ideia geral da narrativa, uma espécie de resumo em que são apresentados o começo, o meio e o fim da história. Veja um exemplo de argumento que poderia ter dado origem à tira a seguir.

Um rato e um morcego conversam em um local sombrio. O morcego está feliz, contando ao rato que provou um sangue muito saboroso e descrevendo as maravilhas do "delicioso jantar": vermelho, denso, adocicado. O rato diz, irritado, que ele certamente mordera um frasco de *ketchup*.

> **NÃO DEIXE DE LER**
>
> • *Dom Quixote das crianças – Em quadrinhos*, de Monteiro Lobato, editora Globo
>
> Traz as melhores aventuras do cavaleiro andante, personagem da obra clássica *Dom Quixote de la Mancha*, de Miguel de Cervantes, contadas por Dona Benta.

GONSALES, Fernando. Disponível em: <http://www2.uol.com.br/niquel/bau.shtml>. Acesso em: 9 set. 2010.

2 Em seguida, o argumento é desenvolvido em um esboço inicial, um rascunho, no qual se define a sequência dos quadrinhos, distribuem-se as personagens no cenário, colocam-se as falas e molduras. Veja um exemplo.

3 Os desenhos são, então, finalizados.

Planejando o texto

Comece a criar sua HQ. Siga estes passos.

1. Decida quem serão as **personagens** da história: como se comportam, como se vestem, o que fazem etc. No caderno, faça alguns esboços das figuras. Atenção: você pode fazer desenhos bem esquemáticos, com poucos detalhes, diferenciando uma personagem da outra por meio de algum detalhe (a cor da roupa, um enfeite no cabelo etc.).

2. Invente uma história capaz de atrair a atenção de seus leitores (os colegas, o professor e, eventualmente, leitores de fora da escola). Lembre-se de que muitas HQs se baseiam em algum mal--entendido, no duplo sentido de uma palavra, no exagero etc.

Robson Moura

- Como qualquer narrativa, a história em quadrinhos começa apresentando uma situação inicial, em que o leitor vê quem são as personagens e o que estão fazendo.
- Surge então um obstáculo ou uma nova personagem que vai mudar a situação inicial.
- Há uma sequência (curta ou não) de ações das personagens.
- Por fim, tudo se resolve (bem ou mal): o conflito é resolvido, ou o obstáculo, superado.

Nas histórias em quadrinhos, em geral o final surpreende o leitor, mostrando algo diferente do que ele imaginava.

Escreva no caderno o argumento (resumo) de sua história.

3. Desenvolva o argumento transformando-o em um esboço, um rascunho, planejado quadro a quadro. Faça os desenhos a lápis. Use diferentes tipos de balão, diferentes tipos e tamanhos de letra, onomatopeias, interjeições etc.

4. Escreva a lápis as falas nos balões e as onomatopeias.

> **Atenção**
> - Um erro muito comum é finalizar os desenhos antes de decidir o texto que acompanhará cada imagem. Quando chega a hora de preencher os balões, descobre-se que o espaço é insuficiente. Aí é tarde. Planeje, então, o desenho e o texto simultaneamente.
> - É importante utilizar os recursos que estudamos: tipos diferentes de balão, onomatopeias e interjeições.
> - A linguagem das personagens deve ser adequada à idade delas e à situação que está sendo narrada.

Autoavaliação e reescrita

Antes de finalizar os quadrinhos, avalie sua produção.

- É possível compreender o que as personagens fazem e a sequência dos acontecimentos?
- É possível reconhecer cada personagem nos diferentes quadrinhos?
- Foram utilizados recursos característicos dos quadrinhos, como diferentes tipos de balão, interjeições e onomatopeias?
- A linguagem está adequada às personagens?
- As palavras foram escritas corretamente?
- A pontuação pode ajudar os leitores a compreender o sentido e a intenção das frases?

Faça as correções necessárias e cubra todo o texto com caneta hidrográfica preta de ponta fina. Finalize os desenhos, corrigindo eventuais falhas e colorindo-os.

Com a orientação do professor, junte-se aos colegas para montar um gibi da classe.

- Tirem cópias das HQs e guardem as originais para serem aproveitadas no projeto no final do ano: **o almanaque**.
- Montem o gibi com as cópias e façam uma capa para ele.

Que tal levar o gibi da classe a outros leitores? Façam algumas cópias do gibi e exponham em algum lugar bem visível na biblioteca com um cartaz convidando todos a lerem a produção de vocês.

NÃO DEIXE DE ACESSAR

- **www.meninomaluquinho.com.br**
  Site do Menino Maluquinho, personagem de Ziraldo, com tirinhas, brincadeiras, piadas etc.

REVISORES DO COTIDIANO

Episódio 2

QUANTA ESTÚDIO

A professora de Nina e Leo resolveu propor um desafio. Ela fotografou uma frase escrita no para-choque de um caminhão e apresentou a foto aos alunos, perguntando:

a) O que há de errado nesta frase?

b) Compare a pronúncia das palavras escritas no para-choque com a pronúncia das palavras escritas corretamente. Em que a pessoa que escreveu essa frase deve ter se baseado para grafar as palavras desse modo?

JOSÉ EDUARDO RODRIGUES CAMARGO

Nina e Leo conseguiram dar uma boa explicação. Que explicação foi essa?

Os sons da língua

Fonema e letra

1. Leia estes versos, prestando atenção às palavras destacadas.

Na **caixa** esquecida
me espera uma **chave** de
justa medida
mas já não importa
enquanto a buscava
perdi a porta.

COLASANTI, Marina.
Que fim levam?
In: _____. *Minha ilha maravilha*. São
Paulo: Ática, 2007.

a) Qual é o som que se repete nas palavras destacadas?

b) Esses sons estão representados na escrita por quais letras?

2. Leia estes versos do texto "Sexta travessura", prestando atenção no som das palavras destacadas.

"Tudo depende de **jeito**...
E pronto! Foi dito e **feito**!"

Qual é o som da palavra **jeito** que a diferencia de **feito**?

Os **sons** que você identificou nessas palavras recebem o nome de **fonemas**.

> **Fonema** é o menor elemento sonoro, em uma palavra, que permite diferenciá-la de outra. Por exemplo, o som do **f** é o único elemento sonoro que diferencia **fado** de **dado**. Dizemos, então, que o som do **f** é um fonema.

3. As letras não devem ser confundidas com os fonemas, que são sons; elas servem para representá-los na escrita. Observe as letras destacadas nas palavras a seguir e compare como você as pronuncia e como elas são grafadas na escrita. No caderno, escreva suas conclusões.

a) fe**ch**adura, **qu**eijo, tel**h**ado, te**rr**a, pa**ss**agem, san**gu**e;

b) **c**idade, **c**obertura;

c) tá**x**i, a**x**ila;

d) a**c**ender, **s**ino, trou**x**e, pi**sc**ina, ma**ç**ã, ma**ss**a.

> **O alfabeto**
> O alfabeto da língua portuguesa é composto por 26 letras:
> a, b, c, d, e, f, g, h, i, j, k, l, m, n, o, p, q, r, s, t, u, v, w, x, y, z.

> **Som e letra**
> - o som do **x** em **xícara** e do **ch** em **China** é representado por / ʃ /;
> - o som do **c** em **cebola** e do **s** em **sapo** é representado por /s/;
> - o som do **j** em **jato** e do **g** em **gente** é representado por /ʒ/.

Vogais e consoantes

Os fonemas classificam-se em **sons vocálicos**, ou seja, as vogais, e **sons consonantais**, ou seja, as consoantes.

Leia estes versos e observe as letras destacadas.

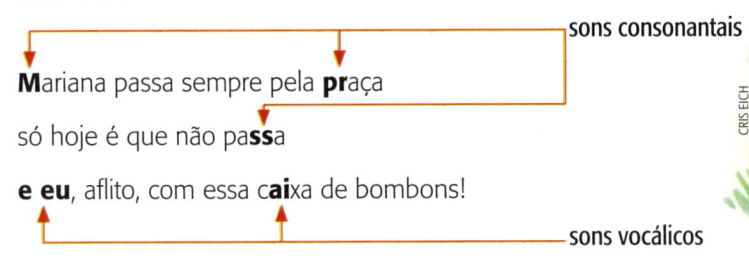

sons consonantais

Mariana passa sempre pela **pr**aça

só hoje é que não pa**ss**a

e eu, aflito, com essa c**ai**xa de bombons!

sons vocálicos

CAPARELLI, Sérgio. "Eu e os bombons". In: *Restos de arco-íris*. Porto Alegre: L&PM, 1985.

> Cada grupo de sons pronunciado de uma só vez recebe o nome de **sílaba**.

1. Releia este verso dividido em sílabas.

e - eu - a-fli-to - com - es-sa - cai-xa - de - bom-bons!

a) Em qual dessas sílabas não aparece nenhum som vocálico?

b) E nas sílabas das outras palavras dos versos de Sérgio Caparelli, acima?

c) O que é posssível concluir dessa observação?

2. Releia este fragmento do texto "Sexta travessura".

"Por cúmulo da desgraça,
Mergu**lh**ar dentro da ma**ss**a!"

a) Quantos sons o grupo de letras destacado representa?

b) Você se lembra de outros casos em que podemos utilizar combinações de letras que representam um só fonema?

> A combinação de duas letras para representar um único som é chamada de **dígrafo**.

3. Releia estes versos, observando o som das consoantes destacadas.

"Tudo depende de jeito...
E pronto! Foi dito e feito!
Vêm os dois num **tr**ambolhão,
Mais **pr**etos do que ca**rv**ão."

a) As consoantes destacadas formam dígrafos? Por quê?

b) Essas consoantes estão na mesma sílaba ou em sílabas diferentes?

> A sequência de duas ou mais consoantes em uma palavra chama-se **encontro consonantal**.

4. Conhecer os dígrafos e encontros consonantais é útil quando surge a necessidade de fazer a divisão de uma palavra em sílabas.Leia este trecho de uma crônica publicada em um jornal.

> [...]
> Invejo quem não tem carro, nem carta ou carteira de motorista. Vai a lugares a pé, usa "condução" ou bicicleta, e volta de carona ou racha um táxi. Nunca soprou num bafômetro. Não estão em extinção. Negam a revolução industrial. São pessoas mais econômicas e descomplicadas. Talvez por isso, mais felizes.
> [...]
>
> PAIVA, Marcelo Rubens. Me exponho logo existo. *O Estado de S.Paulo*, São Paulo, 17 maio 2014. Cultura.

a) Quais palavras aparecem com separação de sílaba? Há outras possibilidades de se fazer essa separação?

b) Observe agora os dígrafos e encontros consonantais selecionados abaixo. No caderno, separe as sílabas destas palavras.

necessidade

carro

pessoas

agressão

excelente

5. Observe agora as duas palavras destacadas nos versos de "Sexta travessura".

> "Soou a última **hora**!"
> "**Houve** outra logo depois."

a) Quantas letras existem em cada uma das palavras destacadas? E quantos fonemas?

b) Explique a diferença entre o número de letras e o de fonemas nessas palavras.

6. Observe agora os grupos de vogais destacados nos fragmentos da história "Sexta travessura".

E aí estão os dois acabados,
Cheirosos, louros, tostados.

Rap... rap... Os dois diabinhos,
Como dois ratos daninhos,
Roem a casca do pão,
E safam-se da prisão.

Quais meninos caíram na massa?

> Ao encontro de **dois sons vocálicos** em uma única sílaba, chamamos **DITONGO.**
>
> Exemplos: histór**ia**, f**au**na, f**ei**to.
>
> Ao encontro de **três sons vocálicos** em uma única sílaba, chamamos **TRITONGO**.
>
> Exemplos: ig**uai**s, sag**uão**, Urug**uai**.
>
> Ao encontro de **sons vocálicos em sílabas diferentes**, chamamos **HIATO**.
>
> Exemplos: s**aú**de, s**aí**da, m**oí**da.

a) Verifique quantas vogais há em cada grupo.

b) Diga em quantas sílabas cada um é pronunciado.

Capa da 11ª edição de *Juca e Chico*, de W. Busch.

1. Observe as falas da personagem Cebolinha nesta tira.

SOUSA, Mauricio de. Disponível em: <http://www.monica.com.br/index.htm>. Acesso em: 10 set. 2010.

a) Nesses quadrinhos, vemos uma das características utilizadas pelo autor para compor a personagem Cebolinha. Qual é?

b) Como uma pessoa que não tivesse essa característica diria as mesmas palavras?

c) No caderno, identifique os encontros consonantais nessas palavras.

d) Esse grupo de sons aparece na mesma sílaba ou em sílabas separadas?

2. Neste trecho da notícia, há vários encontros consonantais. Leia o texto rapidamente e veja se consegue não tropeçar ao pronunciar esses encontros consonantais.

a) Dentre os grupos consonantais destacados, quais deles você teve dificuldade em pronunciar rapidamente? Eles estavam em sílabas separadas ou em uma mesma sílaba?

b) Por que você acha que esses grupos de consoantes foram mais difíceis de pronunciar?

c) Os encontros consonantais que você pronunciou com mais facilidade se encontram em sílabas diferentes ou em uma mesma sílaba?

3. Leia agora este fragmento de uma fábula, observando os grupos consonantais destacados.

Servidores da Cultura iniciam greve hoje, durante Semana Nacional de Museus

O in**st**ituto confirmou que os seus 30 museus não vão a**br**ir durante a greve, mas o **pr**esidente do Ibram, Angelo Oswaldo, ex**pl**icou que o evento tem uma **pr**ogramação que vai além de seus próprios espaços e ace**rv**os.

Disponível em: <http://agenciabrasil. ebc.com.br/cultura/noticia/2014-05/ servidores-da-cultura-iniciam-greve-durante-semana-nacional-de-museus>. Acesso em: 8 set. 2014.

O rei dos macacos e dois homens

Tendo perdido o cami**nh**o, dois compa**nh**eiros que cami**nh**avam, depois de terem andado muito, **ch**egaram à te**rr**a dos Macacos. Foram, então, levados ante o rei, que vendo-os di**ss**e: — Em vossa te**rr**a, e dos lugares de onde vindes, o que dizem de mim e de meu reino? Um dos homens respondeu: — Dizem que sois um rei **gr**andioso, de gente sábia e culta. [...]

Disponível em: <http://www. dominiopublico.gov.br/download/texto/ ea000378.pdf>. Acesso em: 8 set. 2014.

a) Nessas palavras também aparecem duas consoantes juntas. Podemos dizer que são encontros consonantais? Explique.

b) Separe as sílabas das palavras em que aparecem esses grupos consonantais e, depois, diga a que conclusão você chegou quanto à separação das letras que formam um dígrafo.

4. Leia em voz alta as palavras a seguir.

a) Como você pronuncia as letras destacadas em cada uma delas?

bem	vem	porém	também	três

b) Agora leia em voz alta este outro grupo de palavras.

caixa	caixote	peixe	faixa	enfaixado

Como a maioria das pessoas que você conhece as pronuncia no dia a dia?

> **Na fala é diferente**
>
> Na fala do brasileiro, com frequência aparecem ditongos que não existem na escrita (**bem**/**beim**) e desaparecem ditongos que existem na escrita (**caixa**/**caxa**).

5. Na tira a seguir, temos exemplo de pronúncia típica de certas regiões. Leia.

CEDRAZ, Antônio. Disponível em: <http://www.xaxado.com.br/quadrinhos/tiras.html>. Acesso em: 6 maio 2010.

a) Como a personagem Zé pronuncia a palavra **primeira**? Na pronúncia de Zé, há ditongo?

b) A palavra **goleiro**, no último quadrinho, tem o ditongo **ei** (assim como **primeira**). Por que, provavelmente, essa palavra foi escrita de acordo com a norma-padrão, e **primeira** não?

c) Como você pronuncia as palavras **primeiro** e **goleiro**?

> **Norma-padrão:** conjunto sistematizado de regras que tem como objetivo orientar e normatizar o uso da língua. É a língua registrada nas gramáticas. Espera-se que, nos momentos de comunicação mais formais, empregue-se uma linguagem o mais próxima possível da norma-padrão.

6. Leia as duas tabuletas.

a) Qual das tabuletas apresenta as palavras com a grafia que consta nos dicionários?

b) A dúvida do rapaz justifica-se? Explique.

1. (Saresp) Leia o texto e responda à questão.

Ziraldo. *Menino Maluquinho*. Disponível em: <http://www.meninomaluquinho.com.br/PaginaTirinha/>. Acesso em: out. 2008.

No segundo quadrinho, o ponto de interrogação indica que a menina:

a) ficou alegre com o que o Maluquinho falou.

b) ficou com raiva do que o Maluquinho disse.

c) quer dar uma opinião sobre a fala de Maluquinho.

d) quer saber o que Maluquinho quis dizer.

2. (Saresp) Leia o texto e responda à questão.

O mágico errado

Arquibaldo era um mágico. Exatamente. Um homem capaz de realizar maravilhas. Ou de maravilhar outras pessoas, se preferir. Mas havia um probleminha. E probleminha é modo de dizer, porque ele achava um problemão. Arquibaldo era um mágico diferente. Um mágico às avessas, sei lá como dizer. […]

Este era o problema de Arquibaldo. Ele não sabia. Não conseguia, por mais que se concentrasse. Ele tirava bichos da cartola e do lenço. Era capaz de passar o dia inteirinho tirando bichos. Mas, se falasse: "Vou tirar…" Pronto! Tirava tudo que era bicho, menos o bicho anunciado. Por isso, andava tristonho da vida.

Arquibaldo recordava-se dos espetáculos no circo. Embora preferisse nem lembrar. O apresentador apresentava com ar solene e voz emocionada.

— E agora, com vocês, Ar-qui-bal-do, o maior mágico do mundo!

GALDINO, Luiz. *O mágico errado*. São Paulo: FTD, 1996. Adaptado.

Observe:

"— E agora, com vocês, **Ar-qui-bal-do**, o maior mágico do mundo!"

A palavra grifada foi dividida em sílabas para:

a) imitar o modo como o apresentador fala em circo.

b) explicar direito como se pronuncia o nome Arquibaldo.

c) criar uma dúvida sobre os poderes do mágico.

d) indicar que a mágica será muito perigosa.

3. (Saresp) Leia o texto e responda à questão.

ZIRALDO, *As melhores tiradas do Menino Maluquinho*. São Paulo: Melhoramentos, 2000.

No terceiro e quarto quadrinhos, as expressões IUPII! RÁ!, RÁ!, RÁ!, UAU!, IÉÉÉ!
indicam:

a) alegria.

b) espanto.

c) raiva.

d) susto.

4. (Prova Brasil) Leia o texto a seguir.

WATTERSON, Bill. *Algo babando embaixo da cama.* [s.l.] Cedibra, 1988. p.99.

O trecho "OS ANIMAIS NÃO PODEM PAGAR CONDOMÍNIOS!" foi escrito com letras maiores no texto para:

a) destacar o autoritarismo da personagem.

b) expressar a revolta da personagem contra o amigo.

c) indicar que a personagem está preocupada em pagar condomínio.

d) ressaltar que o personagem está gritando.

Encerrando a unidade

- Nesta unidade você pôde conhecer as principais características de uma HQ; conheceu os recursos linguísticos empregados para produzir o texto em uma HQ; refletiu sobre a construção da frase e os sons da língua e suas representações na escrita. Com base no que você aprendeu, responda:

1. Você entendeu quais são as principais características das histórias em quadrinhos?

2. Acredita que, nas próximas vezes em que ler uma HQ, poderá fazer uma leitura mais crítica, analisando os recursos expressivos utilizados pelo autor? Explique.

3. Como podemos perceber a intenção de uma frase na escrita e na fala?

4. Você saberia explicar a alguém a diferença entre fonema e letra?

5. Com qual das produções você se envolveu mais: a escrita ou a oral? Por quê?

A imagem como fonte histórica

Das cavernas aos muros da cidade

No século XIX, somente os textos escritos eram considerados fontes históricas. Mas será que os povos da Pré-História, época em que ainda não havia a escrita, não tinham História? Com os avanços dos estudos históricos, todo e qualquer vestígio do passado (material ou não material) sobre determinada sociedade passou a ser considerado um elemento importante para fornecer informações sobre o modo de vida de povos do passado e do presente.

Do mesmo modo que a imagem é importante na construção dos sentidos das HQs, como você viu na unidade 2, para os historiadores, a imagem é considerada uma importante fonte de informação na construção da história de um povo.

1. Observe a imagem abaixo. Ela é uma pintura rupestre feita em uma caverna do Brasil no período da Pré-História.

PALÉ ZUPPANI/PULSAR IMAGENS

Pintura rupestre em São Raimundo Nonato, Piauí.

Observando a imagem, o que é possível saber sobre as atividades realizadas pelos povos que viveram nesse período?

2. Observe esta outra imagem. Que tipo de informação você acha que os historiadores poderiam descobrir a partir dela?

Nos dias de hoje, é comum encontrarmos nas grandes cidades um tipo de registro semelhante aos da caverna: o grafite. Trata-se de uma inscrição ou um desenho pintado em muros, postes, fachadas, feito por artistas como forma de intervenção na cidade.

28. JAN.52/FOLHAPRESS

3. Você já observou um grafite com atenção? Em que espaço ele foi pintado? Que imagens estavam representadas? Que relação as imagens que você viu tinham com a cidade ou o espaço em que estavam expostas?

O artista ocupa o espaço e deixa nas paredes as marcas de seu tempo. O grafite, em geral, é criado como forma de protesto ou como manifestação estética que humaniza e transforma o espaço urbano.

4. Observe as imagens a seguir.

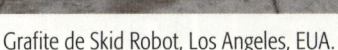

Grafite de Skid Robot, Los Angeles, EUA.

Grafite de Banksy, Londres, Inglaterra.

a) O que mostram as cenas retratadas no grafite na primeira e na segunda imagens?

b) Que crítica se percebe na primeira imagem?

c) Considerando que imagens são fontes históricas, que crítica se faz na segunda imagem?

5. Que importância podem ter a pintura rupestre, a fotografia e o grafite como fontes históricas para a nossa sociedade?

6. Imagine que, daqui a 200 anos, sejam encontrados muros com imagens que representam o modo de vida dos dias de hoje. Se você tivesse de criar um grafite, que imagens colocaria para representar o mundo atual? Apresente suas ideias para a classe e compare-as com as de seus colegas.

Nesta unidade você vai:

- identificar os elementos do gênero carta do leitor e carta de resposta ao leitor

- reconhecer recursos verbais e não verbais empregados na elaboração das cartas

- refletir sobre o papel dos substantivos na construção do texto

- compreender os mecanismos que regem a flexão dos substantivos e a formação do feminino

- analisar os efeitos de sentido do uso do aumentativo em determinados textos

- conhecer os sinais de pontuação e seus efeitos de sentido na escrita

TROCANDO IDEIAS

1. Observe a cena retratada na imagem. Praticamente toda a cena é em tons escuros: a banca, as construções ao fundo, as árvores e a calçada. A exceção são as silhuetas, todas elas coloridas. Em sua opinião, por que o autor da imagem fez essas escolhas?

2. Observe os pequenos retângulos no canto inferior da imagem. Eles funcionam como uma legenda, permitindo ao leitor interpretar mais facilmente a imagem.

   a) Quantos retângulos há na legenda?

   b) Qual a relação deles com as silhuetas?

3. Algumas das silhuetas são parecidas entre si e outras, completamente diferentes.

   a) Considerando que uma banca oferece uma variedade grande de publicações, se cada uma dessas pessoas fosse adquirir uma revista ou um jornal, todas escolheriam a mesma publicação?

   b) Em sua opinião, por que isso acontece?

4. Se um leitor quisesse escrever uma mensagem para um jornal ou revista:

   a) como poderia enviá-la?

   b) você acha que os responsáveis pela publicação responderiam? Por quê?

89

LEITURA 1

Leia esta página de revista em que foram publicados alguns posts *em redes sociais* (Facebook e Twitter), *e-mails* e cartas enviados por leitores.

ANTES DE LER

1. Você já escreveu ou já teve vontade de escrever uma carta ou um *e-mail* para uma revista ou um jornal? Se sim, com que intenção?

2. Com que objetivo uma pessoa pode escrever para um jornal ou revista?

3. Você sabe qual é a diferença entre enviar uma carta e enviar um *e-mail* para um jornal ou revista? Explique.

EDITORA ABRIL

YOU&ME ♡ !

Leitores piraram com as ilusões de maio

Gostaria de parabenizar a revista pela excelente matéria de capa sobre **ilusões de ótica**. É incrível poder observar como nossos olhos conseguem enganar nossa mente!
Gabriel J. C., por *e-mail*.

A Rocinha em paz

Fiquei impressionado pela quantidade de dados estatísticos apresentados em **Como é a maior favela do Brasil?** Gostei muito da parte sobre o processo de pacificação que rolou em 2011!
E achei curioso que a média de escolaridade da Rocinha (8,2 anos) é superior à média brasileira (7,2 anos)!
Pedro Henrique, por *e-mail*.

Sonhos realizados

Vocês mudaram minha vida! Eu costumava ser excluído de minha turma, mas, depois que cheguei com uma ME (Mundo Estranho), vieram "súditos" aos meus pés.
Meu sonho é aparecer na revista.
José P. M., por *e-mail*.

A ME de maio estava INCRÍVEL! Logo que abri a revista encontrei um dos meus assuntos favoritos: Harry Potter! Parabéns!
Stefania S., por *e-mail*.

Vamos à luta!

Só queria dizer que adorei as novas seções **Elenco** e **Desafio**, no **Xis Tudo Cult**. Amo *O silêncio dos inocentes* e não poderia deixar de comentar: colocar "A luta continua" nos créditos é uma característica do diretor Jonathan Demme. A versão confirmada por ele é a de que a frase se refere ao disco do cantor Big Youth com esse mesmo título.

Raul C. R., por *e-mail*.

ME fazendo escola

Sou professor de uma turma de adolescentes e decidi criar um **infográfico sobre a reprodução das flores**. Tudo isso, fruto da inspiração na **Mundo Estranho**. Acredite: vocês estão na minha cabeceira. Sucesso!

Klay, por e-mail.

Infográfico: tipo de gráfico que utiliza outras linguagens além da verbal para explicar melhor determinado assunto.

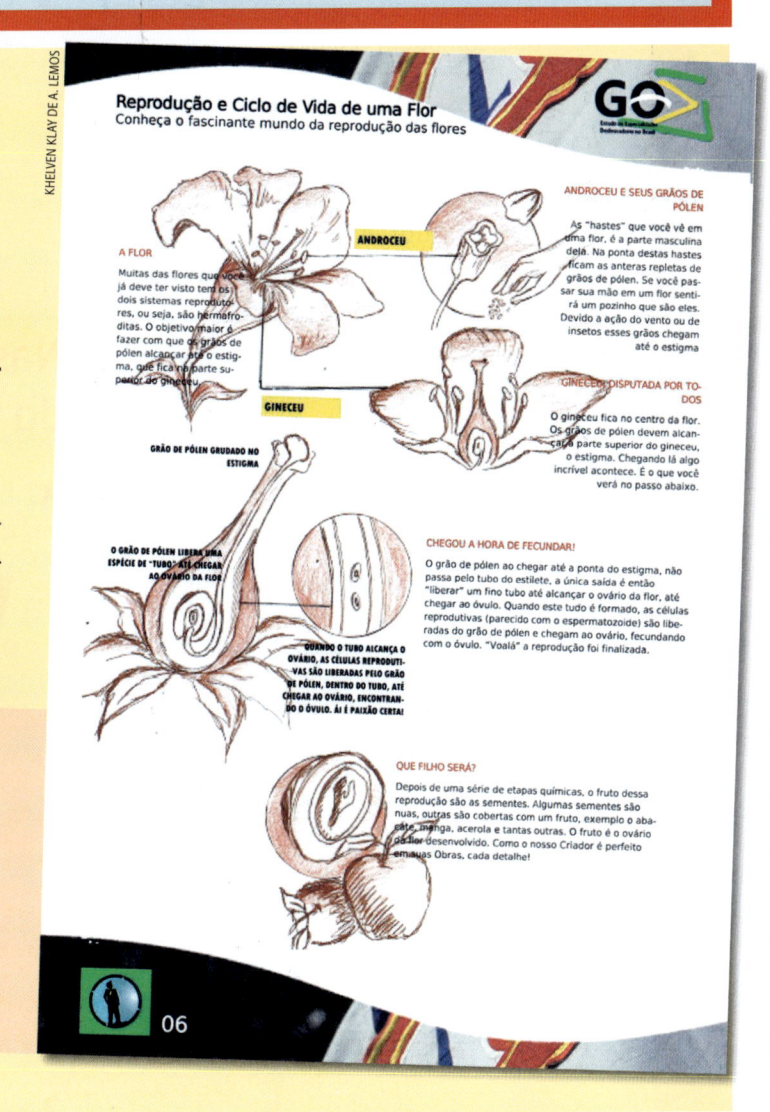

KHELVEN KLAY DE A. LEMOS

Round 2

Olá! Adorei o especial **A história da humanidade segundo a Mundo Estranho!** Sou a favor de lançarem um segundo volume, porque sei que ainda há muitas matérias geniais no arquivo de vocês que abordam esse assunto!

Bianca C., via *Facebook*.

Mundo Estranho. São Paulo: Abril, nº 139, jun. 2013.

EXPLORAÇÃO DO TEXTO

Nas linhas do texto

1. Essas cartas de leitores foram publicadas em uma revista chamada *Mundo Estranho*.

   a) Qual o nome da seção da revista em que as cartas e os *e-mails* foram publicados?

   b) Você sabe o que significam os elementos que compõem o título?

2. Leia o boxe que acompanha a publicação dos comentários do leitor na página da revista.

QUEREMOS SUA OPINIÃO!

Envie perguntas, críticas e sugestões para Adriana Meneghello. *E-mail:* mundoestranho@abril.com.br

Av. Das Nações Unidas, 7221, 14º andar, CEP 05425-902, São Paulo – SP

mundoestranho@abril.com.br
@mundoestranho
abr.io/GoogleME
@mundoestranho
Facebook.com/mundoestranho

   a) De que forma é possível enviar comentários à revista *Mundo Estranho*?

   b) Quantos comentários entre os publicados foram enviados via *Facebook*?

   c) Como você chegou a essa conclusão?

   d) Por que a revista publicou as informações que aparecem no final de cada comentário?

   e) A que você atribui a ausência de "cartas" do leitor enviadas pela empresa de correios na seção do número da revista reproduzido?

3. Observe as duas cartas publicadas sob o título "Sonhos realizados".

   a) Para que serve e a que se refere o título em cor que aparece introduzindo os dois comentários?

   b) Esses dois textos demonstram reações negativas ou positivas ao conteúdo da matéria?

4. Em uma das cartas reproduzidas, o leitor, além de comentar a publicação de uma matéria, vai além e apresenta informações novas sobre o assunto.

   a) Em qual das cartas isso ocorre? Explique.

   b) A quem essa informação é destinada?

5. Volte às mensagens reproduzidas.

   a) De quais matérias comentadas pelos leitores é possível descobrir o título exato?

   b) Qual é o assunto das matérias comentadas das quais não é possível descobrir o título? Dê exemplos.

Nas entrelinhas do texto

1. Releia o título da seção onde foram publicadas as cartas dos leitores.

EDITORA ABRIL

   a) Nas revistas, geralmente os títulos de seções estão relacionados ao tipo de assunto tratado ou ao objetivo da seção. Qual é a relação entre esse título e a finalidade da seção?

   b) Como você relaciona o desenho do coração ao título da seção?

2. Observe a data de publicação da revista. As mensagens referem-se a matérias desses números da revista ou de outros? Explique.

3. Observe atentamente o conteúdo de cada carta e anote no caderno a principal intenção de quem as escreveu.

a) Sonhos realizados

b) Ilusões de ótica

c) A Rocinha em paz

I. Opinar sobre o assunto tratado em uma matéria.

II. Elogiar uma matéria.

III. Elogiar a revista.

4. Releia o *e-mail* que aparece sob o subtítulo "ME fazendo escola". Em que esse *e-mail* se diferencia dos outros? Explique.

5. Há ainda outra mensagem que se diferencia das demais, por uma razão diversa. Qual é? Explique sua resposta.

Além das linhas do texto

Em uma das cartas que você leu neste capítulo, o leitor parabeniza a revista pela matéria de capa sobre **ilusões de ótica**. Leia um trecho dessa matéria a que ele se refere.

Veja bem

Texto Gabi Portilho
Ilustra Maisa Shigematsu
Design Eder Redder
Edição Tiago Jokura

Você é daqueles que só dão crédito àquilo que podem ver? Então abra o olho e descubra que é muito fácil ser enganado por cores e formas criadas para fazer a visão iludir a mente. A seguir, exploramos os mistérios das ilusões de ótica, revelando por que nem tudo que se vê é o que realmente existe... Pode acreditar de olhos fechados!

Questão de perspectiva

Qual das linhas acima é maior, A-B ou C-D? Acredite: elas são do mesmo tamanho! Pode pegar uma régua e medir. Os olhos julgam o tamanho das coisas com base nas dimensões e na posição de outros objetos. É por isso que, se você não sabe o tamanho de dois objetos, pode ter a impressão de que um deles é menor por estar mais longe. Na figura, o cérebro interpreta as retas (bidimensionais e com a mesma medida) como perspectivas tridimensionais, influenciado pelo tamanho e ângulos das casinhas ao redor.

Mundo Estranho. São Paulo: Abril, nº 138, maio 2013, p. 18-27.

1. Faça a medição que a revista propõe. Você chegou à mesma conclusão? Isso o espantou? Por quê?

2. Podemos nos iludir sobre muitas coisas. Algumas pessoas dizem que às vezes achamos melhores os amigos que estão distantes. Você acha essa afirmação verdadeira? Por quê?

COMO O TEXTO SE ORGANIZA

1. Observe esta carta do leitor, publicada também na seção You&Me.

> Mostrei as piadas para muitos amigos meus, e ninguém as considerou "as mais engraçadas mundialmente". Sei que vocês tomaram como base uma pesquisa com psicólogos famosos, mas creio que a apuração deveria ser mais extensiva, para levar ao leitor mais entretenimento. Afinal, considero a revista uma das melhores e o trabalho da redação é excelente.
> Víctor M. S., Belo Horizonte, MG.
>
> *Mundo Estranho*. São Paulo: Abril, abril de 2014.

Por que aparecem dados do leitor que não constam das mensagens reproduzidas anteriormente?

2. As cartas (pessoais ou comerciais), em geral, compõem-se das seguintes partes: o local e a data, a saudação, o texto propriamente dito, a despedida e o nome de quem escreve.

a) Releia a carta do leitor de Belo Horizonte. Quais desses elementos não aparecem?

b) Em sua opinião, por que isso aconteceu?

c) Releia agora as mensagens enviadas por *e-mail*, que têm estrutura semelhante. Por que nelas ocorre o mesmo?

Reproduzimos nesta unidade sete comentários de leitores, enviados via *e-mails* ou *Facebook*, sobre matérias de um número da revista *Mundo Estranho*. Para responder a questão 3, considere a seguinte informação sobre a quantidade de mensagens enviadas à revista comentando matérias do número selecionado: "A revista publicou apenas sete cartas do leitor nesse número".

3. Em sua opinião, por que de um universo grande de leitores tão poucos envios são escolhidos para publicação?

4. As cartas do leitor publicadas na revista *Mundo Estranho* têm diferentes intenções. Anote no caderno as finalidades que uma carta do leitor pode ter.

a) Comentar uma publicação.

b) Opinar.

c) Convidar para um evento.

d) Elogiar, criticar.

5. Dentre as sete cartas do leitor publicadas na revista *Mundo Estranho* escolhida:

a) Identifique as que elogiam as matérias publicadas e as que fazem críticas ou demonstram que a matéria não agradou ao leitor.

Mundo Estranho. São Paulo: Abril, jun.- de 2013.

b) Há mais elogios ou mais críticas?

c) Em sua opinião, por que isso pode acontecer?

6. Ao enviar seus comentários, críticas ou elogios, o leitor justifica o que afirma, procurando demonstrar que suas opiniões estão certas. A presença de argumentos para justificar opiniões é uma das características do gênero **carta do leitor**.

> Um **argumento** é um recurso a que recorremos para convencer alguém de que temos razão quando emitimos uma opinião.

a) Alguns aspectos da matéria "Como é a maior favela do Brasil?", publicada em número anterior, levaram um leitor a escrever para a revista elogiando a publicação. Para justificar sua avaliação, o leitor recorre a alguns fatos. Quais foram eles?

b) Que argumento cada um dos leitores citados abaixo apresenta para justificar suas avaliações?

   I. José P. M.

   II. Gabriel J. C.

7. Com qual destas afirmações você concorda? Justifique sua resposta.

a) As cartas do leitor, em geral, tratam de matérias que saíram em edições anteriores da revista ou do jornal onde são publicadas.

b) As cartas do leitor, em geral, tratam de matérias publicadas nos jornais e nas revistas mais importantes do país, desde que interessem aos leitores.

8. Você viu que os leitores da revista *Mundo Estranho* enviaram mensagens por *e-mail* ou postaram comentários no *Facebook*. É possível também enviar mensagens a uma revista ou jornal por meio de cartas; apesar das semelhanças, há diferenças entre esses dois meios de comunicação.

a) Compare uma carta e um *e-mail*, levando em conta os seguintes pontos:

   I. meio de transporte.

   II. velocidade de entrega.

   III. instrumento para a escrita.

   Anote suas conclusões no caderno.

b) Em que situações é mais vantajoso usar uma carta e em quais, um *e-mail*?

9. Depois de realizar as atividades acima, você já tem condições de selecionar quais das afirmações a seguir podem ser escolhidas para compor uma explicação sobre o gênero textual *carta do leitor*. Anote-as no caderno.

   I. Aparecem em espaços reservados ao leitor.

   II. São publicadas em jornais ou revistas.

   III. O comentário do leitor pode expressar avaliação positiva ou negativa, apresentar críticas, elogios ou sugestões.

   IV. São cartas que o leitor envia apenas pelo Correio, registrando nome e endereço.

   V. As cartas são enviadas ao editor da revista que, depois de uma seleção prévia, as publica.

   VI. As cartas do leitor podem ser enviadas por correio e pela internet (*e-mails*, mídias sociais).

1. As cartas do leitor são escritas na primeira pessoa. Anote no caderno algumas palavras das cartas lidas que indiquem isso.

2. Em geral, em cartas e *e-mails* enviados à revista, os leitores expressam reação às matérias publicadas. Identifique, nos comentários retirados dos *e-mails* que vimos, a palavra ou palavras que deixam clara a opinião pessoal do leitor, seja ela positiva ou negativa.

a) "É incrível poder observar como nossos olhos […]."

b) "Gostaria de parabenizar a revista pela excelente matéria […]."

c) "Fiquei impressionado pela quantidade de dados estatísticos […]."

d) "[…] porque sei que ainda há muitas matérias geniais no arquivo de vocês que abordam esse assunto!"

e) "A *ME* de maio estava INCRÍVEL! Logo que abri a revista encontrei um dos meus assuntos favoritos: Harry Potter! Parabéns!"

3. Observe como as seções de cartas do leitor iniciam em três números da revista.

YOU&ME
Olho mágico
Leitores piraram com as ilusões de maio

Mundo Estranho. São Paulo: Abril, março 2013.

YOU&ME
Não está no script
Assassinos da edição 135 surpreenderam os leitores

Mundo Estranho. São Paulo: Abril, junho 2013.

YOU &ME
Tamo junto!
A edição 150 despertou o carinho (e a nostalgia) dos leitores

Mundo Estranho. São Paulo: Abril, abril 2014.

EDITORA ABRIL

Os títulos que aparecem depois do título da seção (You&Me) referem-se a uma determinada carta ou a um grupo de cartas publicadas naquele número específico da revista.

a) Quem atribui esses títulos?

b) Observe o tipo de linguagem utilizada no título e no subtítulo – linha escrita em letras menores logo abaixo do título. Eles utilizam uma linguagem formal ou uma linguagem informal, próxima da fala do dia a dia?

c) Dê exemplos que ilustrem sua resposta anterior.

d) Formule uma hipótese: por que o editor teria interesse em usar esse tipo de linguagem?

A LÍNGUA NÃO É SEMPRE A MESMA

1. Leia estes *tweets* que comentam matérias de um dos números da *Mundo Estranho*, onde encontramos as cartas estudadas na *Leitura 1*.

> @plvdavid Tô viciado nas revistas da @mundoestranho! A edição do mês de maio está sensacional!
>
> @renatao. Vou ler minha @mundoestranho e curtir a preguiça. Domingo também pode ser bom!

Mundo Estranho. São Paulo: Abril, jun. 2013.

O que é possível dizer sobre a linguagem utilizada nos *tweets*? Anote as afirmações adequadas em seu caderno.

a) Trata-se de linguagem espontânea, informal.

b) Nela aparecem marcas da linguagem informal como redução de palavras, pontuação expressiva.

c) Nela aparecem muitas palavras com erros de português.

2. Os dois trechos a seguir foram tirados de cartas do leitor.

I

> A edição 141 está muito massa […] As dicas do Xis Tudo foram muito boas.

Fábio A., via *Facebook*

II

> Um quadro perfeito e límpido, que por essa razão nos deixa em pânico, foi traçado pelos autores do artigo Educação, um terrível círculo vicioso […]. Com certeza, o preço a pagar pela tragédia anunciada há décadas com a educação no nosso país será muito alto.

José Roberto Cardoso, diretor da Escola Politécnica da USP, jose.cardoso@poli.usp.br, São Paulo

O Estado de S. Paulo, 25 ago. 2010.

a) Compare a linguagem empregada nesses trechos. Ambos usam o mesmo tipo de linguagem para comunicar-se com a revista e o jornal? Explique sua resposta.

b) O que você levou em conta nesses trechos para dar sua resposta?

PARA LEMBRAR

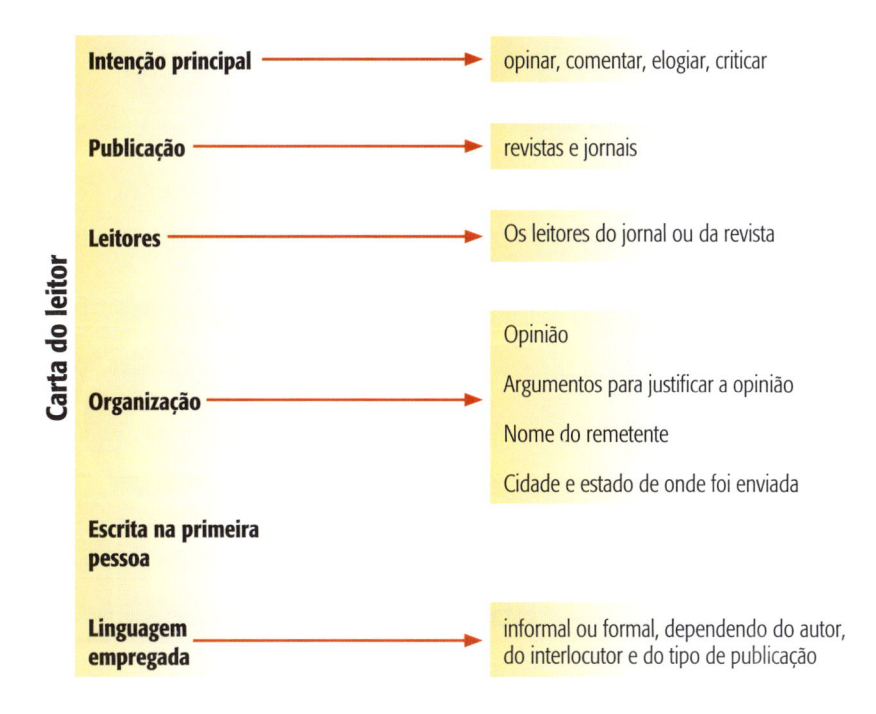

Carta do leitor

Intenção principal	opinar, comentar, elogiar, criticar
Publicação	revistas e jornais
Leitores	Os leitores do jornal ou da revista
Organização	Opinião
	Argumentos para justificar a opinião
	Nome do remetente
	Cidade e estado de onde foi enviada
Escrita na primeira pessoa	
Linguagem empregada	informal ou formal, dependendo do autor, do interlocutor e do tipo de publicação

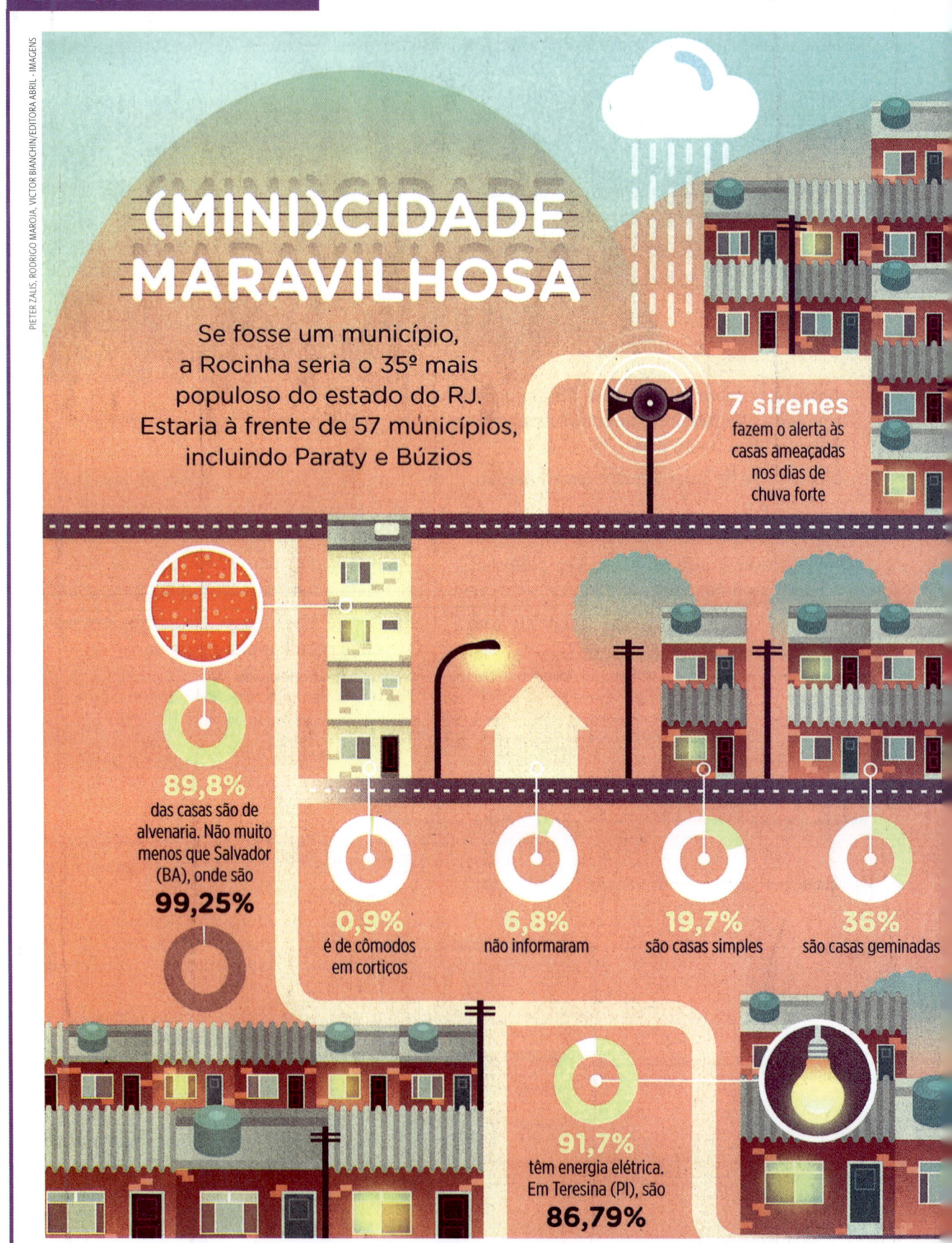

(MINI)CIDADE MARAVILHOSA

Se fosse um município, a Rocinha seria o 35º mais populoso do estado do RJ. Estaria à frente de 57 municípios, incluindo Paraty e Búzios

7 sirenes fazem o alerta às casas ameaçadas nos dias de chuva forte

89,8% das casas são de alvenaria. Não muito menos que Salvador (BA), onde são **99,25%**

0,9% é de cômodos em cortiços

6,8% não informaram

19,7% são casas simples

36% são casas geminadas

91,7% têm energia elétrica. Em Teresina (PI), são **86,79%**

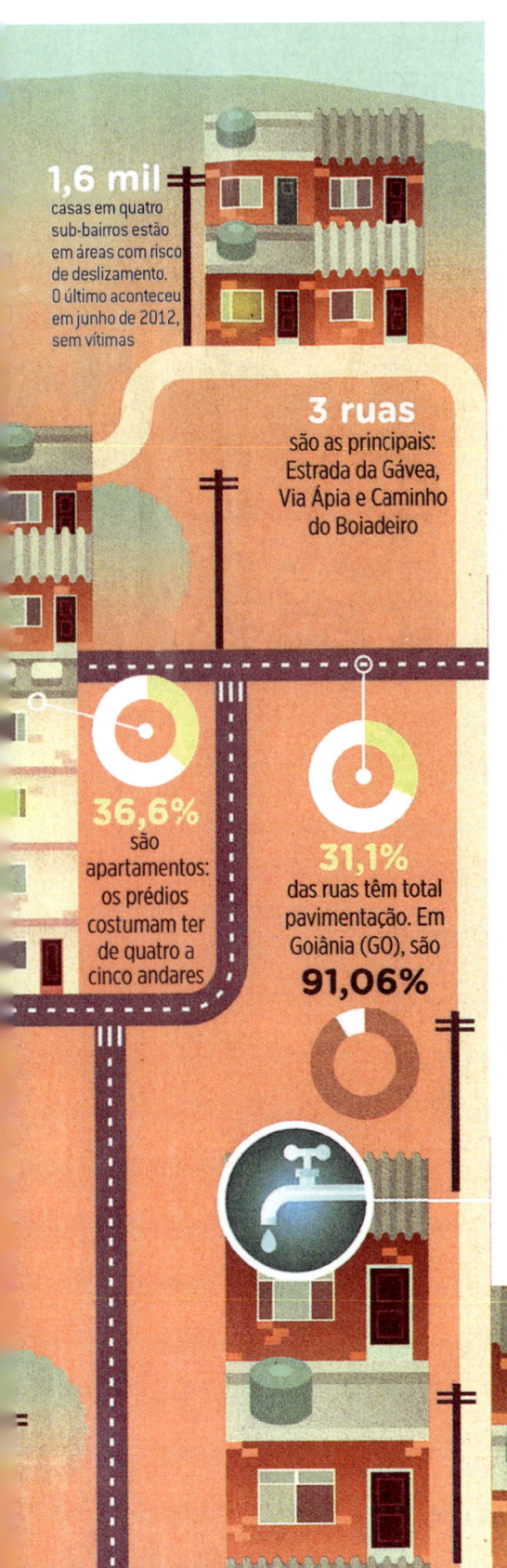

1,6 mil

casas em quatro sub-bairros estão em áreas com risco de deslizamento. O último aconteceu em junho de 2012, sem vítimas

3 ruas

são as principais: Estrada da Gávea, Via Ápia e Caminho do Boiadeiro

36,6%

são apartamentos: os prédios costumam ter de quatro a cinco andares

31,1%

das ruas têm total pavimentação. Em Goiânia (GO), são

91,06%

INTERPRETANDO DADOS

Em sua carta, o leitor Pedro Henrique comenta que gostou muito da matéria sobre a Rocinha, favela localizada na cidade do Rio de Janeiro e apresentada como a maior do Brasil. As informações sobre a comunidade são apresentadas por meio de um **infográfico**, termo que também aparece em outra carta de leitor. Você sabe do que se trata?

Vamos ler e analisar parte do infográfico a que o leitor se refere, publicado na edição anterior da revista.

1. O que nos diz o título do infográfico?

2. Para nos dar informações mais completas sobre o tamanho da Rocinha, o criador do infográfico compara dados da favela aos de outras cidades brasileiras. Com quais cidades estabelece comparação?

3. Analisando o infográfico, você pode observar que os dados da Rocinha se aproximam bastante dos de outra cidade brasileira. De que cidade e em que aspecto?

4. Em que setor a comunidade ainda precisa avançar, por ainda estar muito distante dos índices de outras cidades brasileiras?

5. Quanto ao tipo de moradia na Rocinha, como é a maioria de suas casas?

6. O infográfico apresenta um dado muito preocupante em relação a áreas de risco para a população. Qual é?

DO TEXT PARA O COTIDIANO

Sente-se com um colega. Leia e discuta com ele as questões a seguir. Preparem-se para compartilhar oralmente suas opiniões com seus colegas e o professor.

Em jornais e revistas, é também muito comum encontrar cartas do leitor com reclamações ou sugestões sobre problemas coletivos. Leiam este trecho de uma delas.

Entulho

❝ Aqui estou novamente para sugerir, através deste conceituado jornal, mais uma melhoria para a cidade de Votorantim. A saber: Na antiga entrada Votorantim/Sorocaba (atrás do Centro Esportivo do Sesi) observo há anos 'depósito de lixo' e entulhos despejados por moradores da cidade. Municípios que pouco ou nada mantêm de respeito ao meio ambiente, o que é decididamente uma lástima. Sugiro implantar caçambas ou bolsas de entulhos, como as que Sorocaba mantém em pontos críticos, já que a população pelo jeito não vai se conscientizar mesmo. [...] **❞**

Marisa D. de S. Jornal *Cruzeiro do Sul*. Disponível em: <http://www.cruzeirodosul.inf.br/materia.phl?editoria=47&id=227564>. Acesso em: 27 jan. 2012.

1. Nessa carta, a autora:

   a) expõe um problema e sugere uma solução.

   b) expõe um problema pessoal e faz uma reclamação.

   c) discute um problema e exige uma providência.

2. Discutam estas questões.

   a) Qual a consequência de atirar papéis, plásticos, palitos de sorvete, embalagens vazias etc. nas ruas?

   b) O que a carta e a foto permitem concluir sobre a conscientização das pessoas em relação ao destino que devem dar ao lixo?

3. No seu bairro, na sua rua, como se comportam as pessoas em relação a esse tipo de lixo? E vocês, como se comportam?

4. Na opinião da autora da carta, a população não vai mudar de comportamento em relação ao lixo. Sugiram formas de levar as pessoas a compreender que não devem jogar lixo nas ruas.

5. Escrever uma carta para um jornal é um bom caminho para expor um problema como esse? Que outros meios existem? Expliquem sua resposta.

Importante

- No momento de apresentar suas conclusões, pronunciem as palavras claramente e falem em voz alta, para que todos possam ouvir.
- Aguardem a vez de vocês para começar a falar.
- Usem uma linguagem adequada à situação, ou seja, evitem gírias e expressões que só vocês e seu grupo de amigos conhecem.
- Evitem repetir informações e argumentos já apresentados.
- Ouçam a apresentação dos colegas com atenção, sem interrompê-los.

Substantivo

1. Leia este trecho de uma carta do leitor publicada em uma revista, da qual omitimos algumas palavras. Veja, ao lado, a capa que chama a atenção do leitor para a matéria que deu origem à carta.

> Infelizmente, observamos com   que uma cidade como São Paulo, que deveria ser uma referência no assunto, sofre com a incapacidade pública de administrá-la. Não é somente a   seletiva que é um lixo. A   pública em geral costuma ser péssima e vergonhosa e a   das pessoas, lastimável. […]

Leuza R. In: *Veja São Paulo*. São Paulo: Abril, 12 ago. 2009.

a) Baseando-se no sentido do texto e observando, na capa, o assunto do qual ele trata, tente descobrir quais foram as palavras omitidas.

b) Você acha que a ausência dessas palavras torna o texto mais difícil de ser entendido ou mais enxuto?

Os nomes que você utilizou para completar o texto são **substantivos**.

> **Substantivos** são palavras que nomeiam seres reais ou imaginários, coisas, sentimentos, ações, lugares, qualidades. Exemplos: **minhoca**, **lixo**, **preocupação**, **coleta**, **Brasil**, **tristeza** etc.

2. Existem diferentes tipos de substantivo, que recebem diferentes classificações. No trecho da notícia abaixo, foram usados alguns substantivos que são classificados como **próprios** e outros que são classificados como **comuns**.

Leia o fragmento e o quadro abaixo antes de responder às questões.

> O primeiro longa a ser exibido será *Cabra marcado para morrer* na sexta-feira (6). O **filme** começou a ser feito na década de 1960 e acompanhava a história de um **líder** camponês assassinado por ordem de latifundiários no **Nordeste**. As filmagens foram interrompidas durante o período da **ditadura**. Só em 1984, **Eduardo Coutinho** recuperou os negativos do filme e reencontrou a viúva e os dez filhos do camponês.
>
> Disponível em: <http://g1.globo.com/pe/petrolina-regiao/noticia/2014/06/cinema-no-vale-exibe-filmes-de-cineasta-brasileiro-em-petrolina-pe.html>. Acesso em: 24 set. 2014

> Substantivos **próprios** são aqueles que designam individualmente um ser.
> Substantivos **comuns** são os que designam os seres de forma genérica e se referem a qualquer um de sua espécie.

a) Dos substantivos destacados em negrito no texto quais são comuns e quais são próprios?

b) Abaixo você tem uma pergunta enviada por um leitor à seção "Oráculo" da revista *Superinteressante*.

> Qual o ponto do planeta terra mais distante de qualquer oceano?
>
> **fernando**

Nesse trecho, tanto os substantivos próprios como os comuns foram grafados com letra inicial minúscula. Anote o trecho no caderno escrevendo os substantivos próprios com inicial maiúscula.

3. Leia a seguir o fragmento de uma biografia e o quadro ao lado sobre um pássaro brasileiro.

> Ouvi João Bosco pela primeira vez em minha casa, quando estava escolhendo o artista novo, desconhecido, que viria gravar o outro lado do compacto simples do Disco de Bolso.
>
> Disponível em: <http://www.joaobosco.com.br/bio.asp?bio=0>. Acesso em: 24 set. 2014.

EDSON GRANDISOL/PULSAR IMAGENS

O joão-de-barro tem esse nome por construir seu ninho de barro em forma de forno. Também é conhecido como forneiro.

Por que o substantivo *João* começa com letra maiúscula e o substantivo *joão-de-barro* não?

4. Releia, ao lado, trecho da carta do leitor e observe os substantivos destacados.

Para explicar o que, além da coleta seletiva, é "um lixo", que substantivos utiliza a leitora?

Os substantivos que não têm existência independente, como os citados acima, são classificados como **abstratos**. Por exemplo, só existe limpeza se houver uma pessoa que faça isso ou um lugar limpo; só existe educação se houver pessoas educadas.

Já os seres que têm existência independente são nomeados pelos substantivos **concretos**. Por exemplo: revista, lixo, cidade.

"Não é somente a coleta seletiva que é um lixo. A **limpeza** pública em geral costuma ser péssima e vergonhosa e a **educação** das pessoas, lastimável."

NADIM SALOUS/EYEEM/GETTY IMAGES

Chamamos de **concreto** o substantivo que dá nome aos seres de existência independente: **automóvel**, **lápis**, **parque** etc.

Chamamos de **abstrato** o substantivo que dá nome a qualidades (**lealdade**, **honra**), estados (**limpeza**, **liberdade**, **cansaço**), ações (**trabalho**, **competição**), sentimentos (**carinho**, **respeito**), sensações (**frio**, **medo**), que dependem de outros seres para existir.

5. Leia o texto e observe a foto.

Exímio mergulhador

Os biguás também são conhecidos como os "pardais dos rios"

[...] Em sucessivos mergulhos, os biguás garantiram a captura de centenas de peixes, em questão de minutos. O bando agiu em conjunto, cercando, ou melhor, encurralando os peixes contra a margem.

Disponível em: <http://eptv.globo.com/busca/busca_interna.aspx?270222>.
Acesso em: 15 set. 2009.

MARYANN MCDONALD/CORBIS/LATINSTOCK

Biguá pescando.

a) A quem se refere o título? Quem é o exímio mergulhador?

b) Qual é a outra expressão usada no texto para se referir aos biguás?

c) Na segunda frase, qual é o substantivo que retoma a expressão os biguás?

d) Esse substantivo é chamado de substantivo coletivo, pois indica um conjunto de seres. No contexto dessa frase, que seres ele indica?

> **Substantivo coletivo** é aquele que indica um conjunto de seres da mesma espécie. É usado geralmente no singular. Exemplos: **cacho** (coletivo de bananas ou uvas), **rebanho** (coletivo de bois ou ovelhas), **elenco** (os artistas de um filme ou peça teatral) etc.

6. Agora observe a formação destes substantivos.

lix~~o~~ + -eira ⟶ lixeira

tornozel~~o~~ + -eira ⟶ tornozeleira

dent~~e~~ + ista ⟶ dentista

roteir~~o~~ + ista ⟶ roteirista

a) Como foram formados os substantivos acima?

b) Substantivos formados a partir de outros, denominados primitivos, são chamados de **derivados**. Quais são os primitivos e derivados dos substantivos acima?

> Substantivo **primitivo** é aquele que dá origem a outros substantivos. Exemplos: **criança**, **riso**, **rio** etc.
>
> Substantivo **derivado** é aquele que se origina de outro substantivo. Exemplos: **criançada**, **ri-sada**, **riacho** etc.

7. Leia estas adivinhas. O que é, o que é...?

a) cachorro que não late nem morde?

b) pássaro que beija?

c) objeto que se alimenta de vento?

d) arco que fica no céu?

e) mamífero com jeito de peixe?

f) que sobe quando a chuva desce?

THINKSTOCK/GETTY IMAGES

   I. Que respostas você daria a cada uma delas?

   II. O que há em comum entre as respostas que você escreveu?

8. Os substantivos que você escreveu na atividade 8 são formados por quantas palavras?

> Substantivo **composto** é aquele formado por mais de uma palavra. Exemplos: **pica-pau**, **guarda-chuva**, **flor-de-lis**.
>
> Substantivo **simples** é aquele formado por uma única palavra. Exemplos: **pássaro**, **chuva**, **flor**.

1. Compare os substantivos destacados nestes fragmentos de notícias.

I

Estudo mede comportamento de torcidas quando equipe é eliminada

Disponível em: <http://www1.folha.uol.com.br/esporte/folhanacopa/2014/07/1484564-estudo-mede-comportamento-de-torcidas-quando-equipe-e-eliminada.shtml>. Acesso em: 24 set. 2014.

II

CIENTISTAS ACHAM FÓSSIL DE AVE QUE PODE TER SIDO A MAIOR QUE JÁ EXISTIU

Duas vezes maior que um albatroz real, espécie era tão grande que os investigadores tiveram que retirar os ossos com uma pá mecânica

Disponível em: <http://ciencia.estadao.com.br/noticias/geral,cientistas-acham-fossil-de-ave-que-pode-ter-sido-a-maior-que-ja-existiu,1525183>. Acesso em: 24 set. 2014.

a) Em qual das frases o substantivo destacado é abstrato?

b) Qual dos substantivos abaixo não é derivado de ave?

aviário	avião	avícola	avezinha

2. Leia os trechos a seguir e responda: qual o substantivo coletivo que retoma cada substantivo destacado nestes fragmentos?

a) "[...] Alguns cientistas acreditam que as **zebras** reconhecem umas às outras pelas listras. Esses bichos vivem em manadas de quatro a vinte zebras [...]."

Klick Educação. Disponível em: <http://www.klickeducacao.com.br/2006/dicbichos/dicbichosdisplay/0,6590,POR-44-Z,00.html>. Acesso em: 22 set. 2010.

b) "Algumas **orcas** vivem sozinhas, mas a maioria vive em pequenos grupos, com cerca de dez membros, embora já tenham sido vistos grupos com quase 50 orcas."

Klick Educação. Disponível em: <http://www.klickeducacao.com.br/dicbichos/dicbichosdisplay/0,6590,POR-67-O,00.html>. Acesso em: 21 set. 2010.

3. Leia esta frase, muito comum em para-choques de caminhão.

Se a vida te deu um limão, faça dele uma limonada.

a) Explique o sentido dessa frase com outras palavras.

b) Identifique na frase acima os substantivos que têm relação entre si, sendo um primitivo e o outro derivado. Anote no caderno.

c) Forme substantivos derivados dos nomes de fruta abaixo, usando a mesma terminação do substantivo derivado que você encontrou no item b.

laranja	caju	marmelo
goiaba	coco	banana

d) Todos os substantivos derivados dão nome à mesma espécie de coisa?

4. Um mesmo substantivo pode receber mais de uma classificação. Leia a tira.

BROWNE, Dik. *O melhor de Hagar, o horrível*. Porto Alegre: L&PM, 2005. v. 1.

Hamlet respondeu à pergunta da garota sobre o que é o amor listando duas classificações gramaticais da palavra **amor** (substantivo simples e abstrato) e acrescentando que é do gênero masculino. Em sua opinião, Hamlet deu a resposta que a garota queria ouvir?

5. Leia esta manchete.

BATE-BOCA BAIXA O NÍVEL NO SENADO

Revista *Veja*, 6 ago. 2009.

a) Qual é o substantivo composto usado nessa frase?

b) O que ele significa?

c) Na sua opinião, o emprego desse substantivo torna a linguagem da manchete mais formal ou mais informal?

d) Forme outros substantivos compostos juntando uma das palavras do quadro I com um dos substantivos do quadro II. Por exemplo: quebra-cabeça.

I		II				
quebrar		bola	civil	vento	pó	
bater		louças	molas	papo	boca	
guardar		cabeça	estacas	pau	nozes	
		mar	noturno	roupa	galho	

> **Atenção**
> Em todos os substantivos formados deverá ser usado o hífen.

6. Leia a tira.

GONSALES, Fernando. Disponível em: <http://www2.uol.com.br/niquel/seletas_ratoruter.shtml>. Acesso em: 1º out. 2014.

a) Por que os ratinhos não aceitam brincar? E por que o rato maior desiste da brincadeira?

b) Quantos e quais substantivos compostos são utilizados na tira?

c) Um desses nomes foi inventado pela personagem. Com que objetivo esta o criou?

d) Podemos inventar, criar palavras? Como e quando?

LEITURA 2

ANTES DE LER

1. Você já sentiu curiosidade de saber como funciona a televisão, o computador, o celular? Já quis saber a idade da Terra e do Universo? Já quis entender por que os peixes têm escamas e os cachorros abanam o rabo? Qual foi a curiosidade científica que você já teve?

2. Se uma pessoa tem uma curiosidade desse tipo, como ela pode se informar a respeito disso?

Você leu nesta unidade algumas cartas em que leitores de uma publicação manifestavam sua opinião sobre matérias publicadas ou comentavam problemas públicos, até sugerindo soluções. Mas o leitor pode ter uma intenção diferente ao escrever para um jornal ou uma revista. Leia estes textos.

Oráculo

Genética do Além

Detentor do conhecimento inacabável e inconjurável, uma pessoa pode ter características de até quantas gerações de ancestrais? Dizem que sou igual a meu avô José, que é igual a meu bisavô Rico, que era igual ao tataravô Niko...

Joe L., São Francisco de Assis, RS

As características físicas de alguém são o resultado da combinação dos alelos do pai e da mãe. Então, seu filho tem 50% de chance de herdar algo seu. O neto, 25%, o bisneto, 12,5% e por aí vai. Mas a queda é lenta (2 mil anos são só 80 gerações, por exemplo). Ou seja, talvez aquele característico nariz "tobogã de cravos" esteja na família desde a queda de Roma.

Grande Ozymandias da sabedoria, café amarela os dentes, mas só se eu bochechá-lo, certo? Se engolir direto, ele não tocará os dentes.

Rafael, Conselheiro Lafaiete, MG

Boa tentativa, mas evitar esse contato é difícil. Mesmo com um canudo, sobrará algum resíduo na boca, que poderá tocar o dente. O amarelamento é gradativo, causado pelo acúmulo de pigmentos nas ranhuras e porosidade dos dentes. O canudo só vai desacelerar esse processo. E com uma desvantagem, lembra Silvio Cecchetto, presidente da Associação Brasileira de Cirurgiões-Dentistas: "É bem mais estranho beber café com canudinho do que ter dentes escurecidos".

Quer que desenhe?

Numa cidade cheia de veículos como São Paulo, a poluição que respiro é menor se eu estiver no 30º andar de um prédio?

Ivanise, São Paulo, SP

É menor. Quanto mais alto, mais longe das fontes de gás carbônico, então o ar fica menos sujo. Mas a incidência de ozônio, outro poluente, é maior.

Num bairro cheio de prédios, há muita sombra nos andares baixos. A luz, essencial para a formação do ozônio, tende a ficar nos pontos mais altos.

Revista *Superinteressante*. São Paulo: Abril, maio 2014.

Mundo Super

Uma baleia pode engolir uma pessoa inteira?

O que aconteceu na linda história de *Pinóquio* tem fundamentos? Realmente é possível um humano chegar vivo e consciente ao estômago de uma baleia?

Vinicius, Iporã do Oeste, SC

Provavelmente, não. Para começar, as baleias não comem nada tão grande como um ser humano. A dieta delas é meio sem graça, na real. A veterinária Kátia Groch, do projeto Baleia Franca, explica que elas filtram o alimento da água e comem basicamente pequenos peixes ou krill, crustáceos miudíssimos que fazem parte do zooplâncton. Por isso, dificilmente uma baleia abriria a boca para engolir uma pessoa.

Mas, supondo que uma baleia se atrapalhasse na hora de escolher o que almoçar e engolisse um desavisado no mar. A pobre vítima sofreria politraumatismos por esmagamento no momento em que o animal fechasse a boca.

[...]

Ou seja, o nariz do Pinóquio cresceu. E você não precisa acreditar em comercial de cerveja.

Disponível em: <http://super.abril.com.br/blogs/oraculo/2013/04/>. Acesso em: 24 set. 2014.

O que acontece se colocar o lado de cima da pipoca de micro-ondas para baixo?

Ó mestre que tudo sabes, o que acontece se colocarmos o lado de cima da pipoca de micro-ondas para baixo?

Lucas, Manaus, AM

Ui, radical, heim. Inverter os lados do pacote. O que aconteceria? O milho não estoura por completo. A fabricante de pipocas Kisabor explica: o milho e a gordura são depositados em uma das faces da embalagem sobre uma lâmina feita de alumínio e poliéster. Essa estrutura deve ficar por baixo para refletir as micro-ondas e, assim, concentrar mais o calor, fazendo com que a pipoca estoure. Se essa face for colocada por cima dos grãos de milho, a pipoca não vai estourar direito.

E não, não adianta nem deixar o pacote por mais tempo do que o indicado, porque isso só fará com que o milho queime. É, Lucas, ser subversivo, nesse caso, não vale a pena.

Disponível em: <http://super.abril.com.br/blogs/oraculo/page/15/>. Acesso em: 24 set. 2014.

EXPLORAÇÃO DO TEXTO

1. Esses textos foram publicados na revista *Superinteressante*.
Em todos eles, há uma pergunta e uma resposta.

a) Quem pergunta e quem responde?

b) Com que finalidade essas perguntas foram enviadas à revista?

c) Como são identificados os autores das perguntas? Essa forma é a mesma das cartas do leitor que vimos antes?

2. Vamos imaginar que uma revista como a *Superinteressante* receba por mês várias mensagens de leitores com dúvidas ou pedidos de esclarecimento.

a) Na sua opinião, como é feita a seleção das mensagens que serão respondidas na revista?

b) Quem são os leitores de uma carta de resposta ao leitor?

3. A seção dessa revista impressa em que as perguntas dos leitores são respondidas chama-se "Oráculo". Leia este verbete.

> **oráculo** *s.m.* **1.** Na Antiguidade, divindade que respondia a consultas dos crentes. **2.** Lugar onde se davam essas respostas. **3.** Sacerdote que intermediava as consultas. **4.** Opinião incontestável. **5.** Pessoa de grande autoridade pelo saber. **6.** Decisão infalível.

a) Com qual dos significados essa palavra foi empregada na revista?

b) Qual a relação entre o título da seção e seu conteúdo?

4. Releia as perguntas feitas pelos leitores.

a) Qual delas você achou mais interessante? Por quê?

b) São perguntas simples, que qualquer pessoa saberia responder, ou só um especialista poderia fazê-lo? Por quê? Exemplifique sua resposta.

5. Veja como o responsável pela seção "Mundo Super" do *site* da revista termina a quarta carta.

> Você não precisa acreditar em comercial de cerveja.

a) Como você entende essa afirmação?

b) A quem a palavra **você** se refere?

c) Identifique nas demais respostas do redator da seção outro trecho em que ele se dirige diretamente ao leitor que enviou a pergunta.

6. Leia mais uma vez as perguntas feitas pelos leitores.

a) Como três dos leitores se referem ao responsável pela coluna?

b) Anote no caderno o trecho ou trechos que melhor completam esta afirmação.
Esse tratamento indica que os leitores:

    I. dirigem-se ao redator de maneira bem-humorada.

    II. tratam desrespeitosamente o redator da revista.

    III. demonstram acreditar na capacidade de o redator responder às suas dúvidas.

ⓘ PARA LEMBRAR

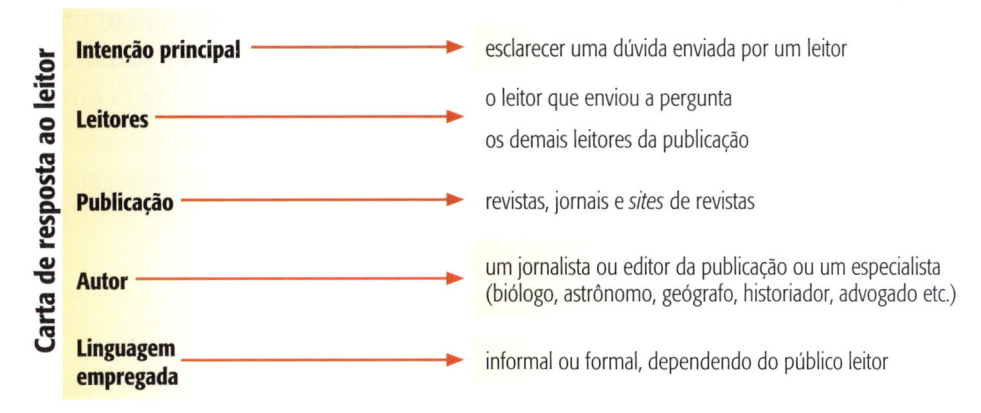

Carta de resposta ao leitor

Intenção principal →	esclarecer uma dúvida enviada por um leitor
Leitores →	o leitor que enviou a pergunta / os demais leitores da publicação
Publicação →	revistas, jornais e *sites* de revistas
Autor →	um jornalista ou editor da publicação ou um especialista (biólogo, astrônomo, geógrafo, historiador, advogado etc.)
Linguagem empregada →	informal ou formal, dependendo do público leitor

PRODUÇÃO ESCRITA

CARTA DO LEITOR

Em duplas, vocês vão escrever uma carta para um jornal ou uma revista. Para isso, vão escolher uma publicação, ler as matérias que mais lhes interessarem e escolher uma delas. Na carta (ou no *e-mail*), vocês poderão comentar essa matéria, fazer elogios, críticas, complementar ou pedir informações etc. Não se esqueçam de que a carta será lida pelos leitores da revista ou jornal; portanto, vocês deverão usar uma linguagem mais cuidada, sem gírias ou marcas da oralidade.

Antes de começar

1. Leiam esta carta do leitor, publicada na revista *Galileu.*

Miguxês aprovado

No texto de título "vc tb gosta d escreve assim??!?!" da edição 213, sobre a linguagem dos jovens na internet, eu também escrevo assim. Achei a matéria importante, pois vocês acalmaram os pais ao informar que esse tipo de linguagem pode desenvolver habilidades linguísticas e que não é um problema em relação aos estudos.

Murilo P. B. R., Osasco, SP

Revista Galileu, Rio de Janeiro: Globo, jun. 2009.

> O termo **miguxês** (não dicionarizado) designa a gíria atual usada por adolescentes em sua comunicação por *e-mails* e por comunicadores instantâneos, nos blogues, *sites* de relacionamento etc. A palavra deriva de **amiguxo** (que quer dizer "amiguinho"); a língua para falar com os "amiguxos" seria o "miguxês".

a) Qual é a matéria a que se refere o autor da carta?

b) Qual a intenção do leitor ao enviar essa carta?

c) O texto da carta não apresenta saudação nem despedida, possivelmente cortadas por razões de espaço. Escreva uma saudação ao interlocutor e uma despedida, considerando que a carta foi enviada à revista *Galileu*.

2. O texto da carta sobre o *miguxês* pode ser dividido em três partes:

1ª) introdução;

2ª) apresentação de uma opinião (no caso, um elogio);

3ª) apresentação de uma razão, um motivo que justifique essa opinião.

No caderno, indique que trecho da carta corresponde a cada parte.

Planejando o texto

Comecem a planejar sua carta. Leiam algumas matérias em revistas ou jornais. Selecionem uma que tenha despertado seu interesse. Atenção: não se esqueçam de verificar se a revista ou jornal escolhido reserva um espaço para publicação de cartas do leitor e se disponibiliza endereço para envio das mensagens ou das cartas.

1. A revista ou o jornal que vocês selecionaram é dirigido a que público: crianças, adolescentes, jovens, adultos ou leitores em geral?

2. De que trata a matéria que vocês selecionaram?

3. Por que esse texto despertou seu interesse?

4. Escolham uma ou mais de uma das possibilidades abaixo e definam qual será a finalidade de sua carta.

   Como leitores, vocês:

   a) acharam que na matéria faltaram explicações sobre o assunto? Digam quais informações ou o que não entenderam.

   b) querem complementar as informações dadas ou sugerir alguma coisa? Informem o que seria.

   c) discordaram de alguma afirmação ou opinião? Expliquem por que discordaram.

   d) querem reclamar de algo ou elogiar? Expliquem.

5. Os passos a seguir ajudarão vocês no momento da produção:

   a) definam a publicação e o público a que será dirigida sua carta;

   b) definam o assunto sobre o qual vão escrever e por que o escolheram;

   c) definam o objetivo de sua carta e suas justificativas.

6. Escrevam a carta, observando a sequência:

   - local e data;
   - saudação;
   - introdução (aqui vocês podem se identificar como alunos da escola...);
   - comentário/opinião (elogio ou crítica);
   - motivos que justificam sua opinião;
   - despedida;
   - assinatura.

7. Fiquem atentos à linguagem. Usem expressões que ajudem na exposição de seus argumentos: *já que, pois, por isso, porque* e expressões educadas de saudação, sugestão e pedido.

Avaliação e reescrita

Após finalizarem o texto, façam uma autoavaliação, considerando:

- Todos os elementos necessários a uma carta estão presentes?
- O objetivo da carta está claro para seu primeiro leitor (o profissional da revista ou do jornal)? No caso de ser publicada, estará claro para os demais leitores também?
- Seus comentários e suas explicações e justificativas foram feitos com base no que leram na publicação escolhida?
- A linguagem é adequada ao perfil da publicação para a qual vão enviar a carta?

Digitem ou escrevam à mão, com letra legível, a versão final da carta.

Enviando a carta

Localizem na publicação o endereço para correspondência e enviem a carta pelo correio, em envelope preenchido corretamente.

Se optarem por *e-mail*, enviem-no para o endereço eletrônico da publicação.

Substantivo

A formação do plural

Leia mais um trecho de uma das cartas vistas nesta unidade.

> [...] A limpeza pública em geral costuma ser péssima e vergonhosa e a educação das pessoas, lastimável. Algumas jogam sacos de lixo nas calçadas e há catadores que abrem as lixeiras, lançam o que não querem em uma parte da calçada e acumulam o restante em outro canto até que os caminhões passem.
>
> Leuza R. *Veja São Paulo*. São Paulo, Abril, 12 ago. 2009.

Para escrever sua carta, a autora usou vários substantivos, além de outras palavras. Ao criticar a falta de educação dos cidadãos, referiu-se a uma situação que envolve pessoas, coisas, lugares.

1. Pelo conteúdo desse trecho, sabemos que a carta se refere a mais de uma pessoa, a mais de um catador e a mais de um caminhão.

a) De que forma podemos notar isso na escrita?

b) Leia a tira.

GONSALES, Fernando. Disponível em: <http://www2.uol.com.br/niquel/bau.shtml>. Acesso em: 30 abr. 2015.

I. O que provoca humor na tira?

II. Na tira, dois dos substantivos empregados fazem o plural obedecendo à regra geral de formação do plural. Quais são eles e como é formado o plural?

III. Há ainda outro substantivo na fala do rato. Qual é e como se faz o plural desse substantivo?

2. Reveja alguns dos substantivos usados nesta carta de pergunta e resposta.

> Detentor do conhecimento inacabável e inconjurável, uma pessoa pode ter características de até quantas **gerações** de **ancestrais**? Dizem que sou igual a meu avô José, que é igual a meu bisavô Rico, que era igual ao tataravô Niko...
>
> Joe L. São Francisco de Assis, RS

> *As **características** físicas de alguém são o resultado da combinação dos alelos do pai e da mãe. Então, seu filho tem 50% de chance de herdar algo seu. O neto, 25%, o bisneto, 12,5% e por aí vai. Mas a queda é lenta (2 mil **anos** são só 80 gerações, por exemplo). Ou seja, talvez aquele característico nariz "tobogã de cravos" esteja na família desde a queda de Roma.*

a) nos substantivos destacados, dois obedecem à regra geral de formação do plural e dois, não. Como se forma o plural desses últimos?

b) É possível afirmar que a formação do plural dos substantivos sempre ocorre pelo acréscimo da terminação -s? Por quê?

3. Observe o quadro abaixo.

Bloco 1		Bloco 2		Bloco 3		Bloco 4	
Singular	Plural	Singular	Plural	Singular	Plural	Singular	Plural
hífen	**hífenes (ou hifens)**	carnaval	**carnavais**	canil	**canis**	lápis	**lápis**
		anzol	**anzóis**	funil	**funis**	tênis	**tênis**
colher	**colheres**	metal	**metais**	fóssil	**fósseis**	tórax	**tórax**
raiz	**raízes**	azul	**azuis**	réptil	**répteis**	pires	**pires**
açúcar	**açúcares**	papel	**papéis**				

Em cada bloco aparecem algumas regularidades que nos ajudam a entender a formação do plural em outros casos.

a) Observe o bloco 1. Como se forma o plural das palavras terminadas em **-n,-r,-z**?

b) E no caso das palavras terminadas em **-il**, que formam o bloco 3?

c) Que regra é possível deduzir a partir das palavras que aparecem no bloco 4?

d) Como se forma o plural dos substantivos terminados em **-al**, **-el**, **-ol, -ul**?

4. Leia este fragmento de reportagem. Observe e compare o emprego dos substantivos destacados.

Primeiro caminhão diesel com injeção direta faz 90 anos

[...] Pode-se ver ainda hoje o seu enorme impacto: todos os motores a diesel modernos sejam para carros ou **caminhões** usam o princípio de injeção direta.

Disponível em: <http://caminhoes.icarros.com.br/noticias/caminhoes/primeiro-caminhao-diesel-com-injecao-direta-faz-90-anos/16337.html>. Acesso em: 03 set. 2014.

Primeiro caminhão de motor a injeção, de 1924.

VOLKSWAGEN/MAN LATIN AMERICA

a) Como se formou o plural de caminhão?

b) Observe, agora, o quadro abaixo.

Bloco 1		Bloco 2		Bloco 3	
Singular	Plural	Singular	Plural	Singular	Plural
cidadão	**cidadãos**	situação	**situações**	pão	**pães**
mão	**mãos**	questão	**questões**	capitão	**capitães**
irmão	**irmãos**	calçadão	**calçadões**	cão	**cães**

c) Compare os blocos e responda: que terminações são usadas para a formação do plural dos substantivos terminados em **-ão**?

d) Se você tiver dificuldade para decidir como formar o plural de palavras terminadas em -ão, o que pode fazer?

5. Leia este trecho de reportagem.

Pesquisador defende maiores investimentos em pesquisas espaciais

Leitor João Braga
Pesquisador do INPE
De São José dos Campos (SP)

16/07/2014

O Programa Espacial Brasileiro está num estágio em que é necessário que se promova um programa de satélites e de missões científicas. Os Estados Unidos e diversos **países** da Europa são hoje capazes de construir observatórios espaciais sofisticados em virtude de programas iniciados na década de 1960. [...]

Disponível em: <http://www1.folha.uol.com.br/paineldoleitor/2014/07/1486553-pesquisador-defende-maiores-investimentos-em-pesquisas-espaciais.shtml>. Acesso em: 03 set. 2014.

O substantivo **países** foi usado no plural para indicar que há vários deles mencionados. Anote no caderno somente os substantivos do trecho que seguem a mesma regra de formação de plural de **país**.

cliente	professor	juiz	freguês	ouvinte
mês	compadre	padre	ônibus	habitante

A formação do feminino

1. Leia o texto.

Aquecimento global favorece as mulheres

[...] Segundo um novo estudo, em países tropicais nascem mais meninas do que meninos (pois os fetos femininos são mais resistentes). E a tendência é que, com o aumento da temperatura, isso aconteça em todo o mundo.

Superinteressante. São Paulo: Abril, jun. 2009.

BLEND RF/GRANGER WO/DIOMEDIA

a) Nesse estudo, descobriu-se que o nascimento de meninas é maior em relação ao nascimento de quem? Escreva apenas o substantivo.

b) Esse substantivo é precedido por a(s) ou o(s)?

c) Agora observe estes dois grupos de substantivos.

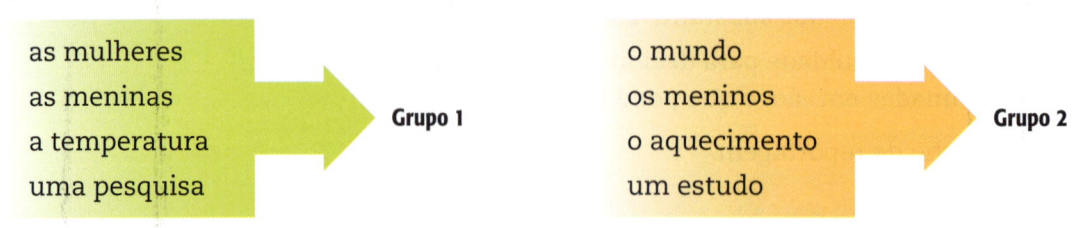

as mulheres
as meninas
a temperatura
uma pesquisa

Grupo 1

o mundo
os meninos
o aquecimento
um estudo

Grupo 2

   I. Como você nomearia esses grupos, classificando-os em relação ao gênero?

   II. Observando as palavras que acompanham os substantivos relacionados acima, o que é possível concluir?

São masculinos os substantivos que podem ser precedidos por **o**, **os**, **um**, **uns**: **o lixo**, **os caminhões**, **um pedestre**, **uns homens**.

São femininos os substantivos que podem ser precedidos por **a**, **as**, **uma**, **umas**, **a carta**, **as pessoas**, **uma mulher**, **umas praças**.

2. Observe estes substantivos.

alun**o** – alun**a**   freguês – fregues**a**

irm**ão** – irm**ã**   juiz – juí**z**a

morador – morador**a**

A partir desses exemplos e do que você já conhece sobre o gênero do substantivo, você é capaz de explicar como, em geral, é a formação do feminino? Anote no caderno sua explicação e, depois, compare-a com as dos colegas.

3. Leia a primeira frase da propaganda ao lado, reproduzida abaixo.

"As **mulheres** são diferentes dos **homens**."

a) A propaganda fala de um livro. A quem você acha que ela é direcionada?

b) Para convencer o público a que se destina, a propaganda faz uma afirmação. Qual é? Explique.

c) Releia a frase e compare os substantivos masculino e feminino destacados.

De que maneira se indica o feminino do substantivo masculino **homem**?

> **Gênero das palavras**
> É importante não confundir o gênero dos substantivos com o sexo dos seres. Sexo é algo que diz respeito apenas aos seres vivos. As palavras da língua portuguesa dividem-se em dois gêneros: masculino e feminino. Assim, as pessoas são do sexo masculino ou do sexo feminino, mas as palavras são do gênero masculino ou do gênero feminino.

As mulheres são diferentes dos homens.
A começar pelo coração.

Revista *Saúde*. São Paulo: Abril, jun. 2009.

> Alguns substantivos que nomeiam pessoas ou animais fazem o feminino por meio de uma palavra diferente. Por exemplo: **homem/mulher; pai/mãe**; **boi/vaca**; **genro/nora**; **cavaleiro/dama**; **carneiro/ovelha**.

4. Leia agora o texto da propaganda ao lado.

   a) Observe as palavras **motorista** e **motociclista**, nas duas frases principais. Qual o gênero desses substantivos?

   b) Como se forma o feminino desses substantivos?

   c) Para indicar a forma feminina desses substantivos, como você procedeu?

   d) Ao referir-se a motoristas, a propaganda poderia ter usado tanto a imagem de uma mulher quanto a de um homem. Por que você acha que foi utilizada a imagem de um motorista? Qual a intenção?

No caso de substantivos que têm uma só forma para indicar os dois gêneros, usamos palavras auxiliares para indicar de quem se fala. Esses substantivos recebem o nome de **comuns de dois gêneros**.

> **Substantivos comuns de dois gêneros** são aqueles que têm uma só forma para indicar os dois gêneros. Palavras auxiliares indicam se se trata do feminino ou do masculino. Exemplos: **o agente/a agente, o violonista/a violonista** etc.

5. Agora vamos observar outra forma de indicar o feminino de um substantivo. Leia os provérbios e observe os substantivos destacados, que dão nome a animais.

   "**Macaco** velho não mete a mão em cumbuca."

   "A **coelho** ido, conselho vindo."

   "**Peru**, quando faz roda, quer minhoca."

   a) Como é formado o gênero feminino desses substantivos?

   b) Agora, veja esta foto e leia o texto que a acompanha.

Um filhote macho de onça suçuarana de três meses, um casal de tamanduás-bandeira de quatro meses e dois cachorros-do-mato entrando na fase adulta são os mais novos habitantes do Zoológico de Guarulhos, na Grande São Paulo [...].

Disponível em: <http://camacarinoticias.com.br/leitura.php?id=49732>. Acesso em: 13 jan. 2015.

Filhote de suçuarana.

   c) Que palavra indica ao leitor o sexo do filhote de onça suçuarana?

   d) Com base na resposta anterior, como você indicaria as formas do feminino e do masculino destes substantivos?

   jacaré   cobra   baleia

> **Substantivos epicenos** têm uma só forma, que pode ser masculina ou feminina, para designar os dois sexos. Exemplos: **a onça, o jacaré**. Para indicar o sexo do ser, podem ser usadas as palavras **macho** ou **fêmea** ao lado do substantivo ou no lugar dele, dependendo do contexto (o **jacaré fêmea** ou, simplesmente, a **fêmea**).

6. Leia a tira para responder às questões.

BROWNE, Dik. *O melhor de Hagar, o horrível*. Porto Alegre: L&PM, 2005. v. 2.

a) Qual é o argumento da personagem Hagar para não ser tratado como criança?

b) Sua esposa, Helga, tem razão em tratá-lo como criança? Explique.

c) Qual é o gênero da palavra **criança**?

d) Nessa tira, **criança** refere-se a uma pessoa do sexo masculino ou do sexo feminino?

7. Leia os fragmentos abaixo, de um artigo que fala sobre a lei que prevê penas para quem praticar atos de violência contra a mulher. Observe as palavras destacadas.

> Por sua vez, o **juiz** deve decidir num prazo de 48 horas sobre o deferimento do pedido. [...]... deverá notificar as partes para comparecerem em audiência, na qual serão ouvidas as partes e suas eventuais **testemunhas** e o juiz decidirá o feito... A **vítima** também deve estar representada por **advogado** nos atos. A previsão de medidas protetivas foi adotada tanto no Estatuto da **Criança** e do Adolescente (Lei n. 8.069/90, art. 101) quanto no Estatuto do Idoso (Lei n. 10.741/03, art. 45), que são aplicadas em relação a crianças, adolescentes ou idosos.
>
> Disponível em: <http://jus.com.br/artigos/10692/lei-maria-da-penha#ixzz34BGpAc1I>. Acesso em: 06 out. 2014.

a) Entre as palavras destacadas, quais delas são usadas para indicar pessoas tanto do sexo masculino quanto do feminino?

b) Alguns substantivos, como **criatura**, têm sempre o mesmo gênero, mas podem designar tanto seres do sexo masculino como do sexo feminino. Leia o seguinte fragmento de uma entrevista.

I. Qual é o substantivo usado com as mesmas características de **criatura** em relação ao gênero? Explique sua escolha.

II. De que modo é feita a referência a cada um dos gêneros?

Criatura e **ídolo** são substantivos classificados como **sobrecomuns**.

> **Substantivos sobrecomuns** têm um gênero fixo, mas indicam tanto o sexo masculino como o feminino. Exemplos: **a criança**, **o alvo**, **a presa**, **o ídolo**, **a criatura** etc.

8. Observe a figura ao lado e leia o texto.

   a) O substantivo **foca** nomeia o mamífero reproduzido na figura e é do gênero feminino. Por que nessa propaganda foi usada a expressão "nossos focas", com a palavra **nossos** no masculino? Se não souber a resposta, procure ajuda em um dicionário.

   b) A expressão **ter *pedigree*** significa "ser de raça pura" e, geralmente, é associada a animais. Por que o jornal afirma que seus "focas têm *pedigree*"?

Nossos **focas** têm **pedigree**

WILLIAM LEE/PHEDRA

O Estado de S. Paulo, 27 dez. 2009.

> Há substantivos que têm um sentido se usados como masculinos e outro sentido se usados como femininos. Exemplo: **o grama** (unidade de medida de massa)/**a grama** (capim).

✔ REVISORES DO COTIDIANO

Episódio 3

Nina e Leo estavam sentados com outros colegas do grupo, planejando com eles as etapas de um trabalho. Nesse momento, Leo chamou a professora:

— Professora, a Nina está insistindo que eu escrevi errado uma coisa, mas eu acho que está certo! Escrevi que "o cabeça do grupo deve arquivar a pesquisa". Qual é o erro?!

Nina se explicou:

— Está errado, professora. Ele escreveu "o" cabeça! Cabeça é feminino: a cabeça!

E agora? Quem está certo: Nina ou Leo?

QUANTA ESTÚDIO

Aumentativo e diminutivo

1. Leia o texto e observe as palavras destacadas.

> O pintado ou surubim-pintado é um peixe de couro, com corpo alongado e **cabeça grande** e achatada. [...] difere das outras espécies do gênero pelo padrão de manchas. São **pintas pequenas**, pretas de forma redonda ou ovalada.
>
> Revista *Terra da Gente*. Disponível em: <http://eptv.globo.com/terradagente/0,0,2,51;5,pintado.aspx>. Acesso em: 30 abr. 2010.

a) A expressão cabeça grande poderia ser trocada por um único substantivo. Qual?

b) Seria possível dizer que as pintas são pequenas usando um único substantivo?

2. Para indicar a variação de tamanho dos seres, os substantivos podem se apresentar em dois graus: aumentativo e diminutivo. Veja.

cachorro
- cachorrão → grau aumentativo
- cachorrinho → grau diminutivo

Observe agora.

> I. "Sou um peixinho fora d'água sem você
> E não demore, volte logo bem querer
> Sumiu por quê?
> Venha me ver"
>
> (Estrofe da música *Peixinho fora d'água*, Chiclete com Banana)

> II. Peixão graúdo come peixe pequeno. (provérbio)

Observando essas frases, o que é possível concluir sobre a formação do aumentativo e diminutivo do substantivo **peixe**?

> O **grau aumentativo** do substantivo indica que o ser nomeado tem tamanho maior que o tamanho normal. Exemplos: **peixão, peixe enorme, peixe gigantesco**. Há duas formas de indicar o aumentativo. Veja:
> - Acrescenta-se ao substantivo uma destas terminações: **-ão, -arra, -orra, -aço**.
> - Usa-se, junto do substantivo, uma palavra como **enorme, grande, gigantesco** etc.
>
> O **grau diminutivo** indica que o ser tem tamanho menor que o normal. Exemplos: **peixinho, peixe pequeno, peixe minúsculo**. Há duas formas de indicar o diminutivo.
> - Acrescentam-se ao substantivo as terminações **-inho** ou **-zinho**.
> - Usa-se, junto do substantivo, uma palavra como **pequeno, minúsculo, mínimo** etc.

3. Reescreva o trecho a seguir no caderno, substituindo a expressão entre parênteses conforme indicado. Atenção: você pode formar o aumentativo acrescentando uma terminação ao substantivo ou usando as palavras **grande, enorme, gigantesco, imenso**. Nas suas escolhas, observe o sentido do texto.

Um gigante na Amazônia

Conheça o dinossauro que viveu nessa região há cerca de 110 milhões de anos

Prepare-se para uma viagem incrível. Destino: Amazônia, cerca de 110 milhões de anos atrás. No meio de (aumentativo de planícies) alagadas e com bastante vegetação, surge um (aumentativo de animal), com pescoço e cauda longos. Seria um dinossauro?! Isso mesmo: naquela época, a floresta amazônica era habitada por (aumentativo de répteis), um cenário bem diferente do que se vê hoje.

FERNANDES, Thaís. *Ciência Hoje das Crianças*, Rio de Janeiro, SBPC, 5 ago. 2004.

Em suas escolhas, foi sempre possível usar uma terminação para formar o aumentativo? Por quê?

4. Leia o trecho.

Quando as luzes se apagaram, aplaudimos e assobiamos; mas depois que o filme começou, fomos ficando apreensivos...

O mocinho, que se chamava James Cagney, era baixinho e não dava em ninguém. [...]

SCLIAR, Moacyr. O dia em que matamos James Cagney. In: LA FONTAINE et alii. *Histórias sobre ética*. São Paulo: Ática, 1999. (Col. Para Gostar de Ler, v. 27.)

a) O substantivo **mocinho** está no grau aumentativo ou diminutivo?

b) O que quer dizer mocinho, nesse contexto?

c) Quais dos substantivos abaixo, apesar das terminações que indicariam variação de tamanho, não exprimem aumentativo nem diminutivo?

palavrão	cartilha	medalhinha	portão
cadernão	papelão	pratinho	coxinha

> Alguns aumentativos e diminutivos, ao longo do tempo, deixaram de exprimir a ideia de tamanho maior ou menor. Exemplos: **sapatilha**, **cartão** etc.

5. Anote no caderno as frases a seguir em que os substantivos destacados não indicam variação de tamanho e, em seguida, responda:

- Por que você anotou esses substantivos? Explique.
- Nessas frases, qual o sentido dos substantivos que você anotou? Se necessário, consulte um dicionário.

a) Vou dar uma **corridinha** até a casa de Bruno.

b) A última construção da rua é uma **casinha** branca.

c) Vários **figurões** assistiram ao treino da seleção.

d) O pescador fisgou um **peixão** e demorou horas para tirá-lo da água.

> Além da noção de tamanho, o **aumentativo** e o **diminutivo** podem revelar ao leitor ou ouvinte a **opinião** de quem escreve ou fala, sinalizando carinho, admiração, desprezo. Podem também estabelecer um clima de **familiaridade** entre os interlocutores.

1. Observe a placa e leia o texto a seguir.

Ao entrar na lanchonete
Expliquei pros dois irmões
Que o plural estava errado.
Meus esforços foram vões
Vi que não adiantava
E lavei as minhas mões.

CAMARGO, José Eduardo e SOARES, L. *O Brasil das placas*: viagem por um país ao pé da letra. São Paulo: Abril, 2003.

JOSÉ EDUARDO RODRIGUES CAMARGO. BRASIL DAS PLACAS

a) Na placa, o substantivo **irmão** não segue a flexão de número que a norma-padrão da língua recomenda. Qual é esse plural?

b) No poema que acompanha a placa, há outras palavras cujo plural não foi feito de acordo com a norma-padrão. Quais são elas?

c) Que efeito o autor do texto produz no poema ao seguir nos versos o mesmo modo de fazer o plural usado na placa?

d) Se o autor da placa empregasse o plural de acordo com a norma-padrão, qual seria o efeito no poema?

2. Leia esta estrofe de um poema de Patativa do Assaré (1909-2002), poeta que escreveu sobre o cotidiano dos camponeses do interior do Ceará.

O sabiá e o gavião

Eu nunca falei à toa.
Sou um cabôco rocêro,
Que sempre das coisa boa
Eu tive um certo tempero.
Não falo mal de ninguém,
Mas vejo que o mundo tem

Gente que não sabe amá,
Não sabe fazê carinho,
Não qué bem a passarinho,
Não gosta dos animá.
[...]

Patativa do Assaré. *Cante lá que eu canto cá*. Petrópolis: Vozes, 2002.

a) De que fala o eu poético?

b) No texto, a flexão de substantivos para o plural não é feita como recomenda a norma-padrão. Isso se nota em quais dos seguintes versos?

I. "Eu nunca falei à toa.
Sou um cabôco rocêro"

II. "Não qué bem a passarinho,
Não gosta dos animá."

III. "Não falo mal de ninguém..."

c) Se a regra gramatical para fazer o plural tivesse sido seguida, o que aconteceria com as rimas no final dos versos 7 e 10? Como isso afetaria o poema?

3. Como vimos, nem sempre o substantivo epiceno aparece na frase acompanhado das palavras **macho** ou **fêmea**. Veja.

> O muriqui-do-norte é hoje uma das 25 espécies de primatas mais ameaçadas do planeta, basicamente em razão da destruição de seu *habitat*, a Mata Atlântica brasileira, reduzida a apenas 7% de seu território original.
>
> [...] o muriqui-do-norte não é agressivo. Muito pelo contrário. Não disputa território e nem tampouco o macho é dominante. [...]
>
> *Terra da Gente*. Disponível em: <http://eptv.globo.com/ terradagente/0,0,2,238;3, muriqui-do-norte.aspx>. Acesso em: 10 maio 2010.

FABIO COLOMBINI

a) Quanto ao gênero, como se denomina o substantivo **muriqui-do-norte**?

b) Releia o segundo parágrafo. A informação de que o animal não é agressivo refere-se aos dois sexos ou apenas ao masculino?

c) E a informação de que não é dominante?

4. Leia.

> Em tempos de crianças que demoram cada vez mais para sair da barra da saia da mãe, do pai e da babá, os acampamentos podem ser uma porta para a família (isso mesmo, a família) entrar no universo da autonomia. Os filhos, porque vão para um lugar onde têm de se virar sozinhos, inclusive para não pagar mico na frente dos colegas. Os pais, porque cortam o cordão umbilical e passam a acreditar que seu herdeiro cresceu e dá conta de fazer muita coisa sem a intensa supervisão deles. [...]
>
> Revista *Viagem e Turismo*. São Paulo, Abril, maio 2009.

a) Nesse texto, quais são os substantivos que se referem a pessoas?

b) Desses substantivos, quais os que não especificam o sexo da pessoa a que se referem?

c) Crianças é um substantivo sobrecomum. Nesse contexto, que palavra ou palavras poderiam substituí-lo?

d) Em sua opinião, por que o autor do trecho empregou crianças em vez de outras palavras possíveis?

5. Leia a tira.

UMA RÁPIDA PAUSA PARA UM CAFEZINHO E... ...DE VOLTA AO TRABALHO !!

Laerte. Disponível em: <http://www.laerte.com.br/>. Acesso em: 29 set. 2010.

a) Observe o ambiente onde estão as personagens. Que lugar é esse, provavelmente?

b) Há uma contradição entre o uso do diminutivo para cafezinho e o tamanho da xícara que a personagem carrega. Qual é a real intenção da personagem ao levar uma xícara tão grande para tomar um cafezinho?

c) Qual a intenção do autor da tira ao trabalhar com essa contradição?

6. Compare o título de uma reportagem em que aparece um substantivo sobrecomum com uma versão sem o substantivo sobrecomum.

Uso de um substantivo sobrecomum	Pergunta reescrita sem o substantivo sobrecomum
Quantas **pessoas** nascem no mundo? Revista *Superinteressante*, São Paulo: Abril, ago. 2005.	Quantos **homens** e **mulheres** nascem no mundo?

Por que, possivelmente, a revista empregou no título o substantivo sobrecomum em vez de dois substantivos, um masculino e outro feminino?

7. Leia este trecho do conto "Doutor por correspondência", em que a personagem abre uma academia de recuperação física e recebe seu primeiro cliente.

Ao completar-se o mês já estávamos todos certos de que o empreendimento de Emílio fracassara. Ele até já cuidava da retirada da tabuleta, quando um carro parou diante de casa e dele desceu sua grande esperança.

Desceu não, foi descido. O que eu vi foi um velhinho, carregado pelos braços robustos dos dois netos. Largaram-no numa poltrona da sala, o ancião segurando na mão trêmula um dos folhetos do Emílio. [...]

REY, Marcos. In: RAMOS, Graciliano et alii. *Para gostar de ler*. São Paulo: Ática, 2008. v. 8.

a) Que recursos a personagem havia usado para divulgar sua academia?

b) Os substantivos **tabuleta**, **velhinho** e **folheto** estão no diminutivo. Se substituirmos essas palavras pelos seus diminutivos correspondentes **tábua pequena**, **velho pequeno** e **folha pequena**, o sentido do texto permanece o mesmo? Por quê?

1. Leia esta frase e observe o **uso das vírgulas**.

O quero-quero é uma ave muito comum no Brasil, recebendo vários outros nomes:
chiqueira, espanta-boiada, terém-terém, téu-téu.

enumeração

a) Há uma enumeração nessa frase. Como você entende essa afirmação?

b) Por que se coloca vírgula diante de cada elemento da enumeração?

c) Os itens dessa enumeração estão separados por vírgulas. Em qual dos trechos a seguir esse sinal de pontuação tem a mesma função que na frase acima?

I. Hoje, meus amigos, estou inspirada, ou seja, com muitas novas ideias.

II. Esta edição da revista tem muitas atrações: moda, matérias sobre comportamento, música, dicas de jogos.

> Usamos a **vírgula** para organizar os elementos de uma enumeração, separando-os uns dos outros. É comum as enumerações serem precedidas de dois-pontos.

2. No caderno, crie frases em que haja uma enumeração, usando os termos a seguir. Empregue os dois-pontos e a vírgula para organizar os elementos das frases. Entre o penúltimo e o último elementos, use as palavras **e** ou **ou**.

Observe o exemplo.

um minhocário
tem várias **utilidades**
• diminui a quantidade de lixo orgânico • gera húmus • não polui os rios • colabora com o meio ambiente

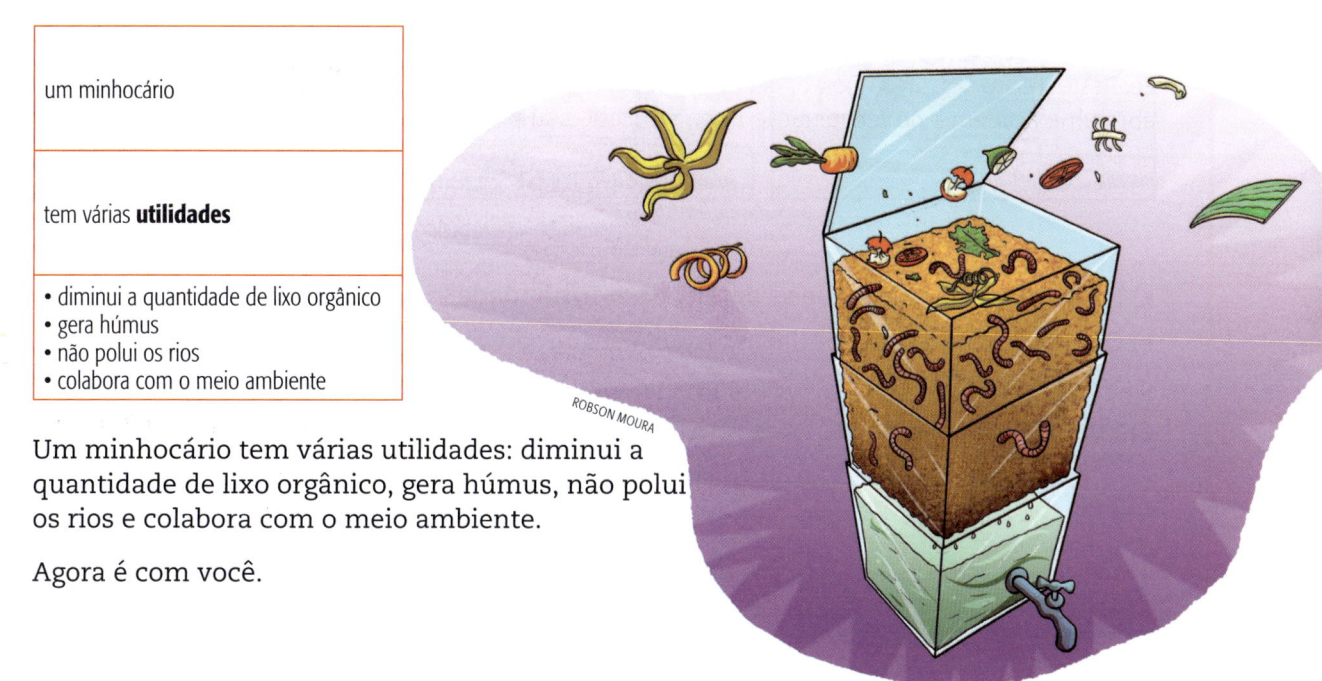

ROBSON MOURA

Um minhocário tem várias utilidades: diminui a quantidade de lixo orgânico, gera húmus, não polui os rios e colabora com o meio ambiente.

Agora é com você.

a)	**o lixo acumulado**	causa inúmeros **prejuízos**	• atrai ratos • traz problemas de saúde • polui os rios • contamina o solo
b)	**para reclamar da limpeza pública**	podemos tomar três **atitudes**	• ir à prefeitura falar com os responsáveis pela limpeza da cidade • escrever uma carta ou um *e-mail* para a prefeitura • denunciar o fato a um jornal

3. No caderno, complete a frase abaixo, criando uma enumeração para citar hábitos adequados em relação ao descarte do lixo.

Muitas pessoas já adquiriram hábitos adequados em relação ao descarte de resíduos…

4. Leia a frase.

O lixo na calçada tem de **tudo**: palitos, latas, papéis, sacolas, fraldas…

a) Que efeito de sentido o **uso das reticências** produz na frase?

b) Escreva uma frase em que as reticências sejam utilizadas com a mesma finalidade.

5. Leia a tira abaixo e depois faça o que se pede.

Ziraldo. Disponível em: <http://www.meninomaluquinho.com.br/PaginaTirinha/PaginaAnterior.asp?da=09112009>.
Acesso em: 30 set. 2010.

a) No contexto da tira, o que se entende por **irmandade**?

b) O que o Menino Maluquinho espera conseguir, ao passar a panelinha?

c) O que indicam as reticências na fala do Menino Maluquinho, no segundo quadrinho?

d) Escreva outra frase em que as reticências sejam usadas com essa mesma finalidade.

> As **reticências** podem marcar uma suspensão da sequência da frase, indicando que o assunto pode continuar. São empregadas também para indicar interrupção da fala, hesitação ou para deixar a tarefa de completar o sentido da frase para o interlocutor.

1. (Prova Brasil)

O que disse o passarinho

Um passarinho me contou
que o elefante brigou
com a formiga só porque
enquanto dançavam (segundo ele)
ela pisou no pé dele!
Um passarinho me contou
que o jacaré se engasgou
e teve de cuspi-lo inteirinho
quando tentou engolir,
imaginem só, um porco-espinho!
Um passarinho me contou
que o namoro do tatu e a tartaruga
deu num casamento de fazer dó:
cada qual ficou morando em sua casca
em vez de morar numa casca só.
Um passarinho me contou
que a ostra é muito fechada,
que a cobra é muito enrolada
que a arara é uma cabeça oca,
e que o leão-marinho e a foca…
Xô xô, passarinho, chega de fofoca!

PAES, José Paulo. O que disse o passarinho. In: _____. *Um passarinho me contou.*
São Paulo: Ática, 1996.

A pontuação usada no final do verso "e que o leão-marinho e a foca..." (l. 20)
sugere que o passarinho:

a) está cansado.

b) está confuso.

c) não tem mais fofocas para contar.

d) ainda tem fofocas para contar.

Encerrando a unidade

- **Nesta unidade você pôde conhecer os elementos que compõem os gêneros carta do leitor e carta de resposta ao leitor; pôde reconhecer recursos verbais e não verbais empregados na elaboração das cartas; trabalhar com substantivos e pontuação na construção do texto. Com base no que você aprendeu, responda:**

1. Quais são as principais características dos gêneros carta do leitor e carta de resposta ao leitor?

2. Você entendeu o que é substantivo? Ao ouvir ou ler um texto qualquer, é capaz de reconhecer nele os substantivos?

3. Aponte os pontos fortes de sua produção escrita (carta do leitor) e aqueles que precisariam ser melhorados.

Nesta unidade você vai:

- ler um conto popular de origem oral
- identificar os elementos constitutivos desse gênero
- trabalhar os recursos discursivos que marcam a linguagem em um conto popular
- perceber que contos populares espelham a cultura em que têm origem
- planejar, organizar e apresentar o reconto oral de um conto popular
- descrever ambientes e cenários
- refletir sobre o emprego dos adjetivos para caracterizar personagens

1. Descreva a imagem. O que você acha que está acontecendo?

2. Observe que, no conjunto das pessoas, aparece uma delas bem diminuta em comparação às outras. Quem você acha que é essa criança?

3. Em sua opinião, onde e em que tempo acontece essa cena? Em que você se baseou para concluir isso?

4. A imagem permite mais de uma interpretação. Podemos pensar, por exemplo, que alguém conta uma história, alguém dá aulas, alguém dá um aviso ou comunica algo. Para você, se a personagem estivesse contando uma história, que tipo de história seria?

Cena do filme de animação *Kiriku e a feiticeira*, Direção de Michael Ocelot, 2000.

LEITURA 1

ANTES DE LER

1. Que histórias você conhece não por ter lido, mas por ter ouvido alguém contar? Essas histórias eram longas, curtas, fáceis ou difíceis de entender?

2. Você já ouviu alguma história em que a morte seja uma das personagens? Se sim, lembra-se do nome da história e do que acontecia? Quem a contou a você?

Leia o título da história a seguir. Você sabe o que significa ser compadre de alguém? Pode imaginar o que é ser "compadre da Morte"? O que você acha que vai acontecer nesta história? Que tipo de narrativa você espera ler: engraçada, de terror, triste, romântica? Seu professor vai ler o texto. Ouça com atenção.

O Compadre da Morte

Diz que era uma vez um homem que tinha tantos filhos que não achava mais quem fosse seu compadre. Nascendo mais um filhinho, saiu para procurar quem o apadrinhasse e, depois de muito andar, encontrou a Morte, a quem convidou. A Morte aceitou e foi a madrinha da criança. Quando acabou o batizado voltaram para casa e a madrinha disse ao compadre:

— Compadre! Quero fazer um presente ao meu afilhado e penso que é melhor enriquecer o pai. Você vai ser médico de hoje em diante e nunca errará no que disser. Quando for visitar um doente me verá sempre. Se eu estiver na cabeceira do enfermo, receite até água pura que ele ficará bom. Se eu estiver nos pés, não faça nada porque é um caso perdido.

O homem assim fez. Botou aviso que era médico e ficou rico do dia para a noite porque não errava. Olhava o doente e ia logo dizendo:

— Este escapa!

Ou então:

— Tratem do caixão dele!

Quem ele tratava, ficava bom. O homem nadava em dinheiro.

Vai um dia adoeceu o filho do rei e este mandou buscar o médico, oferecendo uma riqueza pela vida do príncipe. O homem foi e viu a Morte sentada nos pés da cama. Como não queria perder a fama, resolveu enganar a comadre, e mandou que os criados virassem a cama, os pés passaram para a cabeceira e a cabeceira para os pés. A Morte, muito contrariada, foi-se embora, resmungando.

O médico estava em casa um dia quando apareceu sua comadre e o convidou para visitá-la.

— Eu vou – disse o médico – se você jurar que voltarei!

— Prometo – disse a Morte.

Levou o homem num relâmpago até sua casa.

Tratou-o muito bem e mostrou a casa toda. O médico viu um salão cheio, cheio de velas acesas, de todos os tamanhos, uma já se apagando, outras vivas, outras esmorecendo. Perguntou o que era:

— É a vida do homem. Cada homem tem uma vela acesa. Quando a vela se apaga, o homem morre.

O médico foi perguntando pela vida dos amigos e conhecidos e vendo o estado das vidas. Até que lhe palpitou perguntar pela sua. A Morte mostrou um cotoquinho no fim.

— Virgem Maria! Essa é que é a minha? Então eu estou morre não morre!

A Morte disse:

— Está com horas de vida e por isso eu trouxe você para aqui como amigo, mas você me fez jurar que voltaria e eu vou levá-lo para você morrer em casa.

O médico quando deu acordo de si estava em casa rodeado pela família. Chamou a comadre e pediu:

— Comadre, me faça o último favor. Deixe eu rezar um Padre-Nosso. Não me leves antes. Jura?

— Juro — prometeu a Morte.

O homem começou a rezar o Padre-Nosso que estás no céu... E calou-se. Vai a Morte e diz:

— Vamos, compadre, reze o resto da oração!

— Nem pense nisso, comadre! Você jurou que me dava tempo de rezar o Padre-Nosso mas eu não expliquei quanto tempo vai durar minha reza. Vai durar anos e anos...

A Morte foi-se embora zangada pela sabedoria do compadre.

Anos e anos depois, o médico, velhinho e engelhado, ia passeando nas suas grandes propriedades, quando reparou que os animais tinham furado a cerca e estragado o jardim, cheio de flores. O homem, bem contrariado, disse:

— Só queria morrer para não ver uma miséria destas!...

Não fechou a boca e a Morte bateu em cima, carregando-o. A gente pode enganar a Morte duas vezes, mas na terceira é enganado por ela.

Contado por João Monteiro, em Natal, Rio Grande do Norte.

CASCUDO, Luís da Câmara. *Contos tradicionais do Brasil para jovens.* São Paulo: Global, 2006.

Nas linhas do texto

1. As previsões que você havia feito sobre o conteúdo do texto, sobre o tipo de história e sobre como ela termina se confirmaram ou você se surpreendeu? Explique sua resposta.

2. No início da história, a personagem principal é chamada apenas de "um homem" ou "o homem".

   a) Como o narrador passa a se referir à personagem principal depois que a Morte batiza seu filho?

   b) A partir de qual fato a personagem passa a ser chamada de médico?

3. Qual foi a forma escolhida pela Morte para enriquecer seu compadre? E como ela faria isso?

4. Quando o príncipe adoeceu gravemente, qual foi o plano do homem para enganar a Morte?

5. O homem enganou a Morte uma segunda vez. Quando foi isso e o que ele fez?

6. O homem conseguiu enganar a Morte pela terceira vez? Explique sua resposta.

Nas entrelinhas do texto

1. Ao salvar o filho do rei, o homem desafiou a Morte. Você acha que ele tomou essa atitude porque tinha medo do rei, porque queria ser mais rico do que já era ou porque era vaidoso? Explique sua resposta.

2. No final do conto, o homem, já muito velhinho, é finalmente levado pela Morte. Como afinal ela consegue fazer isso?

3. No final da história, ao ouvir o que o médico tinha dito, a Morte se aproveitou disso para levá-lo.

   a) Ele queria mesmo morrer ao dizer o que disse? Explique sua resposta.

   b) De que outro modo ele poderia se expressar para não dar à Morte a chance de levá-lo?

ERICK LIMA

A morte representada com foice e manto com capuz, na xilogravura *Morte de um sertanejo sem nome*, de Erik Lima.

EXPLORAÇÃO DO TEXTO

4. Anote no caderno o trecho mais adequado para completar a afirmação. Nesse conto, percebemos que a história que se conta está chegando ao fim no momento em que:

a) a Morte leva definitivamente o homem.

b) o homem fica contrariado com o estrago do jardim.

c) o narrador diz que anos se passaram e o homem está bem velhinho.

d) o narrador diz que não se pode enganar a Morte pela terceira vez.

5. Um conto apresenta fatos e opiniões, as quais podem ser as do narrador ou as das personagens. Releia este trecho do conto.

Anos e anos depois, o médico, velhinho e engelhado, ia passeando nas suas grandes propriedades quando reparou que os animais tinham furado a cerca e estragado o jardim, cheio de flores. O homem, bem contrariado, disse:

— Só queria morrer para não ver uma miséria destas!...

Não fechou a boca e a Morte bateu em cima, carregando-o. A gente pode enganar a Morte duas vezes, mas na terceira é enganado por ela.

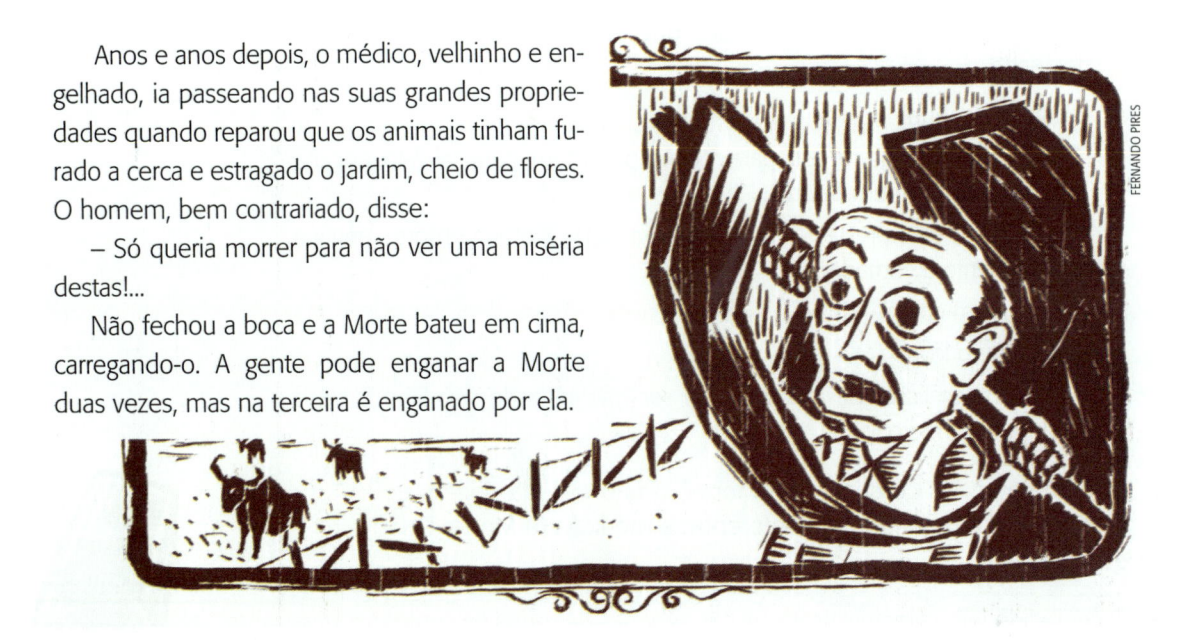

FERNANDO PIRES

No caderno, anote se os trechos a seguir referem-se a um fato ou a uma opinião.

a) "[...] reparou que os animais tinham furado a cerca e estragado o jardim [...]"

b) "Não fechou a boca e a Morte bateu em cima, carregando-o."

c) "A gente pode enganar a Morte duas vezes, mas na terceira é enganado por ela."

6. Em sua opinião, com que finalidade alguém contaria uma história como essa, sobre o relacionamento de um homem com a morte?

Além das linhas do texto

Além de proporcionarem momentos de lazer, os contos revelam hábitos e costumes de uma comunidade, saberes e modos de avaliar a realidade de uma época.

1. Em sua opinião, a história de "O Compadre da Morte" encerra algum ensinamento? Explique sua resposta.

2. Você acha importante que histórias como essa sejam registradas? Por quê?

COMO O TEXTO SE ORGANIZA

1. Na história que lemos, os fatos são contados na sequência em que aconteceram.

No caderno, associe cada parte do conto a uma das frases (numeradas de I a IV).

a) Situação inicial: a apresentação dos fatos

b) Complicação ou conflito: o fato que muda a situação inicial

c) Ações das personagens e suas consequências

d) Clímax: o ponto máximo da tensão que encaminha a narrativa para o desfecho

e) Desfecho: o final

    I. Quando o filho do rei está para morrer, o homem, para salvá-lo, engana a comadre com um truque.

    II. O homem está prestes a morrer e, para evitar a própria morte, engana novamente a comadre.

    III. O homem comete um engano.

    IV. A Morte o leva.

    V. Um homem convida a Morte para ser madrinha de seu filho e ela o torna um médico rico.

2. [...] No conto "O Compadre da Morte", o fato que dá origem ao conflito ocorre no relacionamento entre o médico e a Morte. Qual é esse conflito?

3. O conto lido tem características que são próprias de todos os contos populares. Indique no caderno quais afirmações são falsas e quais são verdadeiras em relação a tempo e a lugar nos contos populares.

ESTÚDIO BRX

a) É sempre possível identificar exatamente onde e quando acontecem os fatos (por exemplo, em que cidade ou em que data).

b) Não há uma indicação clara do tempo e do espaço.

c) A falta de indicação bem definida do lugar e da época em que se passa a história é uma das características do conto popular.

d) Seria muito importante indicar precisamente o tempo e o espaço em um conto popular.

4. Os contos de fadas, geralmente, começam com a fórmula "Era uma vez...". Já o conto "O Compadre da Morte" começa de um jeito que é típico nos contos populares. Releia o início.

> "Diz que era uma vez um homem [...]"

Ao iniciar desse modo o conto, o narrador demonstra saber quem o criou? Acredita que a história que vai contar é verdadeira ou não? Explique sua resposta.

5. A história lida é narrada em terceira pessoa.

   a) A expressão "Diz que…" poderia iniciar esse conto se os fatos fossem contados pelo compadre, em vez de por um narrador? Por quê?

   b) Você já conhece algumas características do conto popular. Se a narrativa fosse feita em primeira pessoa, em vez de na terceira, esse conto manteria suas características? Por quê?

O foco narrativo

Uma história pode ser narrada na **primeira pessoa** (nesse caso, a personagem conta os fatos que vive ou que observa) ou na **terceira pessoa** (o narrador conta fatos que observa). É importante não confundir o **autor** (a pessoa que escreve uma obra) com o **narrador** (entidade fictícia criada pelo autor para narrar a história).

---

6. Nenhuma personagem do conto tem nome: nem o pai, nem os filhos, nem os doentes.

   a) Essa ausência de nomes próprios dificulta a compreensão da história? Por quê?

   b) Sabemos que a morte é um fato, o fim da vida; nesse conto, porém, a morte fala e tem sentimentos. Por que isso acontece?

   c) Por que é usada letra inicial maiúscula em Morte?

Personificação é o recurso que consiste em atribuir características ou qualidades humanas a seres inanimados ou inexistentes.

---

7. O folclorista Luís da Câmara Cascudo organizou em uma coletânea vários contos que ele ouviu em algumas regiões do país.

   a) Quem contou a ele a história "O Compadre da Morte"?

   b) Esse conto faz parte da tradição oral brasileira, assim como os provérbios, as cantigas de ninar, as cantigas de roda, as adivinhas, as parlendas e as piadas. Conhecemos o autor dos provérbios, das cantigas de roda e das adivinhas, por exemplo?

   c) Como você explicaria o fato de não conhecermos o autor de "O Compadre da Morte"?

8. Apesar de narrar fatos acontecidos ao longo de muitos anos, o conto é curto. Quais dos recursos abaixo são empregados para conseguir isso?

   a) Não são dados muitos detalhes sobre os acontecimentos.

   b) Várias personagens participam da história.

   c) As personagens têm nome e são descritas com detalhes.

   d) O leitor não é informado sobre o lugar e a época em que se passa a história.

1. O narrador menciona as mesmas personagens várias vezes no texto, retomando-as, algumas vezes, com outras palavras. Releia.

> "Diz que era uma vez um homem que tinha tantos filhos que não achava mais quem fosse seu compadre. [...], depois de muito andar, encontrou a Morte, a quem convidou. A Morte aceitou e foi a madrinha da criança. Quando acabou o batizado voltaram para casa e **a madrinha** disse **ao compadre**:
>
> — Compadre! Quero fazer um presente ao meu **afilhado** e penso que é melhor enriquecer **o pai**. [...]"

TATIANA MOES

a) A que personagens já mencionadas no primeiro parágrafo se referem os termos **a madrinha** e **o compadre**?

b) E os destacados no segundo parágrafo?

2. Releia estes trechos e observe as palavras destacadas.

> "Diz que era uma vez um homem que **tinha** tantos filhos que não **achava** mais quem fosse seu compadre. [...], depois de muito andar, **encontrou** a Morte, a quem **convidou**.
>
> [...] **adoeceu** o filho do rei e este mandou buscar o médico [...]
>
> Anos e anos depois, o médico, velhinho e engelhado, **ia** passeando nas suas grandes propriedades [...]"

a) Essas palavras indicam tempo presente, passado ou futuro?

b) Anote no caderno mais um trecho do texto em que as palavras indiquem esse tempo.

c) A maioria das ações do conto é narrada nesse tempo. Explique por quê.

3. Indique no caderno: que expressão do grupo II corresponde a cada expressão destacada no grupo I?

Grupo I	Grupo II
a) "**Botou aviso** que era médico [...]"	I. à beira da morte
b) "Até que lhe **palpitou** perguntar pela sua."	II. anunciou
c) "A Morte mostrou um **cotoquinho** no fim."	III. apareceu na mesma hora
d) "Então eu estou **morre não morre**!"	IV. teve a ideia de (fazer algo)
e) "[...] a Morte **bateu em cima**, carregando-o."	V. pequeno pedaço de vela

4. Compare novamente as expressões na atividade anterior.

a) Em qual dos grupos as frases indicam um uso mais próximo de expressões usadas no dia a dia?

b) As expressões do grupo I identificam uma das marcas do conto popular. Qual?

> Os contos populares são narrativas orais, passadas de geração a geração. Por isso, mesmo quando estão registrados por escrito, mantêm expressões que são típicas da fala.

A LÍNGUA NÃO É SEMPRE A MESMA

Será que falamos ou escrevemos do mesmo modo no Brasil e em Portugal? A língua é a mesma, mas... o modo de usá-la pode ser diferente.

Leia novamente o início do conto "O Compadre da Morte" e, em seguida, um trecho de uma versão da mesma história, recolhida no Alentejo (região de Portugal) e intitulada "O compadre Bernardo e a comadre Morte".

Conto 1: *O Compadre da Morte*

Diz que era uma vez um homem que tinha tantos filhos que não achava mais quem fosse seu compadre. Nascendo mais um filhinho, saiu para procurar quem o apadrinhasse e, depois de muito andar, encontrou a Morte, a quem convidou. A Morte aceitou e foi a madrinha da criança.

JORGE ZAIBA

Conto 2: *O compadre Bernardo e a comadre Morte*

Havia, numa aldeia que não era muito grande, um casal com tantos filhos que já tinham convidado todas as pessoas para padrinho de algum deles [...]

Mas o chefe do casal, que se chamava Bernardo, tinha uma regra: não podia ter como compadre ou comadre alguém por duas vezes...

E tiveram mais uma menina que era preciso baptizar...

Disponível em: <http://www.joraga.net/contos/pags/53_12_Tradicao_Serpa_01_compadreBernardo.htm>. Acesso em: out. 2011.

1. Que diferenças você observa entre as duas versões?

2. Em sua opinião, como se explicam as diferenças entre os dois textos se a história é a mesma?

NÃO DEIXE DE LER

• *Contos de enganar a morte*, Ricardo Azevedo, Ática

Com a morte não tem conversa mole que resolva: quando chega a hora, não adianta bater o pé. É o que aprendem as personagens das narrativas populares recolhidas e recontadas por Ricardo Azevedo nesse livro.

Releia os trechos e observe as expressões destacadas.

"**Diz que** era uma vez um homem que tinha tantos filhos que não achava mais quem fosse seu compadre. [...]."

"— **Virgem Maria!** Essa é **que é a minha?** Então eu **estou morre não morre!**"

"**Vai um dia** adoeceu o filho do rei [...]"

"O homem começou a rezar o Padre-Nosso que estás no céu... E calou--se. **Vai a** Morte e diz:

— Vamos, compadre, reze o resto da oração!"

a) Escreva uma expressão de sentido equivalente para cada uma dessas expressões destacadas.

b) Essas expressões também poderiam ser facilmente encontradas:

   I. nas notícias e reportagens escritas nos jornais.

   II. nas notícias que os apresentadores leem nos telejornais.

   III. nas conversas informais entre pessoas que se conhecem bem.

   IV. nos discursos oficiais.

PARA LEMBRAR

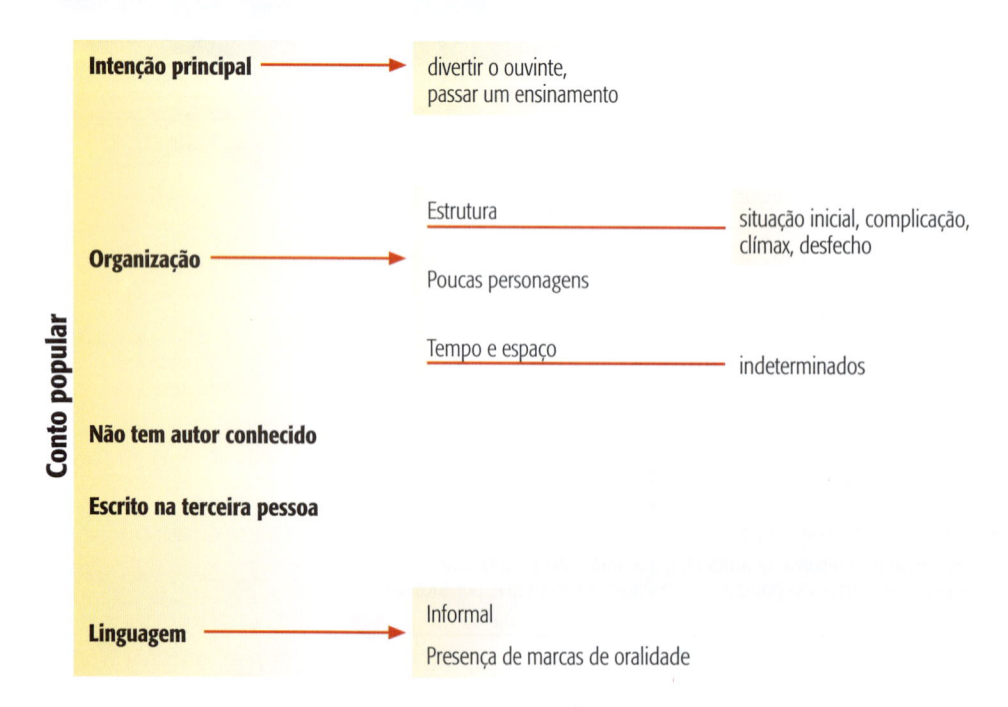

Conto popular

- **Intenção principal** → divertir o ouvinte, passar um ensinamento
- **Organização** →
  - Estrutura — situação inicial, complicação, clímax, desfecho
  - Poucas personagens
  - Tempo e espaço — indeterminados
- **Não tem autor conhecido**
- **Escrito na terceira pessoa**
- **Linguagem** → Informal / Presença de marcas de oralidade

DEPOIS DA LEITURA

Um tema, dois gêneros

A presença da morte é constante em contos, histórias, romances. Ela já foi descrita de várias formas: como cruel, bondosa, impiedosa...

Já vimos como ela foi caracterizada no conto lido. Como será que ela é vista em outros gêneros? Vamos ver um exemplo nas HQs:

NÃO DEIXE DE LER

• *Contos e lendas de Macau*, de Alice Vieira, SM, 2006

Os seis contos e lendas reunidos nesta coletânea revelam muito da vida e da cultura de Macau, cidade chinesa colonizada por portugueses. São histórias sobre amores impossíveis e conflitos familiares que encantam o leitor por sua beleza e por seu mistério.

VERISSIMO, Luis Fernando. *As cobras*: antologia definitiva. Rio de Janeiro: Objetiva, 2010.

1. As duas personagens conversam sobre a morte. O que pensa a personagem Flecha a esse respeito?

2. O que a personagem, no último quadrinho, gostaria que acontecesse?

3. Há alguma semelhança entre essa personagem e o compadre, personagem de "O Compadre da Morte"? Por quê?

4. A morte é vista pelas duas personagens da mesma forma? Explique sua resposta.

5. A intenção do conto que lemos era ensinar algo. Qual a intenção do autor nesta tira?

ATIVIDADE DE ESCUTA

1. Ouça a leitura de uma história que seu professor vai apresentar. Após a escuta, responda às questões propostas.

    a) Qual era a principal característica da personagem principal, a jovem que veio do céu?

    b) As personagens têm nome?

    c) Onde e quando se passa a história?

    d) Relembre as características de um conto popular. Você nota alguma semelhança entre ele e esta história? Comprove sua resposta com elementos do texto.

    e) Assim como um conto, esta história pode ser dividida em 5 partes: a situação inicial, a complicação, as novas ações, o clímax e o desfecho. Identifique os fatos correspondentes a cada uma delas.

2. Prepare-se para expor oralmente sua opinião, compartilhando suas observações com os demais colegas.

    a) Formule suas respostas e organize sua fala antes de expô-la aos colegas.

    b) Levante a mão para pedir a palavra.

    c) Ouça seu professor e as respostas de seus colegas sem interrompê-los.

    d) Use linguagem adequada à situação de sala de aula; evite as gírias.

Adjetivo I

1. Leia os cartazes.

ROBSON MOURA

Homem alto e forte, sorridente e muito conversador. É solteiro e não se deixa enganar por ninguém.

Homem esperto, malandro e trapaceiro, mas muito medroso.

Homem rico e famoso; julga-se esperto, mas foi vencido por alguém mais esperto do que ele.

a) A qual dos cartazes você associaria a personagem principal do conto "O Compadre da Morte"? Por quê?

b) Algumas das palavras desse cartaz que você deve ter escolhido permitem identificar o compadre, pois indicam suas características. Quais são essas palavras?

As palavras que você indicou exprimem qualidades e características que se atribuem a um substantivo ou indicam propriedades e modos de ser. Palavras como essas são chamadas de **adjetivos**.

O compadre ficou rico e famoso.

    ↓   ↓   ↓

  substantivo   **adjetivo**   **adjetivo**

A Morte, muito contrariada, foi-se embora resmungando.

    ↓   ↓

  substantivo   **adjetivo**

O médico viu um salão cheio de velas acesas.

                       ↓   ↓

              substantivo **adjetivo**

> **Adjetivos** são palavras que atribuem características, qualidades e modos de ser a um substantivo.

Os adjetivos têm importante papel na construção dos textos.

2. Releia este trecho do conto "O Compadre da Morte" e observe os adjetivos destacados.

> "[…]
>
> A Morte foi-se embora zangada pela sabedoria do compadre.
>
> Anos e anos depois, o médico, **velhinho** e **engelhado**, ia passeando nas suas **grandes** propriedades, quando reparou que os animais tinham furado a cerca e estragado o jardim, **cheio** de flores. […]"

Com que intenção foram utilizados os adjetivos do trecho acima?

3. Releia mais este trecho do mesmo conto e observe os adjetivos destacados.

> "[A Morte] Tratou-o muito bem e mostrou a casa toda. O médico viu um salão cheio, **cheio** de velas **acesas**, de todos os tamanhos, uma já se apagando, outras **vivas**, outras esmorecendo. Perguntou o que era:
>
> – É a vida do homem. Cada homem tem uma vela **acesa**. Quando a vela se apaga, o homem morre."

a) Por que no primeiro parágrafo foi usado o adjetivo **acesas**, no plural e, no segundo, o mesmo adjetivo no singular?

b) O adjetivo **vivas** refere-se a qual substantivo? Esse substantivo está no singular ou no plural?

c) O adjetivo **cheio** refere-se a qual substantivo? Qual é o gênero desse substantivo?

> Os **adjetivos** concordam em gênero e número com o substantivo a que se referem. Exemplos: **vela acesa** (feminino singular)/**velas acesas** (feminino plural); **salão cheio** (masculino singular)/**salões cheios** (masculino plural).

Classificação

1. Leia agora o trecho inicial de um conto popular coletado entre contadores de histórias africanos.

> Era uma vez uma gata; uma gata selvagem que vivia totalmente sozinha ao ar livre por entre arbustos. Após algum tempo, ela cansou de viver sozinha e arrumou para si um marido: um outro gato selvagem que ela pensou ser a criatura mais admirável de toda a selva.
>
> Um dia, quando vagavam juntos ao longo do capim alto, *graurrr*! – de lá de fora saltou o Leopardo, atingindo o marido da Gata e rolando com ele no chão... […]

A gata que entrou em casa. In: MANDELA, Nelson (Org.). *Meus contos africanos*. São Paulo: Martins Fontes, 2009.

CRIS EICH

a) Se substituirmos o substantivo feminino singular **gata** pelo substantivo masculino **gato**, o que ocorre na concordância desse substantivo com o adjetivo selvagem? Justifique sua resposta.

b) Agora releia este trecho e observe o adjetivo destacado.

> "[...] ela cansou de viver **sozinha** [...]"

Se substituirmos **ela** por **ele**, ocorrerá o mesmo fenômeno que você apontou em sua resposta anterior? Por quê?

2. Releia a frase.

> "[...] o médico, velhinho e engelhado, ia passeando nas suas grandes propriedades [...]"

a) O adjetivo **grandes** refere-se a qual substantivo? Qual é o gênero desse substantivo?

b) A forma desse adjetivo se alterou em gênero e número em relação ao substantivo a que se refere?

3. Leia o título e a <mark>linha fina</mark> desta matéria de um *site* de culinária.

> ### Bolo simples, fofo e fácil: receitas perfeitas para o dia a dia
>
> Receitas de bolos práticos, rápidos e deliciosos
>
> Disponível em: <http://mdemulher.abril.com.br/culinaria/fotos/especiais/bolo-simples-fofo-facil-receitas-perfeitas-dia-dia-630465.shtml#1>. Acesso em: 25 mar. 2015.

<mark>**Linha fina:** em jornalismo, dá-se o nome de linha fina à frase, sem ponto-final, que aparece abaixo do título e tem a função de completar seu sentido ou dar outras informações ao leitor.</mark>

a) Como ficariam o título e a linha fina se as receitas fossem de tortas e não de doces?

b) O que você percebeu em relação à concordância dos adjetivos com o substantivo na atividade anterior?

> Os adjetivos que possuem uma forma para o masculino e outra para o feminino são chamados de **biformes**. Por exemplo: **homem sozinho/gata sozinha**.
>
> Já os adjetivos terminados em **e** ou nas consoantes **l**, **m**, **r**, **s**, **z** têm uma única forma para acompanhar os substantivos masculinos e femininos, por isso são chamados de **uniformes**. Exemplos: **selvagem**, **alegre**, **confiável**, **cortês** etc.

4. Leia o trecho inicial de uma matéria publicada em uma revista.

> ### Voto rosa-choque
>
> Há um século as mulheres não podiam votar. Para conseguir esse direito, algumas delas arregaçaram as mangas e lutaram cara a cara com os homens – algumas vezes até a morte.
>
> Mariana Sgarioni. Revista *Aventuras na História*. Disponível em: <http://guiadoestudante.abril.com.br/aventuras-historia/voto-rosa-choque-433802.shtml>. Acesso em: 8 dez. 2014.

THE BRIDGEMAN LIBRARY/GRUPO KEYSTONE

Figura representando a inglesa Emily Davison, que, em 1913, atirou-se diante do cavalo do rei, em um dérbi, para chamar a atenção para a luta pelo voto feminino.

a) Apenas pelo título e pelo começo da matéria, podemos saber qual é o assunto tratado. Qual é ele?

b) Qual é a relação entre a cor rosa-choque e o assunto da reportagem?

c) No título, a palavra **rosa-choque** é um adjetivo. Qual substantivo ela caracteriza?

Rosa-choque é um adjetivo composto por duas palavras, **rosa** e **choque**, que são unidas pelo hífen (-).

5. Faça no caderno o que se pede.

a) Forme adjetivos compostos por duas palavras juntando, por meio do hífen, um adjetivo do quadro 1 a uma palavra do quadro 2.

Quadro 1

amarelo	azul	verde

Quadro 2

abacate	água	alface	anil	azeitona
bandeira	canário	celeste	claro	escuro
esmeralda	garrafa	limão	mar	marinho
musgo	oliva	ouro	piscina	turquesa

b) Crie frases empregando pelo menos três dos adjetivos formados.

> Os **adjetivos simples** são formados por uma única palavra. Os **adjetivos compostos** são formados por mais de uma palavra.

6. Leia este trecho, retirado de uma enciclopédia digital sobre a fauna brasileira.

Sanhaço-papa-laranja

Pipraeidea bonariensis

[…]

O sanhaço-papa-laranja, também conhecido como sanhaço-amarelo e papa-ameixa, é de um colorido que não passa despercebido. E a razão é simples: a cabeça e as asas são azuis, o dorso é negro, o peito, laranja e o abdômen, amarelo-claro. Em resumo, é quase um arco-íris de asas.

De quebra ainda tem uma máscara-negra no entorno dos olhos. A fêmea do sanhaço-papa-laranja, por sua vez, é verde-pardacenta, com o lado inferior mais claro. Não estivesse ao lado de macho, que a distingue, seria até difícil de identificá-la, de tão comum que é sua plumagem.

[…]

Revista *Terra da Gente*. Disponível em : <http://redeglobo.globo.com/sp/eptv/terra-da-gente/platb/fauna/aves/sanhaco-papa-laranjapipraeidea-bonariensis/>. Acesso em: 25 mar. 2015.

ZIG KOCH/NATUREZA BRASILEIRA

a) Por que o autor do texto afirma que o sanhaço-papa-laranja é "quase um arco-íris" de asas?

b) Observe os adjetivos compostos que indicam cor. A quem são atribuídos e com que intenção foram empregados?

c) Em sua opinião, qual a importância do uso de adjetivos como esses em enciclopédias sobre aves?

1. Leia este trecho de uma notícia.

Altas temperaturas predominam durante a maior parte do ano

[...]

O principal atrativo turístico do Norte é o bioma Amazônia, que cobre todos os estados da região (Acre, Amapá, Amazonas, Pará, Rondônia, Roraima e Tocantins). O clima predominante é o equatorial, quente e úmido, com temperatura média de 25 °C e chuvas bem distribuídas durante o ano. Roupas leves, protetor solar e repelente são itens básicos na bagagem de quem visita os estados do Norte. Na região da Floresta Amazônica chove quase todos os dias e, por isso, o turista não pode se esquecer de levar guarda-chuva. [...]

Jornal *Dourados Agora*. Disponível em: <http://www.douradosagora.com.br/noticias/ciencia-e-saude/altas-temperaturas-predominam-durante-a-maior-parte-do-ano>. Acesso em: 15 jan. 2015.

a) Ao afirmar que a temperatura média é de 25 °C, o repórter deixa claro que a temperatura é sempre essa ou que é menor ou maior que essa? Afinal, faz muito ou pouco calor?

b) Os substantivos **clima** e **temperatura** referem-se a alguns aspectos geográficos do bioma Amazônia, no norte do país. Quais são os adjetivos empregados para caracterizar esses substantivos?

c) O repórter aconselha os leitores turistas a levar em sua viagem alguns itens básicos, atribuindo-lhes alguns adjetivos. Quais são esses itens e como são caracterizados?

d) Anote no caderno a afirmação ou afirmações que completam adequadamente esta frase: Os adjetivos empregados pelo repórter tanto na descrição do local quanto na do que levar na viagem:

I. deixam o texto mais elegante.

II. ajudam o leitor a imaginar como é a região.

III. não precisariam ser usados.

IV. descrevem as condições da região.

V. ajudam o leitor a se preparar para a viagem.

2. Leia a tira.

VERISSIMO, Luis Fernando. *As cobras*: antologia definitiva. Rio de Janeiro: Objetiva, 2010.

a) Uma das personagens caracteriza o planeta Terra com uma sequência de adjetivos. Quais são eles?

b) A palavra **chato** tem dois sentidos. Que sentido ela tem no segundo quadrinho?

c) No terceiro quadrinho, há um sinônimo de **chato**. Qual?

d) No segundo quadrinho, a personagem fala de características físicas do planeta. No terceiro, ela muda de assunto. Do que ela passa a falar?

3. Leia o diálogo a seguir entre uma criança e um adulto, em que foram empregados alguns adjetivos.

> — [...] A professora disse que no tempo da primavera as árvores ficam carregadinhas de flores, como estavam naquele dia. Mas, no outono, mata até as folhas.
> — O mesmo tempo que faz nascer as flores é capaz de murchá-las.
> — O bom é que as flores são teimosas e brotam de novo.
> — Você tem razão. O tempo renova as coisas. [...]
> — Ele é bom e amigo, ou só envelhece o mundo?
> — Muito, muito bom. Mistura de fortaleza e doçura. Ele nos promete o dia seguinte.

QUEIRÓS, Bartolomeu Campos. *Tempo de voo*. São Paulo: SM, 2009.

a) Como o adulto caracteriza o tempo?

b) O tempo é caracterizado também de outras formas. Encontre no texto dois substantivos que o caracterizam e que correspondem aos adjetivos **forte** e **doce**.

c) A criança emprega um adjetivo como substantivo em uma expressão. Qual é ela?

d) Reescreva no caderno essa expressão substituindo pela palavra **importante** o adjetivo usado como substantivo.

4. Reescreva no caderno a segunda frase de cada trecho, substituindo o símbolo ▮ por um adjetivo correspondente da mesma família dos substantivos destacados.

a) O Compadre da Morte usa a esperteza para conseguir o que quer. Ele é muito ▮.

b) "A Morte foi-se embora, zangada com a sabedoria do compadre." Ele se mostrou muito ▮.

c) A coragem dessa personagem ao tornar-se compadre da Morte espanta qualquer um. Ele foi mesmo muito ▮.

5. Os adjetivos podem ser empregados como substantivos. Só é possível dizer se uma palavra é adjetivo ou substantivo pelo contexto da leitura. Leia a tira abaixo.

CEDRAZ, Antônio. Disponível em: <http://www.xaxado.com.br/quadrinhos/tiras.html>. Acesso em: 19 out. 2010.

a) O que o menino pretende fazer?

b) Qual adjetivo foi empregado como substantivo na fala da menina para recriminar a intenção do menino? Como você chegou a essa conclusão?

c) Quando a menina usa essa palavra, a que substantivo ela se refere?

LEITURA 2

ANTES DE LER

Este conto popular africano, bastante conhecido na região de Gana, África Ocidental, tem como personagem principal Ananse, uma aranha que se comporta como ser humano. Será que ela se parece com o compadre da Morte? Nesta história, Ananse enfrenta três provas, propostas por um rei. Conheça a primeira delas.

1. Você já leu algum conto em que a personagem principal fosse um animal? Conte resumidamente como era a história.

2. Leia o título a seguir. Para você, que proeza teria feito Ananse para tornar-se o dono das histórias?

Ananse vira o dono das histórias

Apenas uma coisa preocupava Ananse: como ele seria lembrado quando morresse! Seria bom poder deixar uma reputação. Seria bom poder ser lembrado entre os grandes e cantado como herói.

Mas Ananse não dispunha de bravura militar, força assombrosa e sábios provérbios. Tinha apenas sua astúcia. Ele vivia de sua astúcia.

"Seria bom", pensou, "se todas as histórias me pertencessem."

— "As histórias de Ananse" — ele proferiu, em voz alta, e achou que soava bem. Todos se lembrariam dele quando passassem as noites contando histórias.

Ananse não perdeu tempo vangloriando-se do título. Mas, quando o rei das florestas ouviu falar daquilo, disse a Ananse:

— Nomes grandiosos são dados àqueles que empreendem grandes façanhas. O que você fez para merecer tal honra?

— Submeta-me a uma prova, grande rei, e descobrirá que não mereço menos — respondeu Ananse, sem se deixar perturbar.

— Até hoje ninguém capturou, com vida, três coisas: *Wowa*, a família inteira de abelhas melíferas; *Aboatia*, da floresta de gnomos; e *Nanka*, a píton. Realize esse feito e as histórias serão suas.

— Estou à sua disposição, majestade – respondeu Ananse. – Embora seja pequeno, aprendi a descobrir as fraquezas dos grandes. Em três dias, terá prova de minha superioridade.

Ananse passou a noite seguinte planejando suas conquistas e, de manhã cedo, iniciou sua jornada.

TATI SPINELLI

Todo mundo sabe como as abelhas são ocupadas e como ficam zangadas quando as perturbamos e como aferroam quando as aborrecemos. Ananse levou isso em consideração quando se aventurou até a colmeia.

— Deve existir muitas de vocês por aqui – ele disse, como forma de saudação.

— Somos trezentas – respondeu a operária-chefe.

— O quê? – gritou Ananse. – Disse que são duzentas?

— Trezentas – repetiu a abelha.

— Oh. Ouvi dizer que eram duzentas, na semana passada – mentiu Ananse. – Deve haver duzentas de vocês.

— Trezentas – zumbiu a operária-chefe, irritada.

— Duzentas – insistiu Ananse, em tom de desafio.

Em pouco tempo, muitas abelhas entraram na discussão e todas gritavam os números que haviam contado.

— Muito bem – bradou Ananse, calando o zumbido.

— Para resolver essa questão de uma vez por todas, por que não me deixam contá-las?

A sugestão pareceu justa aos interessados. Ananse mostrou às abelhas uma garrafa e disse:

— Basta que voem, uma de cada vez, para dentro da garrafa, que eu as contarei.

A primeira foi a operária-chefe e, uma de cada vez, todas entraram na garrafa, até mesmo a rainha.

— Quantas somos? – indagaram as abelhas.

— Trezentas – respondeu Ananse, selando a boca da garrafa.

— Eu falei – disse a operária-chefe.

— Sim, mas agora capturei todas vocês! – disse Ananse. Embora zunissem com toda sua força, ele as carregou até sua casa.

[…]

O monarca ficou impressionado. Ele reconheceu a grandeza de Ananse e o consagrou como dono das histórias.

Até hoje, em todo lugar onde se contam histórias, o nome de Ananse é mencionado como o senhor das melhores narrativas.

BADOE, Adwoa; DIAKITÉ, Baba Wagué. *Histórias de Ananse*. São Paulo: SM, 2006.

TATI SPINELLI

Antes de iniciar o estudo do texto, tente descobrir o sentido das palavras desconhecidas pelo contexto em que elas aparecem. Se for preciso, consulte o dicionário.

1. Releia este trecho do conto.

"Mas Ananse não dispunha de bravura militar, força assombrosa e sábios provérbios. Tinha apenas sua astúcia. Ele vivia de sua astúcia."

a) Pensando nas atitudes de Ananse na história, explique o significado da palavra **astúcia**.

b) Você conhece outra personagem de conto ou lenda que seja famosa por sua astúcia?

2. De que forma Ananse engana as abelhas?

3. Ananse diz: "Aprendi a descobrir as fraquezas dos grandes". Qual é a fraqueza das abelhas?

4. Releia estes trechos.

"Todos se lembrariam dele [Ananse] quando passassem as noites contando histórias."
"Até hoje, em todo lugar onde se contam histórias, o nome de Ananse é mencionado como o senhor das melhores narrativas."

Quais são as características do conto popular que podemos reconhecer nesses trechos?

5. Os fatos vividos por Ananse são contados na terceira pessoa, mas há um momento em que o narrador se dirige diretamente ao leitor. Localize o trecho no texto e anote-o no caderno.

6. Anote no caderno a frase que indica, nesse conto, que a história está chegando ao fim.

a) "Quantas somos? – indagaram as abelhas."

b) "Basta que voem, uma de cada vez, para dentro da garrafa, que eu as contarei."

c) "A primeira foi a operária-chefe e, uma de cada vez, todas entraram na garrafa, até mesmo a rainha."

7. Os contos "O Compadre da Morte" e "Ananse vira o dono das histórias" falam de personagens diferentes: um homem e uma aranha.

a) O que essas histórias têm em comum, em relação ao caráter e ao comportamento de suas personagens principais?

b) Tanto o homem como Ananse pregaram peças em outras personagens, ou seja, enganaram-nas. Os dois foram bem-sucedidos?

c) O que você acha da atitude deles?

NÃO DEIXE DE LER

• *Histórias de Ananse*, de Adwoa Badoe e Baba Wagué Diakité, SM

Ananse, a aranha que se comporta como gente, é uma personagem muito popular em Gana, na África Ocidental. Suas histórias falam de antigos costumes, tradição, ética e respeito.

Vimos, no conto popular brasileiro e no conto africano, que a astúcia é uma das características mais marcantes das personagens principais. Vamos refletir sobre como agir em nosso cotidiano, em uma situação em que alguém se comporte como essas personagens.

Sente-se com um colega e discuta com ele as questões a seguir. Preparem-se para apresentar oralmente suas opiniões ao professor e aos colegas.

1. No conto "O Compadre da Morte", a intenção do homem é livrar-se da morte; já a intenção de Ananse é ser dono de todas as histórias. Para conseguir seus objetivos, os dois usam de esperteza. Vejam, ao lado, a reprodução de algumas capas de gibi que mostram a personagem Zé Carioca, de Walt Disney.

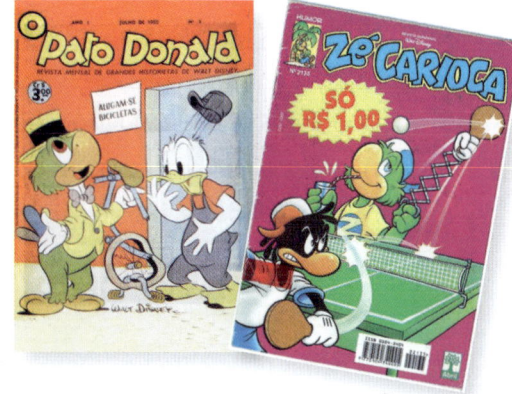

EDITORA ABRIL

   a) Qual é a intenção da personagem Zé Carioca em cada uma dessas cenas?

   b) Em sua opinião, Zé Carioca também usa de esperteza, como o compadre e Ananse? Por quê?

2. Leiam este trecho de uma entrevista dada pelo psiquiatra Içami Tiba, autor de livros sobre as relações pessoais na família e na escola.

U combate ao comportamento "espertinho" deve começar em casa

« [...] Hoje, quando falo em cidadania familiar e ética, penso na tentativa de combater esse comportamento folgado, do espírito de espertinho, que chega a ser natural nas crianças. Afinal, "se a mamãe guarda o brinquedo para mim, por que devo guardar eu? Se tudo que peço eles me dão, por que tenho que fazer alguma coisa diferente?" O combate ao comportamento espertinho deve começar em casa. Para dosar a esperteza do brasileiro, mesmo sendo ele uma criança, a disciplina tem que ser exercitada dentro de casa. **»**

EDITORA ABRIL; BEW AUTHORS/EASYPIX BRASIL

Disponível em: <http://www.guiarioclaro.com.br/guia_novo/frame/show.htm?serial=140010472&link=show&seccao=Editorias&editoria=Cotidiano&retranca=&testeira_coluna=> Acesso em: 27 ago. 2010.

   a) Para o autor desse texto, a esperteza do brasileiro é algo bom ou ruim? Como vocês concluíram isso?

   b) Vocês concordam ou discordam das declarações de Içami Tiba? Por quê?

   c) Alguma vez, em seu cotidiano, vocês já se depararam com alguém disposto a levar vantagem sobre as outras pessoas e a enganá-las, usando de esperteza? Se sim, como vocês reagiram? Contem aos colegas essa experiência.

RECONTO DE HISTÓRIA

Vamos pesquisar um conto popular e recontá-lo oralmente a alunos de anos anteriores? A apresentação acontecerá em um dia combinado com o professor para alunos do 5º ano. Prepare-se para essa tarefa, fazendo as atividades a seguir.

> **Atenção**
> Guarde o registro escrito do conto para uma coletânea de contos e para o projeto de final de ano, o almanaque.

Antes de começar

1. Quais das frases abaixo caracterizam os contos populares lidos? Anote-as no caderno.

a) O tempo e o espaço são determinados.

b) A linguagem empregada tem marcas de oralidade.

c) A sequência de fatos é simples, e eles não são detalhados.

d) Todas as personagens são identificadas pelo nome.

e) Não se sabe quem é o autor.

2. Ao narrar oralmente um conto popular, seja para provocar riso, medo ou curiosidade, como podemos nos preparar? Anote no caderno os itens que mostram o que é preciso observar.

a) Precisamos conhecer os pontos principais do conto.

b) Precisamos dizer quem nos contou esse conto.

c) Devemos conhecer a sequência dos fatos no conto.

d) Não precisamos nos preocupar com a voz durante a narrativa.

e) Devemos escolher um tom de voz adequado para cada momento do conto.

f) Podemos fazer pausas para criar suspense e curiosidade.

g) Devemos evitar ser expressivos, pois o importante é divulgar informações.

h) Precisamos levar em conta o público a quem vamos narrar a história.

i) Devemos definir que efeito queremos causar nos ouvintes.

> **NÃO DEIXE DE ASSISTIR**
>
> • ***As aventuras de Pedro Malasartes*** (Brasil, 1960), direção de Mazzaropi
>
> Pedro Malasartes é uma personagem que está presente no folclore de vários países, sendo de origem muito antiga. O filme baseia-se nos contos orais brasileiros que têm como protagonista esse caipira astuto e malandro.

Planejando a apresentação

1. Pesquise um conto popular para recontá-lo aos alunos do 5º ano. Você pode fazer isso de duas formas:

• pergunte a seus pais, avós, tios ou outras pessoas mais velhas se conhecem algum conto popular e se podem contá-lo a você. Faça o registro por escrito tal como você o ouviu. Anote nome, idade e cidade de origem da pessoa que lhe contou a história. Se puder, faça uma gravação.

• Se isso não for possível, procure em livros ou *sites* especializados. Tente encontrar um conto curto.

2. Quando escolher o conto, leia-o algumas vezes, até compreender bem a história. Tire uma cópia ou copie o texto no caderno. Anote o título do livro e o nome do autor que recolheu os contos.

3. Prepare-se para recontar a história aos alunos do 5º ano.

a) Releia o conto algumas vezes, até ter certeza de que conhece bem cada parte. Procure memorizar o que acontece na história, conforme a sequência que vimos. Não há necessidade de reproduzir todos os detalhes da história. Fixe-se em:

I. Situação inicial (a apresentação dos fatos)

II. Complicação ou conflito (o fato que muda a situação inicial)

III. Clímax (ponto máximo do conflito)

IV. Desfecho (o final)

b) Defina com qual expressão vai iniciar a narrativa. Pode ser a mesma de "O Compadre da Morte": "Diz que…".

c) Anote os pontos principais em um papel. No momento da apresentação, você pode usar essas anotações como apoio.

d) Treine a voz para contar a história para os ouvintes. Se houver diálogos, mude o jeito de falar para cada personagem.

No momento da apresentação

1. Conte a história em uma linguagem simples e informal, porém evite gírias. Fale pausadamente e com a entonação adequada aos momentos da história, para cativar os ouvintes.

2. Lembre-se de que tem como interlocutor alunos mais jovens do que você.

Se possível, mantenha as expressões antigas ou de outras regiões presentes na versão que você registrou; mas, se houver uma palavra muito difícil, tente substituí-la por outra, para que seus interlocutores a compreendam.

3. Informe, antes de iniciar a narrativa, o nome da história e quem a contou ou de que livro você a tirou.

4. Ao falar, procure atrair a atenção de seus ouvintes. Cuide do ritmo da narrativa: nem muito rápido nem muito lento.

5. Faça pausas nos momentos de maior interesse ou suspense para criar expectativa nos ouvintes.

6. Movimente-se um pouco; evite ficar imóvel; use a expressão corporal e facial.

> **Atenção**
> Durante a apresentação dos colegas, permaneça em silêncio e atento à história, para avaliar os recontos feitos.

Avaliação da apresentação

Após as apresentações, o professor irá dividir a classe em grupos. Avalie a apresentação com seus colegas, observando os seguintes pontos:

- Os contadores, em geral, conseguiram atrair a atenção dos ouvintes?
- Que finalidade ou intenção tinha a maioria dos contos apresentados? Divertir, agradar, passar um ensinamento?
- Qual história provocou maior interesse?
- Qual dos contos foi contado de forma mais emocionante?

Adjetivo II

Locução adjetiva

Vimos que os adjetivos acompanham e modificam o substantivo, atribuindo a ele qualidades, características, propriedades ou indicando modos de ser. Muitas vezes, é possível fazer isso de outra forma, utilizando recursos diferentes.

1. Leia esta matéria.

O que vocês estão olhando?

Não tem escapatória. Onde quer que aterrisse, o Google Street View sempre deixa um rastro de polêmica a respeito do direito à privacidade. Para quem ainda não ouviu falar, trata-se de um serviço de mapas do Google que oferece vistas reais das ruas e avenidas de uma porção de cidades. [...]

No que o Google Street View difere das câmeras de segurança que nos vigiam dia e noite, em todo lugar? Ele se limita a fotografar cenas urbanas, não se trata de uma vigilância constante em tempo real. As câmeras de segurança, por outro lado, nos filmam não só nas ruas, mas em lojas, edifícios e em outros locais privados de acesso público, sob o pretexto de controle da criminalidade.

Disponível em: <http://www.estadao.com.br/noticias/suplementos,o-que-voces-estao-olhando,622858,0.htm>. Acesso em: 28 abr. 2015.

a) O Google é um *site* organizador de informações que oferece serviços de busca, de correio eletrônico e outros produtos. Você já conhecia o *Google Street View*?

b) Anote no caderno a oração que explica a função desse recurso ("Ele se limita a fotografar cenas urbanas"), substituindo o adjetivo **urbanas** por uma expressão de sentido equivalente.

c) Essa troca alterou o sentido geral da oração? Por quê?

> O **Google Street View** é um recurso lançado pelo Google, em 2007, que mostra ruas e locais públicos de cidades dos Estados Unidos, do Brasil, da Europa e outros lugares do mundo.

> O conjunto de duas ou mais palavras que exercem a função de adjetivo recebe o nome de **locução adjetiva**.

2. Leia o início de uma matéria sobre a enchente que, em 2010, atingiu a cidade histórica de São Luiz de Paraitinga (SP).

Lendas urbanas tentam explicar enchente em São Luiz do Paraitinga

Para moradores, tragédia foi castigo dos céus ou obra de forças do mal. Histórias evocam sombra saindo da igreja e andarilho desconhecido.

DOMINGOS, Roney. Disponível em: <g1.globo.com/sao-paulo/noticia/2010/05/lendas-urbanas-tentam-explicar-enchente-em-sao-luiz-do-paraitinga.html>. Acesso em: 19 out. 2010.

Morador enfrenta a enchente em São Luiz do Paraitinga (SP), em 2010.

a) Indique no caderno: lendo o título e o começo da matéria, qual você acha que será o assunto principal do texto?

  I. Os estragos que a enchente causou na cidade histórica.

  II. Histórias dramáticas vividas por moradores vítimas da cheia.

  III. Uma explicação sobre o que são lendas urbanas.

  IV. Justificativas que moradores tentam encontrar para a enchente.

b) Releia o título.

Lendas urbanas tentam explicar enchente em São Luiz do Paraitinga

Anote o título no caderno, substituindo o adjetivo **urbanas** por uma expressão de sentido equivalente.

c) Em sua opinião, essa troca alterou o sentido geral da oração? Por quê?

3. Leia e compare o uso do adjetivo **terrestre** nestes títulos de notícias.

Vídeo mostra choque de meteoro com atmosfera terrestre

Disponível em: <http://veja.abril.com.br/noticia/ciencia/video-mostra-choque-de-meteoro-com-a-atmosfera-terrestre>. Acesso em: 16 jan. 2015.

Amazônia pode perder 65% da sua biomassa terrestre até 2060

Disponível em: <http://www.ciflorestas.com.br/conteudo.php?tit=amazonia_pode_perder_65_da_sua_biomassa_terrestre_ate_2060&id=8673>. Acesso em: 16 jan. 2015.

a) A que significado se refere o adjetivo **terrestre** em cada um dos títulos?

b) Em qual dos títulos seria possível a substituição do adjetivo **terrestre** pela locução correspondente **de terra**?

c) Observando suas respostas, o que você conclui a respeito da correspondência entre um adjetivo e sua locução correspondente?

Adjetivo pátrio

1. Existe uma riqueza muito grande de contos populares espalhada pelos estados do Brasil. O conto "O Compadre da Morte" foi contado por um morador do Rio Grande do Norte. Releia a informação.

> Contado por João Monteiro, em Natal, Rio Grande do Norte.

a) Para indicar que o cidadão João Monteiro nasceu no Rio Grande do Norte, podemos usar um adjetivo pátrio. Qual é esse adjetivo? Anote-o no caderno. Se não souber, pesquise em um dicionário.

b) Que adjetivo é usado para denominar pessoas que nascem em seu estado?

> O adjetivo que se refere a um continente, país, região, estado ou cidade recebe o nome de **adjetivo pátrio**.

Graus do adjetivo

1. Leia o trecho inicial de outro conto popular africano.

> Não faz muito tempo o porco tinha uma tromba tão comprida quanto a do elefante. E muito se orgulhava de seu grande apêndice nasal. Com ele, podia armazenar água para a própria ducha e também regar as plantas de sua horta. Podia fungar e soprar uma melodia assustadora e também enrolar a tromba, dando-lhe nós.
>
> BADOE, Adwoa e DIAKITÉ, Baba Wagué. Por que o focinho do porco é curto. In: _____. *Histórias de Ananse*. São Paulo: SM, 2006.

CRIS EICH

a) Como era a tromba do porco em comparação com a do elefante quanto ao comprimento: maior, menor ou igual?

b) Conclua: na primeira frase do trecho acima, temos uma comparação que mostra superioridade, inferioridade ou igualdade?

c) Leia e observe.

> Antigamente, o porco tinha uma tromba **tão comprida quanto** a tromba do elefante.
>
> ↓
>
> **adjetivo no grau comparativo de igualdade**

Reescreva a frase acima no caderno, mostrando a superioridade do porco quanto ao tamanho da tromba.

d) Reescreva-a mais uma vez, usando a palavra **menos** e indicando inferioridade do porco quanto ao tamanho da tromba.

> O adjetivo no **grau comparativo** faz a comparação de uma característica entre dois ou mais seres. A comparação pode ser de:
> - **igualdade**: O porco tinha uma tromba **tão** comprida **quanto** a do elefante.
> - **superioridade**: O elefante tinha uma tromba **mais** comprida **que** a do porco.
> - **inferioridade**: O porco tinha uma tromba **menos** comprida **que** a do elefante.

2. Observe as fotos e leia as informações sobre estas aves brasileiras.

Irerê – *Dendrocygna viduata*. Um dos patos mais comuns no Brasil, vive em lagoas e banhados, mesmo em áreas urbanas. [...]

Marreca-caneleira – *Dendrocygna bicolor*. Essa espécie de marreca é mais rara do que o irerê. [...]

DEVELEY, Pedro F. *Aves da Grande São Paulo*: guia de campo. São Paulo: Aves e Fotos, 2004.

a) Quais são os adjetivos empregados na caracterização das aves?

b) Em qual das frases é feita uma comparação entre as duas aves? Essa comparação é de que tipo?

c) Reescreva a frase sobre a marreca, sem alterar seu sentido, porém trocando o adjetivo **rara** por **comum**.

d) Que grau de comparação você empregou?

3. Compare agora estas afirmações.

    I. Essa marreca é **raríssima**.

    II. Essa marreca é **muito rara**.

    III. Essa marreca é **a mais rara da região**.

a) Nas frases acima, há comparação de uma característica entre dois seres?

b) No caderno, complete corretamente as frases com uma das opções entre parênteses.

Nas frases I e II, a qualidade expressa pelo adjetivo **rara** foi ▉. (reduzida/intensificada)

Na frase III, a qualidade expressa pelo adjetivo **rara** foi ▉ em relação a outros seres. (reduzida/intensificada)

c) Compare as frases I e II. Em qual delas a característica expressa pelo adjetivo **rara** é mais intensificada?

> Quando o adjetivo exprime uma intensificação da característica atribuída a um ser, dizemos que ele está no **grau superlativo**.

4. Leia mais estas informações.

Surucuá-pavão

Nome científico: *Pharomachrus pavoninus*

[...] Maior indivíduo desta família no Brasil (mede 34 centímetros de comprimento), esta ave, no caso dos machos, chega a pesar 158 gramas.

É deles também a plumagem **mais bonita**: tem peito e barriga vermelhos (enquanto a fêmea possui a cabeça menos brilhante e o peito amarronzado). [...]

Disponível em: <http://eptv.globo.com/terradagente/0,0,2,575;4,surucua-pavao.aspx>. Acesso em: 7 dez. 2010.

O surucuá-pavão é encontrado na região do alto rio Amazonas e em alguns países da América do Sul.

a) O adjetivo destacado ressalta uma característica da plumagem do surucuá-pavão relacionando ou não essa ave a outros seres?

b) Agora leia o trecho e observe a palavra destacada.

Jacuguaçu – *Penelope obscura*. Espécie característica de mata, é bastante arisca e arredia, porém pode tornar-se mansa em lugares onde não é caçada. Quando assustada, emite **fortíssimo** grito ("rá-aaa..."), que denuncia imediatamente sua presença. [...]

DEVELEY, Pedro F. *Aves da Grande São Paulo*: guia de campo. São Paulo: Aves e Fotos, 2004.

Jacuguaçu.

O adjetivo **forte**, nesse trecho, ressalta uma qualidade de forma **absoluta** ou em relação aos gritos de aves em geral?

> O adjetivo está no **grau superlativo absoluto** quando intensifica uma característica de um ser sem fazer relação a outros seres da mesma espécie. Exemplos: grito **fortíssimo**, ave **raríssima**, ave **bastante arisca**.
>
> O adjetivo está no **grau superlativo relativo** quando exprime o grau mais alto ou mais baixo de uma característica em relação a um conjunto de seres da mesma espécie. Exemplo: **a ave mais comum do Brasil**, **a ave menos conhecida da região**, **a plumagem mais bonita**.

5. Releia a frase.

> "Espécie característica de mata, é bastante arisca [...]. Quando assustada, emite fortíssimo grito ('rá-
> -aaa...'), que denuncia imediatamente sua presença."

a) O superlativo absoluto **fortíssimo** foi formado pelo acréscimo de uma terminação ao adjetivo **forte**. Qual é a terminação?

b) Observe agora estes superlativos.

superforte = super + forte

↓ ↓

partícula **adjetivo**

bastante arisca

↓ ↓

palavra auxiliar **adjetivo**

c) O que se pode concluir sobre as maneiras de formar o grau superlativo absoluto de um adjetivo?

6. Leia a tira.

SOPAS DE LETRINHAS SÃO ÓTIMAS!

VOCÊ APRENDE ENQUANTO COME!

"M" DE MOSCA!

"P" DE PELOS!

"I" DE INSETO!

"A" DE ASA!

"P" DE PERNINHAS!

GONSALES, Fernando. Disponível em: <http://www2.uol.com.br/niquel/>. Acesso em: 31 ago. 2010.

a) A personagem diz que sopas de letrinhas são ótimas. A sopa que ela traz confirma isso? Por quê?

b) O adjetivo **ótimas** está no grau superlativo absoluto. Sem mudar o sentido geral da frase, por quais destas expressões poderíamos trocá-lo?

superboas	saborosas	muito boas	educativas

c) Que adjetivo exprime o oposto de ótimas?

7. Leia estas informações encontradas em artigos sobre animais e plantas.

a)

O famoso abraço de tamanduá, tido como símbolo de traição, é praticamente a única defesa desse animal desajeitado e de visão e audição muito limitadas. O melhor sistema de alerta do tamaduá-bandeira é o olfato, este sim, apuradíssimo.

Terra da Gente. Disponível em: <http://redeglobo.globo.com/sp/eptv/terra-da-gente/platb/fauna/tamandua-bandeiramyrmecophaga-tridactyla/>. Acesso em: 9 out. 2014.

Tamanduá-bandeira.

A expressão "o melhor" também expressa o grau superlativo de um adjetivo. Quando falamos em "o melhor sistema de alerta do tamanduá" está implícito que ele possui só esse sistema ou outros mais? Explique sua resposta.

b) Em "o maior da América Latina" e em "a pior área", também temos o grau superlativo de dois adjetivos. Em "o melhor", "o maior" e "a pior" quais são os adjetivos a que correspondem esses superlativos?

O Jardim Botânico *Plantarum*, em Nova Odessa (SP), considerado hoje o maior da América Latina, possui espécies já extintas da natureza.

Vanessa Gonçalves Brochini, esposa do autor e porta-voz do Jardim Botânico *Plantarum*, conta que o local estava abandonado, com muito mato, formigueiros, pés de abacate e um solo argiloso. "Lorenzi sempre diz que aqui era **a pior** área para se construir um jardim botânico", relembra.

Terra da Gente. Disponível em: <http://redeglobo.globo.com/sp/eptv/terra-da-gente/platb/materias/berco-das-plantas/>. Acesso em: 09 out. 2014.

c) Considerando os superlativos "ótima", "o melhor", "a pior", o que se pode concluir a respeito da formação do superlativo de adjetivos como bom, grande e mau?

1. Leia o início deste conto popular.

> Uma mãe que era muito má para seus filhos fez presente à sua filhinha de uns brincos de ouro. Quando a menina ia à fonte buscar água e tomar banho, costumava tirar os brincos e botá-los em cima de uma pedra.
>
> [...]

A menina dos brincos de ouro. In: LISBOA, Henriqueta. *Literatura oral para a infância e a juventude.* São Paulo: Peirópolis, 2003.

A locução **de ouro** poderia ser trocada pelo adjetivo **dourado**? Por quê?

2. Leia este trecho de uma notícia sobre esporte.

Fluminense contrata jogadores do Pará e Tocantins para temporada 2015

Paraense Lucas Gomes e tocantinense Marlone jogarão pelo tricolor carioca; relembre perfil e trajetória dos atletas

MANAUS – O Fluminense aposta em jogadores amazônidas para fazer bonito em 2015. O time carioca anunciou a contratação de dois jogadores da Região Norte: o paraense Lucas Gomes, do Icasa (CE), e o tocantinense Marlone, campeão brasileiro de futebol com o Cruzeiro.

Disponível em: <http://portalamazonia.com/noticias-detalhe/esporte/fluminense-contrata-jogadores-do-para-e-tocantins/?cHash=58b7256dfcaff782425a5be7262c140d>. Acesso em: 16 jan. 2015.

a) Nesse trecho são usados vários adjetivos pátrios. Qual a importância desse uso nessa notícia sobre esportes?

b) O nome do time contratante identifica-se com o estado brasileiro em que está sediado. Qual é ele?

c) Que adjetivos pátrios são usados no texto e a que estado ou cidade se refere cada um deles?

3. Algumas vezes, só é possível dizer se uma palavra é adjetivo ou substantivo pelo contexto, isto é, de acordo com a situação em que é usada e da posição que ocupa na frase. Leia e compare o título de uma das fábulas de Esopo e a moral de uma outra desse mesmo fabulista.

• "O homem **pobre** e a cobra."

• Claramente se mostra nesta fábula que nenhuma justiça nem razões valem ao inocente para o livrarem das mãos de um inimigo poderoso e desalmado. Há poucas cidades ou vilas onde não haja estes lobos que, sem causa nem razão, matam o **pobre** e lhe chupam o sangue, apenas por ódio ou má inclinação. (*O lobo e o cordeiro*).

ROGÉRIO BORGES

teia do saber

a) Em qual trecho a palavra **pobre** foi empregada como substantivo? Explique como chegou a essa conclusão.

b) E em qual foi empregada como adjetivo? Explique.

4. Observe os adjetivos destacados no trecho inicial de um conto.

Era domingo à tarde, e ele não sabia aonde ir. Havia o pingue-pongue na casa de Mário, o futebol no estádio, as mangas **madurinhas** na casa da avó – mas ele não estava com vontade nenhuma de ir a esses lugares. [...] Sentado na escada da varanda, via as nuvens gordas e preguiçosas passando no céu. Achava engraçado como as nuvens pareciam coisas, animais, gente. Um dia tinha visto uma que era igualzinha ao turco do bar – **igualzinha**.

[...]

VILELA, Luiz. *O violino e outros contos*. São Paulo: Ática, 2007.

a) Neste contexto, podemos substituir os adjetivos **madurinhas** e **igualzinha**, respectivamente, por:

  I. maduras/igual.

  II. muito maduras/totalmente igual.

  III. pouco maduras/mais ou menos igual.

  IV. maduríssimas/superigual.

b) A terminação **–inho(s)**, quando aplicada a substantivos, indica diminuição de tamanho. Nesse contexto, aplicada a esses adjetivos, isso também ocorre? Explique sua resposta.

5. Leia a tira.

Laerte. *Striptiras*. Porto Alegre: L&PM, 2007. v. 2.

a) A personagem dessa tira é conhecida como "o grafiteiro". As palavras da mãe dele se tornaram realidade? Que elementos mostram isso?

b) Localize na tira um adjetivo usado no grau superlativo absoluto. De que maneira ele foi formado?

c) Como você pôde observar, o superlativo pode ser formado pelo acréscimo de determinados elementos colocados na frente de um adjetivo. Em qual destes títulos de notícias foi empregado esse mesmo recurso na formação do superlativo?

I

Fazer rir é um trabalho dificílimo

Tribuna do norte. Disponível em: <http://tribunadonorte.com.br/noticia/fazer-rir-e-um-trabalho-dificilimo/190589>. Acesso em: 16 jan. 2015.

II

Veja lista de lanches hipercalóricos que "matam só de olhar"

Disponível em: <http://g1.globo.com/planeta-bizarro/noticia/2012/03/veja-lista-de-lanches-hipercaloricos-que-matam-so-de-olhar.html>. Acesso em: 16 jan. 2015.

III

Laser ultrarrápido pode causar salto de velocidade de internet

Disponível em: <http://olhardigital.uol.com.br/noticia/laser-ultrarrapido-pode-causar-salto-de-velocidade-de-internet/44405>. Acesso em: 16 jan. 2015

6. A variação de grau dos adjetivos é bastante explorada em revistas e jornais. Leia estas chamadas de uma revista de viagens.

> Usa-se hífen depois de **super-** e **hiper-** quando esses elementos são seguidos por uma palavra começada por **r**.

Expresso da natureza
Testamos o Trem do Pantanal, em um dos maiores santuários ecológicos do Brasil

Gramado
Marcelo Zorzanelli visitou Gramado, o maior destino de inverno do país

Sul da Bahia
As superpousadas que transformaram Ponta do Corumbau e Barra Grande

O Tibete é aqui
Algumas das montanhas mais altas da América do Sul

Revista *Viagem.* Disponível em: <http://viajeaqui.abril.com.br/vt/>. Acesso em: 14 set. 2009.

a) Quais são os adjetivos empregados no grau superlativo?

b) Qual o efeito que o emprego dessas formas cria para o leitor?

c) Em sua opinião, o uso dessas formas do superlativo é um recurso que ajuda a vender uma revista? Por quê?

1. Leia este fragmento de um conto popular.

Aventuras de um jabuti

Dom jabuti seguia uma vez, **distraído**, **preocupado** com os seus negócios, filosofando nas coisas desta vida, por um caminho no meio do mato, quando esbarrou com uma **velha** e **enorme** anta, enforcada num laço, que caçadores haviam amarrado. Mais que depressa principiou a roer a corda que prendia o pescoço do bicho, e depois de esconder a corda num buraco, começou a gritar

— Acode, gente!... acode depressa! [...]

Disponível em: <http://www.jangadabrasil.com.br/revista/junho79/im79006b.asp>. Acesso em: 9 out. 2014.

a) Observe os adjetivos destacados no trecho. Que posição ocupam em relação ao substantivo que qualificam?

b) Lendo a resposta anterior, o que é possível concluir em relação à posição do adjetivo na frase?

c) Observe agora este fragmento:

"[...] esbarrou com uma anta **velha** e **enorme**."

Houve modificação de sentido quando mudamos a posição dos adjetivos que apareciam no texto original?

2. Leia o provérbio e o fragmento de canção que reproduzimos abaixo.

"Não há defunto rico, nem noivo **pobre**."

(Provérbio)

"Ele trabalhava demais
Esqueceu sua família
Pobre homem rico
Quanto mais tinha mais triste vivia"

(Fragmento da canção "Pobre homem rico", Motivo Doze)

a) Qual é o sentido do adjetivo **pobre** em cada fragmento?

b) Relendo suas respostas às questões anteriores, o que é possível concluir?

REVISORES DO COTIDIANO

Episódio 4

Nina e Leo entraram correndo na sala da professora de Língua Portuguesa, mostrando um papel no qual haviam copiado uma frase.

Leo diz:

— Professora, veja que frase confusa encontramos no cartaz colocado na biblioteca!

No papel, estava escrito:

> Aviso aos estudantes que estão reclamando: conversem com os professores que estão exigindo a leitura de um livro que entrará no exame inexistente no Brasil.

QUANTA ESTÚDIO

1. Você concorda com os garotos? Existe algo estranho no texto? O que é?

2. Como o texto poderia ser reescrito para evitar tal problema?

3. A forma como você reescreveu a frase trouxe alteração de sentido?

ATIVANDO HABILIDADES

1. (Saresp) Leia o texto e responda à questão.

A árvore do dinheiro

Um dia de manhã, vendo-se apertado com a falta de dinheiro, Pedro Malasartes arranjou, com uma velha, um bocado de cera e algumas moedas de vintém, e caminhou por uma estrada afora. Chegando ao pé de uma árvore, parou e pôs-se a pregar os vinténs à folhagem, com a cera que levava.

Não demorou muito a aparecer na estrada um boiadeiro; e como o sol, já então levantado, fosse derretendo a cera e fazendo cair as moedas, Malasartes apanhava-as avidamente. O boiadeiro, curioso, perguntou-lhe o que fazia, e o espertalhão explicou que as frutas daquela árvore eram moedas legítimas, e que ele as estava colhendo.

O homem mostrou desejos de ficar com a árvore encantada e, engambelado por Malasartes, acabou trocando-a pelos boizinhos. Depois Malasartes pôs-se ao fresco, levando os bichos, e o boiadeiro ficou a arrecadar os vinténs que tombavam. Os vinténs acabaram-se logo, e o triste compreendeu que havia sido enganado.

AMARAL, Amadeu. A árvore do dinheiro. In: *Ciência Hoje das Crianças*. Rio de Janeiro, ano 6, n. 34, dez.1993.

No texto, o personagem Pedro Malasartes é caracterizado como aquele que é o

a) curioso.

b) intrometido.

c) astuto.

d) indiscreto.

2. (Saresp)

O meu amigo pintor

Para mim, vermelho é cor de coisa que eu queria entender. Uma vez (isso foi no ano retrasado, eu ainda ia fazer nove anos) a minha prima veio aqui com uma colega que se chamava Janaína e que estava toda vestida de vermelho. O vestido tinha uma manga grande, era muito mais comprido que o vestido que a minha irmã e a minha prima usavam, e sem nada de outra cor: só aquele vermelhão que todo mundo na sala ficou olhando. E aqui na testa, feito jogador de tênis, a Janaína botou uma tira do vestido que ela estava usando.

Aí eu fui e me apaixonei por ela.

E de noite eu falei no jantar:

— Eu estou apaixonado pela Janaína.

Todo mundo achou que estava fazendo graça; e a minha irmã disse que a Janaína tinha quinze anos.

— E daí? Por que eu não posso me apaixonar por uma mulher mais velha?

— Imaginei — e todo mundo riu.

Achei melhor não dizer mais nada. Mas continuei apaixonado. Quer dizer, eu acho que era paixão, eu não tinha bem certeza, mas cada vez que eu pensava na Janaína (e eu pensava o tempo todo) eu sentia dentro de mim uma coisa diferente que eu não entendia o que era, mas que era vermelha porque é claro que eu só pensava na Janaína vestida naquele vermelho todo.

Um dia, a minha prima veio outra vez a Petrópolis com a Janaína. Meu coração quase saiu pela boca quando eu ouvi a minha mãe falando:

— Olá, Janaína.

Corri pra sala. Nem deu para acreditar: a Janaína estava de calça azul e blusa branca! E na testa, em vez de tira, uma franja.

Quanto mais eu olhava pra Janaína mais eu ia me apaixonando. Quando ela saiu eu fui lá em cima e contei pro meu Amigo Pintor (acho que é melhor escrever o meu amigo com letra maiúscula) tudo que tinha acontecido. Ele acendeu o cachimbo, ficou olhando pela janela feito coisa que não ia mais parar de olhar, e depois falou:

— Vermelho é mesmo uma cor complicada.

BOJUNGA, Lygia. In: *O meu amigo pintor*. 20. ed. Rio de Janeiro: Casa Lygia Bojunga, 2004.

"Nem deu para acreditar: a Janaína estava de calça azul e blusa branca! E na testa, em vez de tira, uma franja. Quanto mais eu olhava para Janaína mais eu ia me apaixonando."

No trecho acima são adjetivos:

a) Estava e apaixonando.

b) Tira e franja.

c) Azul e branca.

d) Para e uma.

3. (Saresp) Leia o poema abaixo para responder à questão.

Moro na roça

Eu moro na roça, laiá
Eu nunca morei na cidade
Compro o jornal da manhã
É pra saber das novidade

Minha gente cheguei agora
Minha gente cheguei agora
Minha gente cheguei com Deus
E com Nossa Senhora

Xique-xique Macambira
Filho de mestre de Angola
Inda nem num sabe lê
Já qué sê mestre de escola

Era tu e era ela
Era ela, era tu e eu
Hoje nem tu, nem ela
Nem ela, nem tu, nem eu

Menino quem foi teu mestre
Meu mestre foi Ceará
Me ensinou a cantá samba
Não me ensinou a trabalhá

Todo dia passa lá em casa
É a minha comadre Letícia
Ela me leva O Globo,
Última Hora, O dia e A Notícia.

Fonte: MANGUEIRA, Xangô da; Zagaia. Moro na roça. In: JESUS, Clementina de. *Raízes do Samba*. Manaus: EMI, 1999. (adaptação de tema popular). 1 disco de vinil

A transcrição, acima, da letra do samba cantado por Clementina de Jesus apresenta algumas formas de registro que fogem ao que prescrevem os manuais de ensino de gramática e redação. Isso se dá porque:

a) a letra do samba em questão representa personagens populares, com seus assuntos, seu modo de vida, sua forma de encarar o mundo e sua maneira particular de falar, e a transcrição respeita esses aspectos.

b) na transcrição de letras de música, devemos sempre respeitar a oralidade, o que nos obriga a registrar as palavras tal como as ouvimos, não tal como elas devem ser escritas.

c) a transcrição faz uma concessão indevida aos erros de ortografia e sintaxe, o que desrespeita as normas do português culto, que deveriam ser observadas inclusive na transcrição de letras de música.

d) embora esteja errada, a transcrição do samba de Clementina de Jesus deve ser respeitada, pois quem a escreveu não tem culpa de não ter tido acesso a uma boa educação.

Encerrando a unidade

- Nesta unidade, você identificou os elementos que compõem o gênero conto popular de origem oral; trabalhou os recursos discursivos que marcam a linguagem nesse gênero; planejou, organizou e apresentou o reconto oral de um conto popular e refletiu sobre o emprego dos adjetivos para caracterizar personagens.

1. Você conseguiu entender o que caracteriza uma narrativa como um conto popular? Explique.

2. Como você se saiu na atividade de escuta? Conseguiu concentrar-se na leitura feita pelo professor ou sua atenção se dispersou?

3. Como é possível identificar a função dos adjetivos em uma frase?

4. Como você avalia sua apresentação de um conto popular aos colegas? Há algo que poderia ser melhorado?

O espaço geográfico nas representações culturais

Brasil: um universo de representações culturais

O espaço geográfico é modificado pelo homem ao longo da História. Diferentes culturas de variados grupos sociais não apenas se desenvolvem em determinadas paisagens e locais, mas também os modela e transforma. Desse modo, diversas formas de linguagem, manifestações artísticas, crenças, variadas atividades profissionais e outros fenômenos culturais explicam como os habitantes desse espaço se organizam e interagem.

> **Espaço geográfico**: lugar em que os seres humanos buscam estabelecer laços relacionados ao conjunto de suas crenças, costumes e valores culturais.

Do mesmo modo que o conto popular reflete hábitos e costumes culturais que variam de região para região, como você viu na unidade 4, é possível estabelecer conexões entre o espaço geográfico em que vive determinado grupo social e seu imaginário bem como a arte que expressa. Fazem parte do imaginário social, além de contos populares, mitos, lendas, muitas vivências, crenças e valores que são transmitidos através dos tempos.

1 Observe a imagem a seguir. Ela representa a lenda do Boitatá, que faz parte do imaginário brasileiro.

A lenda do boitatá

Segundo a lenda, o Boitatá era uma espécie de cobra e o único sobrevivente de um grande dilúvio que um dia cobriu a Terra. Para escapar do dilúvio, ele entrou num buraco e lá ficou no escuro; assim, seus olhos cresceram demasiadamente. É representado por um monstro com olhos de fogo, enormes; de dia é quase cego, mas à noite vê tudo. É visto como um facho cintilante de fogo correndo de um lado para outro da mata. Em algumas versões, ele é o espírito de almas penadas, e por onde passa, vai tocando fogo nos campos. Segundo outras, ele protege as matas contra incêndios.

HGF/PRISCILA S. MARTINS

A população brasileira é formada por várias etnias, como a indígena, a europeia e a negra. Dessa diversidade, surgiu uma variada composição de costumes e tradições que caracterizam cada região do país. Assim, as lendas brasileiras têm origem dessa mistura de povos e, em geral, estão ligadas a um determinado espaço geográfico. Você já ouviu falar de alguma lenda relacionada à sua cidade ou região? Se sim, compartilhe esse conhecimento com os seus colegas e com o seu professor.

Campo de capoeira, Claudio Cezino.

De que forma manifestações culturais podem preservar a memória para o futuro?

2 Observe as imagens a seguir. A primeira imagem é uma peça de cerâmica e a segunda, uma pintura *naïf*, modalidade de arte popular produzida por artistas autodidatas, ou seja, pessoas que não têm formação acadêmica em Arte. As imagens são registros de situações em que o espaço geográfico aparece retratado.

Agora responda às perguntas.

a) Que atividade cotidiana está representada na primeira imagem? E na segunda?

b) Na primeira imagem, que relações podem ter as cenas e personagens criadas por mestre Vitalino e o espaço geográfico em que se insere esse artista?

c) Observe atentamente a tela de Claudio Cezino. Nessa representação, que elementos podem revelar marcas que caracterizam o grupo social que o ocupa?

3 Que tal fazer uma mostra de representações culturais de nosso país? Para isso, você e seus colegas irão pesquisar pinturas *naïf* e esculturas de artistas populares. Em seguida, colem as imagens desses objetos em um pequeno cartaz ou em uma folha de papel, com a devida identificação da obra e do artista, e montem uma exposição dedicada especificamente às artes plásticas.

Vitalino Pereira dos Santos, o **mestre Vitalino**, nasceu em Caruaru, Pernambuco, e é considerado um dos maiores artistas brasileiros. Era filho de um lavrador e uma artesã que fazia panelas de barro e com quem aprendeu o ofício. Em 1930, começou a trabalhar com modelos humanos. Em princípio, ofereceu seus trabalhos na feira de Caruaru e, em 1947, depois de participar, no Rio de Janeiro, da 1ª Exposição de Cerâmica Pernambucana, passou a ser conhecido no Brasil e no exterior. Morreu em Caruaru, em 1963.

Vitalino e seus filhos fazendo bonecos, cerâmica de mestre Vitalino.

5

Moral da história

Nesta unidade você vai:

- identificar os elementos constitutivos do gênero fábulas

- analisar diferentes intenções na produção de fábulas

- reconhecer recursos argumentativos presentes no gênero

- produzir uma fábula e planejar um final diferente para uma já existente

- reconhecer o papel de artigos e numerais na organização do texto

- refletir sobre os efeitos de sentido produzidos pelo emprego de artigos e numerais em textos de diferentes gêneros

TROCANDO IDEIAS

Observe a foto reproduzida nestas páginas.

1. É possível ver claramente todas as figuras?

2. Essa cena é bem incomum, não faz parte de nosso dia a dia.

   a) Quem são as figuras retratadas e onde estão?

   b) Elas estão fantasiadas de quê? Você é capaz de reconhecer algumas das fantasias?

   c) Que personagem aparece em primeiro plano e o que parece estar fazendo?

3. Certamente você já assistiu a filmes, peças e programas de televisão em que atores representam animais, dando-lhes características humanas: falam, alegram-se, revoltam-se, amam, odeiam. Na literatura, também aparecem animais com características de seres humanos.

   a) Em que tipo de história é possível encontrar animais que agem como humanos?

   b) Você conhece histórias com personagens com essas características? Dê exemplos.

LEITURA 1

1. Observe a ilustração do texto reproduzido a seguir, do francês Gustave Doré (1832-1883). Que impressão provoca no leitor a postura do lobo? E a do cordeiro?

2. Leia o título do texto e considere a ilustração. É possível antecipar a que gênero pertence esse texto?

Você vai ler agora uma fábula muito antiga, de La Fontaine. A tradução foi feita pelo poeta brasileiro Ferreira Gullar.

O lobo e o cordeiro

Na água limpa de um regato,
matava a sede um Cordeiro,
quando, saindo do mato,
veio um lobo carniceiro.

Tinha a barriga vazia,
não comera o dia inteiro.
— Como tu ousas sujar
a água que estou bebendo
— rosnou o Lobo a antegozar
o almoço. — Fica sabendo
que caro vais me pagar!

— Senhor — falou o Cordeiro —
encareço à Vossa Alteza
que me desculpeis mas acho
que vos enganais: bebendo,
quase dez braças abaixo
de vós, nesta correnteza,
não posso sujar-vos a água.

— Não importa. Guardo mágoa
de ti, que ano passado,
me destrataste, fingido!
— Mas eu nem tinha nascido.
— Pois então foi teu irmão.

— Não tenho irmão, Excelência.
— Chega de argumentação.
Estou perdendo a paciência!
— Não vos zangueis, desculpai!
— Não foi teu irmão? Foi o teu pai
ou senão foi teu avô —
disse o Lobo carniceiro.
E ao Cordeiro devorou.

Onde a lei não existe, ao que parece,
a razão do mais forte prevalece.

La Fontaine. *Fábulas*.
Tradução de Ferreira Gullar.
Rio de Janeiro: Revan, 1997.

Ilustração de Gustave Doré para *O lobo e o cordeiro*.

EXPLORAÇÃO DO TEXTO

Nas linhas do texto

1. Onde as personagens estavam antes de se encontrarem?

2. Na fábula, o lobo apresenta alguns <mark>argumentos</mark> para justificar sua ação. Quais são?

3. O cordeiro, ao responder ao lobo, procura provar que este estava enganado quanto às acusações que fazia. Encontre no texto trechos que comprovem essa afirmação.

> **Argumentos:** são razões, motivos apresentados para convencer alguém de que estamos certos.

Nas entrelinhas do texto

1. Nas fábulas, os animais falam, pensam e agem como seres humanos. Fale um pouco sobre as personagens da fábula lida, citando pelo menos três características de cada uma.

2. Em sua opinião, a leitura do texto permite ao leitor deduzir, desde o início, que o lobo ia devorar o cordeiro de qualquer jeito? Por quê?

3. Pelo diálogo entre as personagens, podemos dizer que o lobo e o cordeiro eram velhos conhecidos? Justifique sua resposta.

4. Você acha que o cordeiro respondeu bem a todas as acusações que o lobo fez contra ele? Por quê?

5. Mesmo tendo demonstrado que o lobo estava enganado, o cordeiro foi devorado. Por que isso ocorreu?

Além das linhas do texto

1. Leia o título de algumas das fábulas que aparecem no livro *Fábulas*, de La Fontaine:

O cisne e o cozinheiro   O lobo e o cordeiro
A lebre e as rãs   O padre e o morto
A perdiz e os galos   O homem e sua imagem
O galo e a raposa   O pote de barro e o pote de ferro

Nessas fábulas, aparecem só animais como personagens? Dê exemplos.

2. O que você achou do comportamento do lobo? Você conhece pessoas que agem como ele, fazendo valer a força e a opressão sobre alguém?

La Fontaine

Nascido em 1621, na França, Jean de La Fontaine, antes de virar fabulista, tentou ser teólogo e advogado. Depois resolveu dedicar-se à literatura, escrevendo poemas e contos. Além de compor suas próprias fábulas, também reescreveu em versos muitas das fábulas de Esopo (século VI a.C.) e de Fedro (século I d.C.). A série *Fábulas*, composta de doze livros, foi publicada entre 1668 e 1694. Dela fazem parte, entre outras, as fábulas "O lobo e o cordeiro", "A cigarra e a formiga" e "O corvo e a raposa". Na introdução da primeira edição de seu livro, ele diz: "Sirvo-me de animais para instruir os homens".

THE BRIDGEMAN LIBRARY/GRUPO KEYSTONE

La Fontaine (1621-1695).

COMO O TEXTO SE ORGANIZA

1. Leia o quadro a seguir, depois responda: você concorda com a afirmação de que o texto da Leitura 1 é uma fábula? Procure elementos no texto que comprovem sua resposta.

NÃO DEIXE DE LER
- ***Fábulas***, de Jean de La Fontaine, tradução de Ferreira Gullar, Revan

> **Fábulas** são **histórias curtas**, **escritas em verso ou em prosa**, que geralmente têm como personagens animais que falam e se comportam como seres humanos. Caracteriza também esse gênero textual a presença de um ensinamento, que é a moral da história. A palavra **fábula** deriva do verbo latino ***fabulare***, "conversar, narrar". O substantivo **fala** e o verbo **falar** se originam dessa mesma palavra latina.

Ferreira Gullar

Ferreira Gullar nasceu em 1930, em São Luís, no Maranhão, e é considerado um dos mais importantes poetas brasileiros do século XX. Em seus textos, sempre procurou denunciar problemas políticos e sociais brasileiros.

CECILIA ACIOLI/FOLHAPRESS

2. As fábulas são organizadas em duas partes: uma narrativa e uma lição ou moral. A narrativa propriamente dita possui uma organização semelhante à dos contos populares. Veja.

I Situação inicial	a) Fato que muda a situação inicial.
II Surgimento de um conflito	b) O ponto alto e mais emocionante, dele depende o desfecho.
III Tentativa de solução do conflito	c) Situação das personagens no começo da história.
IV Clímax	d) Ações das personagens.
V Desfecho	e) Final da história.

Identifique esses momentos na fábula "O lobo e o cordeiro", fazendo a correspondência entre as colunas no caderno.

3. Nas fábulas, há sempre um ensinamento a respeito de algum comportamento humano. Esse ensinamento é resumido no final da narrativa, na chamada lição ou moral da história.

a) Quem apresenta a moral da história do cordeiro e do lobo: uma personagem ou o narrador?

b) Na fábula "O lobo e o cordeiro", qual é e onde aparece a moral?

4. A moral da história, muitas vezes, assume a forma de um provérbio. Você conhece algum provérbio que poderia servir como moral para a fábula lida? Leia os provérbios a seguir e anote no caderno aquele que julgar apropriado.

a) Contra a força não há argumentos.

b) Águas paradas não movem moinhos.

c) Quem tudo quer nada tem.

> A **moral** de uma fábula pode variar, em suas diferentes versões, mesmo quando as personagens e os acontecimentos são os mesmos.
>
> A **moral** costuma aparecer no início ou no fim das fábulas.
>
> **Provérbios** são frases breves, anônimas, que apresentam um ensinamento proveniente da sabedoria popular.

5. Toda narrativa conta um fato que ocorre em certo tempo e local.

a) O encontro do lobo e do cordeiro acontece à beira de um regato. É possível determinar a localização exata desse cenário? Explique.

b) Qual é a expressão que indica tempo nestes versos: "Não importa. Guardo mágoa/de ti, que ano passado,/me destrataste, fingido!"?

c) É possível saber qual a data precisa em que os fatos ocorreram?

d) Vamos concluir: no gênero fábula, o tempo e o lugar em que ocorrem os fatos são determinados ou indeterminados?

6. Vamos observar quem narra a história nessa fábula.

a) É uma das personagens ou um narrador-observador, que apenas conta os fatos acontecidos?

b) Que mudanças ocorreriam na história se ela fosse narrada por uma das duas personagens?

7. Leia agora outra versão da fábula "O lobo e o cordeiro".

Ilustração de Marc Chagall (1887-1985) para a fábula.

> Certa vez, um Lobo faminto estava na colina bebendo água do riacho. Olhou para baixo e viu um Cordeiro fazendo a mesma coisa.
>
> "Lá está meu jantar", ele pensou, "é só arranjar uma razão para apanhá-lo".
>
> Então, em tom severo e assustador, gritou para o Cordeiro: "Como você ousa sujar a água que estou bebendo?".
>
> "Espera aí, meu senhor", disse o Cordeirinho inocente, "como vou sujar sua água se ela vem correndo daí pra cá?"
>
> "Está bem", respondeu o Lobo, "mas por que você andou me xingando o ano passado?"
>
> "Essa não", retrucou o Cordeiro, "eu não tenho ainda seis meses..."
>
> "Não importa", vociferou o Lobo, "se não foi você, foi seu pai". E tibum! Comeu o Cordeirinho inteiro. Só deu tempo do coitado suspirar.
>
> A razão do mais forte é sempre mais forte.
>
> LAGO, Ângela (trad.). Disponível em: <http://www.angela-lago.com.br/3FabulaE.html>. Acesso em: 28 abr. 2015. Adaptado.

Essa versão tem diferenças em relação à de Ferreira Gullar. Anote no caderno as alternativas que apontam corretamente essas diferenças.

a) Nesta versão, não aparece diálogo entre as personagens.

b) Ao contrário da versão anterior, em versos, esta é escrita em prosa.

c) Essa versão tem pontuação diferente da anterior, pois as falas são indicadas por meio de aspas, e não de travessões.

RECURSOS LINGUÍSTICOS

1. A interação entre duas pessoas, quando conversam, envolve vários fatores. Um deles é o quanto essas pessoas se conhecem: se são amigas ou se pouco se conhecem, se são chefe e funcionário, estudante e professor, idoso e jovem ou se há familiaridade entre elas. Isso influencia o modo como uma se dirige à outra e o tratamento pessoal utilizado entre elas. Releia o poema observando as formas de tratamento utilizadas pelas personagens.

   a) Como o lobo trata o cordeiro: ele usa **tu**, **você** ou **vós**? Anote um trecho que exemplifique sua resposta.

   b) E o cordeiro, como trata o lobo?

2. Por que ocorre essa diferença de tratamento entre duas personagens? Anote no caderno as afirmações mais adequadas para explicar isso.

   a) O lobo quer intimidar o cordeiro, por isso o trata sem cerimônia.

   b) O cordeiro, como está assustado, procura mostrar-se respeitoso, humilde, utilizando tratamento mais cerimonioso.

   c) O lobo já conhecia o cordeiro, por isso não precisava tratá-lo de modo respeitoso.

   d) O medo dominava o cordeiro e o fazia utilizar as formas de tratamento mais respeitosas que lhe vinham à mente.

3. O recurso de atribuir características humanas a animais, plantas, objetos e lugares é conhecido como personificação (você conheceu esse recurso na unidade 4).

Releia estes versos e anote no caderno a resposta correta. Não há <mark>personificação</mark> nos versos:

   a) "— Senhor — falou o Cordeiro —/encareço à Vossa Alteza [...]"

   b) "Tinha a barriga vazia/não comera o dia inteiro."

   c) "— Como tu ousas sujar/a água que estou bebendo/— rosnou o Lobo [...]"

   d) "[...] Guardo mágoa/de ti, que ano passado,/me destrataste, fingido!"

4. O narrador da fábula "O lobo e o cordeiro", em alguns momentos, dá voz às personagens, para que possamos acompanhar o diálogo entre elas. Veja um exemplo.

> "— Não importa. Guardo mágoa de ti, que ano passado, me destrataste, fingido!
> — Mas eu nem tinha nascido.
> — Pois então foi teu irmão."

   a) A quem pertence cada fala?

> **A personificação** é também muito comum nos contos maravilhosos (lembre-se: "Por que você tem esses olhos tão grandes, vovozinha?", "É para te olhar melhor — respondeu o lobo...") e nos desenhos das crianças. Veja, no desenho reproduzido, a expressão do Sol sorrindo).

THINKSTOCK/GETTY IMAGES

GUSTAVE DORÉ PARA A FÁBULA "O LOBO E O CORDEIRO". REPRODUÇÃO/PROJETO GUTENBERG

O lobo e o cordeiro

b) Localize agora outros dois trechos em que apareçam falas das personagens e indique no caderno quem diz cada fala.

c) Como você percebeu onde começa e onde termina cada fala?

5. Em alguns momentos o próprio narrador diz quem fala. Veja.

> "– Como tu ousas sujar a
> água que estou bebendo
> – rosnou o Lobo a antegozar
> o almoço. [...]"

Anote no caderno outros dois trechos em que isso aconteça, destacando os verbos que o narrador utiliza para que saibamos quem está falando.

Os verbos que você destacou, utilizados para identificar a fala das personagens são chamados de **verbos de dizer**. Eles são escolhidos de acordo com o sentido que o narrador deseja que o leitor atribua a cada fala. Observe.

"Eu te adoro", **disse** o rapaz.

"Eu te adoro", **mentiu** o rapaz.

"Eu te adoro", **gritou** o rapaz.

"Eu te adoro", **insistiu** o rapaz.

"Eu te adoro", **gaguejou** o rapaz.

"Eu te adoro", **declarou** o rapaz.

Além de **falar** e **dizer**, outros verbos desse tipo são: exclamar, gritar, indagar, responder, retrucar, comentar, continuar, pedir, suplicar, explicar, interromper, resmungar, caçoar.

6. Uma importante característica dos verbos de dizer é retratar o comportamento da personagem. Releia.

> "Como tu ousas sujar a água que estou bebendo – **rosnou** o Lobo".

a) Qual é o efeito de sentido que o emprego do verbo **rosnar** no lugar do verbo **dizer** produz?

b) Se, em vez de **rosnar**, fosse usado o verbo **dizer** ou **falar**, o efeito seria o mesmo? Explique sua resposta.

c) Que outro verbo poderia ser empregado em vez de **rosnar**, mantendo o mesmo sentido da fala do lobo? Se necessário, consulte um dicionário.

❶ PARA LEMBRAR

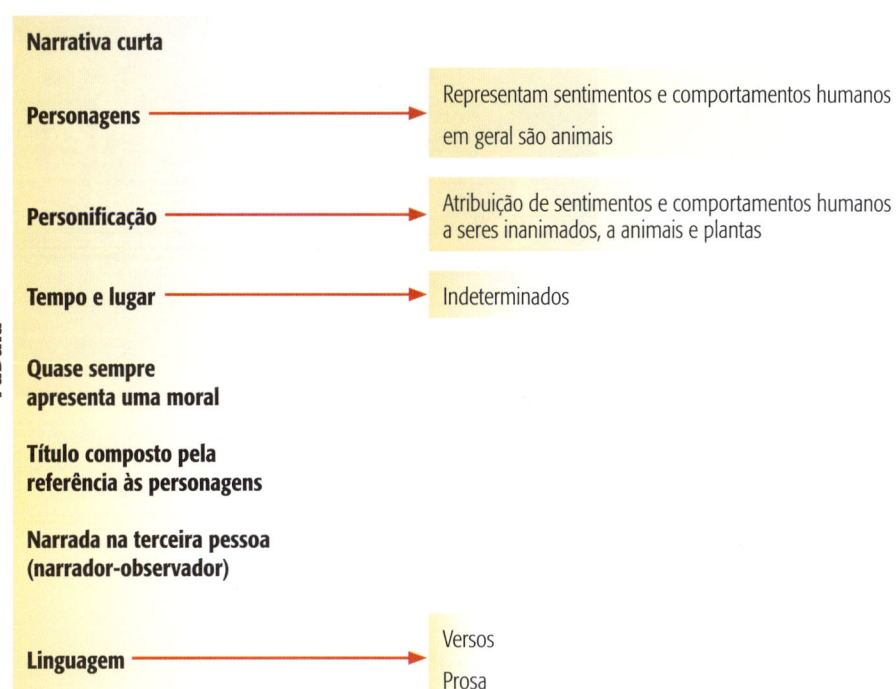

Fábula

- **Narrativa curta**
- **Personagens** → Representam sentimentos e comportamentos humanos em geral são animais
- **Personificação** → Atribuição de sentimentos e comportamentos humanos a seres inanimados, a animais e plantas
- **Tempo e lugar** → Indeterminados
- **Quase sempre apresenta uma moral**
- **Título composto pela referência às personagens**
- **Narrada na terceira pessoa (narrador-observador)**
- **Linguagem** → Versos / Prosa

INTERTEXTUALIDADE

Você sabia que textos podem "conversar" entre si? Muitas vezes, um autor recorre a histórias ou personagens que acredita serem conhecidas do leitor ou do ouvinte para compor seu próprio texto. Observe as imagens reproduzidas a seguir.

Capa de revista.

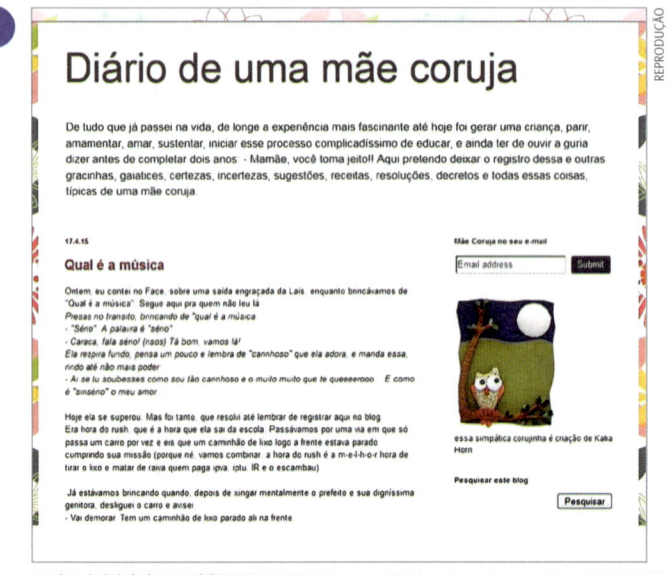

Página inicial de um blogue.

Imagem de um quebra-cabeça.

Cartaz do filme *Mais doce que uvas*.

1. Conhecer a história das personagens representadas acima nos ajuda a entender as imagens.

   a) A que gênero de texto essas imagens se referem?

   b) Identifique a história com que cada imagem dialoga.

   c) Você conhece as histórias mencionadas na resposta da questão anterior? Conte-as resumidamente aos colegas.

2. Faça a associação no caderno.

I. Capa da revista

II. Página de abertura de blogue

III. Imagem de quebra-cabeça

IV. Cartaz de filme

a) A imagem e o texto transcrito permitem que entendamos a seguinte mensagem: "Cuidado! Existem muitos candidatos se fazendo passar por 'bonzinhos' só para conseguir seu voto".

b) O nome do filme permite concluir que se trata de uma nova interpretação de uma história bem conhecida.

c) Pela apresentação da página, podemos concluir que se trata de uma página em que uma mãe dedica-se a ressaltar, com certo exagero, as qualidades de seus filhos.

d) Pela imagem, podemos saber que se trata de um jogo cujo assunto é uma corrida entre animais.

DO TEXTO PARA O COTIDIANO

Sente-se com um colega e converse com ele sobre as questões propostas a seguir. Preparem-se para apresentar as conclusões à classe.

1. Observem novamente a capa da revista *Veja* e leiam a frase que aparece nela. Que relação vocês veem entre a imagem e o texto?

2. O ponto de vista sobre os políticos expresso na capa corresponde à atitude de todos os políticos? Antes de responder, leiam este trecho de um artigo.

No sábado passado, estava em Londrina, no Paraná. Lá, vi num adesivo de carro o lema: "Tenho vergonha dos políticos brasileiros". Pensei em copiá-lo, adaptando o texto para: "Tenho vergonha dos motoristas brasileiros".

Afinal, se temos vergonha dos políticos, tenhamos também dos motoristas, já que somos o país com maior índice de assassinatos no trânsito. [...] Mas não vou generalizar: há motoristas cuidadosos, e há políticos decentes.

Pensei que a lista de adesivos poderia ser bem maior. Alguns exemplos seriam: [...] "Tenho vergonha dos alfabetizados brasileiros", porque são capazes de conviver tranquilamente com 14 milhões de compatriotas incapazes de ler, de reconhecer a própria bandeira. Ou, ainda, "Tenho vergonha dos eleitores brasileiros", porque foram eles que elegeram os políticos que envergonham os brasileiros.

Mas considerei que estava generalizando, e pensei em outro adesivo: "Tenho vergonha dos brasileiros que generalizam".

[...]

BUARQUE, Cristovam. *O Globo*, 23 maio 2009.

3. Na moral da fábula "O lobo e o cordeiro", o autor se refere à "lei do mais forte". O que significa essa expressão? O ditado "A corda rompe sempre do lado mais fraco" tem alguma relação com ela? Expliquem.

4. Vocês acreditam que em nossa sociedade impera essa "lei"? Deem exemplos. Essa "lei" sempre vale? Existem maneiras de impedir que ela seja posta em prática? De que forma?

FINAL DIFERENTE PARA UMA FÁBULA

Em dupla, você e um colega vão produzir um final diferente para uma fábula e, depois, apresentar para a classe essa nova história, fazendo uma leitura dramatizada para que os colegas possam conhecer as mudanças que vocês introduziram no texto escolhido. Atenção: a linguagem deve ser bem cuidada, de acordo com a utilizada nas fábulas.

Antes de começar

Monteiro Lobato traduziu, recontou e criou muitas fábulas no livro *Fábulas*. Leiam o que a personagem dona Benta diz sobre a fábula "O lobo e o cordeiro". Depois, respondam:

> — Estamos diante da fábula mais famosa de todas — declarou Dona Benta. — Revela a essência do mundo. O forte tem sempre razão. Contra a força não há argumentos.
>
> — Mas há esperteza! — berrou Emília. — Eu não sou forte, mas ninguém me vence. Por quê? Porque aplico a esperteza. Se eu fosse esse cordeirinho, em vez de estar bobamente a discutir com o lobo, dizia: "Senhor Lobo, é verdade, sim, que sujei a água desse riozinho, mas foi para envenenar três perus recheados que estão bebendo ali embaixo". E o lobo com água na boca: "Onde?" E eu, piscando o olho: "Lá atrás daquela moita!" E o lobo ia ver e eu sumia...
>
> — Acredito — murmurou Dona Benta. — E depois fazia de conta que estava com uma espingarda e, pum! na orelha dele, não é? […]

LOBATO, Monteiro. *Fábulas*. São Paulo: Brasiliense, 1972.

1. Ao mudar o final da fábula, Emília modificou também a moral da história? Justifiquem sua resposta.

2. Se considerarmos o final proposto por Emília, que nova moral poderíamos atribuir à fábula?

Planejando o texto

1 Agora, escolham uma fábula que vocês já conheçam. Decidam que modificações poderiam fazer para que o texto apresentasse novos diálogos entre as personagens e terminasse de maneira diferente.

2 Reescrevam a fábula, acrescentando os diálogos criados, o novo final e a nova moral.

3 Vejam se, com as modificações, surge uma nova moral. Nesse caso, pensem em uma frase que resuma o ensinamento da fábula que produziram.

Autoavaliação

Depois que terminarem a atividade, ainda em dupla, verifiquem se:

- criaram diálogos para as personagens;
- usaram verbos de dizer que revelam o comportamento das personagens;
- a moral está de acordo com o novo final produzido;
- o comportamento das personagens no novo final está de acordo com as características delas na primeira parte do texto;
- indicaram adequadamente o início da fala das personagens, seja por meio de aspas, seja por meio de travessão.

APRESENTAÇÃO ORAL DA FÁBULA

Antes de começar

1. Formem um novo grupo para ler as produções das duplas. Com a nova versão da fábula em mãos, façam a leitura para os colegas. Em seguida, o grupo seleciona uma das fábulas para ser apresentada para a classe. Prefiram a que tiver diálogos mais interessantes.

2. Cada equipe se encarregará de fazer uma **leitura dramatizada** da fábula escolhida. Para isso, sigam as orientações ao lado.

Leitura dramatizada

1. Escolham um colega para ler as falas do narrador e outros para apresentarem as falas das personagens.

2. Os colegas escolhidos deverão ler de forma expressiva a parte de cada um.
   - O tom de voz deverá ser adequado a uma sala de aula, sem ser muito alto nem baixo demais.
   - O ritmo não deve ser rápido nem lento demais, e as falas das personagens precisam ser lidas de acordo com sua caracterização.

3. Vocês podem apresentar-se sentados ou em pé, de acordo com o combinado com o grupo.

Antes da apresentação final, os colegas escolhidos deverão realizar um ensaio, fazendo mais de uma leitura. Durante essas leituras, os demais colegas podem anotar os pontos que podem ser melhorados.

Avaliação da apresentação

Terminadas as apresentações, a classe vai avaliá-las, considerando:

- coerência interna do texto produzido, isto é, se o final e a moral estão de acordo com o início;
- adequação das falas produzidas;
- emprego adequado dos verbos de dizer;
- tom de voz, fluência da leitura e segurança dos apresentadores.

Dicas para criar bons diálogos

Os diálogos devem:
- ser simples e parecer naturais, como em uma conversação normal;
- ser econômicos: não podem ser muito longos nem fornecer informações que não interessem ao desenvolvimento da história;
- ser equilibrados: não coloquem uma personagem falando sem parar e outro apenas ouvindo ou respondendo apenas sim ou não;
- revelar traços da personalidade ou do objetivo das personagens;
- ter as falas esclarecidas por meio dos verbos de dizer e, na escrita, indicadas por travessões ou aspas.

A leitura dramatizada é uma espécie de jogo teatral em que se faz uma leitura em voz alta, com muita expressividade. Não há necessidade de memorização do texto, o que proporciona mais liberdade, além de afastar o medo e a timidez de representar. Esse tipo de leitura dá voz e intenção às personagens, oferecendo ao leitor-intérprete a oportunidade de prestar atenção à entonação das falas e à composição das personagens.

Artigo

1. Leia esta outra fábula para responder às questões.

A formiga e a pomba

Uma **Formiga** foi à margem do rio para beber água. Arrastada pela forte correnteza, estava prestes a se afogar, quando uma **Pomba**, que estava numa árvore sobre a água, arrancou uma folha e a deixou cair na correnteza perto dela. A **Formiga** subiu na folha e flutuou em segurança até a margem.

Pouco tempo depois, um **caçador** de pássaros veio por baixo da árvore e se preparava para colocar varas com visgo perto da Pomba, que repousava num galho, sem perceber o perigo.

A **Formiga**, compreendendo o que o **caçador** pretendia fazer, deu-lhe uma ferroada no pé. Imediatamente, o homem deixou cair sua armadilha, e com isso a **Pomba** pôde voar para longe a salvo.

Moral: Quem é grato sempre encontra oportunidades para mostrar sua gratidão.

ESOPO.

MAURO SOUZA

Se tivesse de escolher outra moral para a fábula acima, qual ou quais destes provérbios você escolheria?

a) O bem com o bem se paga.

b) Quem com ferro fere com ferro será ferido.

c) De grão em grão, a galinha enche o papo.

2. Releia o texto e observe as palavras destacadas.

a) Essas palavras são substantivos ou adjetivos? Como você chegou a essa conclusão?

b) Compare como são escritas as palavras destacadas.

A **formiga** e a **pomba** ⟶ **título**

Uma **Formiga** foi à margem do rio para beber água. Arrastada pela forte correnteza, estava prestes a se afogar, quando uma **Pomba** [...] arrancou uma folha e a deixou cair na correnteza perto dela. — **texto**

Por que, no texto, essas duas palavras estão escritas com iniciais maiúsculas?

NÃO DEIXE DE LER

• *Esopo – Fábulas completas*, tradução direta do grego de Neide Smolka, editora Moderna

Edição com 358 fábulas de Esopo.

3. Leia a anedota a seguir.

A bicharada resolveu fazer uma grande festa no céu, mas, quando o baile ia começar, perceberam que estava faltando uma guitarra.

Imediatamente, o leão, que era o responsável pelas músicas, virou-se para o bicho-preguiça e ordenou:

– Bicho-preguiça! Vá buscar uma guitarra lá na terra!

Passou-se uma semana, e nada de o bicho voltar com a guitarra.

Irritados com a demora, os animais foram reclamar com o leão:

– Isso já é demais! – dizia um.

– Esse bicho-preguiça é um preguiçoso! – rosnava outro.

– Que falta de consideração! – afirmava um terceiro.

Assim discutiam quando, de repente, a porta se abre e surge o bicho-preguiça, com um semblante entristecido:

– Se vocês continuarem me criticando, eu não vou mais!

Disponível em: <www.contaoutra.com.br/mostrapiada.asp?id_piada=232>. Acesso em: 23 mai. 2015.

MAURO SOUZA

a) O que torna engraçado o final da anedota?

b) Releia os trechos retirados da anedota.

"**A** bicharada resolveu fazer **uma** grande festa no céu."
"Passou-se uma semana, e nada de **o** bicho voltar com **a** guitarra."
"– Que falta de consideração! – afirmava **um** terceiro."
"– Esse bicho-preguiça é **um** preguiçoso! – rosnava outro."

As palavras destacadas aparecem antes de substantivos. Quais delas antecedem substantivos femininos? E quais os masculinos?

c) Essas palavras destacadas se referem a substantivos no plural ou no singular?

d) O que você conclui a respeito dessas palavras que antecedem substantivos femininos e masculinos?

> As palavras que antecedem os substantivos, determinando-lhes o gênero (masculino ou feminino) e também o número (plural ou singular), são chamadas de **artigos**. Exemplos: **o** leão, **os** bichos, **a** festa, **as** músicas, **uma** guitarra, **um** baile.

4. Vamos voltar à anedota.

a) Que instrumento o leão pediu ao bicho-preguiça?

b) Na primeira frase da anedota, está escrito "**uma** guitarra" e, no quarto parágrafo, "**a** guitarra". Por que isso acontece?

5. Leia a tira abaixo.

GONSALES, Fernando, *Níquel Náusea* – Vá pentear macacos.
São Paulo: Devir, 2004.

a) O que provoca humor na tira?

b) Observe a feição das personagens. O que elas expressam?

c) Releia a fala do primeiro quadrinho. Por que o cartunista utilizou o artigo **o** e não o artigo **um**?

d) Que mudança a troca do artigo **o** pelo artigo **um** traria a essa primeira fala do lobo?

e) Observe os adjetivos **terrível** e **disfarçado**. Que outros você utilizaria nas mesmas frases sem que fosse prejudicado o sentido dela?

f) Reescreva, no caderno, as falas do segundo quadrinho utilizando travessões e pontuação adequada. Faça as alterações necessárias.

> Usamos **artigos indefinidos** (**um, uns, uma, umas**) para nos referirmos a um substantivo indefinido ou indeterminado entre outros de sua espécie. Usamos **artigos definidos** (**o, a, os, as**) quando queremos falar de um ser específico, individualizando-o.
>
> O artigo pode vir combinado com outras palavras.
>
> | de + o = do | por + o = pelo | em + o = no |
> |---|---|---|
> | de + a = da | por + a = pela | em + a = na |

"Retrato" de Esopo

O espanhol Diego Velásquez (1599-1660) pintou, em 1640, um retrato de Esopo, fabulista grego que teria vivido no século VI a.C. É uma representação imaginária, já que até hoje se discute se Esopo teria existido ou não.

Esopo de Velásquez.

1. Leia estes trechos de um texto de recomendações e observe os artigos e suas combinações destacados.

a)

> Aprender **uma** língua nova é sempre trabalhoso. A pronúncia, as regras da gramática e o vocabulário requerem muita disciplina. Existem, porém, vários truques que podem facilitar a aprendizagem! [...] Divirta-se com **a** nova língua e as novas experiências!

Por que foi usado inicialmente "uma nova língua" e, em seguida, "a nova língua"?

b)

> Faça uma pausa ou estude alguma coisa diferente! [...] Resolver as palavras cruzadas na nova língua pode ser divertido. Filmes numa língua estrangeira podem ser **uma** boa opção para nos distrairmos. Com os jornais numa língua estrangeira poderá aprender muito sobre as pessoas e o país em questão.

Quando o autor usa a expressão "uma boa opção", pode-se deduzir que essa é a única opção ou que existem outras mais?

c)

> A música é um fenômeno [...] universal. Todos os povos do nosso planeta fazem algum tipo de música. E em qualquer cultura a música é compreendida. Este facto foi demonstrado por um estudo científico. Numa experiência realizada, **uma** música ocidental foi interpretada numa tribo que vivia completamente isolada. [...] Apesar disso, os seus membros conseguiam perceber se se tratava de uma música alegre ou triste.

Disponível em: <http://www.arabeegipcio.com/2012/11/dicas-para-aprender-novas-linguas.html>.
Acesso em: 13 out. 2014.

Qual é a diferença de sentido produzida pelo uso dos artigos em "a música" e "uma música" diante desse substantivo?

2. Leia este trecho de uma notícia.

Presença de animais em circos e zoológicos gera discussão

O Santuário de Grande Primatas, em Sorocaba (SP), tem, entre seus 300 animais, alguns que vieram doentes de zoológicos. Muitas entidades que defendem animais consideram que a vida de bichos nos zoos não é adequada, por estarem presos e expostos aos visitantes.

Mas há também quem defenda que os zoológicos são importantes para desenvolver nas pessoas amor pelos animais e o trabalho com pesquisas.

[...]

Para Adalto Nunes, administrador do parque, nos zoológicos, os animais "são como embaixadores da natureza".

Para ele, sua função é educativa: "Não é uma vitrine de bichos. As pessoas vêm pelo lazer, e a gente quer que elas venham, mas espera que saiam com a nossa mensagem". O veterinário acredita que os zoos ajudem a desenvolver amor e respeito pelos animais.

MEDEIROS, Paula. Disponível em: <http://www1.folha.uol.com.br/folhinha/1039481-presenca-de-animais-em-circos-e-zoologicos-gera-discussao.shtml>. Acesso em: 28 abr. 2015.

a) Em títulos de notícias, costuma-se omitir (deixar de colocar) os artigos, para tornar as frases mais curtas, desde que isso não prejudique a compreensão do texto. Qual foi o artigo omitido do início do título?

b) Releia.

> "O Santuário de Grande Primatas, em Sorocaba (SP), tem, entre seus 300 animais, alguns que vieram doentes **de** zoológicos."

Se trocássemos **de** por **dos** ("vieram **dos** zoológicos"), o sentido da frase mudaria? Explique.

c) O administrador do parque espera que os visitantes saiam de lá com "a nossa mensagem". Pelo contexto, qual é essa mensagem?

d) Releia o final do texto. Quem é o veterinário a que a última frase se refere?

3. Leia a tira.

CEDRAZ, Antônio. Disponível em: <http://www.xaxado.com.br/quadrinhos/tiras.html>. Acesso em: 18 nov. 2010.

a) Por que se diz que o futebol é uma "caixinha de surpresas"?

b) No segundo quadrinho, aparecem dois artigos, um definido e um indefinido. Quais são?

c) Seria possível trocar o artigo definido pelo indefinido? Por quê?

> **Provérbio** é uma frase curta, de origem popular, que expressa, geralmente de forma figurada, uma ideia a respeito da realidade ou uma regra social ou moral. A moral de uma fábula pode se tornar um provérbio.

4. Leia a tirinha.

ZIRALDO. Disponível em: <http://meninomaluquinho.educacional.com.br/PaginaTirinha/PaginaAnterior.asp?da=15092007>.
Acesso em: 28 abr. 2015.

a) Como Maluquinho entendeu a frase do avô?

b) O que o avô quer dizer com o provérbio "A curiosidade matou um gato"?

c) Releia o segundo quadrinho. Nele aparecem artigos definidos ou indefinidos? Por que o cartunista fez essas escolhas?

Depois de ter lido a fábula *A formiga e a pomba*, ouça a leitura que o professor fará sobre a vida de uma formiga real. Em seguida, siga as orientações do professor.

 REVISORES DO COTIDIANO

Episódio 5

QUANTA ESTÚDIO

Nina e Leo estão lendo um mesmo romance policial, *O caso Garden*, de S. S. van Dine, em traduções diferentes. Comparando seus textos, encontraram duas versões de um mesmo trecho, que foram mostrar para a professora.

– Professora – disse Leo –, veja este trecho: "Depois de dispensar Garden, o dono da casa, o detetive virou-se para uma das hóspedes e disse: – Minha cara Senhorita Graem! Pode ir embora, mas talvez precisemos voltar a conversar amanhã. Por isso, peço-lhe que não saia de casa."

– No meu livro essa frase está diferente – explicou Nina. O detetive diz "peço-lhe que não saia da casa". O sentido não é completamente diferente? – perguntou ela.

Você concorda com a menina? Que diferença ela teria percebido?

NÃO DEIXE DE ACESSAR

• **http://www.metaforas.com.br/infantis/**
Endereço com várias fábulas de Esopo, Leonardo da Vinci e La Fontaine.

• **http://criancas.uol.com.br/historias/fabulas/flash/cigarrasom.jhtm**
Versão animada de seis fábulas de Esopo e jogos e desafios sobre provérbios.

LEITURA 2

ANTES DE LER

1. O professor vai ler uma fábula de Esopo, o mesmo autor de "A formiga e a pomba". Ouça-o, prestando atenção ao que fazem as personagens, e depois responda às questões propostas.

2. Procure descobrir que ensinamentos o fabulista desejou transmitir por meio dessa história.

Muitos autores utilizaram fábulas como inspiração para suas criações. Monteiro Lobato, por exemplo, recontou-as às crianças, explicando o que os antigos fabulistas pretenderam ensinar. Já Millôr Fernandes utilizou-as com outra intenção. Tente descobrir que intenção é essa lendo uma de suas Fábulas fabulosas.

A Rã e o Boi

Quatro rãs muito bonitinhas, uma mãe rãzona e três filhas rãzinhas, viram um boi pela primeira vez na vida. O boi, sozinho, puxava arado conduzido por um lavrador. As três rãzinhas quase morreram de admiração. Que animalzão! Que fortão! Que bichano! Que gatão!

A mãe rãzona, enciumada, exclamou:

— Mas vocês acharam esse boi assim tão forte? Que é que há? Não exagerem. No máximo ele é uns dois centímetros mais alto do que eu. Basta eu querer...

— Querer como? — disseram as rãzinhas em coro. — Você é uma rã, e até, como escreve o Millôr, uma rãzona. Mas jamais será sequer um boizinho.

— Ora — disse a rãzona —, é só uma questão de comer mais e respirar mais fundo.

E ali mesmo, na frente das filhas, a rãzona começou a comer mais e respirar tudo que podia em volta. E foi crescendo e perguntando:

— Já estou do tamanho dele?

E as filhas, sempre em coro:

— Não. Ainda falta muito.

Estimulada pelas negativas, a mãe foi comendo e respirando, respirando e comendo, até que as filhas tiveram de concordar:

— Espantoso, mãe, agora a senhora está um boi de verdade. Faz mu!

E quando ela fez mu, o lavrador, que ia passando de novo com o arado e o boi, também ficou entusiasmado:

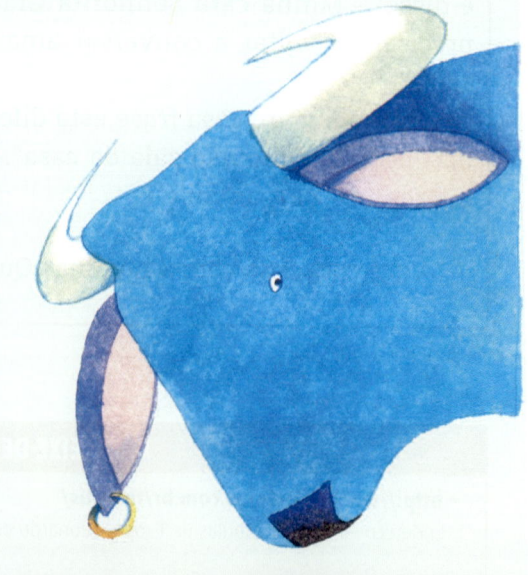

— Hei, ô rãzona metida a boi, de hoje em diante você vai puxar o meu arado pra serviços especiais. Tem aí um terreno cheio de morrinhos e eu não consegui fazer o diabo desse boi frouxo aprender a saltar.

E a partir daí, a rãzona teve que trabalhar de sol a sol sem soltar um pio, isto é, um coaxo.

Moral: À rã o que é da rã, e ao boi o que é do boi. Ou a tecnologia agrícola exige especialização.

FERNANDES, Millôr. Disponível em: <http://www2.uol.com.br/millor/fabulas/063.htm>. Acesso em: 28 abr. 2015.

Antes de iniciar o estudo do texto, tente descobrir o sentido das palavras desconhecidas pelo contexto em que elas aparecem. Se for preciso, consulte o dicionário.

1. Nessa fábula escrita por Millôr Fernandes:

a) quem são as personagens?

b) o que pretendia a mãe rã?

2. Você acha que a rã se tornaria igual ao boi se ficasse grande? Justifique.

3. O lavrador, quando viu a rãzona, ficou entusiasmado: "Hei, ô rãzona metida a boi, de hoje em diante você vai puxar o meu arado pra serviços especiais". A que serviços especiais ele se referia?

4. Anote no caderno a afirmação que explica a diferença de intenção entre Millôr, ao escrever "A rã e o boi", e Esopo, ao escrever "O sapo e o boi".

a) No texto de Millôr, a história se passa em uma fazenda e, no texto de Esopo, em um charco.

b) O texto de Millôr foi escrito no século XX e o de Esopo, no século VI a.C.

c) No texto de Esopo, há uma crítica a um determinado comportamento, um ensinamento; no de Millôr, não há preocupação de transmitir ensinamentos, mas de produzir humor.

d) O final da fábula de Esopo (a rã estoura) é diferente do final da fábula de Millôr (a rã é obrigada a fazer o trabalho de um boi).

5. Vamos agora observar alguns recursos linguísticos usados por Millôr em seu texto. Releia este trecho e observe as palavras destacadas:

"Estimulada pelas negativas, a mãe foi **comendo e respirando**, **respirando e comendo**, até que as filhas tiveram de concordar [...]."

Com que intenção você acha que essa repetição de palavras foi utilizada pelo autor? Justifique.

6. Anote no caderno a afirmação que melhor explica o efeito de sentido provocado pelo uso dos aumentativos no fragmento a seguir.

"Que animalzão! Que fortão! [...] Que gatão!"

CRIS EICH

Os aumentativos foram utilizados nesse trecho para indicar:

a) que o boi era muito grande.

b) que as rãs tinham nojo de animais tão grandes.

c) que o boi era grande e forte.

d) que as rãzinhas estavam admiradas com a beleza, a força e o tamanho do boi.

7. Releia o que as rãzinhas disseram à mãe quando ela deu a entender que poderia ficar do tamanho do boi.

"— Querer como? — disseram as rãzinhas em coro. — Você é uma rã, e até, como escreve o Millôr, uma **rãzona**. Mas jamais será sequer um **boizinho**."

Por que o autor utiliza o aumentativo para referir-se à rã (rãzona), que é um animal pequeno, e o diminutivo (boizinho) para um animal que é muito maior?

Millôr Fernandes

Millôr Fernandes nasceu na cidade do Rio de Janeiro, em 1923. Foi humorista, desenhista, dramaturgo, escritor e tradutor. Entre seus livros, estão *Fábulas fabulosas*, *Novas fábulas fabulosas*, *Trinta anos de mim mesmo* e *Eros uma vez*. É famoso por suas frases. Conheça algumas delas: "Como são admiráveis as pessoas que não conhecemos muito bem.", "Viver é desenhar sem borracha.".

1. A linguagem utilizada no corpo do texto de Millôr é informal, mais próxima da que usamos no dia a dia se comparada à empregada nas outras fábulas que você leu ou ouviu.

   Observe que ele diz:
   - "rãzona metida a boi";
   - "fazer o diabo desse boi frouxo";
   - "trabalhar sem soltar um pio..."

   a) Se ele quisesse escrever uma fábula tradicional, utilizando uma linguagem mais formal, como a que encontramos nas fábulas que lemos anteriormente, como poderia dizer a mesma coisa sem recorrer a gírias nem expressões populares?

   b) Qual dessas formas de se expressar (a mais formal e a mais informal) está mais de acordo com a intenção de Millôr Fernandes nessa fábula? Justifique.

2. Millôr propõe duas frases como moral da fábula lida, utilizando em uma delas uma linguagem informal e na outra uma linguagem formal.

   "À rã o que é da rã, e ao boi o que é do boi."
   "A tecnologia agrícola exige especialização."

   Observe o quadro a seguir e anote no caderno as afirmações que melhor interpretam cada uma delas.

Frase 1: "À rã o que é da rã, e ao boi o que é do boi"	Frase 2: "A tecnologia agrícola exige especialização"
Devemos dar às rãs o que lhes pertence, e aos bois o que merecem.	Os trabalhos realizados no campo são parecidos uns com os outros, e não é preciso ter habilidades especiais para fazer nenhum deles.
Cada um deve se contentar em ser como é.	É preciso que alguns poucos instrumentos e máquinas sirvam para todo tipo de atividade agrícola.
Rãs e bois são animais explorados pelos homens.	Para cada tipo de atividade no campo, é necessário um tipo de instrumento, e cada instrumento exige de seu operador um tipo de habilidade.

NÃO DEIXE DE LER

- **50 fábulas da China fabulosa**, de Márcia Schmatz e Sérgio Caparelli, editora L&PM
  O livro reúne cinquenta fábulas de vários períodos da civilização chinesa – as mais antigas datando de antes da Era Cristã. São obras compostas em diversos períodos históricos e em diversas dinastias chinesas por autores que eram também poetas, mandarins, historiadores e sábios em geral.

À ORGANIZAÇÃO DO DIÁLOGO

O narrador de uma história pode dar voz às personagens de tal forma que o leitor tem a impressão de vê-las conversando.

1. Releia estas falas retiradas do diálogo entre o Lobo e o Cordeiro.

> "Espera aí, meu senhor", disse o Cordeirinho inocente, "como vou sujar sua água se ela vem correndo daí pra cá?"
>
> "Está bem", respondeu o Lobo, "mas por que você andou me xingando o ano passado?"
>
> "Essa não", retrucou o Cordeiro, "eu não tenho ainda seis meses..."

a) Que personagem diz cada uma das três falas?

b) Em cada uma dessas falas, há um trecho que corresponde à voz do narrador. Quais são eles?

c) Que sinal de pontuação é utilizado para separar a fala das personagens dos trechos do narrador nesse diálogo?

2. Os trechos do narrador, em um diálogo, podem introduzir a fala das personagens, podem estar intercalados nas falas ou depois delas.

a) No trecho da atividade 1, onde aparecem os trechos do narrador?

b) Se você quisesse utilizar a explicação do narrador em uma dessas outras posições, como ficaria a primeira fala do diálogo reproduzido?

3. Observe este trecho de diálogo da versão de La Fontaine para a fábula.

> "– Não tenho irmão, Excelência.
> — Chega de argumentação.
> Estou perdendo a paciência!
> — Não vos zangueis, desculpai!"

Compare a maneira como é marcado o início das falas nas duas versões do diálogo.

a) Qual é a diferença?

b) Conclua: em um diálogo, quais são os sinais de pontuação que podem ser usados para marcar as falas das personagens?

4. Releia.

> "Então, em tom severo e assustador, gritou para o Cordeiro: 'Como você ousa sujar a água que estou bebendo?'".

a) Qual é a função dos dois-pontos depois de "gritou para o Cordeiro"?

b) Reescreva esse trecho usando travessão no lugar das aspas.

c) Explique por que, no texto reescrito por você, foi necessário utilizar dois <mark>parágrafos</mark> diferentes.

> Quando as explicações do narrador vêm antes da fala de uma personagem, geralmente são seguidas por dois-pontos. Exemplo:
> "E quando ela fez mu, o lavrador, que ia passando de novo com o arado e o boi, também ficou entusiasmado:
> — Hei, ô rãzona metida a boi, de hoje em diante você vai puxar o meu arado pra serviços especiais. [...]."

Parágrafo: divisão de um texto escrito, composta de uma ou mais frases, indicada pela mudança de linha. As frases contidas em um parágrafo mantêm maior relação entre si do que com o restante do texto.

5. Leia esta tira com as personagens Níquel Náusea e Gatinha.

GONSALES, Fernando. *Níquel Náusea* – Nem tudo que balança cai. São Paulo: Devir, 2003.

a) Que expectativa os três primeiros quadrinhos criam no leitor?

b) Explique a quebra na expectativa que ocorre no último quadrinho.

c) Recrie essa história no caderno na forma de uma pequena narrativa. Em vez de aparecerem em balões, as falas devem ser introduzidas por travessão. Você pode começar a narrativa assim:

> A Gatinha estava descansando, quando apareceu o Níquel Náusea dizendo...

PRODUÇÃO ESCRITA

PRODUÇÃO PARA O PROJETO

Fábula

Agora é sua vez de produzir uma fábula para ser incluída em nosso almanaque e, dessa forma, além de distrair muitos leitores, fazê-los refletir.

Antes de começar

Para escrever uma narrativa em que se queira reproduzir o diálogo entre personagens, é importante conhecer bem como fazer isso. Assim, relembre o que aprendeu sobre a organização do diálogo e sobre os verbos de dizer.

1. Leia esta versão em prosa de outra fábula de Esopo.

O asno e o velho pastor

Enquanto descansava, um velho pastor observava tranquilo seu asno pastando em um campo muito verde. De repente, ouviu ao longe os gritos de uma tropa de soldados inimigos que se aproximava rapidamente.

— Corra o mais rápido que puder, levando-me na garupa! — implorou ao animal. — Senão nós dois seremos capturados.

Então, com calma, o asno falou:

— Por que eu deveria temer o inimigo? Você acha provável que o conquistador coloque em mim outros dois cestos de carga, além dos dois que já carrego?

— Não — respondeu o pastor.

— Então! — retrucou o animal. — Contanto que eu carregue os dois cestos que já possuo, que diferença faz a quem estou servindo?

Moral: Ao mudar o governante, para o pobre, nada muda além do nome de seu novo senhor.

ESOPO.

a) Anote no caderno todos os **verbos de dizer** do texto.

b) Releia o segundo parágrafo do texto e observe o **verbo de dizer** que você destacou. Se o trocássemos por **disse**, haveria alguma mudança de sentido?

2. Como vimos, nas fábulas as personagens representam certos comportamentos e atitudes humanos.

Organize, com o professor e os colegas, uma lista de animais, caracterizando-os de acordo com o jeito de ser, o comportamento e os modos de reagir de cada um. Empregue adjetivos ou locuções adjetivas. Oriente-se pelo exemplo.

Fragilidade, gentileza, ingenuidade.

Animal	Características
cobra	traiçoeira
onça	
raposa	
cachorro	

Força, poder.

Planejando o texto

Leia a tirinha.

SCHULZ, Charles M. *O Estado de S. Paulo*, 6 jul. 2008.

Para que não aconteça conosco o que se deu com a personagem, vamos planejar cuidadosamente nossa produção.

1 Escolha um provérbio que você poderia ilustrar por meio de uma história acontecida com dois animais. Veja algumas sugestões.

- Mais vale um pássaro na mão do que dois voando.
- Quando um não quer, dois não brigam.
- Gato escaldado tem medo de água fria.
- Deus ajuda quem cedo madruga.
- Nem tudo que reluz é ouro.
- Amigos, amigos; negócios à parte.

2 Como personagens de sua fábula, escolha dois animais que representem sentimentos e comportamentos humanos (fidelidade, solidariedade, mentira, inveja, esperteza, orgulho, traição etc.). Essas personagens devem ser adequadas ao provérbio que você tem em mente.

3 Pense em uma situação que possa ilustrar o provérbio que vai ser a moral da fábula. Por exemplo, uma raposa quer enganar uma ovelha, um galo tem inveja de um pavão, um gato ri da fidelidade do cachorro em relação a seu dono, um gato quer devorar um rato, uma cobra quer comer um coelho, entre outras.

4 Defina cada parte do enredo:
- a situação inicial (o que as personagens estão fazendo no começo da história);
- o conflito (algo que quebra a tranquilidade da situação inicial e desencadeia uma série de ações das personagens);
- o clímax (o ponto alto da história; na fábula "O lobo e o cordeiro", por exemplo, é o momento em que o leitor fica ansioso para saber se o lobo devora o cordeiro ou se o deixa ir embora);
- o desfecho (como termina a história).

5 Escolha o cenário onde se passa a história.

6 Crie diálogos entre as personagens, marcando as falas com aspas ou travessão.

7 No final do texto, escreva a moral (o provérbio que você escolheu).

8 Dê um título à fábula.

Avaliação e reescrita

1 Quando terminar a fábula, entregue-a a um colega para que ele avalie se você:
- selecionou animais adequados para representar os sentimentos e comportamentos escolhidos;
- conseguiu ilustrar bem o provérbio (a história está de acordo com a moral?);
- não se esqueceu de nenhuma das partes do enredo;
- escreveu um desfecho que tem relação com o início e o desenvolvimento da história;
- não se esqueceu do título nem da moral;
- usou um narrador-observador;
- dividiu o texto em parágrafos, separando a fala das personagens dos trechos com a voz do narrador;
- pontuou adequadamente o diálogo;
- não cometeu erros de grafia.

2 Reescreva seu texto levando em conta as observações feitas pelo colega.

Numeral

Conceito

Leia a tira para responder às questões a seguir.

QUINO. *Toda Mafalda*. São Paulo: Martins Fontes, 2001.

1. O que provoca o humor da tira?

2. Que resposta a professora esperava de Miguelito?

3. Observe a expressão da professora no terceiro quadrinho. O que ela parece estar sentindo?

4. Miguelito indicou um horário específico para que a professora lhe telefonasse ou sugeriu que ela ligasse a qualquer momento? Explique.

5. Não ficamos sabendo qual é o número do telefone do garoto.

   a) Isso prejudica o humor da tira?

   b) E se isso acontecesse na vida real?

> **As três conjugações**
> Os verbos da língua portuguesa são agrupados pela terminação. Todos os verbos terminados em **-ar** pertencem à **primeira conjugação**, os terminados em **-er**, à **segunda** e os terminados em **-ir**, à **terceira**.

> Palavras que indicam **quantidade** (seis, três, um, cinco...) ou **posição** (primeira, segunda, terceira...) em uma série são chamadas de **numerais**. Podem também indicar **multiplicação** e **divisão**.

6. Releia o terceiro balão.

   No terceiro quadrinho da tira, aparecem vários numerais, **dois**, **oito**, **três**, **um**, **cinco**. Quando pedimos a você que observe quadrinhos de uma tirinha, também usamos numerais: falamos do **primeiro**, do **segundo** ou do **terceiro** quadrinho, por exemplo.

   a) O que indicam os numerais que utilizamos em situações como estas: a quantidade de seres, a posição que eles ocupam em uma série, multiplicação ou divisão?

   b) No primeiro quadrinho da tira, aparecem também numerais com a função que você mencionou na resposta anterior. Quais são?

Classificação

Existem vários tipos de numeral. Leia o texto a seguir e observe as indicações das setas.

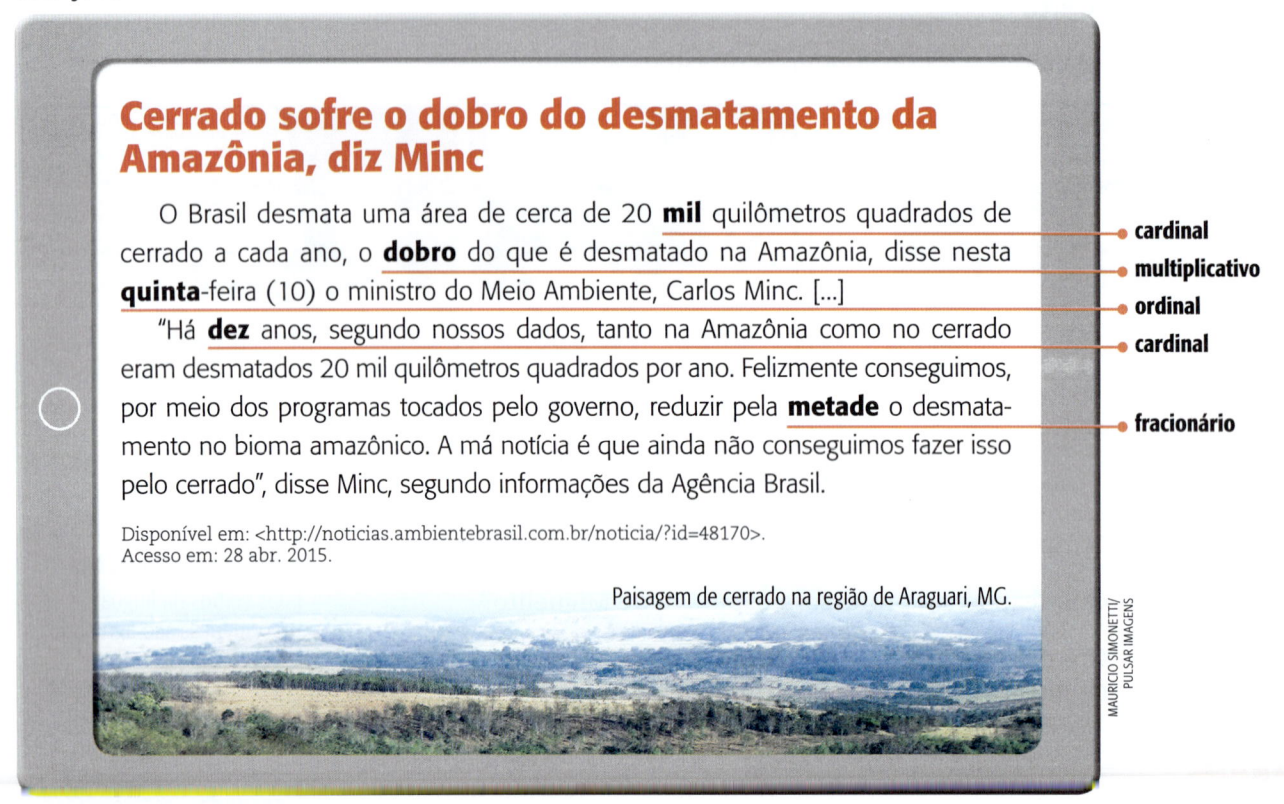

Cerrado sofre o dobro do desmatamento da Amazônia, diz Minc

O Brasil desmata uma área de cerca de 20 **mil** quilômetros quadrados de cerrado a cada ano, o **dobro** do que é desmatado na Amazônia, disse nesta **quinta**-feira (10) o ministro do Meio Ambiente, Carlos Minc. [...]

"Há **dez** anos, segundo nossos dados, tanto na Amazônia como no cerrado eram desmatados 20 mil quilômetros quadrados por ano. Felizmente conseguimos, por meio dos programas tocados pelo governo, reduzir pela **metade** o desmatamento no bioma amazônico. A má notícia é que ainda não conseguimos fazer isso pelo cerrado", disse Minc, segundo informações da Agência Brasil.

Disponível em: <http://noticias.ambientebrasil.com.br/noticia/?id=48170>. Acesso em: 28 abr. 2015.

Paisagem de cerrado na região de Araguari, MG.

- cardinal
- multiplicativo
- ordinal
- cardinal
- fracionário

1. Segundo o texto, em qual região brasileira há mais desmatamento, no cerrado ou na Amazônia?

2. Para provar o que diz, o ministro apresentou argumentos baseados em números.

   a) Que tipos de numeral aparecem no primeiro parágrafo?

   b) Qual é a importância do uso de numerais no texto dessa notícia e qual é a intenção do entrevistado ao empregá-los?

3. Anote a alternativa certa no caderno. De acordo com o segundo parágrafo:

   a) metade da Amazônia foi desmatada.

   b) o desmatamento da Amazônia caiu pela metade.

   Como você viu no texto, os numerais classificam-se em:
   - **cardinais:** indicam uma quantidade exata de seres (**um**, **três**, **cinquenta**, **cem** etc.);
   - **ordinais:** indicam a posição que um ser ocupa em uma série (**primeiro**, **segundo**, **terceiro**, **décimo** etc.);
   - **multiplicativos:** indicam quantidade multiplicada (**dobro**, **triplo**, **quíntuplo** etc.);
   - **fracionários:** indicam parte de um todo (**metade**, **terço**, **quarto** etc.).

4. O uso de numerais, números e algarismos está presente em textos de variados gêneros. Releia este trecho da notícia anterior e observe as palavras destacadas.

"'Há dez anos, segundo nossos dados, tanto na Amazônia como no cerrado eram desmatados **20** mil quilômetros quadrados por ano. Felizmente conseguimos, por **meio** dos programas tocados pelo governo, reduzir pela metade o desmatamento no bioma amazônico. A má notícia é que ainda não conseguimos fazer isso pelo cerrado', disse Minc, **segundo** informações da Agência Brasil."

a) Número, numeral e algarismo são diferentes. Pesquise em um dicionário qual é a diferença entre eles e anote-a no caderno.

b) De acordo com sua pesquisa, podemos classificar as palavras destacadas no trecho como numerais? Por quê?

c) De que forma podemos diferenciar os significados de palavras como **meio** e **segundo**?

As palavras **dezena, centena, cento, milhar, milhão, dupla, ambos, década, século, quinzena, dúzia** e **milheiro** são também consideradas numerais, pois se referem a um número exato de elementos de um conjunto.

5. Leia o título desta notícia.

Milhares de brinquedos foram doados para as crianças em Amambai através de Prefeitura [de Mato Grosso do Sul] e Auxiliadora FM

Ação teve iniciativa da Rádio Comunitária e proporcionou a milhares de crianças amambaienses um Natal mais feliz

Disponível em: <http://www.amambainoticias.com.br/cidades/milhares-de-brinquedos-foram-doados-para-as-criancas-em-amambai>. Acesso em: 7 jan. 2015.

a) O uso da palavra **milhares** indica um número determinado ou indeterminado de crianças?

b) Palavras como **dezena, centena, milhar, dupla, ambos, década, quinzena** e **dúzia** são também consideradas numerais. O que elas indicam?

c) Nos títulos a seguir, que numerais aparecem?

Morte de milhões de estrelas-do-mar pode ter explicação em um vírus

Disponível em: <http://info.abril.com.br/noticias/ciencia/2014/12/morte-de-milhoes-de-estrelas-do-mar-pode-ter-explicacao-em-um-virus.shtml>. Acesso em: 7 jan. 2015.

Exposição traz obras que contam cinco séculos de história do Brasil

Disponível em: <http://g1.globo.com/jornal-da-globo/noticia/2014/12/exposicao-traz-obras-que-contam-cinco-seculos-de-historia-do-brasil.html>. Acesso em: 7 jan. 2015.

Algarismo ou numeral?

Você já viu que há diferença entre algarismo e numeral. É comum que numerais muito extensos sejam substituídos, na escrita, por **algarismos**, a fim de facilitar a leitura e economizar espaço.

No Brasil, empregam-se os algarismos **1**, **2**, **3**, **4**, **5**, **6**, **7**, **8**, **9** e **0** para escrever os números. Eles são chamados de **algarismos arábicos**, porque foram os árabes que os divulgaram no Ocidente.

Além dos algarismos arábicos, existem ainda os **algarismos romanos**, herdados da Roma Antiga. Os algarismos romanos costumam ser empregados na numeração de séculos, em documentos oficiais e em alguns outros poucos casos. Veja um exemplo.

A busca da hora certa

A ampulheta surgiu no século VIII para regular a vida nos mosteiros. Com ela, calculava-se o tempo das missas e dos sermões. [...]

Revista *Veja*. Disponível em: <http://veja.abril.com.br/acervodigital/home.aspx>. Acesso em: 28 abr. 2015.

Artigo ou numeral?

Não se deve confundir **um**, artigo indefinido, com **um**, numeral. Os sentidos são diferentes.

1. Leia estas tiras.

CEDRAZ Antônio. Disponível em: <http://www.xaxado.com.br/quadrinhos/tiras.html>. Acesso em: 22 nov. 2010.

Idem.

a) Duas personagens usam a palavra **um**. Compare.

> "Gooooool! É gol! Eu fiz um gooool!"
> "Um passarinho, Marieta [...]."

Em qual das frases a palavra **um** é numeral e em qual é artigo?

b) Como você chegou a essa conclusão?

Veja outros exemplos nestes provérbios.

Mais vale um pássaro na mão que dois voando.
⌐→ **(numeral, um único – expressa uma quantidade)**

Quem acha um amigo, acha um tesouro.
⌐→ **(um amigo, entre vários)**

FIQUE ATENTO... À ESCRITA DOS NUMERAIS

1. Escreva por extenso:
   a) 825
   b) 3 825
   c) 4 342 825

2. Leia o texto e faça o que se pede.

Como surgiu a numeração dos sapatos?

Tudo começou em **1305**. O rei Eduardo **I**, da Inglaterra, decretou que uma polegada fosse considerada a medida de três grãos secos de cevada alinhados. Uma polegada equivale a 2,54 centímetros.

Os sapateiros ingleses se entusiasmaram com a ideia e passaram a fabricar, pela primeira vez na Europa, sapatos em tamanho padrão, baseando-se nos tais grãos de cevada. Um calçado que medisse, por exemplo, **37** grãos de cevada era conhecido como tamanho 37.

Hoje, as fôrmas utilizadas para modelar os calçados fazem uso de uma unidade métrica chamada "ponto". O ponto francês, que é adotado pelo Brasil e na Europa em geral, tem dois terços de um centímetro (0,666 centímetro).

Os Estados Unidos utilizam o ponto inglês. Por isso, o formato dos sapatos norte-americanos é mais comprido.

Disponível em: <www.guiadoscuriosos.com.br/categorias/395/1/como-surgiu-a-numeracao-dos-sapatos.html>. Acesso em: 20 jan. 2015.

a) Os sapatos numerados com o ponto francês são mais ou menos compridos que os sapatos norte-americanos?

b) Escreva por extenso os algarismos destacados no texto.

c) Identifique no texto e anote no caderno dois numerais cardinais e um ordinal.

d) Dois terços de um centímetro é mais ou menos que um centímetro?

e) Como se classifica o numeral **dois terços**?

3. Leia o quadro ao lado, depois escreva por extenso os algarismos destacados nos fragmentos a seguir.

Os primeiros relógios mecânicos portáteis do século **XVI** eram joias sem ponteiro para minutos.

Revista *Veja*, São Paulo, Abril, 18 jul. 2001.

Apesar de não funcionar à noite, o relógio de sol foi muito popular até o século **XVIII**.

Revista *Veja*, São Paulo, Abril, 18 jul. 2001.

Quando os algarismos romanos indicam séculos, são lidos como ordinais de um a dez e como cardinais do onze em diante. Exemplos:
- século VIII – século oitavo (**oitavo** é numeral ordinal)
- século XVI – século dezesseis (**dezesseis** é numeral cardinal)
- século XVIII – século dezoito (**dezoito** é numeral cardinal)

Quando o algarismo romano anteceder o substantivo, deve sempre ser lido como ordinal. Exemplo:
XIV capítulo (décimo quarto capítulo).

Navegar custava caro

Realizar uma expedição marítima do porte das que se organizaram em Portugal nos séculos **XV** e **XVI** exigia muita gente e muito dinheiro. Em **1415**, a conquista de Ceuta, na África, marco inicial da expansão portuguesa, mobilizou mais de **200** embarcações e cerca de **80** mil homens. A expedição de Cabral, que coroou essa expansão, reunia **13** naus e caravelas e **1 500** pessoas.

Revista *Nova Escola*. Disponível em: <http://www.gentequeeduca.org.br/planos-de-aula/os-interesses-economicos-por-tras-das-expedicoes-maritimas>. Acesso em: 28 abr. 2015.

1. Releia o comentário da boneca Emília, do Sítio do Picapau Amarelo, sobre a fábula "O lobo e o cordeiro".

"[…] Eu não sou forte, mas ninguém me vence. Por quê? Porque aplico a esperteza. Se eu fosse esse cordeirinho, em vez de estar bobamente a discutir com o lobo, dizia: "Senhor Lobo, é verdade, sim, que sujei a água desse riozinho, mas foi para envenenar três perus recheados que estão bebendo ali embaixo". E o lobo com água na boca: "Onde?" E eu, piscando o olho: "Lá atrás daquela moita!" E o lobo ia ver e eu sumia..."

Mauro Souza

a) Que numeral foi usado nesse fragmento?

b) Por que Emília decidiu dizer ao lobo que havia três perus no riacho em vez de um, ou dois, ou muitos perus?

2. Releia agora outro fragmento da fábula.

"— Senhor — falou o Cordeiro —
encareço à Vossa Alteza
que me desculpeis mas acho
que vos enganais: bebendo,

quase dez braças abaixo
de vós, nesta correnteza,
não posso sujar-vos a água."

a) Qual é o numeral que aparece no trecho?

b) **Braça** é uma antiga medida de comprimento. Consulte um dicionário e descubra a quantos metros de distância o cordeiro estava do lobo.

c) Você acha que citar a quantidade de braças que o separava de seu ameaçador inimigo ajuda a fortalecer o argumento do cordeiro? Justifique.

3. Leia os títulos de notícias reproduzidos. Em seguida, associe cada numeral empregado a um dos sentidos apresentados a seguir.

- muitas e muitas vezes
- que tem grande qualidade

I

Mini Mundo promove Aluno Nota Dez

O Mini Mundo entregará muitos prêmios e mais de 100 troféus aos melhores alunos, escolas e apoiadores, numa noite totalmente dedicada ao ensino e à aprendizagem de Gramado.

Disponível em: <www.revistaeventos.com.br/Educacao/Mini-Mundo-promove-Aluno-Nota-10>.
Acesso em: 13 out. 2014. Adaptado.

II

POSTO DE GASOLINA EM SP É ASSALTADO MIL VEZES EM 20 ANOS

Estabelecimento na Zona Sul sofre até cinco assaltos por semana. Secretaria de Segurança diz que número de notificações aumentou.

Disponível em: <http://g1.globo.com/sao-paulo/noticia/2014/03/posto-de-gasolina-em-sp-e-assaltado-mil-vezes-em-20-anos.html>. Acesso em: 13 out. 2014.

4. Agora responda: Pode-se afirmar que nas frases da atividade anterior os numerais indicam quantidade? Explique.

5. Nos trechos a seguir, as palavras destacadas foram utilizadas como artigo ou como numeral? Fique atento ao sentido da frase.

a)

"Na água limpa de **um** regato,
matava a sede **um** cordeiro,
quando, saindo do mato,
veio **um** lobo carniceiro."

b)

"Devido ao elevado número de habitantes, há 30 anos a China tem um rigoroso controle de natalidade. Cada casal pode ter apenas **um** filho, regra que, se descumprida, pode resultar em multas e perda do emprego. Ao se separar, um cidadão ganha o direito de ter mais **um** filho com o(a) novo(a) parceiro(a)."

Jornal *Folha de S.Paulo*. Disponível em: <www1.folha.uol.com.br/folha/colunas/
retratosdachina/curiosidades.shtml>. Acesso em: 11 jan. 2015.

6. Leia a tira.

JUNIÃO. *Central de Tiras*. São Paulo: Via Lettera, 2003.

a) Explique a fala da avó no último quadrinho.

b) Na primeira fala, a avó utiliza a palavra **um** como artigo ou como numeral? Explique.

7. Você já sabe a diferença entre número, numerais e algarismos. Agora você enfrentará um desafio que apresenta as perguntas utilizando apenas algarismos. Mas o seu desafio vai além: Você só pode responder utilizando numerais. Vamos começar?

a) Se você se levantou às 9h para ir trabalhar e foi dormir às 8h, quantas horas dormiu? 12? 13? 1? 8? 9?

b) Divida 30 por 0,5 e some 10. Qual é o resultado? 25? 65? 45? 70?

c) Um fazendeiro tinha 17 vacas. Todas morrem, menos 9. Quantas ficam? 0? 8? 9? 11?

d) Em um concurso de saltos, Otávio foi, simultaneamente, o 13º melhor e o 13º pior. Quantas pessoas havia na competição? 13? 25? 26? 27? 28?

e) Quantos animais de cada espécie Moisés colocou em sua arca? 1? 2? 3? 0?

1. (Saresp)

O pastor e o lobo

Um pastor costumava levar seu rebanho para bem longe da aldeia. Fazia então uma brincadeira de mau gosto:

— Socorro! Socorro! — gritava. Os lobos estão atacando os meus carneiros!

As pessoas largavam o que estavam fazendo e corriam para ajudá-lo.

O pastor torcia-se de rir, pois não havia lobo algum.

Um dia apareceram lobos de verdade. Enquanto eles devastavam o rebanho, o pastor, horrorizado, gritava:

— Socorro! Socorro! Corram, senão vão chegar tarde!

As pessoas pouco se incomodaram. Pensavam que o gozador estava fazendo mais uma das suas.

E assim, ele perdeu todos os seus carneiros.

Triste, disse ele com seus botões:

— Os mentirosos só ganham uma coisa: não serem acreditados nem quando dizem a verdade.

GÄRTNER, Hans (org.), Ilustração: ZWERGER, Lisbeth. *12 fábulas de Esopo.* Tradução de Fernanda Lopes de Almeida. 7. ed. Rio de Janeiro: Ática, 2003.

I. Em *"Enquanto eles devastavam o rebanho [...]"*, o termo sublinhado refere-se a:

a) lobos.

c) mentirosos.

b) carneiros.

d) vizinhos.

II. Em *"[...] o gozador estava fazendo mais uma das suas."*, a expressão destacada significa, no texto:

a) realizar o trabalho do dia a dia.

b) levar o rebanho para longe da aldeia.

c) atacar todos os carneiros do rebanho.

d) fazer brincadeira de mau gosto.

III. Pelo final da história, você pode entender que o pastor aprendeu que:

a) "A mentira tem pernas curtas."

b) "Quem tudo quer tudo perde."

c) "A ovelha má põe o rebanho a perder."

d) "Quem desdenha quer comprar."

IV. O pastor dessa história é:

a) mentiroso e gozador.

b) medroso e preguiçoso.

c) solidário e brincalhão.

d) alegre e respeitoso.

V. No trecho "— Socorro! Socorro! gritava. Os lobos estão atacando os meus carneiros!", o travessão indica o início da:

a) queixa do mentiroso.

b) fala das pessoas.

c) reclamação da vizinhança.

d) gritaria do pastor.

2. (Prova Brasil) Leia o texto para responder à questão.

A raposa e as uvas

Num dia quente de verão, a raposa passeava por um pomar. Com sede e calor, sua atenção foi capturada por um cacho de uvas.

"Que delícia", pensou a raposa, "era disso que eu precisava para adoçar a minha boca". E, de um salto, a raposa tentou, sem sucesso, alcançar as uvas.

Exausta e frustrada, a raposa afastou-se da videira, dizendo: "Aposto que estas uvas estão verdes."

Esta fábula ensina que algumas pessoas, quando não conseguem o que querem, culpam as circunstâncias.

Mauro Souza

A frase que expressa uma opinião é:

a) "a raposa passeava por um pomar." (l. 1)

b) "sua atenção foi capturada por um cacho de uvas." (l. 2-3)

c) "a raposa afastou-se da videira" (l. 7)

d) "Aposto que estas uvas estão verdes." (l. 8)

3. (Saresp) Leia o texto para responder às questões propostas.

O burro que vestiu a pele de um leão

Um burro encontrou a pele de um leão que um caçador tinha deixado largada na floresta. Na mesma hora o burro vestiu a pele e inventou a brincadeira de se esconder numa moita e pular fora sempre que passasse algum animal. Todos fugiam correndo assim que o burro aparecia. O burro estava gostando tanto de ver a bicharada fugir dele correndo que começou a se sentir o rei leão em pessoa e não conseguiu segurar um belo zurro de satisfação. Ouvindo aquilo, uma raposa, que ia fugindo com os outros, parou, virou-se e se aproximou do burro rindo:

— Se você tivesse ficado quieto, talvez eu também tivesse levado um susto. Mas aquele zurro bobo estragou sua brincadeira.

Fábulas de Esopo. São Paulo: Companhia das Letrinhas, 1994. p. 70.

- Lendo com atenção a fábula anterior, na qual o burro tenta enganar a todos, mas é descoberto pela raposa, concluímos que a moral é:

  a) As aparências podem enganar a todos, mesmo que aquele que se esconde seja um tolo.

  b) As aparências podem enganar até mesmo os mais espertos.

  c) Um tolo pode se esconder por trás das aparências porque sua forma de agir encobrirá as suas palavras.

  d) Um tolo pode se esconder por trás das aparências, mas suas palavras acabarão por revelar a todos quem na verdade ele é.

- Nesta fábula, fica claro que a história que se conta está chegando ao fim no momento em que:

  a) os animais fogem correndo do burro.

  b) o burro fica satisfeito e solta um zurro.

  c) a raposa para, volta e fala com o burro.

  d) aparece a moral da história.

4. (Saresp) Leia o texto.

O Corvo e o Jarro

Um corvo, que estava sucumbindo de sede, viu lá no alto um jarro, e na esperança de achar água dentro, voou até lá com muita alegria.

Quando o alcançou, descobriu, para sua tristeza, que o jarro continha tão pouca água em seu interior que era impossível retirá-la de dentro.

Ainda assim, ele tentou de tudo para alcançar a água que estava dentro do jarro, mas, como seu bico era curto demais, todo seu esforço foi em vão.

Por último ele pegou tantas pedras quanto podia carregar, e uma a uma colocou-as dentro da jarra. Ao fazer isso, logo o nível da água ficou ao alcance do seu bico, e desse modo ele salvou sua vida.

ESOPO. *O Corvo e o Jarro*. Disponível em: <http://sitededicas.ne10.uol.com.br/fabula28a.htm>. Acesso em: 28 abr. 2015.

No texto, há uma relação de **causa e efeito** que provoca uma situação a ser superada. Indique essa situação.

a) O corvo não conseguia atingir a água por ter bico curto.

b) O jarro ficava no alto e o corvo não conseguia atingi-lo.

c) O corvo não conseguia colocar as pedras no jarro para poder beber água.

d) Depois de colocar as pedras, o nível da água ainda ficou longe do alcance de seu bico.

Encerrando a unidade

Nesta unidade você estudou o gênero fábula e suas características.

1. O que caracteriza um texto narrativo como uma fábula?

2. Explique com suas palavras a função da moral que aparece no final das fábulas.

3. Você entendeu qual é a função que os artigos desempenham nos textos? Saberia identificá-los em uma frase?

4. Que avaliação você faz de suas produções escritas?

Trilhando caminhos

Nesta unidade você vai:

- identificar a finalidade de relatos de viagem, sua intenção e contexto de produção
- reconhecer alguns dos recursos discursivos empregados em sua organização textual
- refletir sobre o uso dos tempos verbais nos relatos de viagem
- aprender a diferenciar fatos de informações, impressões e opiniões
- observar a variação linguística presente na comparação de diferentes relatos de viagem (escrito e digital)
- aprender a planejar, organizar e apresentar oralmente um relato de viagem
- refletir sobre o uso e o papel dos pronomes e sua função como elementos de coesão textual

TROCANDO IDEIAS

1. Observe a imagem. Em sua opinião, onde e em que tempo ocorre a cena retratada? Em que você se baseou para concluir isso?

2. Observe globalmente a imagem:

   a) que cores predominam?

   b) que sensação ou sentimentos você experimenta ao olhar para essa imagem?

3. Com que intenção as pessoas de uma caravana como essa empreenderiam uma viagem?

4. Por que as pessoas viajam? Por que tantos gostam de viajar? Você faria uma viagem como essa?

LEITURA 1

1. Você já ouviu falar de Marco Polo ou de algum outro viajante famoso? Conte aos colegas.

2. Veja, neste mapa, a rota percorrida por Marco Polo em sua viagem de Veneza (Itália), onde ele nasceu, até a China, no século XIII.

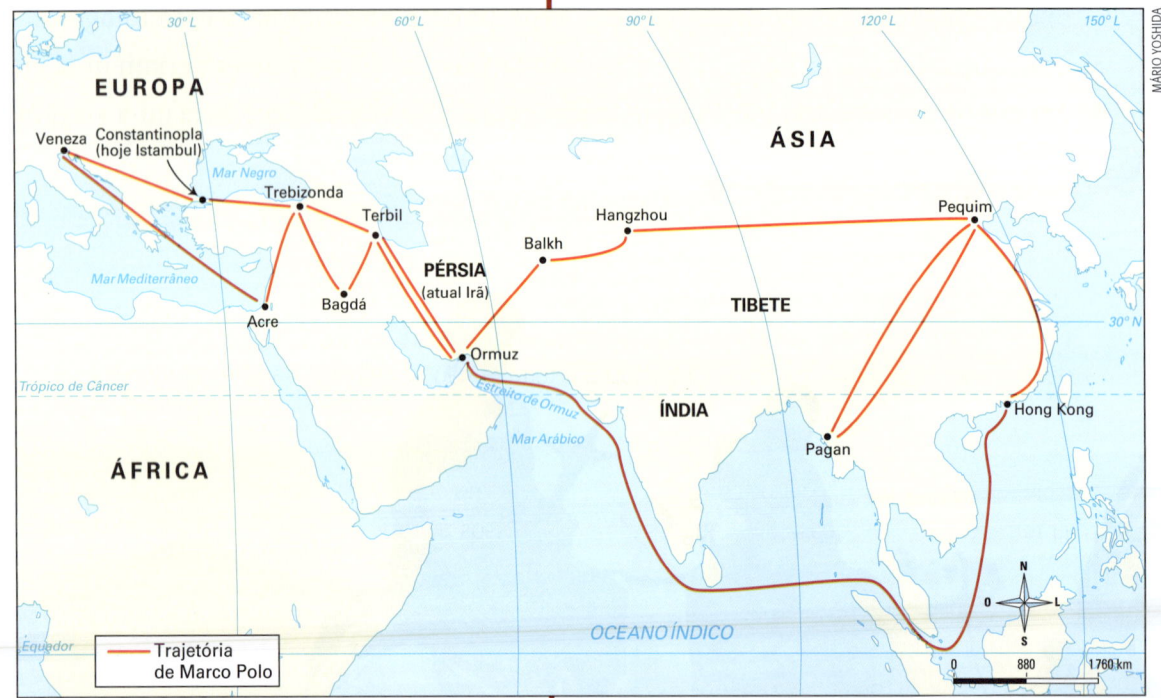

Fonte: Ciência Hoje das crianças. Disponível em: <http://chc.cienciahoje.uol.com.br/as-aventuras-de-marco-polo/>. Acesso em: 29 mai. 2015 [Adaptado].

Você vai ler agora um trecho da obra As viagens de Marco Polo, *em que, segundo se supõe, o viajante relata suas aventuras e a impressão que teve dos lugares que visitou. Nesta etapa da viagem, Marco Polo atravessa a Pérsia, região hoje chamada de Irã.*

a) Observe o mapa e localize o lugar de onde ele partiu e o lugar mais distante aonde chegou.

b) Considerando a época em que Marco Polo viveu (1254-1324), que meios de transporte você supõe que ele tenha usado?

c) Marco Polo fez anotações sobre sua viagem. O que ele pode ter registrado? Levante algumas hipóteses.

Na região de Ormuz[1]

A viagem por esta planície em direção ao sul leva cinco dias. Ao cabo da quinta jornada, chega-se a uma outra descida de vinte milhas de extensão, por onde é muito difícil de se andar, e onde há também um grande número de ladrões. No final, embaixo, chega-se a uma outra planície, igualmente bela, chamada Cormosa[2]. Para atravessá-la são mais duas jornadas em que se passa por uma linda ribeira onde se encontram francolins, papagaios e outros pássaros diferentes dos nossos.

1. Título atribuído pelas autoras por motivos didáticos.
2. Toda a região próxima ao estreito de Ormuz, localizado na entrada do Golfo Pérsico, entre Omã (Emirados Árabes) e o Irã.

Passados dois dias, chega-se ao Mar Oceano[3], em cuja orla fica situada a cidade portuária de Ormuz[4]. É aí que chegam da Índia os navios com todas as especiarias e tecidos de ouro, elefantes e muitas outras mercadorias; deste lugar, elas são levadas para o resto do mundo. Esta é uma terra de intenso comércio e também a capital da província. O rei chama-se Iacomat e, sob seu poder, há muitos castelos e cidades. O povo adora Maomé. Se algum mercador estrangeiro morrer por aqui, o soberano fica com todos os seus bens.

Nesta região, a terra é insalubre e faz muito calor. Se não fosse o jardim com muita água, fora da cidade, as pessoas não conseguiriam sobreviver. Por vezes, durante o verão, sopra um vento vindo do lado do deserto, tão quente que se os homens não fugissem para onde há água, não suportariam o calor. Em novembro, começa o tempo das searas, colhidas em março, e assim se faz com todos os frutos; de março para frente não se encontra nenhuma coisa verde sobre a terra, a não ser a palmeira que dura até meados de maio: tudo isso por causa do calor.

Representação de Marco Polo tirada de *Il Milione* (*As viagens de Marco Polo*).

Aqui se fabrica vinho de tâmara e de muitas outras espécies. Quem o bebe sem estar habituado tem de botar tudo fora, pois serve-lhe de purgante; mas faz bem a quem já tem costume, as pessoas do lugar não usam nossos alimentos, porque se comessem grãos e carne ficariam imediatamente doentes; pelo contrário, são saudáveis porque comem peixes salgados e tâmaras, e outras coisas grossas com as quais se dão bem.

Suas embarcações são malfeitas e muito perigosas: em vez de grudadas com piche, são untadas com óleo de peixe, sem pregos, que não utilizam porque não têm ferro. Usam um fio feito a partir de castanha-da-índia, forte como cerda e que se mete na água. Com ele, os barcos são costurados e não se estragam com a água salgada.

Estas embarcações têm uma vela, um mastro e um leme, mas não têm coberta; quando estão carregados, coloca-se uma manta de couro sobre a carga e é por cima dela que se põem os cavalos levados para a Índia. É um grande perigo navegar em tais navios. Quando morre alguém, o povo se põe todo de luto. As mulheres choram seus maridos durante quatro anos, pelo menos uma vez por dia, juntamente com alguns homens e parentes.

Agora, voltaremos para o norte onde estão outras províncias, retornando por um caminho diferente até a cidade de Quirmã, sobre a qual já contei. É que, para as regiões sobre as quais quero vos falar agora, não se pode ir a não ser partindo dali, onde o rei Iacomat é igualmente o soberano.

Ao regressar de Cormosa para Quirmã, passa-se de novo pela bela planície cheia de alimentos, pássaros e frutos e muitos banhos quentes. O pão de grão é amargo para quem não está acostumado por causa da água do mar. Deixemos agora esta região e vamos para o norte: já direi como.

CONY, Carlos Heitor; ALCURE, Lenira (adapt.). *As viagens de Marco Polo*. Rio de Janeiro: Ediouro, 2001.

Página de abertura do livro de Marco Polo, em publicação do século XIX, com o título original (*Il Milione*). Hoje ele é conhecido como *As viagens de Marco Polo*.

3. O termo é empregado várias vezes no relato, em referência às águas do oceano Índico, do Pacífico e dos diversos mares aí compreendidos. Neste trecho, o autor se refere ao mar da Arábia (que é uma parte do oceano Índico), para o qual se abre o Golfo Pérsico, através do estreito de Ormuz.
4. Ormuz, hoje substituído por Bender Abbas, na época um grande centro comercial onde eram trocados animais e pérolas, foi o porto mais importante de acesso à Índia.

Nas linhas do texto

1. Em seu relato, Marco Polo dá informações sobre vários aspectos dos lugares por onde passa.

  a) Como ele descreve a terra e o clima desse lugar? Anote os adjetivos ou expressões que os caracterizam.

  b) Que animais ele observa? Anote os substantivos que designam esses animais.

  c) Que acidentes geográficos da região (como montanhas, rios etc.) ele descreve?

2. Ele também observa os habitantes do local e registra seus hábitos e atividades.

  a) O que ele registra sobre os hábitos alimentares dos moradores da região?

  b) Que atividades profissionais ele observa e descreve?

3. Em dois trechos, o autor se refere aos costumes e às leis do lugar em relação à morte. Anote no caderno:

  a) uma frase em que ele registra uma lei a respeito da morte de pessoas que não são nativas da região;

  b) um trecho que relata um costume dos habitantes do lugar quando alguém morre.

4. Segundo o relato de Marco Polo, o clima da região é difícil e castiga as pessoas. Como os habitantes do local enfrentam essa dificuldade?

5. Depois de fazer várias observações sobre o sistema de transporte dos habitantes, o viajante veneziano afirma:

> "É um grande perigo navegar em tais navios."

Baseado em que fato(s) ele conclui isso?

Nas entrelinhas do texto

1. Releia o quarto parágrafo do texto.

> "Aqui se fabrica vinho de tâmara e de muitas outras espécies. Quem o bebe sem estar habituado tem de botar tudo fora, pois serve-lhe de purgante; mas faz bem a quem já tem costume, as pessoas do lugar não usam nossos alimentos, porque se comessem grãos e carne ficariam imediatamente doentes; pelo contrário, são saudáveis porque comem peixes salgados e tâmaras, e outras coisas grossas com as quais se dão bem."

NÃO DEIXE DE LER

- **As viagens de Marco Polo**, tradução de Carlos Heitor Cony, Ediouro

  Marco Polo tinha 17 anos quando chegou às terras do imperador mongol Kublai Khan. Inteligente e observador, procurou conhecer os recursos naturais e os costumes dos povos que encontrou em suas viagens pelo extremo Oriente. Seu relato revelou aos europeus a riqueza e o desenvolvimento do Oriente.

Tamareira.

SYLVAIN GRANDADAM/EASYPIX

Marco Polo relata alguns costumes do povo do lugar em relação à alimentação: beber vinho de tâmara, não comer grãos nem carne, comer peixes salgados e tâmaras.

a) São costumes parecidos com os dele? Que trecho mostra isso?

b) Anote no caderno a frase que explica adequadamente a atitude de Marco Polo diante desses costumes.

   I. Marco Polo tem uma atitude intolerante e crítica em relação a esses costumes, já que são diferentes dos costumes dele.

   II. Ele tem uma atitude entusiasmada, pois considera os hábitos alimentares desse povo melhores que seus próprios hábitos.

   III. Ele tem uma atitude equilibrada: reconhece que cada povo se alimenta conforme seus costumes e necessidades.

2. Releia estes trechos do relato de Marco Polo e observe o que eles expressam.

"A viagem por esta planície em direção ao sul leva cinco dias."	**Fato** observado pelo autor
"[...] em que se passa por uma linda ribeira [...]."	**Impressão** do autor ao observar a paisagem
"É um grande perigo navegar em tais navios."	**Reflexão** do autor sobre um fato

O que cada um dos trechos a seguir indica: um fato, uma impressão ou uma reflexão?

a) "Ao cabo da quinta jornada, chega-se a uma outra descida de vinte milhas de extensão […]."

b) "No final, embaixo, chega-se a uma outra planície, igualmente bela, chamada Cormosa."

c) "Estas embarcações têm uma vela, um mastro e um leme, mas não têm coberta […]."

d) "[…] as pessoas do lugar não usam nossos alimentos, porque se comessem grãos e carne ficariam imediatamente doentes; pelo contrário, são saudáveis porque comem peixes salgados e tâmaras […]."

3. Leia as afirmações a seguir e anote as que se relacionam diretamente com o texto. No trecho lido, Marco Polo:

a) narra uma história que aconteceu com ele durante sua viagem à China.

b) relata uma parte de sua viagem.

c) registra suas observações e impressões a respeito do que vê.

d) descreve os lugares por onde passou.

e) reclama das dificuldades que encontrou.

A ilustração tirada de manuscrito do século XV mostra Marco Polo ao deixar Veneza, em 1271.

NÃO DEIXE DE LER

• **As viagens de Gulliver**, de Jonathan Swift, adaptação de Clarice Lispector, Rocco

Publicado originalmente em 1726, esse romance conta a história de Lemuel Gulliver, que, no século XVIII, viaja pelo mundo. Depois de sobreviver a um naufrágio, ele é levado pelas ondas até Lilipute, uma ilha habitada por seres minúsculos que se imaginam o centro do universo e vivem em guerra por motivos tão fúteis quanto a forma correta de quebrar um ovo.

Além das linhas do texto

1. Por que as pessoas viajam? Quais podem ser os motivos que levam uma pessoa a viajar?

2. O que se pode aprender em uma viagem?

3. Marco Polo teria vivido na China por dezessete anos e, segundo a tradição, ao voltar, teria ditado as aventuras de sua estada no Oriente a um escritor italiano. Em sua opinião, por que foram registradas por escrito as experiências vividas por ele nessa viagem?

COMO O TEXTO SE ORGANIZA

1. Responda no caderno.

   a) O relato de Marco Polo é feito na primeira pessoa, por um observador que participa dos fatos, ou na terceira pessoa, por um observador que não participa dos fatos relatados?

   b) Comprove sua resposta com uma frase do texto.

   c) Por que um relato de viagem é escrito em primeira pessoa?

   d) Releia estas frases.

   > "Agora, voltaremos para o norte [...]."
   > "É que, para as regiões sobre as quais quero vos falar agora, não se pode ir a não ser partindo dali [...]."
   > "Deixemos agora esta região e vamos para o norte: já direi como."

   Nesses momentos do relato, a quem o autor se dirige?

2. Os dois parágrafos iniciais do texto lido citam o nome dos locais visitados e a duração dos percursos: **planície de Cormosa**, **mar Oceano** (no caso, o mar da Arábia), **Ormuz**, **Índia**, **cinco dias**, **quinta jornada**, **duas jornadas**, **dois dias**. As indicações do tempo decorrido e do local onde um viajante se encontra são referências necessárias em um relato de viagem. Explique por quê.

PETER WIDMANN/EASYPIX

Paisagem no estreito de Ormuz.

3. Com base no estudo do relato de viagem de Marco Polo, leia estas afirmações e anote no caderno as que considera verdadeiras.

a) Quem faz um relato de viagem precisa dar sua opinião sobre o que considera certo ou errado no que observa.

b) O autor do relato não precisa se preocupar em mencionar a extensão dos caminhos percorridos ou o tempo de viagem, pois essas informações não são úteis para ninguém.

c) Um relato de viagem apresenta observações e informações e pode incluir impressões pessoais.

d) As indicações de tempo e espaço do relato permitem que o leitor acompanhe o percurso e possa fazê-lo se o desejar.

RECURSOS LINGUÍSTICOS

1. Releia este trecho.

"A viagem por esta planície em direção ao sul leva cinco dias. Ao cabo da quinta jornada, chega-se a uma outra descida [...]."

Ao cabo de: ao fim de.

Agora veja os significados de **jornada**.

> **jornada.** *s.f.* **1.** trajeto percorrido num dia **2.** caminhada, viagem **3.** duração diária de trabalho **4.** dia assinalado por algum acontecimento ou circunstância notável **5.** esforço para superar obstáculos ou dificuldades.

a) Em qual desses sentidos foi usada a palavra **jornada** no trecho?

b) Que expressão da primeira frase a expressão **quinta jornada** retoma na segunda frase?

2. Releia este trecho do relato.

> Por vezes, durante o verão, sopra um vento vindo do lado do deserto, tão quente que se os homens não fugissem para onde há água, não suportariam o calor. Em novembro, começa o tempo das searas, colhidas em março, e assim se faz com todos os frutos; de março para frente não se encontra nenhuma coisa verde sobre a terra, a não ser a palmeira que dura até meados de maio: tudo isso por causa do calor.

a) Quais são as expressões que indicam tempo nesse trecho? Anote-as no caderno.

b) Por qual palavra ou locução a expressão **por vezes** poderia ser substituída sem alteração de sentido no trecho? Anote-a no caderno.

3. Releia as frases e observe os verbos destacados.

> "[…] as pessoas do lugar não **usam** nossos alimentos […]."
>
> "Suas embarcações **são** malfeitas e muito perigosas […]."
>
> "Por vezes, durante o verão, **sopra** um vento vindo do lado do deserto [...]."

a) As formas verbais destacadas estão no presente, no passado ou no futuro?

b) O uso de verbos nesse tempo, no contexto do relato, indica que Marco Polo está descrevendo ou narrando algo?

4. Observe os adjetivos empregados nestas frases e indique no caderno as respostas corretas.

> "[...] chega-se a uma outra descida de vinte milhas de extensão, por onde é muito **difícil** de se andar [...]."
>
> "[...] chega-se a uma outra planície, igualmente **bela** [...]."
>
> "[...] mais duas jornadas em que se passa por uma **linda** ribeira [...]."

Os adjetivos empregados:

a) caracterizam fielmente a paisagem.

b) ajudam o leitor a imaginar como é a região.

c) revelam a opinião de Marco Polo.

d) não garantem que a paisagem seja como ele a caracteriza.

5. Observe o texto em relação ao uso da pontuação.

a) Que tipo de frase e de ponto predomina?

b) Por que isso acontece?

6. Observe agora as palavras destacadas no fragmento abaixo.

> "Passados dois dias, chega-se ao Mar Oceano, em cuja orla fica situada a cidade portuária de Ormuz. É **aí** que chegam da Índia os navios com todas as especiarias e tecidos de ouro, elefantes e muitas outras mercadorias; **deste lugar**, elas são levadas para o resto do mundo. **Esta** é uma terra de intenso comércio e também a **capital da província**."

A cidade de Ormuz em 1577, segundo figura que aparece no livro *Civitates Orbis Terrarum*, de Georg Braun e Franz Hogenberg, publicado em Colônia (Alemanha).

THE HEBREW UNIVERSITY OF JERUSALEM

a) A que elas se referem no texto?

b) Por que elas foram usadas pelo autor?

c) Quais das expressões abaixo poderiam ser também usadas no lugar das palavras e expressões destacadas? Anote-as no caderno.

esse local	essa cidade
esse país	essa região
esse porto	essa localidade

Quando selecionamos palavras para criar inter-relações em um texto, retomando outras palavras ou ideias mencionadas antes ou para estabelecer relação com o que será dito a seguir, estabelecemos a **coesão** do texto.

7. Releia os fragmentos abaixo em que Marco Polo continua seu relato e descrição.

"Passados dois dias, chega-se ao Mar Oceano, em cuja orla fica situada a cidade portuária de Ormuz."

"Nesta região, a terra é insalubre e faz muito calor."

"Aqui se fabrica vinho de tâmara e de muitas outras espécies.

Marco Polo.

a) Quais são as palavras e expressões que retomam algo que já foi dito anteriormente, estabelecendo a coesão textual?

b) A que se referem essas palavras e expressões?

PARA LEMBRAR

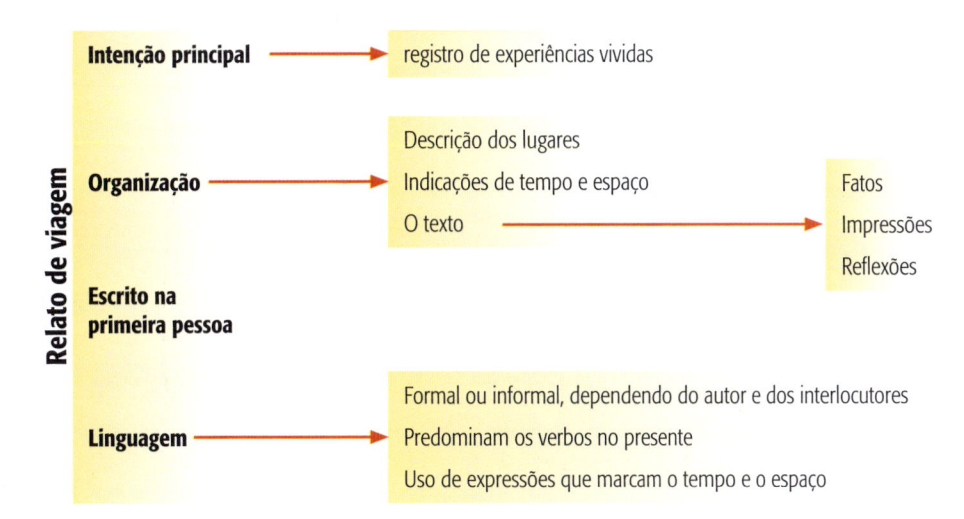

Intenção principal ⟶ registro de experiências vividas

Organização ⟶ Descrição dos lugares
Indicações de tempo e espaço
O texto ⟶ Fatos / Impressões / Reflexões

Escrito na primeira pessoa

Linguagem ⟶ Formal ou informal, dependendo do autor e dos interlocutores
Predominam os verbos no presente
Uso de expressões que marcam o tempo e o espaço

Relato de viagem

RELATO DE VIAGEM VIRTUAL

Atualmente, muitas pessoas publicam em seus blogues textos em que relatam viagens que fazem por lazer, a trabalho ou por outros motivos. Assim como o relato de Marco Polo, esses textos são relatos de viagem. Porém, por serem publicados na internet, têm algumas particularidades, e são chamados de **relatos de viagem virtuais**.

Leia a seguir um trecho de um relato virtual sobre uma viagem ao Jalapão.

Jalapão

Jalapão - roteiro de 4 dias (Abril/14)

RESPONDER	Pesquisar neste tópico

Curtir **COMPARTILHAR** **Tweetar**

por mcm » 06 Mai 2014, 14:23

No fim do ano passado eu detectei que haveria um feriadão de 4 dias garantido (sem forca) em 2014. Sexta-feira Santa mais Tiradentes. Viva! Hora de escolher algum canto para aproveitar! O lugar escolhido acabou sendo o Jalapão Não era a melhor época — eu tinha que a melhor época é a de seca, que começa em maio —, mas era o que eu tinha em mãos. [...]

Nosso guia, o Marcos (Veim), veio nos buscar no hotel dentro do horário combinado. Fomos os primeiros. A maioria da galera estava na Pousada dos Girassóis, que foi onde ficamos quando passamos um fim de semana conhecendo Palmas.

Partimos viagem para Ponte Alta do Tocantins, a primeira parada é tida como cidade-portal do Jalapão. Até lá a estrada é asfaltada. E passa por Taquaruçu, distrito cheio de boas cachoeiras. Estivemos em algumas delas quando visitamos Palmas.

[...]

Enfim, seguimos para o Cânion do Suçuapara, uma formação interessante que fica perto da cidade. É bacana, mas não é muito para se banhar (tem pouca água). Foi também quando me dei conta de que não é necessário andar de tênis pelo Jalapão, chinelos são mais convenientes.

Escrevendo assim, parece que as coisas eram rápidas. Não. Cada deslocamento entre uma atração e outra levava uma razoável quantidade de tempo (eventualmente mais tempo do que curtindo os lugares!). As atrações são distantes e as estradas são bem ruins. Tudo (ou quase) leva tempo!

Achei a Pedra Furada o ponto alto do dia. Um pôr do sol magnífico, uma Pedra belíssima. Um momento único. Faz mais o meu estilo. O acesso à Pedra é sobre areia, carros comuns não passam por ali. Um efeito maneiro do pôr do sol foi ver um lado amarelo e outro vermelho. Cada pôr (e nascer) do sol tem sua beleza, sempre diferente.

[...]

1. Ao compararmos um relato de viagem escrito em livro, como o de Marco Polo, com este relato virtual, que diferenças nos chamam a atenção, mesmo antes de ler o texto?

2. Anote no caderno as afirmações que considerar verdadeiras em relação a outras diferenças entre o relato de Marco Polo e o relato virtual.

Os turistas tinham de pegar o voo de volta ainda naquele dia. <u>Putz</u>, era justamente o que eu queria ter feito, quando planejei a viagem – mas que a Rota da Iguana tinha me dito que não havia como!! <u>Pra</u> piorar, um casal que estava num dos carros não queria mudar a programação (acordar cedo para chegar cedo e tal, num ritmo evidentemente mais corrido), então eles precisavam de uma dupla que se dispusesse a ir. Falaram conosco, mas eu preferia seguir a programação normal. De qualquer forma conseguiram dois voluntários.

<u>Rolaria</u> também um *rafting* no dia seguinte. A Rota da Iguana havia perguntado meses antes, por *e-mail*, se nós queríamos fazer e eu coloquei meu nome. Mas acho que os guias detectaram a nuvem negra que <u>pairava</u> sobre a cabeça da Rota da Iguana naquele feriado e agitaram para que não <u>houvesse</u> *rafting*. Desse modo, chegaríamos mais cedo a Palmas (o que significava entre 19-20h). E isso era fundamental ao menos para o nosso carro, que carecia de uma lanterna. [...]

Disponível em: <http://www.mochileiros.com/jalapao-roteiro-de-4-dias-abril-14-t95989.html>.
Acesso em: 27 mar. 2015.

ANDRE DIB/PULSAR IMAGENS

a) O relato de Marco Polo foi publicado em livro; o relato virtual, em um *site* de viagens.

b) Quanto ao conteúdo, não há diferenças entre relato virtual e relato publicado em livro.

c) O relato virtual apresenta linguagem mais leve e descontraída.

d) O relato virtual não descreve o ambiente nem os costumes do local.

e) A adaptação do relato de Marco Polo tem uma linguagem mais antiga, com termos mais formais e menos usados hoje.

3. Ficamos sabendo quem escreveu esse relato virtual? Por que você acha que isso acontece?

4. Localize e anote no caderno trechos que ilustram cada afirmação feita. Em alguns momentos, o autor do relato virtual:

a) narra aventuras vividas;

b) descreve os locais por onde passa;

c) revela ao leitor suas impressões em relação ao que relata.

Vamos observar a linguagem utilizada no relato virtual. Para isso, primeiro leia os dois fragmentos abaixo. Depois, anote no caderno apenas as afirmações que considerar adequadas.

I. **Rolaria** também um *rafting* no dia seguinte. A Rota da Iguana havia perguntado meses antes, por *e-mail*, se nós queríamos fazer e eu coloquei meu nome. Mas acho que os guias detectaram a nuvem negra que **pairava** sobre a cabeça da Rota da Iguana naquele feriado e agitaram para que não **houvesse** *rafting*.

II. Os turistas tinham de pegar o voo de volta ainda naquele dia. **Putz**, era justamente o que eu queria ter feito, quando planejei a viagem – mas que a Rota da Iguana tinha me dito que não havia como!! **Pra** piorar, um casal que estava num dos carros não queria mudar a programação [...].

a) Nos dois fragmentos, aparece simultaneamente linguagem formal e linguagem informal.

b) Não há nenhuma ocorrência de gíria nesses fragmentos.

c) O uso de palavras como rolaria, putz, pra é exemplo de uma linguagem descontraída, com marcas da linguagem oral.

d) Formas verbais como houvesse, pairava, queríamos são exemplos de uma linguagem mais cuidada, formal.

Atividade de escuta

Ouça a leitura de um texto que seu professor vai apresentar. Após a escuta, responda às questões propostas.

1. O texto que você acabou de ouvir é um outro trecho das aventuras de Marco Polo?

2. Por que o texto levanta dúvidas sobre o relato de Marco Polo?

3. Em seu relato, Marco Polo deixa de comentar fatos e aspectos da cultura chinesa existentes à época. Segundo o texto, quais são as omissões que podem indicar que o viajante veneziano nunca esteve na China?

4. Por que o fato de Marco Polo ter trabalhado para o imperador chinês também é questionado pelos estudiosos?

Quando for responder, lembre-se de:

- Organizar sua fala antes de expô-la aos colegas.
- Levantar a mão para pedir a palavra.
- Ouvir seu professor e seus colegas sem interrompê-los.
- Usar linguagem adequada à situação de sala de aula; evite gírias.

PRODUÇÃO ORAL

RELATO DE VIAGEM

Que tal apresentar oralmente a seus colegas um relato de viagem? Pode ser de uma viagem marcante, de uma excursão, de uma visita a familiares que moram em outra cidade ou de um passeio interessante que tenha feito ultimamente.

ILUSTRAÇÕES: ROGÉRIO BORGES

Planejando o texto

I Individualmente

1. Tente lembrar e anote no caderno alguns dados:

- Quando aconteceu a viagem?
- Qual foi o itinerário seguido para chegar a seu destino?
- Quanto tempo você demorou para chegar?
- Quanto tempo você permaneceu nesse lugar?
- O que chamou sua atenção em relação às pessoas desse lugar? E em relação à paisagem?

Você pode ter essas anotações no momento da apresentação, para lembrar-se de todos os itens.

2. Você guardou folhetos e roteiros de viagem? Tirou fotos? Trouxe algum produto típico? Se for possível, mostre aos colegas esse material no momento do relato.

II Em grupo

- Forme um grupo com quatro ou cinco colegas.
- Em data combinada com a classe, traga suas anotações para apresentar oralmente seu relato aos colegas do grupo e ouça o deles.
- Junto com os colegas, escolha um dos relatos para ser apresentado à classe.

> **Atenção:** O relato não é para ser lido; você pode usar suas anotações no momento da apresentação para ajudá-lo a se lembrar de todos os itens.

Apresentando o relato

1 Para começar, fale o nome do lugar onde esteve e quando foi a viagem. Durante o relato, não se esqueça de empregar palavras e expressões que indiquem tempo e lugar.

2 Relate fatos e apresente suas impressões e reflexões. Termine com uma frase que resuma sua experiência nessa viagem.

3 Use linguagem descontraída, porém não descuidada ou com gíria.

4 Fale calmamente, pronunciando bem as palavras de forma a ser ouvido e entendido por todos. Relaxe e movimente-se um pouco durante seu relato.

Avaliação

Após todas as apresentações, o professor irá dividir a classe em novos grupos para uma avaliação. Analise com seu grupo os seguintes pontos:

- Foi possível conhecer as informações e as impressões do autor sobre o local visitado?
- A sequência do relato teve começo, meio e fim e prendeu a atenção dos ouvintes?
- O colega falou em um tom de voz que todos puderam ouvir?
- A linguagem estava adequada ao gênero e à situação?

Pronome

Conceito

1. Leia este trecho de outro capítulo do relato de Marco Polo.

Kublai Khan (1215-1294) era o imperador na época em que Marco Polo viveu na China.

"São três dias de jornada até Ciandu (Chemenfu), cidade mandada construir pelo Grão-Cã que hoje reina, Kublai Khan. **Ele** fez erguer nesta cidade um palácio de mármore e de outras ricas pedras; com as salas e os quartos todos dourados, o conjunto é extraordinariamente belo."

a) A palavra **ele** estabelece a coesão textual nesse trecho. A quem ela se refere?

b) A que classe gramatical pertence o nome Kublai Khan?

A palavra **ele** foi usada no lugar de um substantivo que já havia aparecido no texto. Palavras como **ele**, que substituem um substantivo, classificam-se como **pronomes**.

2. Leia agora este trecho de uma reportagem sobre o livro de Marco Polo.

Nossa época [época em que viveu Marco Polo], destacam-se as cidades do norte da Itália, entre as quais Veneza, centro do comércio europeu com o Oriente, onde o **nosso** herói nasceu. **Seu** pai Nicolò, e **seu** tio, Maffeo, tinham feito uma viagem à terra de Kublai Khan extremamente bem-sucedida. Ao retornarem à Ásia, alguns anos depois, levam o jovem Marco, de 17 anos. Com olhos deslumbrados, algumas vezes bem abertos, outras nem tanto, ele descreve as maravilhas e curiosidades dos lugares onde passou [...].

BARROS, Maria Clara V. Revista *Galileu*. São Paulo, Globo: fev. 2007.

a) As palavras **nosso** e **seu** também são pronomes que, nesse trecho, são igualmente responsáveis pela coesão textual. A quem elas se referem nesse contexto?

b) Que palavras esses pronomes acompanham?

c) Como se classificam gramaticalmente as palavras acompanhadas por esses pronomes?

Os pronomes têm duas funções: acompanhar ou substituir os substantivos. Veja.

→ acompanha o substantivo **mãe**

Nossa mãe sabia que o barco era seguro e que poderia levar toda a nossa família.

substitui e retoma o substantivo **Kublai Khan** ←

[...] Grão-Cã que hoje reina, Kublai Khan. **Ele** fez erguer nesta cidade um palácio de mármore e de outras ricas pedras [...].

> **Atenção:** Uma das principais características dos pronomes é a capacidade de indicar, apontar ou retomar nomes de pessoas, seres vivos, objetos, lugares, situações ou informação já mencionados anteriormente, substituindo-os em um texto.

REFLEXÃO SOBRE A LÍNGUA

3. Leia agora esta tira, em que há duas pessoas falando sobre uma terceira.

CEDRAZ, Antônio. Disponível em: <http://www.xaxado.com.br/quadrinhos/tiras.html>. Acesso em: 3 nov. 2010.

a) O que você observa na fala da personagem Zé no terceiro quadrinho?

b) No primeiro quadrinho, a menina é a pessoa que fala. Que pronome ela emprega para se referir a si mesma?

c) No segundo balão, a menina refere-se a sua priminha. Que pronome ela usa para referir-se a essa pessoa?

d) No terceiro balão, ao se dirigir à menina para reclamar, que pronome a personagem Zé emprega?

e) O que expressam os pontos de exclamação e de interrogação nessa fala da personagem?

f) Na tira, há mais uma frase em que é usada uma forma verbal referente à segunda pessoa do discurso e que explica o motivo de Zé estar com o rosto machucado. Qual é essa frase?

> O pronome **tu**, usado para se referir à segunda pessoa do discurso, é mais usado nas regiões Sul e Nordeste. Em outras regiões, em vez de **tu**, costuma-se empregar a palavra **você**.

Em qualquer situação de comunicação, existe uma pessoa que fala e outra pessoa com quem ela fala. Pode ainda haver uma terceira pessoa, aquela de quem se fala. Nos estudos linguísticos, elas são chamadas de **pessoas do discurso**.

- **primeira pessoa** do discurso: quem fala;

- **segunda pessoa** do discurso: com quem se fala;

- **terceira pessoa** do discurso: aquele ou aquilo de que se fala.

Você deve ter percebido, nas atividades anteriores, que os pronomes sempre se referem a uma dessas três pessoas. Por exemplo: **eu**, **meu**, **minha** são pronomes da primeira pessoa (a que fala); **tu**, **teu**, **tuas** são da segunda pessoa (aquela com quem se fala); **ele**, **elas**, **suas** são da terceira pessoa (de quem se fala).

> **Pronomes** são palavras que acompanham ou substituem um substantivo, retomando-o no texto. Quando substituem um nome (ou seja, um substantivo), são chamados de **pronomes substantivos**. Quando o acompanham, são chamados de **pronomes adjetivos**.

Pronomes pessoais

1. Leia a tira.

LAERTE. Disponível em: <http://www2.uol.com.br/laerte/tiras/dia-a-dia/imoveis/tira19.gif>. Acesso em: 15 jun. 2011.

a) Quando a personagem menciona a maquete de uma casa de campo, que expectativa cria em seu interlocutor e no leitor?

b) O que acontece realmente?

c) Em sua fala, que pronomes a personagem emprega para se referir a si mesma e a seu interlocutor? E para se referir à maquete?

> Pronomes como os empregados na tira acima, que têm a função específica de substituir as pessoas do discurso, são chamados de **pronomes pessoais**.

2. Leia a tira.

SCHULZ, Charles. *Snoopy*. Jornal *O Estado de S. Paulo*, 27 de fevereiro de 2011, Caderno 2, p. 8.

a) No primeiro quadrinho, a quem se refere o pronome pessoal **ele** no diálogo entre as personagens?

b) O pronome da primeira pessoa **eu** e a palavra **você**, empregada em vez do pronome da segunda pessoa **tu** no segundo quadrinho, substituem ou retomam alguma palavra nos diálogos da tira? Por que isso acontece?

3. Leia este trecho de um conto em que uma das personagens, Raimundo, é filho do professor. A cena se passa em uma sala de aula.

> Na verdade, o mestre fitava-nos. Como era mais severo para o filho, buscava-o muitas vezes com os olhos, para trazê-lo mais aperreado. Mas nós também éramos finos; metemos o nariz no livro e continuamos a ler. [...]
>
> No fim de algum tempo — dez ou doze minutos — Raimundo meteu a mão no bolso das calças e olhou para mim.
>
> — Sabe o que tenho aqui?
>
> — Não.
>
> — Uma pratinha que mamãe me deu.
>
> — Hoje?
>
> — Não, no outro dia, quando fiz anos...
>
> — Pratinha de verdade?
>
> — De verdade.
>
> [...]

ASSIS, Machado de. Conto de escola. In: _____ et al. *A palavra é... escola*. São Paulo: Scipione, 1992.

a) A narrativa é em primeira pessoa. Quem narra a cena: um observador ou uma das personagens?

b) Que palavras do trecho comprovam isso?

c) Releia:

> "Como era mais severo para o filho, buscava-**o** muitas vezes com os olhos, para trazê-lo mais aperreado."

d) A que substantivo se refere o termo destacado?

Em **buscava-o**, a palavra **o** está no lugar de um substantivo, substituindo-o e fazendo referência a uma das personagens na cena. A palavra **o** também é um pronome pessoal e se refere à terceira pessoa do discurso (aquela de quem se fala).

4. Leia este provérbio.

> Cada qual canta como lhe ajuda a garganta.

a) A frase que traduz melhor esse provérbio é:

I. Cada pessoa canta sem a ajuda de sua garganta.

II. Cada pessoa canta como a garganta ajuda a ela.

III. Cada pessoa canta como a garganta ajuda a você.

b) Nesse provérbio, a palavra **lhe** corresponde a que expressão?

A palavra **lhe** é um pronome pessoal e se refere à terceira pessoa do discurso.

5. Leia o trecho inicial desta canção.

Quero lhe dizer adeus
Meu amor eu vou partir
Quero lhe dizer adeus
Já não posso resistir
Vivendo ausente dos olhos seus

Com a alma dolorida
Seguirei o meu caminho
Vivendo nesse abandono
Sem seu amor e seus carinhos
[...]

MEIRINHO e DORINHO. Disponível em: <http://letras.terra.com.br/chitaozinho-xororo/1557518/>. Acesso em: 28 mar. 2015.

a) Do que fala a letra da canção?

b) Quais são os pronomes referentes ao eu poético? Com quem ele fala?

c) A quem se refere o pronome **lhe** no verso "Quero lhe dizer adeus"?

d) Anote no caderno a frase que corresponde ao verso "Quero lhe dizer adeus".

> I. Quero dizer adeus a ela.
>
> II. Quero dizer adeus a você.
>
> III. Quero dizer meu adeus.

> **Eu poético** é a voz que fala no poema, da mesma forma em que há a voz de um narrador em fábulas, por exemplo.

6. Leia estas avaliações feitas por viajantes sobre alguns locais onde estiveram.

I.

"Oásis na selva de pedra"

Avaliou em dezembro 2, 2013

A praça é alegre, possui coretos dos tempos áureos da borracha, e os laguinhos recebem a visita de garças, que para lá se dirigem. À noite, **elas** costumam se abrigar nas mangueiras para dormir. Local ideal para passear também com crianças.

Disponível em: <http://www.tripadvisor.com.br/ShowUserReviews-g303404-d4891688-r187160921-Praca_Batista_Campos-Belem_State_of_Para.html>. Acesso em: 21 jan. 2015.

Praça Batista Campos, Belém, PA.

II.

"Belíssima"

Avaliou em março 3, 2014

Foi para mim meu quintal. Cresci nela, joguei bola, me diverti, namorei etc... Amo esta praça, ela faz parte da minha história de vida, para **mim** é a mais bonita do Brasil.

Disponível em: <http://www.tripadvisor.com.br/ShowUserReviews-g303404-d4891688-r195974310-Praca_Batista_Campos_Belem_State_of_Para.html>. Acesso em: 21 jan. 2015.

III.

"Passeio tranquilo com muitos restaurantes..."

Avaliou em agosto 9, 2013

Sem dúvida o passeio na Rua das Pedras é maravilhoso, você poderá escolher entre os diversos restaurantes qual deles **lhe** agrada mais. A rua é bem arborizada e tem muita gente bonita passeando por lá.

Disponível em: <http://www.tripadvisor.com.br/ShowUserReviews-g303492-d312113-r171465634-Rua_das_Pedras_Buzios_State_of_Rio_de_Janeiro.html>. Acesso em: 21 jan. 2015.

a) Sobre quais lugares são feitas as avaliações?

b) A quem se referem os pronomes destacados em cada trecho?

7. Leia mais esta avaliação.

"Praça charmosa"

Avaliou em novembro 18, 2013

Estive em águas de Lindoia há pouco tempo, entre muitos lugares bonitos esta praça nos encantou. Ótimo lugar para ler um bom livro, relaxar e ainda por cima tirar boas fotos. Em todas as partes da praça o que não falta é charme. Passando por Águas de Lindoia não deixe de conhecer.

Disponível em: <http://www.tripadvisor.com.br/ShowUserReviews-g1598551-d2426008-r185072888-Balneario_Municipal_De_Aguas_De_Lindoia-Aguas_de_Lindoia_State_of_Sao_Paulo.html>. Acesso em: 21 jan. 2015.

a) Identifique o momento em que ocorre a passagem do uso da primeira pessoa do singular (eu) para a primeira pessoa do plural (nós).

b) Em sua opinião, por que ocorreu essa mudança no uso do pronome, feita pelo autor da avaliação?

> Os pronomes que têm a função específica de designar as pessoas do discurso são chamados de **pronomes pessoais**. Eles se dividem em **retos** e **oblíquos**.

pronome oblíquo que se refere à 1ª pessoa

Foi para **mim** meu quintal.

pronome reto: substitui a 3ª pessoa

À noite **elas** costumam se abrigar [...]

8. Veja o cartaz que anuncia um concerto realizado no município Ponte de Lima, em Portugal.

a) No título do espetáculo, "Canção para vós", aparece o pronome **vós**, usado no português de Portugal, mas raramente empregado no Brasil. A quem se refere esse pronome?

b) Se esse cartaz fosse produzido no Brasil, como, provavelmente, seria o título do concerto?

c) Observe a foto. O que as pessoas estão fazendo?

d) Considerando apenas o som das palavras **canção para vós** (sem levar em conta a grafia da palavra **vós**), podemos entender essa expressão de duas maneiras. Quais?

GABINETE DE COMUNICAÇÃO DO MUNICÍPIO DE PONTE DE LIMA

9. Leia a tira.

ZIRALDO. *As melhores tiras do Menino Maluquinho*. São Paulo: Melhoramentos, 2000. p. 32.

a) De onde provém o humor da tira?

b) No português do Brasil, a expressão **a gente** é empregada frequentemente no lugar do pronome pessoal **nós**, da primeira pessoa do plural. Na tira, em que pessoa é empregado o verbo com essa expressão?

Pronomes de tratamento

1. Em uma conversa, os interlocutores podem se dirigir um ao outro de diferentes formas. Leia o diálogo neste trecho da crônica "O lixo".

Encontram-se na área de serviço. Cada um com seu pacote de lixo. É a primeira vez que se falam.

— Bom dia...

— Bom dia.

[...]

— Desculpe a minha indiscrição, mas tenho visto o seu lixo...

— O meu quê?

— O seu lixo.

— Ah...

— Reparei que nunca é muito. Sua família deve ser pequena...

— Na verdade sou só eu.

— Mmmm. Notei também que o senhor usa muita comida em lata.

— É que eu tenho que fazer minha própria comida. E como não sei cozinhar...

— Entendo.

— A senhora também...

— Me chame de você.

[...]

VERISSIMO, Luís Fernando. *Comédias da vida privada*. Porto Alegre: L&PM, 1996.

a) Pelas informações dadas ao longo do texto, o que o leitor pode deduzir sobre as personagens e o local onde estão?

b) Quais são as formas de tratamento que aparecem no texto?

c) Nessa situação, a escolha das formas **o senhor** e **a senhora** que as personagens usam inicialmente indica que:

  I. ambos são pessoas idosas, que só usam esse tipo de tratamento.

  II. eles não sabem os respectivos nomes.

  III. eles se tratam com formalidade, pois não têm intimidade.

As expressões **o senhor** e **a senhora**, quando são usadas como no texto, são chamadas de **pronomes de tratamento**.

> **Pronomes de tratamento** são aqueles que os interlocutores usam para dirigirem-se um ao outro em uma situação de comunicação.

Veja o quadro com alguns dos pronomes de tratamento mais usados.

Pronome de tratamento	Uso
o senhor, a senhora	Entre interlocutores que não se conhecem ou com pessoas mais velhas, em sinal de respeito.
você	Entre interlocutores que se tratam com familiaridade.
Vossa Excelência, Excelentíssimo	Para autoridades: prefeitos, senadores, presidente da República.

2. Que pronome de tratamento você deve usar ao escrever:

a) uma carta de solicitação ao diretor de sua escola?

b) uma carta de reclamação ao prefeito de sua cidade?

c) uma carta de solicitação ao redator de uma revista?

3. Leia esta notícia sobre a apresentação de uma peça teatral.

Peça "Sua Excelência, O Candidato" será apresentada em Pitangueiras na próxima terça-feira (11)

Apresentação gratuita conta com o apoio da Usina Viralcool e do Programa de Ação Cultural (PROAC)

Com o objetivo de disseminar a cultura e o encantamento da arte cênica para crianças e adultos, a Prefeitura de Pitangueiras, com o apoio da Usina Viralcool e do Programa de Ação Cultural (PROAC), traz para a cidade mais uma apresentação teatral, o espetáculo "Sua Excelência, O Candidato". A peça, que tem classificação 14 anos, será apresentada no dia 11 de junho, terça-feira, na Associação Atlética de Pitangueiras, às 20h, com entrada gratuita.

Disponível em: <http://pitangueiras.sp.gov.br/index.php?xvar=noticias&id_noticia=280>. Acesso em: 21 jan. 2015.

No título da peça, é empregado um pronome de tratamento para fazer referência a uma autoridade. Que autoridade poderia ser essa? Se necessário, consulte um dicionário.

1. Nesta tira, Susanita e Mafalda conversam.

QUINO. *Mafalda 9*. São Paulo: Martins Fontes, 2002.

a) As personagens conversam sobre "pertencer à sociedade". O que significa essa expressão?

b) A quem Susanita se refere quando fala da sociedade "que tem a faca e o queijo na mão"?

c) A quem se refere o pronome **eu**, na primeira fala de Susanita?

d) A quem se refere o pronome **você**, no segundo quadrinho?

e) Mafalda usa duas vezes o pronome **nós** (da primeira pessoa do plural). No contexto dessa tira, esse pronome se refere somente às duas meninas? Explique.

2. Você gosta de <mark>quadrinhas</mark>? Leia esta.

> Não sei que grande tristeza
> Me fez só gostar de ti
> Quando já tinha certeza
> De te amar porque te vi.

> PESSOA, Fernando. *Quadras ao gosto popular*. Porto Alegre: L&PM, 2008.

> **Quadrinhas** são estrofes de quatro versos.

a) De que fala a quadrinha: separação, amor ou saudade?

b) Nestes versos, há um alguém que fala e um alguém com quem se fala. Quem são essas pessoas?

c) Quais são os pronomes pessoais que se referem a essas pessoas?

3. Leia a piada.

> Você percebe que está ficando muito tempo em frente ao computador quando uma mosca pousa no monitor e você tenta matá-la com a setinha do *mouse*.

> Disponível em: <http://www.piadasnet.com/piada391criancas.htm>. Acesso em: 8 mar. 2015.

a) Você acha que a situação descrita na anedota poderia acontecer na realidade?

b) O humor de uma piada pode ser criado por vários recursos. Qual destes recursos é responsável por tornar a frase engraçada?

I. falta de lógica

II. ironia

III. exagero

IV. desprezo

c) A quem se refere o pronome **você**?

d) Que pronome pessoal oblíquo aparece no texto dessa piada?

e) A quem esse pronome se refere?

4. Leia a fábula do macaco e do peixe, recontada pelo escritor africano Mia Couto, de Moçambique.

Um macaco passeava-se à beira de um rio, quando viu um peixe dentro da água. Como não conhecia aquele animal, pensou que estava a afogar-se. Conseguiu apanhá-lo e ficou muito contente quando o viu aos pulos, preso nos seus dedos, achando que aqueles saltos eram sinais de uma grande alegria por ter sido salvo. Pouco depois, quando o peixe parou de se mexer e o macaco percebeu que estava morto, comentou — "Que pena eu não ter chegado mais cedo!".

COUTO, Mia, em entrevista a Maria João Seixas. Revista *Pública*. Lisboa, 2 fev. 2000.

a) Teria sido bom para o peixe se o macaco tivesse chegado mais cedo? Por quê?

b) O macaco percebeu seu engano? Explique.

c) Na primeira frase, as personagens são apresentadas.

"Um macaco passeava-se à beira de um rio, quando viu **um peixe** dentro da água."

Na sequência do texto, que pronome pessoal faz referência ao macaco?

d) Na frase "Conseguiu apanhá-**lo** e ficou muito contente quando **o** viu aos pulos", a coesão textual é estabelecida pelos pronomes destacados. A quem eles se referem?

e) Dos pronomes identificados nos itens **c** e **d**, quais são substantivos, isto é, substituem um nome?

WATTERSON, Bill. *Calvin & Haroldo*. O Estado de S. Paulo, 20 maio 2008.

WALKER, Mort. *Recruta Zero*. O Estado de S. Paulo, 4 mar. 2005.

5. Leia estas duas tiras. Observe o emprego dos pronomes pessoais.

a) Na primeira tira, qual é o problema do garoto Calvin?

b) Se acidentes podem acontecer com qualquer um, que motivo o pai de Calvin teria para "dar um ataque", ou seja, ficar zangado com o menino?

c) Na segunda tira, qual é o problema do recruta Zero?

d) Pelo que acontece na tira, percebemos que o recruta Zero "deixa" o sargento pensar que é mais forte que ele? Ou o sargento é realmente mais forte?

6. Observe o uso dos pronomes oblíquos nas tiras anteriores e responda.

a) Na primeira tira, a que se refere o pronome **eles** na frase "Eu deixei eles caírem"?

b) Na segunda tira, a quem se refere o pronome **o** na frase "Eu o deixo pensar que manda em mim!"?

7. Observe o uso do pronome em "Eu **o** deixo pensar que manda em mim". Você usa o pronome **o** em frases como essa quando está conversando com seus amigos? E em outras situações?

8. Compare:

I. "Eu o deixo pensar que manda em mim."

II. "Eu deixei eles caírem."

Qual das frases tem linguagem formal?

9. O texto a seguir foi tirado de uma notícia. A expressão destacada, mesmo não sendo um pronome, tem a função de um pronome no texto. Veja.

"Tivemos tropeços bobos e torcer é o que nos resta. Tivemos aquela sequência de sete jogos sem ganhar, o que atrapalhou. Mas depois disso **a gente** se manteve. Voltamos a depender só da gente depois da vitória sobre o Cruzeiro, mas o empate contra o Vitória doeu", lembrou o goleiro, referindo-se ao empate que custou a liderança do time.

Folha de S.Paulo, 1º dez. 2010.

a) Reescreva no caderno a terceira frase desse texto trocando **a gente** por **nós**. Faça as adaptações necessárias.

b) Reescreva as frases a seguir no caderno, fazendo a mesma substituição.

I. A gente ficou completamente sem fala diante da grande Muralha da China. (Relato de viagem publicado em uma revista para adultos)

II. A gente está escrevendo esta carta para pedir mais lixeiras nos corredores. (Carta ao diretor da escola.)

c) A substituição da expressão **a gente** pelo pronome **nós** tornou essas duas frases mais formais ou mais informais?

1. Leia esta tira.

DAVIS, Jim. *Garfield*. Porto Alegre: L&PM, 2010. v. 10: O rei da preguiça.

a) Ao oferecer uma lasanha a Garfield, qual a intenção de Jon?

b) A que se refere a partícula -**la** em **comê-la**?

c) Observe.

comer + **a** = comê-**la**

o pronome **a** sofre modificação após verbos terminados em **r**

O que aconteceu com o verbo comer no encontro com o pronome a?

d) O que aconteceu com o pronome **a**?

e) Quais são as outras ocorrências semelhantes a essa na tira? A quem os pronomes se referem?

> Os pronomes **o**, **a**, **os**, **as**, quando vêm após verbos terminados com **-r**, passam a **-lo**, **-la**, **-los**, **-las**. Exemplo: Garfield não quer ir ao veterinário, mas Jon vai **levá-lo**.

2. Leia esta sugestão de passeio em Natal (RN), publicada na internet, e o comentário de um internauta.

Farol de Mãe Luísa (Farol Natal)

Do alto de seus 37 metros de altura, acessíveis por uma escadaria em espiral de 151 degraus (aberta aos domingos, das 14h às 17h), o farol descortina uma das mais belas vistas da praia da Areia Preta, permitindo ainda vislumbrar as praias de Genipabu e Ponta Negra. [...]

Dicas de quem já esteve lá

Infelizmente não consegui ir visitar o farol, pois ele não está mais aberto a visitação. O que dá para fazer é parar na rodovia e admirá-lo.

Carlos

36 anos

Esteve lá em ago./2010

Foi com a família

Satisfação: ⭐⭐⭐☆☆

Disponível em: <http://www.feriasbrasil.com.br/rn/natal/faroldemaeluizafarolnatal.cfm>. Acesso em: 27 mar. 2015

O farol de Mãe Luísa, em Natal (RN).

a) Compare a forma como o internauta escreveu com outra maneira de construir a frase.

"[...] parar na rodovia e admirá-lo."
Parar na rodovia e admirar ele.

b) Qual dos dois usos é mais comum na fala do dia a dia?

c) Em um relato de viagem publicado em uma revista impressa de circulação nacional, qual das duas formas seria mais adequada?

3. Releia este trecho do relato de Marco Polo.

"No final, embaixo, chega-se a uma outra planície, igualmente bela, chamada Cormosa. Para atravessá-**la** são mais duas jornadas [...]."

Compare-o a este texto, em que o pronome -**la** foi substituído pela expressão destacada.

No final, chega-se a uma outra planície, igualmente bela, chamada Cormosa. Para atravessar **essa planície**, são mais duas jornadas.

a) Em qual dos trechos há mais economia de palavras?

b) Reescreva no caderno a segunda oração de cada trecho a seguir, substituindo a expressão destacada por um pronome pessoal. Faça as adaptações necessárias.

I. Marco Polo quis registrar **suas viagens**. Resolveu ditar **suas aventuras** a um escritor profissional.

II. Rustichello de Pisa ouviu **o relato do veneziano**. Conseguiu registrar **o relato do veneziano** para a posteridade.

[...] De acordo com a coordenadora do GEEB (Grupo de Estudos sobre Educação Bilíngue) da PUC-São Paulo, Fernanda Liberali, o intercâmbio para crianças pode ser uma boa oportunidade de aprendizado. [...].

Mas a presença dos pais, de acordo com ela, pode prejudicar o aprendizado de autonomia que se busca ao mandar um filho para uma vivência no exterior, diz.

[...] "Não adianta ir com a criança, mas não deixá-**la** sair das vistas porque o pai não tem segurança. É melhor nem deixar a criança viajar", afirma a professora. [...]

BERDINELLI, Talita. Disponível em: <http://www1.folha.uol.com.br/cotidiano/976970-pais-podem-prejudicar-autonomia-do-intercambio-diz-especialista.shtml>. Acesso em: 27 mar. 2015.

4. Leia este trecho de uma reportagem sobre benefícios das viagens de intercâmbio para o exterior.

a) No último parágrafo do trecho, a quem se refere o pronome -**la**?

b) Em "É melhor nem deixar a criança viajar", poderia ter sido usado um pronome oblíquo no lugar de **a criança**? Como essa frase ficaria?

c) Por que, provavelmente, optou-se por não trocar a expressão por pronome, nesse caso?

LEITURA 2

ANTES DE LER

1. Você gostou dos relatos de viagem lidos nesta unidade? Um fala de lugares distantes e o outro, de um lugar de nosso país. Se ganhasse uma viagem, para que lugar do mundo você gostaria de ir?

2. A Antártica é um continente localizado no polo Sul. Você conhece algo mais a respeito desse lugar? Conte a seus colegas.

3. Você gostaria de passar as férias lá? Por quê?

O relato de viagem que você vai ler agora foi escrito por pessoas com idades muito próximas da sua. Em Férias na Antártica, três meninas – Tamara e Laura Klink, gêmeas de 13 anos, e Marininha, a irmã caçula de 10 anos – contam as aventuras vividas por elas na Antártica. Filhas do navegador e escritor Amyr Klink, que já deu a volta ao mundo em um barco, elas já viajaram para o continente antártico cinco vezes e reuniram suas anotações e desenhos, feitos em diários e cadernos, para compor esse relato, em que falam do dia a dia no contato com a natureza e das tarefas familiares no barco do pai durante a viagem.

Férias na Antártica

Nascemos numa família que gosta de viajar de barco, e muito. Crescemos enquanto nosso pai construía um novo veleiro, o *Paratii 2*. Pessoas que nunca tinham visto um barco antes também participaram da sua construção, que aconteceu devagar, longe do mar e com muito esforço. Quando ficou pronto, tornou-se famoso pelas viagens que fez e por ser um dos barcos mais modernos do mundo. Nossa mãe sabia que o barco era seguro e que poderia levar toda a nossa família. Então pediu para irmos todos juntos numa próxima vez e nosso pai concordou! Ficamos felizes porque, finalmente, não ficaríamos na areia da praia dando tchau. [...]

Se o Drake não existisse

Uma parte inesquecível dessa viagem é a travessia do Drake. O encontro das águas do oceano Pacífico com o Atlântico deixa o mar muito instável, e nossos estômagos ficam bastante remexidos. Não dá vontade de fazer nada... Ficar na cama o dia inteiro é a melhor opção. Ficamos dois ou três dias sem comer, só tomando líquidos, e mesmo assim em pouca quantidade. Mas isso é bom porque ficamos com menos vontade de ir ao banheiro. Levantar da cama com o barco chacoalhando de um lado pro outro não é uma das coisas mais fáceis de se fazer!

E banho? Se você acha que ficamos livres dele todos esses dias, acertou! Num clima tão frio e seco, quase não transpiramos e todo mundo acaba dando férias para o chuveiro. E o melhor é que ninguém reclama... Sorte de quem não se sente mal e consegue ficar no convés do barco admirando o voo dos pássaros que nos acompanham durante quase toda a travessia. São petréis gigantes e albatrozes que, por gostar de voar com vento forte, planam alto no céu e rente ao mar. As pequenas pombas--do-cabo, curiosas, seguem-nos o tempo todo, mesmo quando não tem vento.

Chegamos?

Quando deixamos a América do Sul rumo à Antártica, passamos pelo extremo sul do continente americano, o famoso Cabo Horn. A partir dali, navegamos pelo Estreito de Drake. Com muito mar pela frente, estamos sempre acompanhados por muitas aves marinhas, principalmente petréis e albatrozes. Conforme nos aproximamos da Antártica, a água vai esfriando, ficando mais densa e o alimento começa a ficar mais concentrado, atraindo um número maior de animais. É como se entrássemos num enorme carrossel de animais e *icebergs* que flutuam em volta do continente antártico. Esse cinturão azul que abraça o continente é chamado de Convergência Antártica. Ali sabemos que estamos mais perto do nosso destino do que de casa, e temos a sensação de que a viagem dos nossos sonhos está acontecendo.

Formações de gelo na Antártica.

Depois de cruzarmos o Drake – que é a parte chata porque todo mundo passa mal no barco –, nossa ansiedade aumenta ainda mais. Alguns sinais indicam que finalmente estamos chegando: não vemos mais albatrozes no céu, sentimos o vento gelado no rosto e não dá mais para ir do lado de fora sem luvas e gorros. Começamos a ver grupos de pinguins saltando para fora da água e focas se exibindo no mar.

Quando nosso pai diz que já é possível encontrar um *iceberg* no caminho, a gente fica mais tempo do lado de fora do barco fazendo companhia para ele no frio. Achamos que ele gosta de sentir frio. Nós gostamos só um pouquinho e logo queremos voltar para o calor da cabine. Mas como esse é um momento especial, temos um combinado no barco: quem avistar o primeiro *iceberg* da viagem ganha um prêmio. Assim a gente sente coragem de ficar mais tempo no frio!

Os incríveis *icebergs*

Quanto mais nos aproximamos da Antártica, maior é o número de *icebergs*. Eles vão surgindo, com formatos e tamanhos diferentes. O que varia bastante também são as cores. É, as cores! Dependendo da posição do Sol, das condições climáticas do dia, do tamanho do *iceberg*, da largura da parede de gelo, da densidade e de outros elementos, um *iceberg* pode ser muito diferente do outro.

Mesmo de longe, eles são muito diferentes. Não são apenas blocos de gelo. Cada um é único. São tons de branco, cinza, azul e verde muito diferentes dos que estamos acostumados a ver no Brasil. Leva um tempo pra gente se acostumar. A água vai batendo pouco a pouco no *iceberg* e o gelo vai se moldando, sendo esculpido em pontas, rampas, pequenas piscinas e cavernas. Formam-se até pontas de gelo que lembram estalactites, que a gente pode pegar com as mãos e brincar de "picolés de gelo"!

Muita gente conhece a frase "isso é apenas a ponta do *iceberg*", que usamos para dizer que tem muito mais do que parece em alguma coisa. Isso acontece porque a parte do *iceberg* que está acima do mar corresponde a apenas 30% do seu total; o resto está submerso. Esse fato também é conhecido, mas ver *icebergs* ao vivo nos leva a pensar em coisas que nem todo mundo pensa: quando um *iceberg* derrete, ele vai subindo ou capota e mostra a parte que estava debaixo d'água?

KLINK, Laura, Tamara e Marininha. *Férias na Antártica*. São Paulo: Grão, 2010.

Laura, Tamara e Marininha Klink na Antártica.

1. As autoras demonstram grande orgulho pelo barco do pai. Com que adjetivos o caracterizam?

2. Releia.

> "[...] finalmente, não ficaríamos na areia da praia dando tchau."

Como você entende essa frase?

3. Observe a localização da passagem Drake na imagem do globo terrestre.

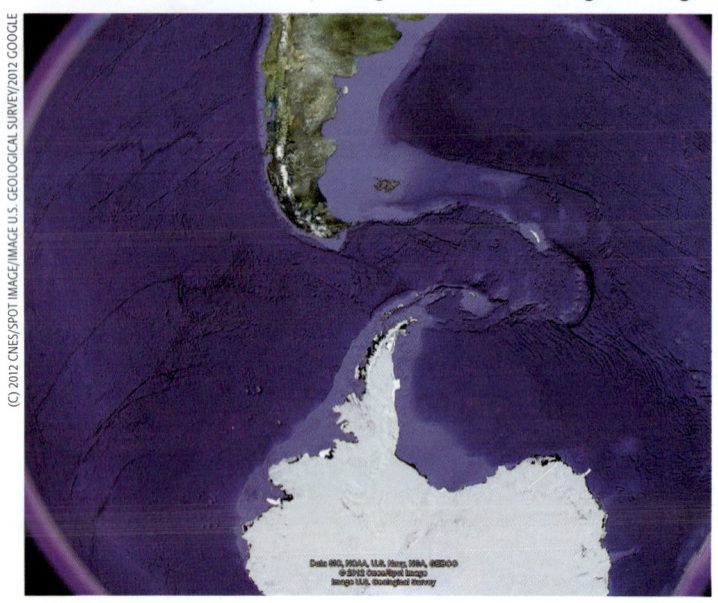

(C) 2012 CNES/SPOT IMAGE/IMAGE U.S. GEOLOGICAL SURVEY/2012 GOOGLE

Antártica

A Antártica, continente localizado no polo Sul, tem uma área de 14 milhões de km². Devido às baixas temperaturas e aos ventos de mais de 100 km/h, a região permanece coberta de gelo o ano todo. Na Antártica não mora ninguém, mas equipes de cientistas de alguns países passam o verão na região, dedicando-se a pesquisas. Os únicos habitantes permanentes do continente são os pinguins, as focas e as baleias. A menor temperatura do planeta de que se tem notícia foi registrada na Antártica, −98 °C.

A passagem de Drake ou Estreito de Drake fica entre a extremidade sul da América do Sul e a Antártica. Tem 650 km de extensão e é conhecida como a região com as piores condições meteorológicas do mundo.

a) Por que as garotas afirmam que a travessia da passagem Drake é uma parte inesquecível da viagem?

b) O que elas fazem nesses dias? Na opinião delas, o que há de bom nessa travessia?

4. A chegada ao continente antártico é prenunciada por sinais que a própria natureza se encarrega de oferecer.

a) Quais são esses sinais?

b) Qual é a relação desses sinais com a região antártica?

5. Todo relato de viagem é feito na primeira pessoa.

a) Este relato também é feito na primeira pessoa, mas há uma diferença em relação aos outros relatos que você leu nesta unidade. Qual é essa diferença?

b) Há momentos em que as autoras dirigem-se diretamente ao leitor. Anote uma frase que comprove essa afirmação.

c) Que sinais de pontuação são usados nesses momentos? Que efeito você acha que esses sinais criam?

NÃO DEIXE DE ACESSAR

• **http://www.amyrklink.com.br/**

Site de Amyr Klink em que há fotos e relatos de diversas aventuras do navegador paulistano. Entre elas a viagem de circum-navegação do continente Antártico: 79 dias enfrentando sozinho os mares mais temperamentais do planeta e muitos *icebergs*.

FÁBIO GUINALZ/FOTOARENA

6. Releia estes trechos. Para cada frase, escreva no caderno se trata-se do registro de um fato ou de uma impressão.

a) "Conforme nos aproximamos da Antártica, a água vai esfriando, ficando mais densa e o alimento começa a ficar mais concentrado, atraindo um número maior de animais."

b) "É como se entrássemos num enorme carrossel de animais e *icebergs* que flutuam em volta do continente antártico."

c) "Esse cinturão azul que abraça o continente é chamado de Convergência Antártica."

d) "Ali sabemos que estamos mais perto do nosso destino do que de casa [...]."

e) "[...] e temos a sensação de que a viagem dos nossos sonhos está acontecendo."

7. Destas marcas do gênero relato de viagem, anote no caderno as que aparecem no relato das três irmãs.

a) identificação de lugares

b) indicações precisas do tempo transcorrido

c) descrição de lugares

d) impressões sobre as pessoas e a cultura do local visitado

e) registro de fatos e impressões

f) predomínio de verbos no presente

g) expressões que indicam tempo e espaço

DO TEXTO PARA O COTIDIANO

Viajar é uma atividade de que muitas pessoas gostam. Mesmo assim, o relato de uma viagem pode revelar momentos não tão felizes vividos pelo viajante. Um dos momentos difíceis pode ser, por exemplo, a hora das refeições, principalmente se estamos em um lugar onde não encontramos as comidas a que estamos acostumados.

Sente-se com um colega para trocar algumas ideias sobre esse assunto. Leiam juntos os textos a seguir e respondam às questões.

Este primeiro trecho é do relato de Marco Polo, em que ele fala sobre alguns hábitos alimentares dos persas.

"[…] as pessoas do lugar não usam nossos alimentos, porque se comessem grãos e carne ficariam imediatamente doentes; pelo contrário, são saudáveis porque comem peixes salgados e tâmaras […]."

O próximo trecho foi tirado de um relato de viagem publicado em um blogue e também fala de hábitos alimentares.

Uma palavrinha sobre a comida na China – parte 7

abril 29, 2010

tags: Beijing, China, Gastronomia, restaurante, Shanghai

por Eduardo Longo

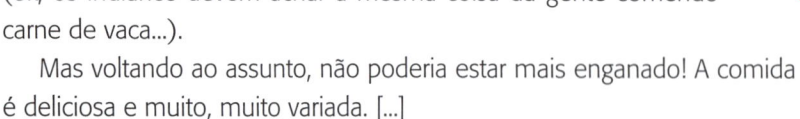

Não dava para deixar de falar sobre a comida na China, certo? Afinal, vários dos meus colegas estavam apreensivos em relação a este ponto. Confesso que eu também estava um tanto quanto preocupado com a história de que na China comem carne de cachorro... Diferenças culturais à parte, acho isto uma barbárie (ok, os indianos devem achar a mesma coisa da gente comendo carne de vaca...).

Mas voltando ao assunto, não poderia estar mais enganado! A comida é deliciosa e muito, muito variada. [...]

Disponível em: <http://cacaucomlupulo.wordpress.com/2010/04/29/umapalavrinha-sobre-a-comida-na-china-%e2%80%93parte-7/>. Acesso em: 28 mar. 2015.

1. Marco Polo e o autor do relato no blogue mostram algum preconceito em relação aos hábitos alimentares dos lugares que visitam? Expliquem sua resposta.

2. Releiam.

   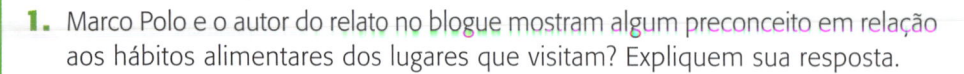

   "Não dava para deixar de falar sobre a comida na China, certo? Afinal, vários dos meus colegas estavam apreensivos em relação a este ponto."

   Por que os colegas de viagem do autor do blogue estavam apreensivos em relação à comida na China?

3. Releiam estas frases do relato publicado no blogue.

   I. "Diferenças culturais à parte, acho isto [comer carne de cachorro] uma barbárie [...]"

   II. "[...] (ok, os indianos devem achar a mesma coisa da gente comendo carne de vaca...)"

   a) Por que o autor faz uma ressalva inicial, usando a expressão "Diferenças culturais à parte"?

   b) Na opinião de vocês, comer carne de cachorro é uma barbárie? Comer carne de vaca é também uma barbárie? Por quê?

4. Alguma vez já lhes foi oferecido algum alimento que vocês nunca tinham consumido, que tenha lhes causado estranheza? Contem como foi.

NÃO DEIXE DE ACESSAR

• **http://www.schurmann. com.br/familia aventura/familia_ aventura.asp**

Site da família Schürmann. Em 1984, Heloísa e Vilfredo abandonaram o conforto da vida em terra firme e partiram de Florianópolis (SC) com os três filhos, à época com 7, 10 e 15 anos de idade, com o objetivo de realizar um sonho: dar a volta ao mundo a bordo de um veleiro.

RELATO DE VIAGEM

Entre Marco Polo, viajante do século XIII, e as meninas Klink, oito séculos se passaram, e as pessoas continuam a viajar, a explorar novos lugares, a descobrir paisagens e povos diferentes.

Que tal você também vivenciar a experiência de registrar suas observações e impressões em um relato de viagem? Para isso, vai escolher um lugar a que já tenha ido. Se você ainda não fez uma viagem, escolha um local para onde gostaria de ir e colete informações sobre ele para escrever um relato, mesmo que seja imaginário.

Antes de começar

1. O texto a seguir faz parte do diário de bordo que a professora e escritora Heloísa Schürmann, que viaja pelo mundo a bordo de um veleiro com sua família, mantém na internet.

> Para celebrar nossos 20 anos no mar, decidimos realizar uma viagem pela costa brasileira, saindo de Florianópolis e indo até Fortaleza. Desse modo, repetimos a primeira etapa da nossa viagem de 1984. Nesta expedição de 8 meses pela costa brasileira, íamos redescobrindo o Brasil nesse litoral tão maravilhoso que o nosso país tem.
>
> Disponível em: <http://schurmann.com.br/pt/expedicao-20-anos>. Acesso em: 21 jan. 2015.

No texto, aparecem algumas expressões que indicam lugar.

a) Anote no caderno duas delas.

b) Identifique e anote no caderno uma expressão ou frase que indique tempo.

2. Observe no quadro algumas das expressões empregadas nos relatos lidos até agora para indicar tempo.

"passados dois dias"		"em novembro"
"por vezes, durante o verão"	"quando deixamos a América do Sul rumo à Antártica"	"depois de cruzarmos o Drake"

Escreva no caderno outras expressões que marquem tempo e que você poderia usar em seu relato de viagem.

Planejando o texto

Planeje seu relato de uma viagem real ou imaginária. Seus leitores serão os colegas de outras classes e os leitores do almanaque, professores, parentes e amigos.

1. Que viagem você vai relatar? O que você aprendeu nessa viagem? O que pode contar a respeito do lugar?

Se sentir necessidade, complemente o que sabe sobre ele pesquisando em livros, revistas, jornais ou *sites*.

2. Anote no caderno as informações sobre a viagem, registre suas observações e impressões.

a) Para onde você viajou?

b) Quantos dias durou a viagem?

c) Qual foi o itinerário seguido, ou seja, por quais lugares passou?

d) O que viu de intessante no caminho ou no próprio lugar (costumes, festas, paisagens, pessoas)?

e) Aconteceu algo de diferente ou divertido durante a viagem?

f) Qual é sua opinião sobre o que viu e fez?

3. Use uma linguagem adequada ao seu leitor e ao gênero relato de viagem. A linguagem pode ser informal, mas evite termos de gíria.

Observe também estes pontos:

a) escreva em primeira pessoa;

b) inclua expressões que marcam tempo e lugar;

c) crie trechos descritivos e narrativos.

4. Depois de fazer suas escolhas, escreva a primeira versão do texto, observando o que não deve faltar em um relato de viagem:

a) um itinerário claro;

b) a sequência dos acontecimentos;

c) observações sobre aspectos geográficos, históricos ou culturais do local;

d) impressões e reflexões sobre o que viu.

Autoavaliação

1. Após finalizar o texto, releia-o, verificando se os elementos mais importantes de um relato estão presentes.

- O itinerário e a ordem dos acontecimentos da viagem estarão claros para o leitor?

- Foi usada a primeira pessoa?

- Foram incluídos trechos narrando fatos acontecidos na viagem?

- Foram incluídos trechos descrevendo a paisagem, as pessoas e os costumes do lugar?

- Foram usadas expressões para indicar tempo e lugar?

2. Após a avaliação, reescreva o que for necessário.

3. Depois de pronta a versão final, você vai organizar com os colegas um mural com todos os relatos. Se conseguir, traga fotos da viagem ou procure imagens do local em revistas e na internet. Você pode também, se quiser, desenhar algo que faça parte das experiências vividas. Coloque as imagens no mural, junto com o relato. O título do mural pode ser "Trilhando caminhos…".

4. Quando o mural for desmontado, guarde seu relato com cuidado, pois ele poderá ser aproveitado no projeto do final do ano.

Pronome

Pronomes demonstrativos

1. Leia esta tira.

BROWNE, Dik. *O melhor de Hagar*. Porto Alegre: L&PM, 1997. v. 1.

a) Qual é a intenção de Helga ao dar a Hagar o saco de batatas?

b) Hagar levou a sério a recomendação de Helga? Explique.

c) A que se referem as palavras **isto** e **isso**, destacadas nos balões?

d) No momento em que Helga usa a palavra **isto**, o que ela está fazendo com o saco de batatas?

e) Quando ela usa a palavra **isso**, onde está o saco de batatas?

f) Com base em suas respostas anteriores, qual é a diferença de emprego entre **isto** e **isso** nessa tira?

Nessa tira, as palavras **isto** e **isso** indicam a proximidade do objeto (o saco de batatas) em relação a quem fala (Helga, primeira pessoa) e em relação à pessoa com quem ela fala (Hagar, segunda pessoa). Quando Helga diz **isto**, está se referindo ao saco de batatas que está próximo a ela, a pessoa que fala. Quando diz **isso**, está se referindo ao saco de batatas que está nas mãos de Hagar, portanto, mais afastado dela e próximo do marido.

As palavras **isto** e **isso** são **pronomes demonstrativos**.

2. Releia este trecho do livro das meninas Klink.

"Muita gente conhece a frase 'isso é apenas a ponta do *iceberg*', que usamos para dizer que tem muito mais do que parece em alguma coisa. **Isso** acontece porque a parte do *iceberg* que está acima do mar corresponde a apenas 30% do seu total; o resto está submerso."

a) Nesse trecho, o pronome **isso** retoma um trecho que aparece anteriormente. Qual é esse trecho?

b) Segundo as garotas, o que quer dizer essa frase?

REFLEXÃO SOBRE A LÍNGUA

3. Viajantes saem de seu país, mas outros viajantes chegam. Leia este trecho de uma reportagem.

Poucas cidades brasileiras foram tão marcadas pela imigração quanto São Paulo. O município, que até a década de 1870 não passava de uma pequena vila, viu sua população crescer vertiginosamente nos 60 anos seguintes com a chegada de milhares de estrangeiros que se instalaram na cidade entre o fim do século XIX e o começo do XX.

Muitos desses recém-chegados desembarcavam em um bairro próximo do centro [...]. Esse bairro se chamava Bom Retiro. Desde essa época, a região começou a se tornar uma espécie de colcha de retalhos de culturas, onde italianos, judeus e árabes conviviam lado a lado, abrindo as primeiras fábricas e as primeiras lojas do bairro.

Revista *História Viva*. São Paulo, Duetto, 28 out. 2009.

DEPARTAMENTO DE PATRIMÔNIO HISTÓRICO DA ELETROPAULO

Rua do bairro Bom Retiro, na cidade de São Paulo, em 1901.

a) Explique a comparação que se faz entre a região do Bom Retiro e uma colcha de retalhos.

b) Releia o primeiro parágrafo desse texto. A população de São Paulo começou a crescer vertiginosamente:

   I. a partir do começo do século XX.

   II. nos anos 1960.

   III. já nas últimas décadas do século XIX.

c) No segundo parágrafo, que expressão foi usada para fazer referência à época em que os estrangeiros começaram a se instalar no Bom Retiro?

A palavra **essa** também é um pronome demonstrativo. No trecho da reportagem, ela não indica localização no espaço, mas sim se refere a um tempo passado em relação ao momento em que o texto foi escrito.

4. Nem sempre os pronomes demonstrativos indicam localização ou referência a um tempo passado. Leia este trecho retirado de um blogue.

Você tem noção de quantas sacolas aceita ou recusa em seu dia a dia?

Todas as vezes em que você for à farmácia, à padaria ou ao supermercado e disser "obrigada, mas não preciso da sacolinha", registre sua atitude no Contador de Sacolas Descartáveis Recusadas. [...]

Pode parecer pouco, mas você vai se surpreender com quantas sacolinhas lhe oferecem a todo momento e com o fato de que a maioria delas é, realmente, desnecessária – especialmente se você mantém suas *ecobags* no carro ou no fundo da bolsa ou da mochila.

Até agora, quase 2 milhões de sacolas descartáveis já foram recusadas e contabilizadas na ferramenta. Ajude esse número a crescer!

[...]

Disponível em: <http://super.abril.com.br/blogs/planeta/2010/08/>. Acesso em: 13 jan. 2015.

a) Pela leitura desse texto, entende-se que recusar sacolinhas de plástico é bom ou ruim? Você sabe por quê?

b) Releia esta frase do trecho.

> Ajude **esse** número a crescer!

A que ou a quem se refere o pronome **esse**?

c) Esse pronome indica localização ou referência temporal, como vimos nas atividades anteriores? Explique sua resposta.

5. Leia agora este trecho de uma matéria sobre Marco Polo.

> Durante sua estadia na prisão, ele [Marco Polo] ditou suas aventuras para um escritor que ali conhecera, Rusticiano de Pisa. Depois disso, foi liberto e veio a falecer em 1324. De imediato sua história não ficou famosa, devido ao fato de não haver impressão ainda naquele tempo. Contudo posteriormente suas histórias ficaram famosas por toda a Europa.

Disponível em: <http://seguindopassoshistoria.blogspot.com/2009/09/quem-foi-marco-polo.html>. Acesso em: 28 mar. 2015.

a) O que impossibilitou Marco Polo de publicar seu relato de viagem?

b) A que época se refere a expressão **naquele tempo**?

A palavra **naquele** é uma contração do pronome **aquele** com a palavra em: **em + aquele = naquele**.

6. Volte ao texto da **atividade 5**. Observe que a segunda frase começa com a expressão **depois disso**. A palavra **disso** é formada por duas palavras. Com base no que viu até agora, responda: quais são elas?

> Os **pronomes demonstrativos** indicam a posição dos seres em relação às pessoas do discurso, situando-as no tempo, no espaço ou no próprio texto, seja ele falado ou escrito. Eles podem aparecer contraídos com as palavras **em** ou **de**, formando outras: **nesta**, **nesse**, **naquela**, **naquilo**, **daquilo**, entre outros pronomes.

Veja o quadro completo dos pronomes demonstrativos e seu emprego, de acordo com a norma-padrão.

	este, esta, isto	esse, essa, isso	aquele, aquela, aquilo
Situação no espaço	Referem-se a seres ou coisas que estão próximos de quem fala (primeira pessoa).	Indicam que os seres ou as coisas a que se referem estão próximos da pessoa com quem se fala (segunda pessoa).	Referem-se a seres ou coisas que estão distantes de quem fala e da pessoa com quem se fala (terceira pessoa).
Situação no tempo	Indicam um tempo próximo em relação ao momento em que se fala. Por exemplo "Parece que o tempo passou rápido **estes** últimos dias."	Indicam um tempo passado ou futuro que está próximo do momento em que se fala. Por exemplo "Falta pouco para o ano acabar. Vamos marcar a viagem **nesse** último bimestre do ano."	Podem indicar um tempo indefinido, vago ou remoto. Por exemplo "Era o século XIII. **Naquela** época, Kublai Khan era o imperador da China."
Situação no texto	Referem-se ao que ainda será dito no texto. Por exemplo "Minha maior vontade é **esta**: viajar para a África."	Referem-se ao que já foi dito no texto. Por exemplo "Ser feliz. **Esse** era seu único desejo."	Referem-se ao que foi dito no texto em um momento mais distante. Por exemplo "**Phileas Fogg** e Gulliver são personagens famosas: este visitou o reino imaginário de Lilipute, **aquele** deu a volta ao mundo."

7. Leia este trecho de um conto e observe o emprego do pronome demonstrativo destacado.

O técnico reuniu o time dois dias antes da partida com o tradicional adversário. Tinha uma importante comunicação a fazer. [...] Abriu uma pasta e de lá tirou uma série de tabelas e gráficos feitos em computador.

– Sabem o que é **isso**? É um modelo matemático para o nosso jogo.

SCLIAR, Moacyr. O futebol e a matemática. In: _____ et alii. *Prosas urbanas*. São Paulo: Global, 2007.

a) Quais são as personagens nesse trecho do conto?

b) A que se refere o técnico quando emprega o pronome **isso**?

c) Na cena narrada, o objeto de que se fala está próximo da pessoa que fala (primeira pessoa do discurso) ou da pessoa com quem se fala (segunda pessoa do discurso)?

d) Sendo assim, podemos dizer que no conto o pronome **isso** foi empregado de acordo com a norma-padrão? Explique.

> **Isto *versus* isso**
> Atualmente, no Brasil, a oposição entre **este**, **esta**, **isto** e **esse**, **essa**, **isso** tem se diluído tanto na fala quanto na escrita. Os falantes brasileiros usam indistintamente um pelo outro.

Pronomes possessivos

1. Leia.

[...] o meu mundo seria muito pobre se em mim não estivessem os livros que li e amei. Pois, se não sabem, somente as coisas amadas são guardadas na memória poética, lugar da beleza.

[...] Os livros que amo não me deixam. Caminham comigo. Há os livros que moram na cabeça e vão se desgastando com o tempo. Esses, eu deixo em casa. Mas há os livros que moram no corpo. Esses são eternamente jovens. [...]

ALVES, Rubem. Sob o feitiço dos livros. *Folha de S.Paulo*, 27 jan. 2004.

a) O texto está escrito na primeira pessoa. Localize os pronomes que se referem a essa pessoa.

b) Quais desses pronomes são pessoais e qual indica posse?

> Os pronomes que indicam posse são chamados de **possessivos**.

Veja o quadro.

		Pronomes possessivos
1ª pessoa	singular	meu, minha, meus, minhas
	plural	nosso, nossa, nossos, nossas
2ª pessoa	singular	teu, tua, teus, tuas
	plural	vosso, vossa, vossos, vossas
3ª pessoa	singular	seu, sua, seus, suas
	plural	seu, sua, seus, suas

2. Releia estas frases do relato de Marco Polo e diga a que se referem os pronomes possessivos destacados e qual pessoa do discurso eles indicam.

a) "[...] as pessoas do lugar não usam nossos alimentos [...]. **Suas** embarcações são malfeitas e muito perigosas [...]"

b) "As mulheres choram **seus** maridos durante quatro anos [...]"

c) "[...] uma linda ribeira onde se encontram francolins, papagaios e outros pássaros diferentes dos **nossos**."

> Quando os pronomes (pessoais, demonstrativos, possessivos) são usados para estabelecer inter-relações, retomando outras ideias mencionadas antes, dizemos que um texto tem **coesão textual**.

Pronomes indefinidos

1. Observe a palavra destacada neste trecho de uma reportagem.

> Mesmo símbolos antigos, como a Grande Muralha, em Pequim, ganham outra cara. Com teleféricos e carrinhos de rolimã para transportar turistas, **alguns** trechos são quase parques de diversões.
>
> Revista *Viagem e Turismo*. São Paulo, Abril, mar. 2005.

a) De acordo com o texto, alguns trechos da Grande Muralha são quase parques de diversões. Podemos saber quais são esses trechos?

b) É possível definir, pelo trecho, quantos trechos são assim?

c) A palavra **alguns** é um pronome classificado como indefinido. Anote no caderno as frases em que há pronome indefinido.

  I. Dez trechos da Grande Muralha são quase parques de diversão.

  II. Muitos trechos da Grande Muralha são quase parques de diversão.

  III. Poucos trechos da Grande Muralha são quase parques de diversão.

  IV. Mais de vinte trechos da Grande Muralha são quase parques de diversão.

> Pronomes **indefinidos** são aqueles que se referem à terceira pessoa do discurso de maneira vaga e imprecisa.

2. Releia este trecho do relato de viagem das irmãs Klink.

> "Nossa mãe sabia que o barco era seguro e que poderia levar toda a nossa família. Então pediu para irmos todos juntos numa próxima vez e nosso pai concordou!".

a) Quando as meninas dizem toda a nossa família, a quais pessoas elas se referem?

b) Compare.

Toda a família pôde viajar.   **Toda família** pôde viajar.

Qual o significado da expressão **toda a família**? E da expressão **toda família**?

O pronome indefinido **todo**, quando acompanha um substantivo precedido de artigo, quer dizer "inteiro, completo"; quando acompanha um substantivo sem artigo, significa "cada, qualquer um".

Veja o quadro completo dos pronomes indefinidos.

Pronomes indefinidos			
Variáveis			**Invariáveis**
Singular		**Plural**	
Masculino	todo, algum, certo, nenhum, outro, muito, pouco, tanto, qualquer	todos, alguns, certos, nenhuns, outros, muitos, poucos, tantos, quaisquer, vários	tudo, nada, alguém, ninguém, algo, cada, outrem
Feminino	toda, alguma, certa, nenhuma, outra, muita, pouca, tanta	todas, algumas, certas, nenhumas, outras, muitas, poucas, tantas, várias	

Pronomes interrogativos

1. Veja a capa desta revista e leia as perguntas que são respondidas nessa edição da revista.

a) Que efeito a presença dessas perguntas na capa das revistas pode produzir no leitor?

b) Qual é a relação entre as perguntas e o nome da revista?

c) Releia estas perguntas, que aparecem na lateral esquerda da capa:

> "Por que não existe japonês negro?"
> "Quais são os esportes mais perigosos?"

Quais são as palavras que iniciam as perguntas?

Capa da revista
Mundo Estranho, out. 2005.

As palavras **qual** e **por que** são classificadas como **pronomes interrogativos** e usadas em frases interrogativas.

Veja.

Pronomes interrogativos		
Singular	qual, quanto/quanta	o que, que, quem
Plural	quais, quantos/quantas	

2. Anote as frases completas no caderno usando a pontuação adequada. Estes trechos fazem parte de perguntas publicadas originalmente na revista *Mundo Estranho*. Que pronome interrogativo seria adequado à organização de cada uma delas?

a) São as maiores luas do Sistema Solar.

b) Animal vive há mais tempo na Terra.

c) É o melhor campeonato de futebol do mundo.

d) Ave tem o maior bico.

e) Enviou o primeiro *e-mail* da história.

f) A dor mais insuportável que existe.

g) Shrek mede.

Os pronomes interrogativos podem ser usados em perguntas diretas ou indiretas. Exemplos:

Quanto você gastou? (pergunta direta)
→ pronome interrogativo

Gostaria que me dissesse **quanto** você gastou. (pergunta indireta)
→ pronome interrogativo

> Os **pronomes interrogativos** são empregados em perguntas diretas e indiretas.

ORALIDADE

A interação entre duas pessoas quando conversam envolve vários fatores. Um deles é o quanto essas pessoas se conhecem: se são amigas ou se pouco se conhecem. Nesse caso, a forma de se dirigir a uma pessoa que não conhecemos é diferente daquela usada com quem temos familiaridade.

Imagine a seguinte situação: em uma cidade desconhecida, você se aproxima de um senhor e pede uma informação.

a) Qual destas formas utilizaria para dirigir-se a ele?

   I. Onde fica o ponto de ônibus mais próximo?

   II. Quero saber onde fica o ponto de ônibus mais próximo.

   III. Qual é o ponto de ônibus mais próximo?

   IV. Por favor, poderia me dizer onde fica o ponto de ônibus mais próximo?

   V. Por favor, gostaria de saber qual é o ponto de ônibus mais próximo.

b) Por que você escolheria essa forma?

c) Se você escolhesse a frase V, usaria a entonação interrogativa para dirigir-se a esse senhor desconhecido?

1. Leia.

Pantanal

Estima-se que 10 milhões de jacarés vivam hoje no Pantanal, e com certeza um deles vai passar bem pertinho de você. Nesse zoológico a céu aberto, tuiuiús e periquitos voarão sobre a **sua** cabeça, enquanto antas, capivaras e catetos cruzam o **seu** caminho. Quem gosta de observar bichos em **seu** próprio *habitat* não pode deixar de programar uma viagem à maior planície alagável do mundo. [...]

Disponível em: <http://viajeaqui.abril.com.br/sugestoes/natureza/va_sugestoes_428875.shtml>. Acesso em: 9 nov. 2010.

a) O autor do texto fala sobre os animais que vivem no Pantanal, dirigindo-se a um interlocutor. Quem é esse interlocutor e como você chegou a essa conclusão?

b) O pronome **seu** é usado mais de uma vez. Ele se refere à mesma pessoa nos dois casos? Explique.

2. Vimos que o **lhe** é um pronome pessoal. Compare estes trechos.

Armada com suas longas e talentosas tranças loiras e uma frigideira na mão, Rapunzel se livrou do estereótipo de princesinha frágil e indefesa dos contos de fada com a animação "Enrolados", a mais nova aposta da Disney para modernizar os clássicos infantis. [...] "Desenhar o cabelo à mão e dar-**lhe** volume e mobilidade teria sido impossível. Ela o usa para tudo, como chicote, para abrir portas, para lutar [...]."

Disponível em: <http://ludy-quadrinhosdisney.blogspot.com.br/2010/11/disney-moderniza-os-classicos-de.html>. Acesso em: 28 mar. 2015.

— Minha filha — disse ele, confuso e comovido, e não resistiu, tomou-a no colo, abraçou-a com força, enquanto lágrimas **lhe** enchiam os olhos.

SABINO, Fernando. "Passeio". In: Carlos Drummond de Andrade et alii. *De conto em conto.* São Paulo: Ática, 2003.

O pronome **lhe** tem o mesmo sentido nos dois trechos? Explique.

3. Leia a tira.

FERNANDO GONSALES

GONSALES Fernando. Disponível em: <http://www2.uol.com.br/niquel/seletas_vampiro.shtml>. Acesso em: 6 dez. 2010.

a) Anote a resposta certa no caderno. Com o uso do pronome **isso**, as duas personagens:

   I. querem que a personagem à esquerda explique melhor o que disse.

   II. concordam com o que a personagem à esquerda disse.

   III. querem dizer que não entenderam o que foi dito.

   IV. demonstram seu espanto pelo que a personagem à esquerda disse.

b) Por que, no último quadrinho, o pronome possessivo **meu** foi grafado em letra maior e em negrito?

4. Pronomes demonstrativos ou expressões em que eles aparecem são constantemente usados para localizar fatos no tempo. Qual destas expressões seria adequada ao sentido de cada um dos fragmentos de textos abaixo? Faça suas anotações no caderno. Atenção: Leia atentamente os textos para fazer a escolha mais adequada.

Naquela época	Nessa época
Naquele tempo	Nesse tempo
Naquele sábado	Neste sábado

a)

■ época do ano
Quando o frio vem chegando
E há menos flores que espinhos
Os dias perdidos
Vêm à luz
Ainda éramos filhos
Éramos amigos [...]

"Flores e espinhos". Intérprete: Os Paralamas do Sucesso. In: *Longo caminho*. EMI, 2002.

b)

■ tempo eu tentava
Eu queria
O quanto tempo que eu fiquei sem namorar
Mas eu tinha vergonha
E precisava muita gana
Pra criar coragem e cantar

TAVITO. Naquele tempo. Disponível em: <http://letras.mus.br/tavito/84449/>. Acesso em: 22 jan. 2015.

c)

■ sábado (31), às 22 horas, o grupo Forró Gandaia sobe ao palco da Praça Coronel Luís Alves (Praça Central) para a Virada Cultural Paulista 2014. Prometendo o melhor do autêntico forró pé-de-serra, a banda, criada em 2002, representará a cultura nordestina, trabalhando com músicas autorais e grandes sucessos do forró raiz e universitário.

Disponível em: <http://www.santabarbara.sp.gov.br/v5/index.php?pag=noticia&dir=noticias&id=56462>. Acesso em: 22 jan. 2015.

5. Leia este trecho de uma reportagem.

Por um fio

O primeiro relato de equilibrismo na corda bamba data de 108 a.C., na China, quando uma grande festa palaciana, em homenagem a visitantes estrangeiros, apresentou vários números de acrobacia. O impacto foi tamanho que o imperador decidiu realizar espetáculos do gênero **todo ano**.

Disponível em: <http://mundoestranho. abril.com.br/cultura/pergunta_285934. shtml>. Acesso em: 28 mar. 2015.

Anote no caderno a frase que completa adequadamente estes enunciados.

a) Pelo assunto desse trecho, você diria que ele foi tirado de uma matéria que fala sobre:

   I. a origem do circo e das artes circenses

   II. a origem dos esportes radicais

   III. a origem das festas em homenagem a estrangeiros

b) Nesse contexto, a expressão **todo ano** significa:

   I. o ano inteiro.

   II. a cada ano.

   III. na totalidade dos meses do ano.

6. Leia este trecho de uma matéria tirada de uma revista para adolescentes.

Quando junho chega, a classe se divide em dois grupos: os que estão contando os dias para as férias e os que estão precisando de nota e morrendo de medo do período das provas. Independentemente da situação do seu boletim, a verdade é que este costuma ser um mês tenso para todo mundo.

Revista *Atrevidinha*. São Paulo: Escala, n. 74.

Anote no caderno o que se pode compreender desse texto.

a) Junho é um mês em que as pessoas em geral ficam pelo menos um pouco tensas.

b) Em junho, todos os estudantes, com ou sem boas notas, ficam tensos.

7. Reescreva no caderno as frases a seguir, completando-as com **todo** ou **todo o**.

a) E se existisse vida em ▇ Sistema Solar? (Revista *Superinteressante*, dez. 2006.)

b) ▇ inseto procura a toca que mais lhe convém. (Revista *Superinteressante*, fev. 1998.)

c) E se ▇ petróleo do planeta acabasse no ano que vem? (Revista *Superinteressante*, fev. 2001.)

8. Se empregados de forma equivocada na frase, os pronomes podem gerar mal-entendidos, pois o leitor não conseguirá saber a quem eles se referem. Leia esta frase.

A mãe encontrou o filho em **seu** quarto.

a) De quem é o quarto? Da mãe ou do filho?

b) Imagine que o quarto seja do filho e reescreva a frase de modo que isso fique claro.

9. Estas frases podem gerar mal-entendidos, se não se conhecer o contexto em que foram ditas, pois há sempre dois termos (sublinhados) aos quais o pronome pode se referir. Reescreva-as no caderno, de modo que fique claro o termo ao qual o pronome se refere (escolha um dos dois termos).

a) Não deixe <u>seu cachorro</u> entrar em <u>meu quarto</u>. **Ele** está cheio de pulgas.

b) <u>O professor</u> disse <u>ao aluno</u> que **seus** argumentos convenceriam o diretor a liberar a quadra.

c) <u>A avó</u> disse <u>ao neto</u> que trouxesse **seu** casaco, pois iam sair.

10. Leia a tira.

LAERTE. *Gato e gata + um micoleão.* São Paulo: Ensaio & Circo, 1995.

a) Observe a expressão do gato no primeiro quadrinho, ao ler o título do livro. Em que ele parece estar pensando?

b) O que nos dá a certeza de que ele pensou isso?

c) No terceiro quadrinho, a personagem usa o pronome indefinido **outra**. Como ele percebeu que se tratava de algo diferente do que havia imaginado? E o que era?

d) Releia o título do livro na tira. Qual é a palavra que, nesta situação, causou o engano do gato?

Episódio 6

Certo dia, a professora de Língua Portuguesa resolveu propor um desafio à classe de Nina e Leo. Na verdade, o que ela queria era avaliar se os estudantes tinham entendido como usar os pronomes. Então apresentou o seguinte texto e perguntou que problema havia nele.

"Cláudio e João são amigos inseparáveis. Sua maior preocupação é despertar a atenção de Marina, que mora em uma rua próxima, mas ela não liga para ele. Todos os dias, desde que se conheceram, ele manda uma flor para impressioná-la."

Nina e Leo, loucos por desafios, logo tentaram encontrar o erro e acabaram descobrindo.

QUANTA ESTÚDIO

Responda:

1. Qual foi o erro identificado por Nina e Leo?

2. Como seria possível resolver esse problema? Imagine que seja Cláudio quem gosta de Marina e reescreva o texto deixando clara essa ideia.

ATIVANDO HABILIDADES

1. (Prova Brasil)

Eu tenho um sonho

Eu tenho um sonho
lutar pelos direitos dos homens
Eu tenho um sonho
tornar nosso mundo verde e limpinho
Eu tenho um sonho
de boa educação para as crianças
Eu tenho um sonho
de voar livre como um passarinho
Eu tenho um sonho
ter amigos de todas as raças
Eu tenho um sonho
que o mundo viva em paz

e em parte alguma haja guerra
Eu tenho um sonho
Acabar com a pobreza na Terra
Eu tenho um sonho
Eu tenho um monte de sonhos...
Quero que **todos** se realizem
Mas como?
Marchemos de mãos dadas
e ombro a ombro
Para que os sonhos de todos
se realizem!

SHRESTHA, Urjana. Eu tenho um sonho. In: *Jovens do mundo inteiro*. Todos temos direitos: um livro de direitos humanos. 4. ed. São Paulo: Ática, 2000. p. 10.

No verso "Quero que todos se realizem" (l. 18), o termo destacado refere-se a:

a) amigos.　　　　b) direitos.　　　　c) homens.　　　　d) sonhos.

(Saresp – 2004)

Por que alguns animais comem pedra?

Alguns animais têm hábitos que podemos considerar curiosos... Os gatos, por exemplo, se lambem para limpar o pelo. Já os cachorros instintivamente procuram comer certas ervas quando estão sentindo algum mal-estar. Mas tem bicho com hábitos ainda mais intrigantes, como comer pedras! É isso aí! E olha que, em vez de fazê-los passar mal, as pedras exercem funções úteis dentro do organismo.

As pedras engolidas por certos animais são chamadas gastrólitos, que quer dizer "pedras do estômago". É dentro deste órgão que elas ficam armazenadas e ajudam a triturar os alimentos e a limpar as paredes estomacais dos parasitos que as infestam. Além disso, as pedras aliviam a sensação de fome durante longos períodos em que os bichos precisam ficar sem comer, já que ocupam um bom lugar em seu organismo.

Crocodilos, pinguins, focas e leões-marinhos, entre outros animais aquáticos, estão na lista dos engolidores de pedra.

Mas não pensem que os bichos engolem qualquer pedra que veem pela frente. Eles escolhem com muito cuidado as que vão para sua barriga. Valem as mais lisinhas e bem arredondadas.

(SALVATORE, S. Por que alguns animais comem pedra? *Ciência Hoje das Crianças*, Rio de Janeiro, n. 141, nov. 2003. Adaptação.

2. Em "em vez de fazê-**los** passar mal", o termo destacado refere-se a:

a) animais que comem pedras.

b) cachorros que comem certas ervas.

c) gatos que se lambem para limpar o pelo.

d) parasitos que infestam os animais.

3. Esse texto que você leu:

a) descreve como alimentar os animais doentes.

b) informa curiosidades sobre alimentação de alguns animais.

c) apresenta animais que precisam comer ervas todo o tempo.

d) explica como os gatos e cachorros se alimentam.

4. O texto "Por que alguns animais comem pedras?" serve para:

a) contar uma história de animais.

b) informar sobre os hábitos curiosos de alguns animais.

c) dar uma notícia sobre animais em extinção.

d) informar sobre animais de estimação.

Encerrando a unidade

• Nesta unidade, você estudou como identificar as características do gênero relato de viagem; como reconhecer os recursos discursivos e a variedade linguística empregados em sua organização.

1. Ficaram claras para você as principais características do relato de viagem? Quais são elas?

2. O que diferencia um relato de viagem impresso de um relato de viagem virtual?

3. Você entendeu a que nos referimos quando falamos nas três pessoas do discurso?

4. Como você avalia sua produção de relato de viagem e sua participação no mural da classe?

A geografia das tradições nacionais

Brasil: festas populares e sua dimensão histórica e sociocultural

É no **lugar** em que mora que cada pessoa busca suas referências e constrói seu sistema de valores e tradições, os quais fundamentam a vida em sociedade. Cada indivíduo identifica-se como pertencente a um lugar e cada lugar tem os elementos que histórica e socialmente lhe dão uma identidade única. Idioma, tradição e cultura andam juntos, pois englobam ideias, comportamentos, formas de expressão linguística e artística e práticas de vida cotidiana.

Isso é fácil de perceber quando viajamos ou quando encontramos pessoas de outras regiões e observamos que os costumes são diferentes daqueles a que estamos habituados. Você viu, por exemplo, nesta unidade, como as viagens (reais ou não) de Marco Polo trouxeram para ele novos saberes. Ou, como nós, leitores, ao ler seus relatos, ficamos conhecendo a história, os hábitos e costumes de outros povos e lugares.

As formas de organizar a vida social são diferentes em cada região, de acordo com a vivência da comunidade e com seu modo de ver o mundo. Por isso, as formas de produção de bens materiais e as manifestações culturais e sociais são modos de expressão da identidade de um povo e de um indivíduo e estão intimamente relacionadas com a História e o espaço geográfico em que vivem esses indivíduos e grupos.

1. Cada espaço geográfico tem uma história, e os moradores que pertencem a esses lugares contribuem para a preservação da tradição local.

   a) Que tradições de sua família são preservadas até hoje?

   b) Com quais delas você se identifica?

   c) Quais costumes se modificaram na sua família ao longo do tempo?

2. Geralmente as festas regionais estão relacionadas a uma tradição religiosa, a um produto típico do lugar ou à memória cultural. Observe e leia a legenda dos cartazes ao lado, que celebram duas festas regionais.

   a) De que modo essas festas estão relacionadas com o espaço geográfico em que ocorrem?

b) Em sua cidade ou em seu estado há alguma festa regional? Essa manifestação cultural está relacionada a uma tradição histórica ou religiosa, à memória cultural ou a um produto típico do lugar? Converse com os colegas e tentem se lembrar de alguns exemplos.

Festa do Açaí em Igarapé-Miri, cidade no estado do Pará, conhecida como a "Capital Mundial do Açaí" e maior produtora de açaí do mundo.

Festa da Moranga e da Mandioca em Queluz, interior do estado de São Paulo, na época da colheita.

Além de festas gastronômicas, exemplos da diversidade cultural de nosso país são as festas regionais, a música, a culinária e a dança, que nos permitem identificar marcas de um grupo. Muitas dessas manifestações culturais foram historicamente herdadas dos povos que deram origem a nosso país, entre eles os indígenas, os portugueses e os africanos. Por meio delas, é possível reconhecer a diversidade cultural desses povos, identificada na tradição, etnia, religião, linguagem, costumes, nas crenças e nos valores.

3. Observe e compare estas imagens que retratam a "dança da chula", praticada no Rio Grande do Sul. Dois participantes, em um desafio, sapateiam, um de cada vez, em torno de um bastão de madeira, para ver quem dança melhor sem encostar os pés no bastão. A chula tem origem na tradição portuguesa.

a) Que semelhanças e diferenças você observa quanto à indumentária (vestimentas) e aos movimentos e instrumentos utilizados nas duas danças?

b) Reflita: por que a chula do Rio Grande do Sul, tendo recebido forte influência da dança portuguesa, apresenta características diferentes dessa dança?

Dança tradicional portuguesa, da qual se origina a chula.

Dançarino gaúcho sapateando na dança da chula.

4. Se percorrermos o país, encontraremos diferentes manifestações de danças. Para conhecer mais sobre a diversidade das manifestações artísticas e culturais que ocorrem em diferentes regiões do Brasil, vamos fazer uma pesquisa e apresentar o resultado oralmente em uma Mostra Cultural.

a) A classe pode ser dividida em cinco grupos, e cada um ficará responsável por pesquisar festas tradicionais de uma região do país.

b) Os *sites* do Ministério do Turismo e das Secretarias de Turismo estaduais e municipais são uma boa referência para pesquisa. Existem também informações em *sites* e revistas especializadas em turismo.

c) Na pesquisa, devem constar:
- Nome da festa ou manifestação cultural.
- Origem (de onde veio, que transformações sofreu ou que elementos foram acrescentados no Brasil etc.).
- Características (como é realizada, quem participa, onde, em que época do ano, tipos de trajes e instrumentos etc.).
- Os grupos podem enriquecer a apresentação com cartazes, gravações de músicas e vídeos que representem a manifestação escolhida.

d) No dia combinado com o professor, cada grupo apresenta o resultado da pesquisa para a classe.

7 Peraltices com palavras

Nesta unidade você vai:

- conhecer muitos poemas para perceber o olhar original do poeta
- apreciar a leitura de poemas
- aprender a reconhecer a intenção que o autor de um poema pode ter
- refletir sobre os recursos próprios da linguagem poética e empregá-los
- conhecer particularidades do poema visual
- refletir sobre a importância da sonoridade, do ritmo e das imagens em um poema
- planejar e produzir um poema visual, organizar um varal de poemas e apresentar um jogral
- refletir sobre o papel dos verbos na construção do texto
- trabalhar a diferença de sentido das formas verbais terminadas em -ão e -am

BANCO DE IMAGENS VEGAP/EXPOSITO, ÁLVARO REJA/LICENCIADO POR AUTVIS, BRASIL, 2011.

TROCANDO IDEIAS

A tela reproduzida aqui foi pintada por Álvaro Reja, um artista espanhol contemporâneo. Observe-a com atenção.

1. Em uma pintura, é possível dar destaque à paisagem, a objetos ou a seres vivos. Qual o foco de interesse nesta pintura?

2. A personagem retratada está em um espaço urbano ou rural? O que o leva a pensar assim?

3. Você acha que a cena se passa durante o dia ou à noite? Justifique.

4. Observe a figura do menino, suas feições e seu gesto. Como você interpreta sua expressão? O que ele parece estar sentindo? Por quê?

5. Você acha que todos os pintores representariam a cena da mesma maneira? Explique.

LEITURA 1

ANTES DE LER

1. Você acha que é possível brincar com palavras? De que forma?

2. Você gosta de ler poemas? Você se lembra de algum poema ou trecho de um poema?

3. Vamos fazer uma roda de leitura? Sente-se com alguns colegas. Leiam os poemas que seu professor vai apresentar. Escolham aqueles de que mais gostarem e expliquem que sentimentos provocaram em vocês.

4. Leia apenas o título do texto abaixo. Sobre o que a autora poderia falar em um poema com esse título? Depois da leitura, veja o quanto sua hipótese se aproximou do texto original.

Um grande poeta brasileiro, Ferreira Gullar, disse que "o autor se confunde com o que diz, mistura-se com o fato, de tal modo que não se distingue o ocorrido do imaginado. O poeta, na verdade, não informa – inventa.". Vamos ver se você, depois de ler os poemas desta unidade, concorda com ele.

O trem

Vai que vai, vem que vem,
faz o balanço do trem.
A menina, com o nariz
achatado na vidraça
enlaça a paisagem
com seu olhar encantado.

Vem também, vem também
faz o balanço do trem
Na bolsa a menina leva
pérolas coloridas
girassóis e margaridas,
anões de voz fina
e afinadas flautas mágicas.

Você vem, você vem,
faz o balanço do trem.
É que a bolsa é cheia de sonhos,
alegres e tristonhos,
e ninguém sabe para onde leva
a menina balançando
no coração do trem

Vai que vai, vem que vem,
vem também, vem também
Você vem, você vem
– Faz o balanço do trem.

MURRAY, Roseana. *Fardo de carinho*. Belo Horizonte: Lê, 1987.

As docas em Cardiff, pintura de Lionel Walden (1861-1933).

SCALARCHIVES/GLOW IMAGES

Nas linhas do texto

1. Sua hipótese sobre o assunto do poema se confirmou? De que trata o poema?

2. O poema "O trem" é composto de versos e estrofes.

   a) Quantos versos há na primeira estrofe?

   b) Que informação nos trazem os versos dessa estrofe?

3. Como a menina olha a paisagem? Encontre um trecho do poema que confirme sua resposta.

4. Qual a estrofe que traz a informação sobre os itens que a menina leva na bolsa?

5. Anote no caderno os versos que explicam que há uma justificativa para a menina carregar na bolsa esses itens.

Nas entrelinhas do texto

1. Observe alguns sentidos que o dicionário dá para o verbo **enlaçar**.

> **Enlaçar: 1** Prender, unir com laço. **2** Laçar. **3** Atar em forma de laço. **4** Prender nos braços; abraçar. **5** Envolver. **6** Enredar(-se). **7** Ligar, prender. **8** Ter conexão ou relação; prender-se. **9** Unir-se por vínculo moral (afeto, amizade, matrimônio etc.).

   a) Selecione entre esses significados os que você considera mais adequados para explicar com que sentido o verbo foi empregado no poema.

   b) O sentido seria diferente caso se dissesse que ela apenas olhava a paisagem?

2. Releia estes versos e, em seguida, anote as respostas no caderno.

> "A menina, com o nariz
> achatado na vidraça
> enlaça a paisagem
> com seu olhar encantado."

   a) Levando em conta as ações e sentimentos da personagem, você diria que a menina era:

     a) ansiosa.   b) curiosa.   c) distraída.   d) infeliz.

   b) Como você chegou a essa conclusão?

Verso é cada linha de um poema.

Estrofe é um grupo de versos separado dos demais por espaços.

Roseana Murray

Nascida no Rio de Janeiro, em 1950, Roseana Murray é formada em Literatura e Língua Francesa. Publicou seu primeiro livro infantojuvenil (*Fardo de carinho*), em 1980. Tem mais de 50 livros publicados, entre eles, *Artes e ofícios, Felicidade, Casas* e *Receitas de olhar*.

JULIANA MELLO

Roseana Murray.

EXPLORAÇÃO DO TEXTO

3. Releia agora estes versos da terceira estrofe.

"É que a bolsa é cheia de sonhos,
alegres e tristonhos,
e ninguém sabe para onde leva
a menina balançando
no coração do trem"

ANDRE FLAUZINO

a) O que seriam sonhos alegres? E o que seriam sonhos tristonhos?

b) Releia: "e ninguém sabe para onde leva/a menina". Quem leva a menina?

c) Você acha que é possível uma bolsa de menina conter tudo o que é dito no poema: pérolas, girassóis, margaridas, anões de voz fina, flautas mágicas?

d) Por que o eu poético descreve assim o conteúdo da bolsa?

e) Trem tem coração? Como você interpreta o verso que diz que a menina seguia balançando no coração do trem?

Além das linhas do texto

Leia agora o que alguns poetas dizem sobre poesia e poemas.

> O poema é uma garrafa de náufrago jogada ao mar; quem a encontra salva-se a si mesmo...
>
> Mário Quintana

> Que é a Poesia?
> Uma ilha cercada
> de palavras
> por todos os lados.
>
> Cassiano Ricardo

> O que é o Poeta?
> um homem
> que trabalha o poema
> com o suor de seu rosto...

> Poema são palavras
> postas em música.
>
> Dante Alighieri

> Poema é música que se faz com
> ideias.
>
> Ricardo Reis

Bonito, não é? Você observou como, por meio de palavras bem escolhidas, os poetas conseguem comunicar, de maneira única, sua visão sobre a poesia e os poemas?

1. Tente escrever em seu caderno um pequeno texto que expresse o que é poesia para você. Se quiser, use linguagem figurada, como os autores acima.

Eu poético é a voz que fala no poema. Equivale ao narrador, em contos, romances, fábulas, etc.

Poema e poesia

Ouvimos muitas vezes falar de **poesia** e de **poema**. Você sabe a diferença entre eles?
• **Poema**: um texto, geralmente escrito em versos, em que há poesia.
• **Poesia**: a arte de criar imagens, provocar emoções por meio de uma linguagem original em que se combinam sons, ritmos e significados. Pode existir poesia em um poema, em uma letra de música, em uma canção de ninar, em quadrinhas populares...

THE BRIDGEMAN LIBRARY/GRUPO KEYSTONE

Érito, a musa grega da poesia, em pintura de 1870, de Edward John.

COMO O TEXTO SE ORGANIZA

Você leu um texto que se divide em versos. Essa quebra do enunciado antes do final da linha não é gratuita: ela tem a intenção de enfatizar determinadas afirmações e dar à leitura do poema um ritmo que nos ajuda a entender o sentido do texto.

Os textos que não se dividem em versos (como este que você está lendo, por exemplo) são chamados de textos em prosa ou, simplesmente, prosa.

Então, com relação à forma, os textos dividem-se em:

Prosa	Texto organizado em parágrafos
Verso	Texto organizado em versos

Assim, é possível encontrar textos em prosa (organizados em parágrafos), mas que têm conteúdo poético.

Para entender melhor a diferença entre prosa e verso, leia estes textos e responda às próximas questões.

NÃO DEIXE DE LER

• **Um caldeirão de poemas**, Tatiana Belinky, volumes 1 e 2, Cia. das Letrinhas

Nesses dois volumes, você vai encontrar poemas que falam de diferentes assuntos e muitos clássicos da literatura mundial, escritos, selecionados ou traduzidos por uma grande conhecedora da literatura infantojuvenil.

1. Compare.

Fragmento 1

"Um trem da linha 8 (Diamante) descarrilou neste sábado (6), por volta das 17 h, em São Paulo.

De acordo com a CPTM (Companhia Paulista de Trens Metropolitanos), a falha ocorreu próximo à estação Itapevi. […]

Os passageiros que estavam nos vagões desembarcaram e caminharam a pé pelos trilhos até a próxima estação. […]"

Disponível em: <http://www1.folha.uol.com.br/cotidiano/2014/09/1512197-trem-descarrila-e-provoca-lentidao-na-linha-8-da-cptm.shtml>. Acesso em: 22 jan. 2015.

Fragmento 2

"Vem também, vem também
faz o balanço do trem
Na bolsa a menina leva
pérolas coloridas
girassóis e margaridas,
anões de voz fina
e afinadas flautas mágicas."

MURRAY, Roseana. O trem. In: *Fardo de carinho*. Belo Horizonte: Lê, 1987.

a) Como se organizam esses textos?

b) O texto sobre o descarrilamento do trem é uma notícia. Aponte algumas diferenças entre um poema e uma notícia.

2. Comparando os dois fragmentos, é possível afirmar que:

a) a única diferença entre esses dois textos é que um está escrito em versos, o outro em prosa.

b) o tema (o trem) é o mesmo nos dois fragmentos, mas os objetivos são diferentes: um texto informa e o outro procura despertar a sensibilidade do leitor.

> Os textos poéticos são geralmente divididos em **versos**. Os que não se dividem em versos são chamados de textos em **prosa** ou, simplesmente, prosa.
>
> No entanto, é possível encontrar textos em prosa (organizados em frases completas e parágrafos) que têm conteúdo poético.

NÃO DEIXE DE LER

• **O fazedor de amanhecer**, de Manoel de Barros, editora Salamandra

Nesses poemas, ilustrados por Ziraldo, Manoel de Barros conta como descobriu o amor e revela seus últimos inventos, entre eles "uma manivela para pegar no sono" e "um fazedor de amanhecer para usamentos de poetas".

3. Quem são os possíveis leitores de um poema?

4. Na sua opinião, com que finalidade alguém escreve um poema?

5. Onde podemos encontrar poemas?

6. Volte aos fragmentos 1 e 2 e observe a pontuação.

a) Quantas frases declarativas e quantos pontos há no fragmento 1? E quantos versos e quantos pontos há no fragmento 2?

b) Imagine que os versos do fragmento 2 fossem escritos como duas frases, sem quebrar a linha em cada verso:

vem também, vem também/faz o balanço do trem

Na bolsa a menina leva/pérolas coloridas/girassóis e margaridas/ anões de voz fina/e afinadas flautas mágicas.

Nesse caso, quantos pontos finais deveriam ser acrescentados?

c) A pontuação em poemas não precisa obedecer às regras da norma-padrão, que recomenda usar ponto no final de cada frase. Em sua opinião, por que isso acontece?

7. Complete o quadro no caderno.

	Fragmento 1	Fragmento 2
Autor		
Assunto		
Onde foi publicado		
Intenção do produtor		emocionar, encantar o leitor
Formato do texto	prosa	
Gênero	notícia	

Não é apenas a forma que define um poema, mas principalmente a **maneira original**, única, como o poeta vê o mundo. Quando o autor usa a linguagem de modo que cada leitor possa interpretá-la à sua maneira, dizemos que ele utiliza **imagens**, que emprega linguagem figurada.

8. Releia estes versos do poema de Roseana Murray. Anote no caderno apenas os enunciados em que apareçam exemplos de linguagem figurada.

a) "A menina, com o nariz/ achatado na vidraça"

b) "enlaça a paisagem/ com seu olhar encantado."

c) "Na bolsa a menina leva/pérolas coloridas/girassóis e margaridas,/anões de voz fina/e afinadas flautas mágicas."

d) "[...] a bolsa é cheia de sonhos,/alegres e tristonhos"

e) "a menina balançando/no coração do trem"

Podemos dizer que nos textos poéticos não interessa apenas o que é dito, mas, principalmente, como é dito. O poeta Manoel de Barros afirma: "Fazer poesias é olhar a realidade do mundo sob um ==ponto de vista== nem sempre ==objetivo==. Fazer poesias é fazer peraltagens com as palavras, tecer mundos com a linguagem e apresentá-la de forma sensível ao leitor".

> Ponto de vista **subjetivo** é o ponto de vista pessoal, individual, particular.
> Ponto de vista **objetivo** é o ponto de vista não influenciado por sentimentos, emoções ou opiniões pessoais.

9. Você acha que o poema "O trem" se encaixa nessa definição? Explique e dê exemplos.

Como você viu, muitas vezes, para expressar a sensação ou impressão que algo lhe causou, o poeta cria imagens, utiliza o sentido figurado.
Leia estes dois poemas.

Chuac!

primeiro beijo,
igual apertar campainha
de casa estranha.
um pique só.

ROGÉRIO BORGES

TAVARES, Ulisses. *Caindo na real*. São Paulo: Moderna, 2009

Os olhos

Os olhos
vaga-lumes,
lampiões.

Sentinelas do sonho,
açudes de emoções.

Vidros de licor
pra molhar o riso,
suavizar a dor.
[...]

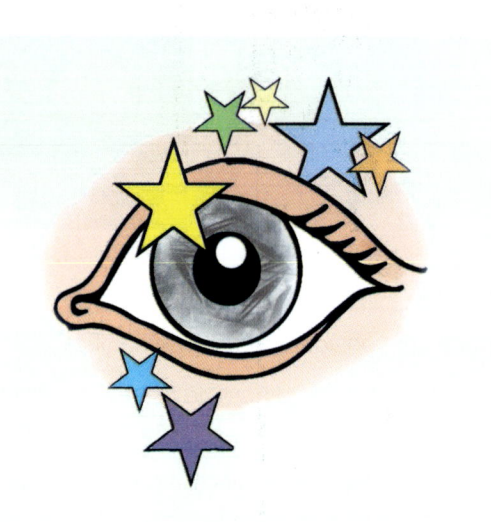

ROGÉRIO BORGES

DINORAH, Maria. *Giroflê giroflá*. Belo Horizonte: Lê, 1995.

10. No primeiro poema, o eu poético **compara** a sensação do primeiro beijo à de apertar a campainha de uma casa estranha. Que efeito de sentido consegue com essa **comparação**? Anote a resposta mais adequada no caderno.

a) Demonstrar que o som da campainha é como o som de um beijo.

b) Mostrar que dar um beijo é simples como apertar uma campainha.

c) Dizer que apertar a campainha de uma casa estranha faz o coração disparar como no primeiro beijo.

d) Provar que beijar e apertar a campainha de uma casa estranha provocam a vontade de sair correndo.

11. O segundo poema diz que os olhos são vaga-lumes, lampiões, vidros de licor para suavizar a dor. Observe.

vaga-lumes ⟶ brilham no escuro
lampiões ⟶ brilham no escuro
licor ⟶ tem sabor doce

O que se quer dizer sobre os olhos com essas imagens?

As imagens que o poeta criou sobre os olhos são o que chamamos de metáforas.

Nos poemas, as metáforas contribuem para mostrar ao leitor os sentimentos, as impressões, as emoções do eu poético.

> **Metáforas** são comparações abreviadas. Veja.
>
> Os olhos são brilhantes **como** são brilhantes os vaga-lumes. (comparação)
>
> Os olhos sao vaga-lumes. (metáfora: comparação abreviada, sem o uso da palavra **como**)

12. Você já sabe que o recurso de atribuir comportamentos e sentimentos humanos a um objeto ou a um ser irracional chama-se **personificação**.

"Você vem, você vem
faz o balanço do trem.
É que a bolsa é cheia de sonhos,
alegres e tristonhos,
e ninguém sabe para onde leva
a menina balançando
no coração do trem"

ANDRE FLAUZINO

a) Esse recurso é usado em quais versos do trecho?

b) "no **coração** do trem" pode ser considerado uma personificação?

c) A personificação é muito utilizada em um gênero de texto muito conhecido. Qual gênero é esse? Qual a importância desse recurso nesses textos?

d) Componha uma frase utilizando-se da personificação. Use as palavras do quadro a seguir.

ENGRENAGEM	MOTOR	TRILHO

RECURSOS LINGUÍSTICOS

Você já percebeu que a fala possui um ritmo, uma melodia? Dependendo dos efeitos que queremos provocar, usamos pausas, diferentes entonações e recursos linguísticos para expressar o que pensamos ou sentimos.

Do mesmo modo, o **ritmo** é a música de um poema. Como na música, os versos de um poema possuem um ritmo diferente do ritmo dos textos em prosa.

1. Leia o poema abaixo em voz alta.

Canção da garoa

Em cima do meu telhado
Pirulin, lulin, lulin,
Um anjo todo molhado
Soluça no seu flautim.

O relógio vai bater:
As molas rangem sem fim.
O retrato na parede
Fica olhando para mim.

E chove sem saber por quê...
E tudo foi sempre assim!
Parece que vou sofrer:
Pirulin lulin lulin...

Flautim é o instrumento musical mais agudo da família das flautas.

QUINTANA, Mário. *Nariz de vidro*. São Paulo: Moderna, 1984.

a) Há um som que se repete no poema todo. Qual é?

b) Que efeito causa a repetição desse som?

c) Em "Canção da garoa" a sonoridade de algumas palavras reforça o sentido do poema como um todo. Quanto ao poema "O trem", pode-se dizer que:

  I. Esses versos, com poucas modificações, são repetidos intencionalmente ao longo do poema.

  II. Essas repetições reproduzem o som do movimento do trem, imitam o balanço que ele faz ao percorrer o caminho.

  III. Na última estrofe, retomam-se os versos iniciais de cada estrofe, avisando ao leitor que a menina partiu.

  IV. A repetição do som do **em** é importante para dar ritmo ao poema.

Você observou que, no poema "Canção da garoa", a **sonoridade** das palavras usadas provoca o **ritmo** do poema: o poeta joga com o som das palavras, busca sons semelhantes, fazendo com que o leitor perceba uma cadência, uma melodia, ao ouvir ou ler o poema.

2. Essa sonoridade pode ser obtida pelo uso de ==rimas==. Vamos analisar esse recurso no poema "O trem".

"Vai que vai, vem que vem,
faz o balanço do trem."

"Vem também, vem também
faz o balanço do trem"

"Você vem, você vem
faz o balanço do trem."

"Vai que vai, vem que vem,
vem também, vem também"

a) Identifique e anote no caderno as rimas presentes nesses trechos do poema de Roseana Murray.

b) Que efeito essas rimas provocam na leitura do poema?

3. Leia o poema a seguir, depois responda: em todos os poemas aparecem rimas?

Esses poemas, mais que quaisquer outros,
estão cheios de noites e madrugadas adentro.
Cheios de uma dor tão elevada que é capaz
de nos fazer rir, apesar de tudo.
Cheios de dias na vida de uma luz.
São poemas de vitalidade, apesar do adeus...

RUIZ, Alice. In: LEMINSKI, Paulo. *La vie en close*. São Paulo: Brasiliense, 2000.

NÃO DEIXE DE LER

• **Viva a poesia viva**, de Ulisses Tavares, editora Saraiva

Pelo título, que oferece muitas possibilidades de leitura, é possível imaginar o conteúdo desse livro, que já se tornou clássico, repleto de poemas curtos que emocionam e fazem refletir.

4. Um recurso bastante utilizado em poemas é a aliteração, repetição de sons no início, no meio ou no final de palavras próximas. Leia estes versos e observe.

a) Em quais destes fragmentos há aliteração?

Vai varando o vento: — e o vento, ventando cada vez mais, desembaraça
o novelo, penteando com dedos de ar
[...]

ALMEIDA, Guilherme de. Velocidade. In: BARROS, Frederico de (org.). *Guilherme de Almeida*. São Paulo: Abril, 1982. (Col. Literatura Comentada).

[...]
e ninguém sabe para onde leva
a menina balançando
no coração do trem
[...]

MURRAY, Roseana. *Classificados poéticos*. Belo Horizonte: Miguilim, 2000.

Venham pulando carniça
atrás do passo apressado
do meu cavalo de pau!

ORTHOF, Sylvia. *Doce, doce... e quem comeu regalou-se!* São Paulo: Paulus, 1997.

b) Que sons se repetem nos versos em que há aliteração?

A ALITERAÇÃO NO COTIDIANO

Não é só em textos literários que encontramos aliterações. Elas aparecem em provérbios ("Quem com ferro fere, com ferro será ferido", por exemplo) e em trava-línguas, um gênero textual que faz parte das manifestações orais da cultura popular. A graça do trava-línguas é ser pronunciado da maneira mais rápida possível. Fique atento e perceba como a aliteração, que aparece em todos os que propomos aqui, confere musicalidade e ritmo às frases.

Vamos fazer um concurso em sua classe e verificar se alguém é capaz de pronunciar, sem nenhum tropeço ou hesitação, as "frases ondulosas" reproduzidas abaixo? Treine bastante e, em um dia combinado com o professor, cada estudante poderá apresentar um à sua escolha para os demais colegas.

1 Quico quer caqui. Que caqui que o Quico quer? O Quico quer qualquer caqui.

2 Um sapo dentro do saco
O saco com o sapo dentro
O sapo batendo o papo
E o papo cheio de vento.

3 O sabiá não sabia que o sábio sabia que o sabiá sabia que o sábio não sabia que o sabiá não sabia que a sabiá não sabia que o sabiá sabia assobiar.

4 Em rápido rapto, um rápido rato raptou três ratos sem deixar rastros.

5 "Em horas inda louras lindas/ Clorindas e Belindas, brandas/ brincam no tempo das berlindas,/ as vindas vendo das varandas [...]." (Fernando Pessoa)

PARA LEMBRAR

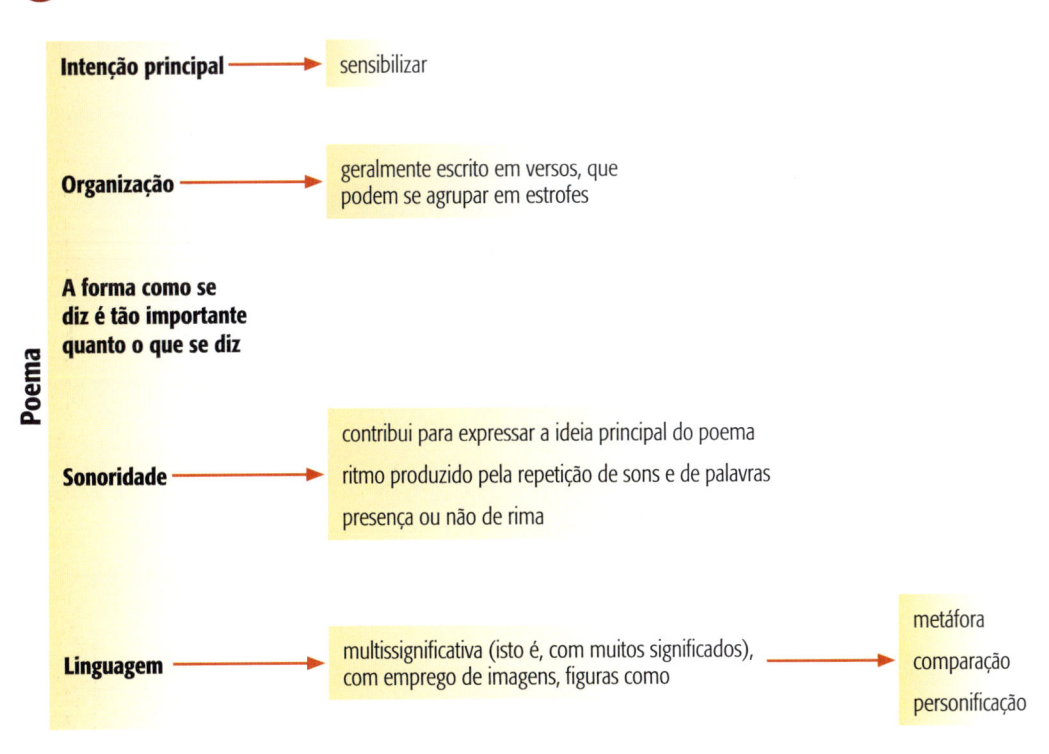

Poema

- **Intenção principal** → sensibilizar
- **Organização** → geralmente escrito em versos, que podem se agrupar em estrofes
- **A forma como se diz é tão importante quanto o que se diz**
- **Sonoridade** →
  - contribui para expressar a ideia principal do poema
  - ritmo produzido pela repetição de sons e de palavras
  - presença ou não de rima
- **Linguagem** → multissignificativa (isto é, com muitos significados), com emprego de imagens, figuras como → metáfora / comparação / personificação

DEPOIS DA LEITURA

A INTENÇÃO DE QUEM ESCREVE

Quando alguém escreve um texto, seja ele um poema, seja em prosa, sempre imagina que haverá um leitor, mesmo que esse leitor seja ele próprio, como no caso do diário íntimo, lembra-se?

Quem escreve sempre tem uma intenção, um propósito. Essa intenção pode ser percebida por vários indícios, entre eles o assunto do texto.

Pensem nos poemas que conhecem e nos que leram nas atividades anteriores: será que podemos fazer poemas sobre sentimentos? Sobre acontecimentos do dia a dia? Sobre coisas que nos revoltam? Sobre nossos desejos?

Vamos refletir sobre isso. Sente-se com um colega e discuta com ele as questões a seguir. Preparem-se para comentá-las com seu professor e os colegas.

1. Leiam.

Texto 1

MOTOQUEIRO
Precisa-se de motoqueiro. Fixo mais comissão. Com moto. Enviar currículo para a Rua Vinte e Cinco de Março, 333, Centro.

MOTORISTA
Precisa-se de motorista classes A, B e E. Deixar currículo na Rua Padre Antonio, 1333. Joaquim Távora.

AUXILIAR ADMINISTRATIVO
Precisa-se de auxiliar administrativo c/ experiência em compras, estoque e parte burocrática. Currículo para curriculo@curriculo.com.br

MANICURE
Precisa-se de manicure. 50% transporte. Ótima clientela. Telefone 3333-3333.

O Povo, 9 e 24 nov. 2010.

Texto 2

Procura-se um equilibrista
que saiba caminhar na linha
que divida a noite do dia
que saiba carregar nas mãos
um fino pote cheio de fantasia
que saiba escalar nuvens arredias
que saiba construir ilhas de poesia
na vida simples de todo o dia.

ANDRE FLAUZINO

MURRAY, Roseana. *Classificados poéticos*. Belo Horizonte: Miguilim, 2000.

a) Observem o texto 1. Onde se publicam textos como esse e com que finalidade?

b) No texto 1, o que está sendo anunciado? Que público poderia se interessar por um anúncio como esse?

c) Como uma dessas pessoas poderá entrar em contato com quem publicou o anúncio?

d) Observem a linguagem utilizada. O que é necessário para redigir um bom anúncio classificado? Anotem no caderno as afirmações que melhor respondem a essa pergunta.

    I. A linguagem deve ser bem subjetiva, de acordo com a personalidade do redator do anúncio.

    II. É necessário saber escolher bem as palavras, selecionando as mais importantes, e utilizar abreviações.

    III. A linguagem deve ser clara e concisa para que o leitor entenda o anúncio com facilidade.

2. Voltem ao texto 2.

a) O que o aproxima de um anúncio classificado como o texto 1?

b) Como, na opinião de vocês, seriam as pessoas que o produtor do texto 1 gostaria de encontrar?

c) E como é a pessoa procurada por quem redigiu o texto 2?

d) A pessoa que publicasse um anúncio como o do texto 2, em um jornal ou revista, seria bem-sucedida? Expliquem.

3. Depois de lermos os dois textos, podemos afirmar que:

a) pessoas como as descritas no texto 1 podem ser facilmente encontradas, já a do texto 2 não existe no mundo real, apenas no "mundo da poesia".

b) o texto 1 utiliza linguagem objetiva, para ser entendida da mesma forma pelos diferentes leitores.

c) o texto 2 utiliza linguagem figurada, por exemplo, quando fala de uma pessoa "que saiba construir ilhas de poesia".

d) é inútil produzir um texto como o 2: não há por que publicar anúncios sobre pessoas que não existem.

4. Leia a tirinha abaixo.

ITURRUSGARAI, Adão. *Folha de S. Paulo*, 14 mar. 2008.

a) Em que suporte poderíamos encontrar uma tira como essa?

b) O que provoca humor na tira?

Os poemas são compostos com diferentes intenções e divulgados em diferentes <mark>portadores</mark>. Aparecem, por exemplo, em folhetos de divulgação, em *outdoors*, anúncios... Veja um exemplo.

1. A propaganda reproduzida é composta de uma parte verbal e uma não verbal.

    a) Se você trabalhasse em uma locadora, com base nas imagens, em que prateleira colocaria o filme (filmes de ação, terror, amor, ficção científica etc.)?

    b) Qual o assunto do poema?

2. No centro da propaganda existe outro texto.

    a) O que se diz nele?

    b) Siga essa instrução. O que você notou?

    c) Como é possível relacionar o que você respondeu acima ao título do filme e à forma como os versos foram compostos?

3. Qual a intenção dessa propaganda?

4. Após a leitura do poema de baixo para cima, responda: qual a função dele na propaganda do filme?

5. Você acha que utilizar um poema foi um bom recurso para atingir esse objetivo? Explique.

> **Portar** é "carregar, transportar". **Portadores** ou **suportes** de texto são lugares (físicos ou virtuais) que servem para fixar e mostrar textos. Exemplos de portador: jornal, revista, livro, *outdoor*, embalagem, quadro de avisos, para-choque de caminhão, *site* etc.

JOGRAL

A palavra **jogral** já era usada na Idade Média (séculos V a XV) para referir-se a artistas profissionais de origem popular que divulgavam músicas e poemas de sua autoria ou de outros artistas. Esses artistas ganhavam a vida entretendo o público com sua música ou literatura e ainda com ditos engraçados e até com acrobacias e mímica.

Atualmente, o nome jogral refere-se a grupos que declamam poemas ou outros textos literários em coro, às vezes, alternando **canto** e declamação, outras vezes dividindo o texto em partes individuais e coletivas.

Ensaio da peça *Hecuba* com a atriz Walderez de Barros, em São Paulo.

Propomos que, em grupos, vocês apresentem poemas à classe, aos estudantes de outras turmas ou aos pais, em uma ocasião em que estes se reúnam na escola, como, por exemplo, no Dia das Mães ou dos Pais ou em outra data comemorativa. Para isso propomos que vocês:

1 Dividam-se em equipes de cinco ou seis pessoas.

2 Escolham um poema que agrade a todos. Se vocês realizaram a roda de leitura de poemas proposta na questão 3 da seção "Antes de ler", pode ser um dos poemas apresentados. Caso contrário, pesquisem na biblioteca da escola ou na internet. O importante é que o poema não seja muito curto para que todos possam participar, ainda que seja responsabilizando-se por uma única fala.

3. Decidam se apresentarão o poema com música de fundo ou ainda se cantarão alguma parte dos versos.

4. Resolvam se usarão alguma roupa especial e se seria interessante realizar uma coreografia (todos entram juntos ou entram em fila e se separam etc.), isto é, o que farão antes de tomarem seus lugares, como se fossem participantes de um coral.

5. Escolham alguém para apresentar o grupo, o poema e seu autor. É importante também atribuir a um dos estudantes a responsabilidade de dirigir os ensaios.

6. Dividam o poema entre vocês, indicando que partes serão declamadas individualmente e que partes serão ditas por todos.

7. Lembrem-se de que não é necessário decorar os textos: cada um pode trazer uma folha com o poema e indicações de quem falará qual verso ou versos.

Por exemplo:

Marta: Vai que vai, vai que vem

Todos: Faz o balanço do trem.

Pedro: Você vem, você vem

Todos: Faz o balanço do trem.

8. Durante os ensaios, observem se todos estão falando de modo que possam ser ouvidos por todo o público. Para isso, o diretor pode ficar bem distante do gupo, como se estivesse sentado na última cadeira da sala.

9. Para a apresentação, decidam a data e o local em conjunto com seu professor.

No dia da apresentação:

1. Falem em voz alta e pronunciando as palavras claramente de modo que todos entendam o poema.

2. Falem obedecendo ao ritmo do poema, ora mais lentamente, ora mais acelerados.

3. Procurem expressar a emoção dos versos com pausas estratégicas, força maior em alguns versos, menor em outros.

4. Mantenham uma postura adequada à apresentação com seriedade e atenção à parte de cada um, sem conversas paralelas.

Avaliação

Depois da apresentação de todas as turmas, façam uma avaliação das declamações, levando em conta:

a) Todos falaram com voz audível?

b) Os versos foram bem divididos em partes individuais e coletivas?

c) O grupo pareceu ter ensaiado várias vezes?

d) A apresentação como um todo provocou vontade de conhecer outros poemas do mesmo autor?

Verbo

Conceito

1. Observe a tela *Jogos infantis*, que reproduzimos abaixo. Ela retrata brincadeiras do século XVI.

Jogos infantis, 1560, de Pieter Brueghel, pintor que gostava de retratar pessoas e o cotidiano. Nessa tela estão representados 84 tipos de brincadeira.

a) Você sabia que nessa época crianças e adultos trabalhavam juntos? Será que também brincavam juntos? Observe a tela e responda.

b) O que a tela retrata?

c) Escreva no caderno pelo menos seis ações praticadas pelas personagens da cena. Utilize apenas uma palavra para contar o que cada uma está fazendo.

As palavras que você escreveu na resposta anterior, que indicam o que as pessoas **fazem**, isto é, as **ações**, são chamadas de **verbos**. Nos textos desta unidade, temos vários exemplos de verbos acompanhados do termo que informa quem praticou a ação. Veja.

Na bolsa a <u>menina</u> **leva**/pérolas coloridas

termo que indica quem praticou a ação ← → **termo que indica a ação**

[...] a <u>gente</u> **muda** de linha antes do fim

termo que indica quem praticou a ação ← → **termo que indica a ação**

2. Releia este trecho de uma notícia.

> Um trem da linha 8 (Diamante) descarrilou neste sábado (6), por volta das 17 h, em São Paulo. [...]
>
> Os passageiros que estavam nos vagões desembarcaram e caminharam a pé pelos trilhos até a próxima estação. [...]
>
> Disponível em: <http://www1.folha.uol.com.br/cotidiano/2014/09/1512197-trem-descarrila-e-provoca-lentidao-na-linha-8-da-cptm.shtml>. Acesso em: 22 jan. 2015.

a) Responda resumidamente: O que essa notícia informa?

b) Qual foi a consequência desse fato?

c) Qual verbo traduz a ação atribuída ao termo **trem**?

d) Quais verbos traduzem as ações atribuídas ao termo **passageiros**?

3. Leia.

Grupo 1

"Um anjo todo molhado/**Soluça** no seu flautim."
"As molas **rangem** sem fim."

Grupo 2

Poemas **são** palavras postas em música.
Poema **é** música que se faz com ideias.
O trem **parecia** lento.

Grupo 3

Na quarta-feira, o sol aparece forte e não **chove** no norte do Maranhão e do Piauí, no nordeste da Bahia, no Ceará, no Rio Grande do Norte, na Paraíba, em Alagoas, em Sergipe e na maior parte de Pernambuco. [...]

Disponível em: <http://www.climatempo.com.br/previsao-do-tempo/regiao/ne/nordeste>.
Acesso em: 24 nov. 2010.

Pela segunda vez este ano, **nevou** na região serrana do Rio Grande do Sul. A queda de neve foi confirmada pelo Instituto Nacional de Meteorologia em Cambará do Sul. [...]

Disponível em: <http://www.climatempo.com.br/destaques/2010/08/03/nevou-e-pode-nevar-mais-ate-amanha/>.
Acesso em: 28 mar. 2015.

a) No grupo 1, quem pratica as ações expressas pelos verbos destacados?

b) Anote a resposta certa no caderno. No grupo 2, os verbos destacados também indicam ação?

   I. Sim, todos indicam ação.

   II. Não, esses verbos não indicam ação.

   III. Alguns sim, outros não.

c) No grupo 3:

   I. nenhuma das palavras destacadas é verbo.

   II. as palavras assinaladas são verbos que indicam fenômenos da natureza.

   III. nesse grupo de frases, os verbos destacados deixam claro quem pratica a ação.

Pelo que vimos até aqui, concluímos que verbos são palavras que exprimem uma ação, um estado ou um fenômeno da natureza.

Em geral, o verbo se refere a um termo da oração que indica quem praticou a ação ou a quem se atribui um estado. Mas será que é sempre assim?

4. Suponha que o quadro ao lado indique a previsão do tempo, para amanhã, em sua cidade. Crie um texto para descrevê-la, empregando os verbos **ventar** e **chover**.

a) Em seu texto, foi possível indicar quem pratica a ação dos verbos **ventar** e **chover**? Por quê?

b) Você conhece outros verbos como esses?

c) O que você pode observar em relação a esses verbos quando usados em uma oração?

Os verbos **ventar** e **chover** são chamados de **verbos impessoais**. Os verbos impessoais não concordam em pessoa e número com nenhum outro termo da frase; eles são usados apenas na terceira pessoa do singular.

Outros exemplos de verbo impessoal: **relampejar**, **nevar**, **amanhecer**.

Flexão de pessoa e número

Observe a imagem.

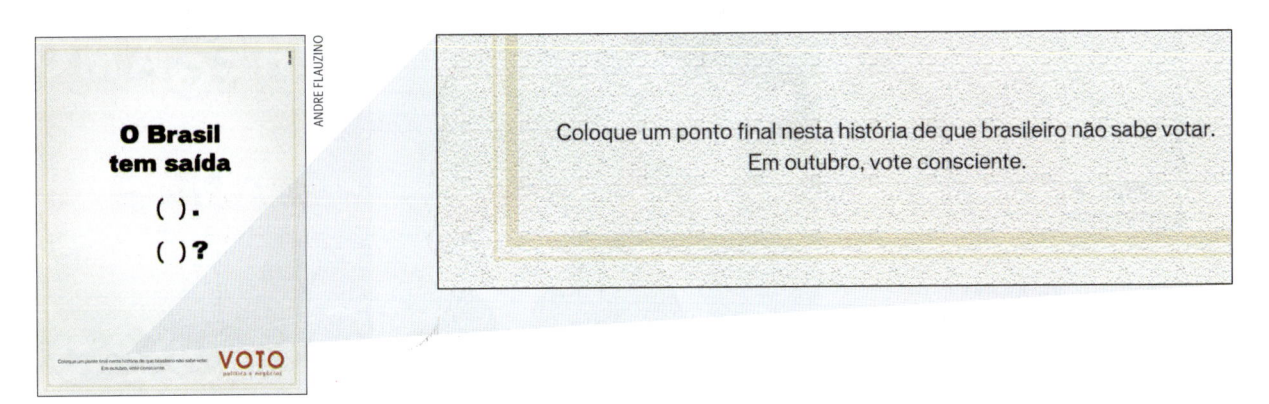

1. De que fala a propaganda?

2. O texto principal do cartaz apresenta uma frase e dois sinais de pontuação. Como é possível entender esses sinais? Leve em conta o que está escrito em letras menores na parte inferior do texto.

3. Quem vota de modo consciente garante uma boa representação. Leia esta frase: "Serei bem representado". Se quisermos dizer que, com voto consciente, isso ocorrerá com todos os brasileiros, como ficará a frase?

4. Se quiséssemos falar de uma votação que já aconteceu, como ficaria essa frase? Inicie com: "Nas útimas eleições, ...".

5. Levando em conta as respostas que deu nas atividades 3 e 4, responda: O que é possível observar quanto à flexão dos verbos?

6. Observe agora o quadro a seguir. Ele confirma ou desmente a resposta que você deu à atividade anterior?

> No Brasil, no lugar do pronome **nós**, é bastante empregada a expressão **a gente**, tanto na língua escrita quanto na falada. O uso dos pronomes **tu** e **vós** é restrito a algumas regiões ou a situações extremamente formais (sermões religiosos, por exemplo). Na maior parte das regiões, esses pronomes são substituídos por **você** e **vocês**, que exigem verbo na terceira pessoa: **você falou/vocês falaram**.

	Singular	Plural
Primeira pessoa	Eu falo	Nós falamos
Segunda pessoa	Tu falas/você fala	Vós falais/vocês falam
Terceira pessoa	Ele/ela fala	Eles/elas falam

> Recorde as pessoas do discurso:
> primeira pessoa: quem fala;
> segunda pessoa: com quem se fala;
> terceira pessoa: aquele ou aquilo de que se fala.

7. Veja a capa destes livros.

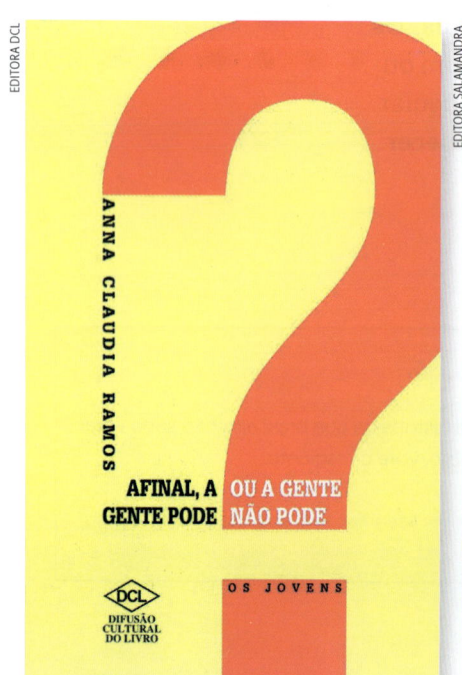

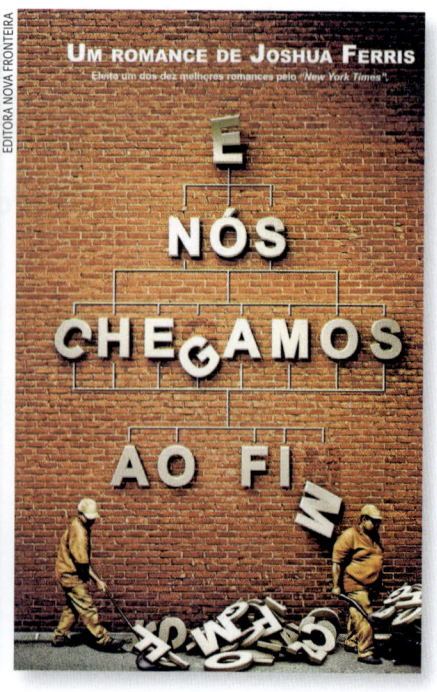

Responda às questões:

a) Troque **a gente** por **eu** no título do primeiro livro.

b) Troque **você** por **nós** no título do segundo livro.

c) Troque **nós** por **vocês** no título do terceiro livro.

d) O que você observou em relação aos verbos?

Podemos ampliar mais um pouco a definição de verbo: **Verbo** é a palavra de forma **variável** que exprime uma ação, um estado ou um fenômeno da natureza.

Flexão de tempo

1. Leia o texto.

> O Joãozinho explica um lance do jogo de futebol a um amigo:
> — Você tinha que ver, Zé! Na hora de cobrar o pênalti, o goleiro ficou fazendo guerra de nervos comigo. Ele dizia: "Se chutar na direita, eu pego; se chutar na esquerda, eu pego; se chutar no meio, eu pego!".
> E o Zé pergunta:
> — E aí? O que você fez?
> — Chutei pra fora e enganei ele.

a) A piada, como todo gênero narrativo, tem um clímax, um momento de maior expectativa. Anote no caderno a frase que contém o clímax dessa piada.

b) A narrativa de Joãozinho sobre o jogo é feita no presente, no passado ou no futuro?

c) Procure no texto dois verbos que foram utilizados no presente.

d) Procure dois verbos empregados no passado.

e) Por que, em um mesmo texto, foram empregados verbos no presente e no passado?

2. Observe agora.

falava (passado)	falo (presente)	falarei (futuro)

• Levando em conta suas respostas na atividade 1 e os exemplos anteriores, o que é possível observar quanto à flexão dos verbos?

3. Leia o texto a seguir e observe que o narrador utiliza algumas formas verbais no passado, outras no presente.

> **Estava** um pouco destreinado. **Faltava**-lhe o equilíbrio dos velhos tempos e, para evitar o fiasco diante dos vizinhos, **saiu** de casa às 5 da matina.
> **Cruzou** com o leiteiro. **Quis** fingir que não **viu**, mas sem resultado:
> — Força, doutor. No começo a gente **padece** mesmo. No fim **é** moleza.
> **Ficou** em dúvida se **pegava** a Avenida Heitor Penteado ou se **descia** pela Água Branca. **Lembrou-se** da subida da Pompeia. **Escolheu** as ruas mais planas, no sexto quarteirão já **bufava**.

DIAFÉRIA, Lourenço. As aventuras de um ciclista urbano. In: NOVAES, Carlos Eduardo et alii. *Para gostar de ler.* São Paulo: Ática. v. 7: Crônicas.

a) Que tempo verbal predomina nos trechos em que o narrador conta os fatos?

b) E nos trechos que coincidem com o momento em que ocorrem os fatos descritos pelo narrador?

Vamos, então, complementar a definição de verbo.

Verbos são palavras de forma variável que exprimem uma ação, um estado ou um fenômeno da natureza, representando-o no tempo.

A LÍNGUA NÃO É SEMPRE A MESMA

Leia esta tira.

DAVIS, Jim. Disponível em: <tirinhasdogarfield.blogspot.com.br/2010/07/gordo.q.thml>
Acesso em: 28 mar. 2015.

a) Garfield anuncia que vai comer um doce com a mesma expressão de satisfação que Jon tem ao dizer que vai correr. Do ponto de vista da saúde, comer um doce é tão bom quanto correr? O que torna essa tira engraçada?

b) No primeiro quadrinho, Jon já correu, está correndo ou ainda vai correr? E Garfield já comeu, está comendo ou ainda vai comer?

c) As expressões **vou correr**, **vou ficar** e **vou comer** indicam passado, presente ou futuro?

d) No primeiro e no segundo quadrinhos, utilizam-se duas formas verbais com o valor de uma: **vou correr**, **vou ficar**, **vou comer**. Substitua cada uma dessas expressões verbais por uma só forma verbal.

Dois ou mais verbos com valor de um apenas compõem uma **locução verbal**, formada por um verbo principal e um auxiliar. O verbo principal é sempre o que aparece por último. O outro verbo da locução é chamado de **verbo auxiliar.**

vou comer

verbo auxiliar ←   → verbo principal

Em uma locução verbal, conjuga-se apenas o verbo auxiliar. Veja: nós vamos correr (= correremos); estou comendo (= como); está fazendo (= faz); vamos ler (= leremos). No Português do Brasil, é mais comum o uso da locução verbal do que o da forma com um único verbo.

1. Observe estas capas de revista.

Observe a principal chamada de cada capa.

"Por que você é assim?"
"Como as pessoas decidem"
"Por que chove tanto"
"Brasil voa alto no cinema e na TV"

a) Por que essas frases estão em destaque em relação aos demais textos das capas?

b) Observe a imagem de cada capa. Na sua opinião, em qual das capas ficou mais clara e coerente a relação entre a imagem e a chamada principal? Explique.

c) Anote o verbo que aparece em cada uma dessas chamadas principais.

d) Diga quais deles exprimem ação, quais indicam fenômeno da natureza e quais indicam estado.

e) Imagine que o redator da revista não pudesse usar verbos no título da terceira e da quarta capas ("Por que chove tanto" e "Brasil voa alto no cinema e na TV"). Como ele poderia reescrever esses títulos?

2. Leia a tira.

SAN JUAN, Érico. *Tiras de letra outra vez*. São Caetano: Virgo, 2003.

a) O que provoca humor na tira?

b) Como você reescreveria a primeira fala de Ditinho, para que a moça entendesse o que ele realmente quer dizer?

c) O verbo **ficar** sofreu alguma mudança quando você reescreveu a frase? Se sim, qual foi a mudança e o que a tornou necessária?

d) Você acha que a garota foi embora apenas porque não entendeu o que o rapaz disse? Explique.

3. Leia esta tirinha.

ZIRALDO. Disponível em: <http://www.meninomaluquinhoeducacional.com.br/PaginaTirinha/PaginaAnterior. asp?da=07122007>. Acesso em: 28 mar. 2015.

a) Releia o primeiro quadrinho. Como ficaria a fala do Menino Maluquinho se ele utilizasse o pronome **nós** em vez da expressão **a gente**?

b) Como ficaria a fala da personagem no último quadrinho se ele respondesse não apenas em seu nome, mas também em nome dos colegas da classe?

c) Na situação mostrada na tirinha, o uso do pronome **nós** indicaria maior formalidade da conversa?

d) Escolha nas alternativas a seguir, a locução verbal equivalente à fala do Menino Maluquinho no último quadrinho e anote-a no caderno.

"Não sei! Vou responder depois!"   "Não sei! Vos responderei depois!"

"Não sei! Vai responder depois!"   "Não sei! Vou responderei depois!"

4. Leia esta notícia.

Índia cria nota de zero rúpia

Cédula foi inventada para combater a corrupção

A nota, que é igual a uma cédula de verdade, foi criada por uma ONG para tentar envergonhar os funcionários públicos corruptos. A ideia é que, quando um funcionário público pedir caixinha ou propina, o cidadão responda "molhando a mão" do corrupto com a nota de zero rúpia. Mais de 1 milhão de notas já foram distribuídas, com vários casos de sucesso que foram destaque na mídia do país. Um funcionário público de Tamil Nadu, estado no sul da Índia, ficou tão envergonhado que devolveu todas as propinas que havia coletado.

Revista *Superinteressante*. São Paulo, Abril, mar. 2010.

As notícias tem duas partes:

O **título** (pode vir acompanhado de um **subtítulo**), que tem como objetivo chamar a atenção do leitor, motivando-o a ler o texto.
O **corpo da notícia**, em que se conta o que aconteceu, com quem, onde se deu o fato etc.

Responda.

a) Em que tempo está o verbo do título? Comprove sua resposta.

b) Fm que tempo estão os verbos do corpo da notícia? Dê dois exemplos que comprovem sua resposta.

c) Levante uma hipótese: Por que essa diferença de uso dos tempos verbais em uma mesma notícia?

5. Na última frase da notícia da atividade 4, aparece uma locução verbal composta pelo verbo **haver**.
a) Qual é?
b) Como seria possível substituí-la usando-se um só verbo?

REVISORES DO COTIDIANO

Episódio 7

Leo e Nina estavam em sala de aula fazendo uma pesquisa em diferentes jornais levados pela professora.

— Professora, veja o título desta matéria do Caderno Legal, do jornal Comércio & Cia — comentou Nina. — O verbo está estranho:

"Pagamento correto de impostos pôde aumentar lucro das empresas

Novas normas da Receita Federal trazem vantagens para quem paga em dia"

1. Você concorda com a menina? Há algo errado no título lido?

2. Como deveria ter sido redigido o título?

LEITURA 2

Ao produzir seu texto, o poeta pode recorrer a recursos visuais e gráficos, ocupando o espaço da folha de maneira original, única. Isso acontece nos chamados poemas visuais, que são feitos não para serem ouvidos, mas para serem vistos, como ocorre com uma pintura ou uma fotografia. Veja como isso se dá no poema a seguir.

ANTES DE LER

1. Vimos que o poeta pode recorrer a recursos como metáforas, comparações, personificações, rimas e repetição de sons no interior dos versos para expressar a visão pessoal, única, que tem das pessoas e do mundo. Você acha que é possível escrever um poema sem rima, sem versos, sem ritmo, sem imagens poéticas? Explique.

2. Lemos um poema e uma notícia sobre um trem. Como seria possível fazer um poema sobre um trem sem utilizar nenhum dos recursos mencionados na pergunta 1?

TREM TREM TREM TREM TREM

P   I   T
O   N   B
N   A   A
T   C   D
E   A   A

TREM TREM TREM TREM TREM TREM TREM TREM TREM

ELIACHAR, Leon. *O homem ao quadrado*. São Paulo: Círculo do Livro, s/d.

1. Observe atentamente a disposição das palavras no espaço da folha, depois responda:

a) O que o autor do poema pretendeu mostrar com essa forma diferente de ocupar o espaço?

b) Observe a disposição e o desenho das palavras na página. Como, pela imagem, é possível reconstruir o percurso do trem até esse momento final?

c) O que você achou dessa forma de o poeta dialogar com o leitor, convidando-o a "ver" o que acontece com o trem, em vez de apenas contar o que acontece?

d) O que mais lhe agradou no poema?

2. Observe o poema visual a seguir.

a) De que fala o eu poético?

b) Como as palavras estão organizadas? O que elas representam?

c) Para entendermos o que diz o poema, basta fazer uma leitura linear, como a que fazemos em outros textos? Explique.

```
      A            T  A
        G R A V A T
         DOLO
         ROSA
         QUE TU
         USAS
         E QUE
        TE ENFEITA,
         Ó CIVI
         LIZADO
         TI  SE QUISE
         RE-      RES
         A         RESPI
                    RAR
```

> **Caligrama**
> O poema *A gravata* é um **caligrama**, poema visual em que as palavras sao dispostas de forma a representar um desenho: de objetos, plantas, animais...

APOLLINAIRE, Guillaume. *A gravata*. Trad. das autoras.

O poema *A gravata* é de Guillaume Apollinaire (1880-1918), poeta francês que pela primeira vez utilizou um caligrama.

3. Vamos ver agora quais os recursos de que se vale o poeta ao produzir um poema visual. Esses recursos estão presentes em qualquer poema visual.

Exploração do espaço de forma significativa

TCHELLO D' BARROS

D'BARROS, Tchello. *Eternidade*. Disponível em: <http://tchellodbarros-poesiavisual. blogspot.com/2007/04/020-eternidad. html>. Acesso em: 28 mar. 2015.

a) Que palavra o autor utilizou? Por que a grafou dessa forma?

Relacionamento entre forma e conteúdo das palavras

MARCELO MOTA

MOTA, Marcelo. Disponível em: <http:// www.poemavisual.com.br/html/show_ poeta.php?id=21&ptitle=Marcelo%20 Mota>. Acesso em: 1 maio 2015.

b) Qual a relação entre a forma e o conteúdo do poema visual apresentado?

c) Observe que a palavra **asas** aparece duas vezes. Elas produziriam o mesmo efeito se estivessem simplesmente escritas uma ao lado da outra: **asas asas**? Explique.

Exploração visual do conteúdo da palavra

d) O que o desenho das três luas forma?

e) Que efeito o fundo preto produz?

AL-CHAER

AL-CHAER. Disponível em: <http://www.poemavisual. com.br/html/show_poeta. php?id=98>. Acesso em: 28 mar. 2015.

Predomínio da imagem em relação à palavra

f) Foque sua atenção nas áreas brancas dos desenhos. O que você vê?

g) Você acha que a disposição gráfica da palavra dá ideia de amplidão ou aprisionamento? Explique.

ANA ALY

ALY, Ana. Cidade. In: Philadelpho Menezes. *Poética e visualidade*: uma trajetória da poesia brasileira contemporânea. Campinas: Ed. da Unicamp, 1991.

🔔 PARA LEMBRAR

Poema visual

Intenção principal ⟶	expressar-se artisticamente
Formato livre, com emprego de recursos visuais e gráficos	
Exploração do espaço de forma significativa	
Exploração visual do conteúdo da palavra	
Denominações ⟶	poema gráfico, poema-desenho ou caligrama

POEMA

Vimos muitos poemas nesta unidade. Vamos agora criar nossos próprios poemas. Eles farão parte do almanaque que será criado no final do ano e comporão um **varal de poemas** para ser exposto na biblioteca de sua escola ou de seu bairro, para que muitos possam conhecer a produção da turma.

Antes de começar

Você viu nesta unidade que, nos poemas visuais, as letras ou as palavras são distribuídas na página de forma inusitada.

1. Leia este poema. Reorganize no caderno as palavras dos dois últimos versos, inventando outra forma de mostrar o movimento que o maior cachorro do mundo provocaria caso se coçasse.

> **NÃO DEIXE DE OUVIR**
>
> • **Poemas musicados por Paulo Bi e José Paulo Paes**, MCD
>
> Poemas de José Paulo Paes musicados por Paulo Bi.

Terremoto

SE VOCÊ JUNTAR TODAS AS PULGAS
TERÁ A MAIOR PULGA
DO MUNDO.

SE VOCÊ JUNTAR TODOS OS CACHORROS
TERÁ O MAIOR CACHORRO
DO MUNDO.

AGORA, SE ESSA PULGA
PICAR ESSE CACHORRO
E ELE SE COÇAR

VAI   CU   O   DO   DO!
    SA   DIR   MUN   TO

PAES, José Paulo. *Um passarinho me contou.* São Paulo: Ática, 1998.

2. Sente-se com um colega. Juntos, "brinquem" com palavras que possam ser escritas de um jeito diferente. Vejam estes exemplos:

Planejando a produção

Agora, individualmente, cada um decide o que fará.

1 Qual ou quais das palavras que você e seu colega criaram no exercício anterior será (ou serão) aproveitada(s)?

2 O que você pode falar utilizando essa palavra? (Por exemplo: descrever um dia com muito vento e o que o vento causou.)

3 Que outros recursos visuais poderá utilizar? (Por exemplo: escrever as palavras de trás para a frente, com as letras invertidas ou de ponta-cabeça.)

4 Verifique se a(s) palavra(s) utilizadas por você formam um desenho.

Da mesma forma como fez o autor no verso. Siga as setas:

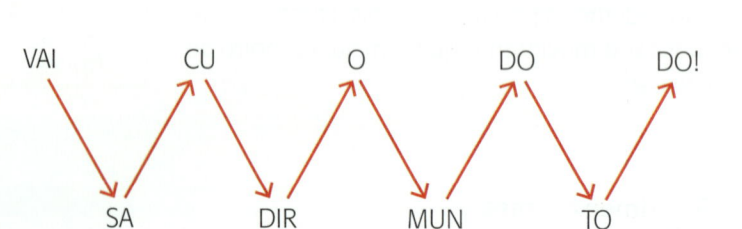

5 Faça inicialmente um rascunho e mostre-o ao colega de dupla. Veja se ele tem alguma sugestão a dar. Só então redija a primeira versão do poema.

Avaliação e reescrita

1 Depois de produzidos os textos, forme um grupo maior, com mais quatro ou cinco colegas. Troquem entre vocês os poemas produzidos e leiam-nos.

2 Comentem todas as produções do grupo, um de cada vez. Todos podem opinar, dizer do que mais gostaram, sugerir modificações. O autor anota as observações e, depois, decide se vai aproveitá-las.

3 Finalmente, levando em conta as sugestões dos colegas, produza a versão final de seu texto. Você pode usar canetas ou lápis de cor. Entregue o texto ao professor e, quando ele devolvê-lo, guarde-o para compor um varal de poemas na classe ou na biblioteca ou para ser colocado na recepção na próxima reunião de pais na escola.

4 Para a montagem do varal de poemas, decida com o professor e os colegas os seguintes itens:

• Quem se encarregará da montagem do varal?

• Onde e quando se dará a exposição?

• Como confeccionar convites para o evento?

• A quem serão entregues esses convites?

5 Quando o varal for desmontado, recolha seu poema e guarde-o para o projeto do final do ano (almanaque).

Verbo

Flexão de modo

1. Leia estas frases de Jô Soares, em que ele brinca com "os paradoxos de todo dia".

> Um **paradoxo** é uma contradição, uma aparente falta de lógica.

Ele **é** inteligente para burro.
Deixe em fogo brando até a clara ficar escura.
Esse carro **está** ótimo porque está envenenado.
Motorista, **vá** voando até o aeroporto.

Revista *Veja*, 20 nov. 1990.

a) Qual (quais) delas exprime(m) uma ordem, um pedido?

b) Em qual (quais) delas há certeza em relação ao fato enunciado?

c) Identifique e anote no caderno palavras de sentido oposto nas três primeiras frases.

d) Os verbos destacados indicam certeza ou dúvida a respeito do que se afirma?

Além de serem flexionados para indicar tempo, pessoa e número, os verbos podem também variar de acordo com a atitude de quem fala diante daquilo que diz a seu interlocutor. Essa atitude pode ser de certeza, de dúvida ou de convencimento, por exemplo. Para expressá-la, o produtor de um texto escolhe o **modo** como vai conjugar os verbos.

2. Leia.

Portal Educacional. Disponível em: <aprendebrasil.com.br/especiais/campanhaetica/2009/inicio.asp>. Acesso em: 28 mar. 2015.

a) Dê um exemplo do que uma pessoa que participasse dessa campanha poderia fazer.

b) Que verbo aparece nessa propaganda?

c) Esse verbo exprime uma certeza do locutor ou faz um convite ao leitor?

3. Observe o cartaz de propaganda ao lado.

a) O que é **censo**? Se não souber, consulte um dicionário.

b) Nas duas frases no alto do cartaz, aparecem uma locução verbal que indica certeza e dois verbos que indicam um convite, uma orientação a seguir. Quais são?

c) Anote no caderno a opção correta. Essa propaganda:

    I. tenta convencer o leitor a comprar um produto.

    II. tenta levar o leitor a ter certo comportamento (receber bem o recenseador e responder corretamente às perguntas).

    III. tenta explicar ao leitor por que ele deve receber bem o recenseador e responder corretamente às perguntas.

4. Agora observe o cartaz de uma propaganda de sensibilização pública.

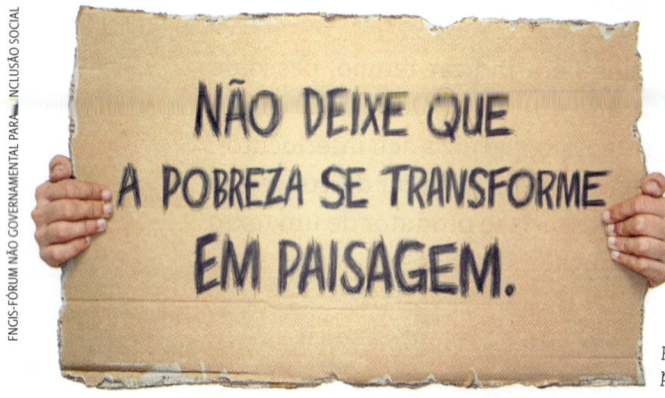

FNGIS – Fórum Não Governamental para a Inclusão Social.

a) Como você entendeu o texto desse cartaz?

b) Para convencer o leitor, convidá-lo a agir, o texto emprega um verbo que indica ordem ou pedido. Qual?

c) Há outro verbo nesse texto. Escreva-o no caderno.

d) Ele indica que o locutor tem certeza de que o leitor não deixará o fato acontecer?

Quando uma pessoa fala sobre algo de que ela tem certeza que acontece, aconteceu ou vai acontecer, ela usa o **modo indicativo**. Exemplo: **Passei** pela sua casa ontem.

Quando dá uma ordem, um conselho ou faz um pedido a seu interlocutor, ela usa o **modo imperativo**. Exemplo: **Passe** na minha casa hoje.

Já quando a pessoa fala sobre algo de que ela não tem certeza se aconteceu, acontece ou acontecerá, ou quando ela acha possível que o fato venha (ou não) a acontecer, usa o **modo subjuntivo**. Exemplo: Talvez eu **passe** na sua casa hoje.

Formas nominais

1. Leia este poema.

Autorama

atravessar a rua é divertido:
ônibus brincam de cabra-cega,
carros de *video game*
pedestres de piques.
mas ninguém morre de mentirinha.

TAVARES, Ulisses. *Viva a poesia viva*. São Paulo: Saraiva, 2009.

a) Releia o segundo, o terceiro e o quarto versos. Como você os interpreta?

b) O eu poético acha mesmo divertido atravessar a rua? Explique.

c) A que termos estão relacionados os verbos brincar e morrer? (Isto é, quem brinca e quem morre?)

d) Há no poema um verbo não flexionado (isto é, cuja forma não sofreu modificação para mostrar tempo, pessoa, número ou modo). Qual é?

2. Leia.

> Dona Antônia procurava enternecê-lo com sua meiguice, mas o pequeno, irascível, frenético, bramia: "Que havia de ir para a marinha, custasse o que custasse [...]".

NETO, Coelho. *Inverno em flor*. Porto: Livraria Chardron, 1912. p. 25.

a) Procure no dicionário o sentido de enternecer, irascível, frenético e bramia.

b) Que verbete você consultou para descobrir o significado de bramia?

3. Leia estas quadrinhas.

> Lá vai a garça voando
> Com as penas que Deus lhe deu
> Contando pena, por pena
> Mais pena padeço eu.
>
> Esta noite eu tive um sonho
> Mas, ó que sonho atrevido
> Sonhei que estava **abraçado**
> Com a forma de seu vestido.

da tradição popular.

a) Na primeira quadrinha, aparecem dois verbos que expressam ação

---

Três conjugações

De acordo com a terminação do infinitivo, os verbos podem ser agrupados em três grandes grupos ou conjugações:

primeira conjugação: o grupo mais numeroso. É formado pelos verbos terminados em **-ar**, como **cantar**;

segunda conjugação: os verbos terminados em **-er**, como **vender**;

terceira conjugação: os verbos terminados em **-ir**, como **partir**.

Os verbos terminados em **-or**, como **pôr** e seus derivados, pertencem à segunda conjugação, pois **pôr** originalmente escrevia-se **poer**.

em curso, mas não indicam pessoa, número, tempo nem modo. Quais são elas?

b) Na segunda quadrinha, a palavra destacada relaciona-se a que verbo?

> *Atravessar*, *voando* e *abraçado* são formas relacionadas a verbos, mas que não sofrem flexão para indicar pessoa, número, tempo e modo. São chamadas de **formas nominais**.

São três as formas nominais dos verbos:

- **infinitivo:** é o nome do verbo, a forma como os verbos são encontrados no dicionário. Terminação: **-r**. Exemplos: **atravessar**, **conter**, **sair**.

- **gerúndio:** indica normalmente um processo que está em andamento, está acontecendo. Terminações: **-ando, -endo, -indo**. Exemplos: **voando**, **contendo**, **saindo**.

- **particípio:** tem características de verbo e de adjetivo. Terminações: **-ado, -ido**. Exemplos: **abraçado**, **vendido**, **partido**.

4. Observe o emprego dos verbos no particípio, destacados nos títulos das notícias de jornal. Depois, responda às questões.

Por que a maçã escurece logo depois de **cortada**?

Disponível em: <http://mundoestranho.abril.com.br/materia/por-que-a-maca-escurece-logo-depois-de-cortada/>. Acesso em: 15 mai. 2015.

Quais são os principais tipos de queijo **produzidos** no Brasil?

Disponível em: <http://mundoestranho.abril.com.br/materia/quais-são-os-principais-tipos-de-queijo-produzidos-no-brasil/>. Acesso em: 15 mai. 2015.

Fóssil de camelo é **encontrado** no ártico

Disponível em: <http://mundoestranho.abril.com.br/blogs/bestiario/fossil-de-camelo-e-encontrado-no-artico/ >. Acesso em: 15 mai. 2015.

Por que os cachorros fedem tanto quando ficam **molhados**?

Disponível em: <http://mundoestranho.abril.com.br/materia/por-que-os-cachorros-fedem-tanto-quando=-ficam-molhados/>. Acesso em: 15 mai. 2015.

a) Por que há variação de número e gênero nessas formas do particípio?

b) O particípio, nesses títulos, exprime duração de tempo ou resultado de uma ação realizada?

1. Reconheça o modo em que estão conjugados os verbos destacados.

   a) Congresso **entra** com ações no STF para **manter** a divisão das bancadas. (*Folha de S. Paulo*).

   b) "Não **deixe** que a pobreza se **transforme** em paisagem" (texto de propaganda)

   c) "Sem acordo, servidores do Ministério da Cultura **planejam** mais mobilizações" (*Correio Braziliense*)

   d) "A menina, com o nariz / achatado na vidraça / **enlaça** a paisagem com o seu / olhar encantado"

2. Observe estas recomendações para quem pratica esportes de aventura.

Guia de Montanha e Esportes de Aventura. Disponível em: <http://gian.naressi.com.br/28/07/2009>. Acesso em: 26 nov. 2010.

   a) Em que modo estão as formas verbais destacadas?

   b) Por que o autor escolheu esse modo verbal para construir seu texto de dicas?

3. Desenvolva os títulos dos filmes usando o modo subjuntivo, de modo que as frases que formar indiquem possibilidade de que algo aconteça. Utilize os verbos entre parênteses e faça as mudanças necessárias.

   a) "Procura-se um amigo para o fim do mundo" (ir)

   b) "A culpa é das estrelas" (ser)

   c) "A minha canção de amor"(conhecer)

Leia o texto.

Os amigos **foram** à Ópera, **ficaram** atentos e **aplaudiram** muito. Antes do final do primeiro ato, ao vê-los sair do teatro, o porteiro perguntou:

— Os senhores não **assistirão** ao segundo ato?

— Tá louco? — **responderam** juntos.

— No programa está bem explicadinho que as próximas cenas só **acontecerão** dois anos mais tarde — completou o mais falante.

> **Programa** é a lista escrita em que se enumeram as partes de um espetáculo, concerto, cerimônia etc. Pode conter comentários e fotos.

ROGÉRIO BORGES

1. Responda no caderno.

a) Dos verbos destacados, quais estão no passado? E no futuro?

b) Os verbos terminados em -**am** estão no passado ou no futuro?

c) E os terminados em -**ão**?

d) As pessoas que não saíram no fim do primeiro ato entenderam o programa da mesma forma que os amigos? Explique.

2. Leia com atenção.

A partir de hoje, atores e atrizes **conviver*** com cinquenta colegas escolhidos pelos organizadores do projeto. Esses brasileiros e brasileiras **for*** criteriosamente selecionados: **vier*** de diferentes regiões do Brasil, **fizer*** testes e **realizar*** muitas leituras. Daqui a três meses, depois de muito ensaio, **encenar*** uma peça para os estudantes das escolas públicas da cidade.

a) Em quais das formas verbais você usaria as terminações -**ão** e -**am**? Faça suas anotações no caderno.

b) Com base no que respondeu, como você explica a diferença de uso entre as terminações -**am** e -**ão**?

3. Complete no caderno, com base no que você observou:

As formas verbais terminadas em ■ estão no futuro; as terminadas em ■ estão no presente ou no passado.

(Saresp) Para responder às questões, leia o texto ao lado.

O título do poema remete:

a) ao final da história, que está expresso graficamente.

b) ao cenário em que a história se desenvolve.

c) ao momento em que a história do pássaro foi gerada.

d) ao personagem da história.

A palavra vertical presente no título pode ser associada:

a) ao voo do pássaro.

b) ao tiro dado no pássaro.

c) ao canto do pássaro

d) à queda do pássaro.

PáSSarO eM VerTiCaL

PáSSarO eM VerTiCaL

Cantava o pássaro e voava
cantava para lá
voava para cá
voava o pássaro e cantava
de
repente
um
tiro
seco
penas fofas
leves plumas
mole espuma

e um risco
surdo
n
o
r
t
e
—
s
u
l

LIBéRio NeVEs

34

EDITORA PROJETO

NEVES, Libério. Pássaro em vertical. In: AGUIAR, V. (Org.). *Poesia fora da estante.* Porto Alegre: Editora Projeto. p. 34.

1. O desenho e a sonoridade da sentença "norte/sul" representam:

a) as leves plumas.

c) a mole espuma.

b) a morte do pássaro.

d) o caçador de pássaros.

2. As repetições das palavras "cantava" e "voava" lembram:

a) a vida do pássaro com seus filhotes.

c) o sonho de fuga do pássaro.

b) a vida do pássaro na gaiola.

d) o movimento do pássaro no céu.

3. A rotina do pássaro é interrompida quando o:

a) dono do pássaro chega.

c) pássaro canta mais alto.

b) pássaro leva um tiro.

d) pássaro faz um risco no céu.

Encerrando a unidade

• Nesta unidade você estudou poemas e conheceu a intenção que o autor de um poema pode ter. Conheceu, também, o poema visual e refletiu sobre o papel dos verbos na construção do texto. Com base no que você aprendeu, responda:

1. O que faz com que certos poemas sejam classificados como poemas visuais?

2. O que você costuma observar para saber se uma palavra, num contexto qualquer, é ou não um verbo?

3. Como você se saiu na produção do poema? E na montagem do varal de poemas, foi participativo, tomou iniciativas?

Definindo o mundo que nos cerca

A DEVASTAÇÃO POR CLASSES DE ANIMAIS
Proporcionalmente, os mamíferos são os bichos mais ameaçados

TATO ARAÚJO/SUPERINTERESSANTE/ABRIL IMAGENS

AVES
9 932 espécies conhecidas
1194 ameaçadas
129 extintas

MAMÍFEROS
4 842 espécies conhecidas
1 130 ameaçadas
74 extintas

RÉPTEIS
8 134 espécies conhecidas
293 ameaçadas
21 extintas

ANFÍBIOS
5 578 espécies conhecidas
157 ameaçadas
7 extintas

PEIXES
28 100 espécies conhecidas
750 ameaçadas
80 extintas

O ESTRAGO POR CONTINENTES
A América do Norte é a campeã em número de espécies de animais oficialmente extintas. A África vem logo atrás

EUROPA
892 espécies ameaçadas
19 extintas

ÁSIA
3 207 espécies ameaçadas
33 extintas

AMÉRICA DO NORTE
356 espécies ameaçadas
245 extintas

AMÉRICA CENTRAL
1 074 espécies ameaçadas
76 extintas

AMÉRICA DO SUL
1 111 espécies ameaçadas
13 extintas

ÁFRICA
1 949 espécies ameaçadas
234 extintas

OCEANIA
841 espécies ameaçadas
171 extintas

TROCANDO IDEIAS

1. Observe a imagem. Pela forma como está organizada, ela é chamada de infográfico. Em sua opinião, por que ela recebe esse nome?

2. Observando a imagem da esquerda para a direita, podemos ver que o infográfico constitui-se de blocos alinhados em perspectiva. Que sequência podemos observar em relação aos hábitats reproduzidos nesses blocos?

3. Observe cada bloco em separado.

   a) De que é constituído cada um deles?

   b) Leia os textos associados às imagens. Qual é a finalidade desse infográfico?

4. Responda:

   a) Em que classe de animais há mais espécies conhecidas e em qual bloco há o maior número de espécies ameaçadas?

   b) Por que o subtítulo afirma que "proporcionalmente, os mamíferos são os bichos mais ameaçados"?

5. Em sua opinião, o modo de organização de um infográfico facilita a compreensão de seu conteúdo? Por quê?

LEITURA 1

ANTES DE LER

1. Se você tivesse de pesquisar animais ameaçados de extinção, sobre qual deles faria uma busca?

2. Que informações você acha que poderia encontrar sobre esse animal em suas fontes de pesquisa?

3. Informações sobre um animal podem ser encontradas em dicionários, enciclopédias e *sites*. Em sua opinião, além do texto com informações sobre esse animal, o que mais se pode encontrar em uma enciclopédia sobre a espécie descrita?

Agora você vai ler um verbete de enciclopédia que fala sobre o lobo-guará, um animal brasileiro ameaçado de extinção, e vai conhecer o nome científico dessa espécie. Verifique se algumas das suas hipóteses do que poderia ser encontrado em uma enciclopédia foram confirmadas.

Lobo-guará

FABRIO COLOMBINI

Chrysocyon brachyurus
Nome comum: lobo-vermelho.
Nome em inglês: maned wolf.

Distribuição mundial: Brasil, Paraguai, Peru e Bolívia.
Distribuição no Brasil: do Rio Grande do Sul até o sul do Pará e Maranhão, incluindo os estados das regiões Centro-Oeste, Sudeste e Nordeste.
Hábitat: cerrado, pantanal, campos sulinos, caatinga e mata Atlântica.
Hábito: predominantemente crepuscular e noturno.
Longevidade: 13 anos.
Tamanho: 95 a 115 cm (corpo) e 38 a 50 cm (cauda).
Peso: 20 a 30 kg.
Alimentação: frutos, pequenos mamíferos e aves.
Causas da extinção: abate por tiro, redução e destruição do hábitat.

Biologia

O lobo-guará é o maior canídeo da América do Sul. Inconfundível, possui patas tão compridas que chegam a atingir 1 metro, estando assim adaptado para a locomoção entre as altas gramíneas do cerrado. O focinho, os membros e o dorso são negros, o restante da pelagem é avermelhada, com manchas esbranquiçadas na porção interna da garganta, orelha e cauda, permitindo perfeita camuflagem para os campos que habita.

Ao contrário dos outros lobos, seus hábitos são solitários, formando casais apenas durante a época de reprodução. Uma vez ao ano, a fêmea concebe de dois a quatro filhotes, mas já houve registro de ninhadas de até seis filhotes na Serra da Canastra. Os lobinhos são pardos com a ponta da cauda branca. Eles recebem cuidados tanto da mãe quanto do pai.

É um animal que se alimenta de pequenos mamíferos, aves, répteis, insetos, moluscos e frutos, principalmente da lobeira (*Solanum lycocarpum*), planta arbustiva comum do cerrado. Ao caçar uma perdiz, aproxima-se lentamente em passos calculados, com os olhos fixos e movimentos lentos. Se a ave voa repentinamente para fugir, o lobo-guará estuda a trajetória do voo e sai novamente em sua perseguição.

FABIO COLOMBINI

Ameaças

A principal ameaça ao lobo-guará provém da destruição do seu hábitat, principalmente pela conversão de terras para agricultura e pecuária extensiva – especialmente no cerrado –, que altera o equilíbrio e a diversidade biológica daquele ecossistema. Assim, pode buscar alimento nos ambientes domiciliares, podendo predar animais domésticos, o que, em decorrência, aumenta o abate ilegal por parte dos fazendeiros.

Curiosidade

O fruto da lobeira, muito consumido pelo lobo-guará, ajuda a equilibrar a proporção de alimentos de origem animal e vegetal da dieta deste canídeo e previne algumas doenças. Mas a planta também é favorecida: ao eliminar as sementes da lobeira em suas fezes, o lobo-guará colabora na dispersão dessa espécie.

MICH/IMAGEBROKER RM/DIOMEDIA

Como ajudar

Colabore com a Pró-Carnívoros, que mantém um projeto de biologia e conservação do lobo-guará na Estação Ecológica de Águas Emendadas [DF] e em outras áreas onde também se encontra essa espécie. A Instituição mantém o *site* atualizado com informações sobre as próprias atividades e sugere diversos caminhos para quem deseja colaborar.

www.procarnivoros.org.br

Categoria de ameaça: vulnerável

BRUNO, Sávio Freire. *100 animais ameaçados de extinção – E o que você pode fazer para evitar.* São Paulo: Ediouro, 2008.

EXPLORAÇÃO DO TEXTO

Nas linhas do texto

1. Observe.

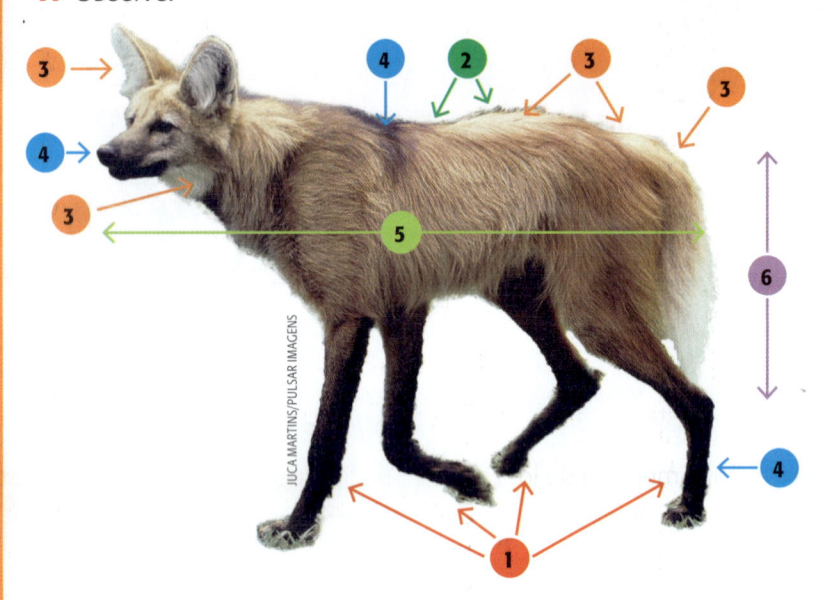

JUCA MARTINS/PULSAR IMAGENS

a) Para cada parte do corpo do lobo-guará, escreva no caderno um adjetivo usado no texto.

1. patas
2. pelagem do corpo
3. manchas
4. focinho, membros, dorso

b) Para tamanho e peso, escreva no caderno as informações numéricas dadas no texto.

5. extensão do corpo
6. extensão da cauda

2. No texto, são apresentados dados relativos a aspectos geográficos e econômicos do lugar onde vive esse carnívoro.
a) O que se fala sobre a vegetação da região?
b) Quais são as atividades econômicas que interferem no hábitat do lobo-guará?

3. Os lobos pertencem a uma espécie que vive em grupos familiares chamados de alcateia. Por que no texto se diz que o lobo-guará tem hábitos contrários aos dos outros lobos?

4. Anote a resposta no caderno.
No grupo familiar do lobo-guará:
a) os filhotes são cuidados pelo pai.
b) os filhotes recebem atenção somente da mãe.
c) a ninhada cresce livre e solta.
d) a ninhada é cuidada pelo casal.

NÃO DEIXE DE LER

- *100 animais ameaçados de extinção no Brasil – E o que você pode fazer para evitar*, de Sávio Freire Bruno, editora Ediouro

5. Leia este verbete de dicionário.

> **estratégia** sf. **1.** planejamento de operações de guerra. **2.** planejamento de uma ação para conseguir um resultado.

Segundo os biólogos, o lobo-guará é um animal que apresenta ótimas estratégias de comportamento. Que trecho do texto nos permite comprovar essa afirmação? Anote no caderno.

Nas entrelinhas do texto

1. Releia esta frase.

> "Inconfundível, possui patas tão compridas que chegam a atingir 1 metro, estando assim adaptado para a locomoção entre as altas gramíneas do cerrado."

Por que se diz que o lobo-guará está adaptado à locomoção no cerrado?

2. O autor afirma que a pelagem avermelhada do lobo-guará permite-lhe uma "perfeita camuflagem". Observe a foto e responda.

a) O que é camuflagem? Se precisar, consulte o dicionário ou uma enciclopédia.

b) Por que a pelagem avermelhada desse animal é uma boa camuflagem?

3. A destruição do hábitat é a principal ameaça à existência do lobo-guará e a origem do conflito entre esse animal e os fazendeiros do cerrado.

a) Como esse conflito é enfrentado pelo animal?

b) Como esse conflito é administrado pelos fazendeiros?

O lobo-guará é um animal perfeitamente adaptado ao cerrado.

4. Observe este esquema.

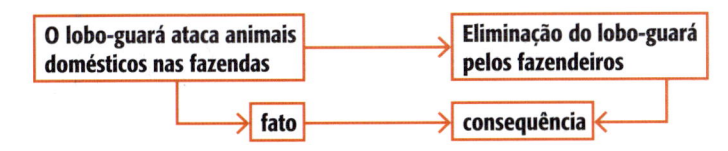

a) Agora leia estas duas frases. Qual é a relação entre elas, ou seja, qual é o fato e qual é a consequência?

> I. O lobo-guará ataca animais domésticos.

> II. Destruição do hábitat do lobo-guará e de suas fontes de sobrevivência.

b) Nestas outras duas frases, qual é a causa e qual é a consequência?

> I. Destruição do hábitat do lobo-guará.

> II. Os campos do cerrado são cada vez mais convertidos em terras para a agricultura e a criação de bois.

5. Releia o item "Curiosidade", no texto.

Explique com suas palavras o processo que ocorre nesta relação entre animal e planta por meio do esquema abaixo. Comece sua leitura por "lobo-guará".

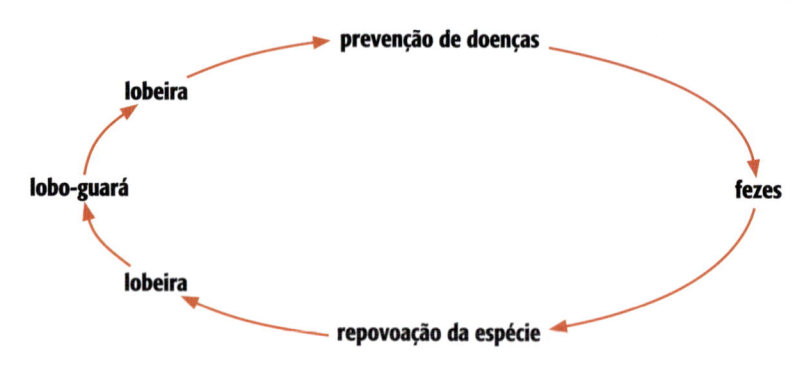

prevenção de doenças

lobeira

lobo-guará

fezes

lobeira

repovoação da espécie

Lobeira

A lobeira ou fruta-do--lobo é uma belíssima árvore de pequeno porte encontrada no cerrado, da mesma família do tomate e do jiló.

Fruta-do-lobo.

Além das linhas do texto

1. Enciclopédias impressas são livros de consulta cujo objetivo é fornecer informações sobre todas as áreas do conhecimento humano: Arte, Ciência, Cultura, Geografia, História, Literatura, entre outras. Existem também enciclopédias específicas de determinada área.

a) Veja a capa destas enciclopédias específicas. Qual delas você gostaria de ler? Na sua opinião, que outros assuntos mereceriam ser tema de uma enciclopédia?

b) Releia o título da enciclopédia em que se encontra o verbete **lobo-guará**.

"100 animais ameaçados de extinção – E o que você pode fazer para evitar"

Pode-se dizer que essa enciclopédia tem os mesmos objetivos que as mostradas no item **a**? Por quê?

2. O texto dá sugestões para ajudar a evitar a extinção dos animais.

a) Em que formato gráfico elas aparecem na página da enciclopédia?

b) O que ele sugere?

3. Que semelhança você vê entre o verbete dessa enciclopédia e o infográfico que vimos na abertura da unidade?

4. Levando em consideração a constante interferência do ser humano no meio ambiente, você acha que daqui a alguns anos as informações do infográfico e dessa enciclopédia serão as mesmas? Justifique.

COMO O TEXTO SE ORGANIZA

1. Observe novamente o verbete de enciclopédia. O texto sobre o lobo-guará é organizado em sete blocos de informação, separados por espaços, títulos ou quadros. Veja os dois primeiros.

Lobo-guará

Chrysocyon brachyurus
Nome comum: lobo-vermelho.
Nome em inglês: *maned wolf*.

Distribuição mundial: Brasil, Paraguai, Peru e Bolívia.
Distribuição no Brasil: do Rio Grande do Sul até o sul do Pará e Maranhão, incluindo os estados das regiões Centro-Oeste, Sudeste e Nordeste.

Quais são as outras partes?

2. O bloco "Biologia" é dividido em três parágrafos. Indique o assunto de cada parágrafo, associando no caderno o número do parágrafo ao título correto para cada um deles.

a) Acasalamento e gestação.

b) Descrição das características.

c) Hábitos alimentares e estratégias de caça.

3. Releia este trecho de um verbete de enciclopédia e compare-o com o verbete de dicionário ao lado.

"O lobo-guará é o maior canídeo da América do Sul. Inconfundível, possui patas tão compridas que chegam a atingir 1 metro, estando assim adaptado para a locomoção entre as altas gramíneas do cerrado. O focinho, os membros e o dorso são negros, o restante da pelagem é avermelhada, com manchas esbranquiçadas na porção interna da garganta, orelha e cauda, permitindo perfeita camuflagem para os campos que habita.

Ao contrário dos outros lobos, seus hábitos são solitários, formando casais apenas durante a época de reprodução. Uma vez ao ano, a fêmea concebe de dois a quatro filhotes, mas já houve registro de ninhadas de até seis filhotes na Serra da Canastra. Os lobinhos são pardos com a ponta da cauda branca. Eles recebem cuidados tanto da mãe quanto do pai."

guará¹ (gua.rá) s.m. 1. Bras. Zool. Mamífero canídeo (*Chrysocyon brachyurus*), encontrado em regiões campestres da América do Sul, cujo aspecto lembra o de uma grande raposa de pernas longas; LOBO-GUARÁ [F.: Do tupi **agwa'ra**.] [...]

Dicionário Aulete. Disponível em: <www.aulete.com.br/guará>. Acesso em: maio 2015.

Anote no caderno as afirmações corretas.

a) Os dois verbetes tratam do assunto da mesma maneira e com a mesma profundidade.

b) O da enciclopédia contém mais informações, pois a intenção do autor é diferente da de um autor de dicionário.

c) Faltam informações importantes no verbete de dicionário.

d) As enciclopédias trazem conhecimentos específicos sobre um assunto: definições, descrições, relatos.

e) Tanto a enciclopédia quanto o dicionário são obras de consulta.

4. Anote no caderno as afirmações mais adequadas para completar este enunciado. Um verbete, em uma enciclopédia sobre animais:

a) expõe o conhecimento já produzido a respeito do assunto.

b) narra o que acontece com o animal em seu dia a dia.

c) descreve características relativas ao animal.

d) relaciona informações em linguagens variadas: imagens, textos, ícones e símbolos.

e) apresenta informações gramaticais sobre a palavra que designa o animal, como acontece em um verbete de dicionário.

5. Para que são escritos verbetes de enciclopédia e a quem eles são destinados?

6. Em sua opinião, como os autores encontram as informações de que precisam para produzir uma enciclopédia?

7. Vimos que a finalidade de um verbete, seja ele de dicionário ou de enciclopédia, é informar, partilhar um conhecimento. Leia agora estes quadrinhos. Neles, também se fala de um animal.

SCHULZ, Charles M. *Você tem muito o que aprender, Charlie Brown!* São Paulo: Conrad, 2004.

a) No balão de pensamento do último quadrinho, Snoopy apresenta uma informação sobre o pássaro. Qual é?

b) A finalidade desse texto é a mesma que a do verbete de enciclopédia? Explique.

1. Observe as formas verbais destacadas e responda às questões.

> "**possui** patas tão compridas"
> "seus hábitos **são** solitários"
> "**aproxima**-se lentamente em passos calculados"
> "**sai** novamente em sua perseguição"

a) Em que tempo estão essas formas verbais?

b) Compare estas duas frases.

> I. O lobo-guará **alimenta-se** de pequenos mamíferos, aves, répteis, insetos, moluscos e frutos. (verbo no presente)

> II. O lobo guará **alimentou-se** de pequenos mamíferos, aves, répteis, insetos, moluscos e frutos. (verbo no passado)

A segunda frase, com o verbo no passado, seria adequada em um verbete?

c) Em que gênero de texto a segunda frase seria adequada?

d) Conclua: em um verbete, os verbos devem ser empregados, principalmente, em que tempo?

2. No texto, o autor faz referência ao lobo-guará diversas vezes e de formas diferentes. Releia.

Lobo-guará.

> "O lobo-guará é o maior canídeo da América do Sul. [...] É um animal que se alimenta de pequenos mamíferos, aves, répteis, insetos, moluscos e frutos [...]."

a) Quais são as duas palavras usadas para se referir ao lobo-guará nesse trecho?

b) Encontre no texto do verbete outras três palavras ou expressões (no singular ou no plural, no masculino ou no feminino) que se refiram:

> I. ao lobo-guará.

> II. aos seus filhotes.

> III. à perdiz.

Coesão textual

Nos verbetes sobre animais, pronomes, substantivos epicenos (comum aos dois gêneros, macho e fêmea) e substantivos coletivos ajudam na construção dos sentidos do texto. Veja estes exemplos.

A maioria dos lobos vive, geralmente, em grupos. As alcateias são suas famílias.

O lobo-guará não vive em bandos; esse animal tem hábitos solitários.

O substantivo coletivo (alcateias) retoma o termo **lobos**; o substantivo "animal" retoma o termo **lobo-guará**.

O uso desse recurso linguístico tem a função de estabelecer a coesão textual, como vimos em exemplos anteriores. Você vai precisar dominar essa estratégia na produção da enciclopédia da classe que produzirá com os colegas mais à frente.

3. Releia este trecho do verbete de enciclopédia para responder à questão.

"A principal ameaça ao lobo-guará provém da destruição do seu hábitat, principalmente pela conversão de terras para agricultura e pecuária extensiva – especialmente no cerrado –, que altera o equilíbrio e a diversidade biológica daquele ecossistema. **Assim**, pode buscar alimento nos ambientes domiciliares, podendo predar animais domésticos, o que, em decorrência, aumenta o abate ilegal por parte dos fazendeiros."

Área de cerrado desmatada para formação de pasto, em Mato Grosso, em 2009.

ANDRÉ DIB/PULSAR IMAGENS

a) Anote no caderno o que indica a palavra **assim**, no trecho acima:

   I. modo.

   II. consequência.

   III. causa.

   IV. lugar.

b) Encontre, nesse trecho, uma expressão que indica o mesmo que **assim**.

4. O uso de adjetivos em verbetes de enciclopédia é muito importante, pois eles determinam e caracterizam o substantivo que está sendo usado no texto.

a) Anote os adjetivos que descrevem o comportamento do lobo-guará no momento em que caça.

b) O que eles indicam sobre o comportamento do animal?

Habitantes do cerrado

"[...] a importante variedade de espécies do cerrado está ameaçada. Diversos animais que vivem nesse bioma correm risco de extinção – e o pior é que alguns deles não são encontrados em outras partes do Brasil nem do mundo! [...] A destruição do hábitat natural dos bichos é uma das principais ameaças à sua sobrevivência, mas não a única. A caça de animais silvestres, apesar de proibida por lei, ainda é uma prática comum. Além disso, acidentes em estradas que cortam o cerrado são um perigo a mais para as espécies."

Revista *Ciência Hoje das Crianças*. Disponível em: <http://chc.cienciahoje.uol.com.br/noticias/riqueza-ameacada>. Acesso em: 27 mar. 2015.

A onça-pintada é uma das espécies habitantes do cerrado.

STEVE KAUFMAN/ GETTY IMAGES

A LÍNGUA NÃO É SEMPRE A MESMA

1. Leia a tirinha abaixo e observe as falas das personagens.

GONSALES, Fernando. *Níquel Náusea* – A perereca da vizinha. São Paulo: Devir, 2005.

a) A fala do leão no segundo quadrinho é formal ou informal?

b) Esse tipo de linguagem está adequada a uma tira?

c) Essa maneira de se expressar seria adequada para um verbete de enciclopédia?

2. No caderno, complete este enunciado com a afirmação mais adequada. Pelo que vimos das enciclopédias até agora, podemos dizer que:

a) a linguagem empregada em um verbete depende do público para quem a enciclopédia é escrita.

b) a linguagem empregada em um verbete não leva em conta o público para quem a enciclopédia é escrita.

🛑 PARA LEMBRAR

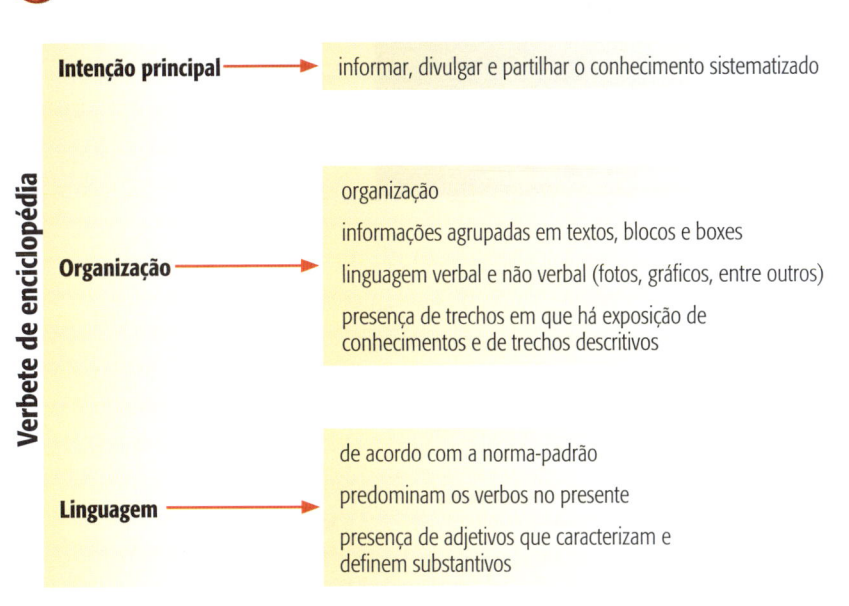

Verbete de enciclopédia

Intenção principal → informar, divulgar e partilhar o conhecimento sistematizado

Organização →
- organização
- informações agrupadas em textos, blocos e boxes
- linguagem verbal e não verbal (fotos, gráficos, entre outros)
- presença de trechos em que há exposição de conhecimentos e de trechos descritivos

Linguagem →
- de acordo com a norma-padrão
- predominam os verbos no presente
- presença de adjetivos que caracterizam e definem substantivos

DEPOIS DA LEITURA

VERBETE DE ENCICLOPÉDIA DIGITAL

Verbetes podem aparecer em dicionários, revistas e enciclopédias, sejam impressos, sejam digitais. Veja a página inicial de um *site* sobre os povos indígenas no Brasil e, depois, observe uma das páginas da *Enciclopédia povos indígenas no Brasil*, com diversos links na coluna da direita. Suas características e finalidade são as mesmas de uma enciclopédia impressa.

> **Link** é o elemento formado por um trecho de texto em destaque ou por um elemento gráfico que, quando acionado por um clique do *mouse* do computador, provoca a exibição, na tela, de novo documento.

> **Wikipédia**
>
> O exemplo mais conhecido de enciclopédia digital de livre acesso é a Wikipédia, chamada também de enciclopédia livre, pois é escrita de forma colaborativa por usuários de diversas partes do mundo, em várias línguas. Qualquer artigo da Wikipédia pode ser transcrito, modificado e ampliado por um usuário, mediante certas regras internas da própria enciclopédia.

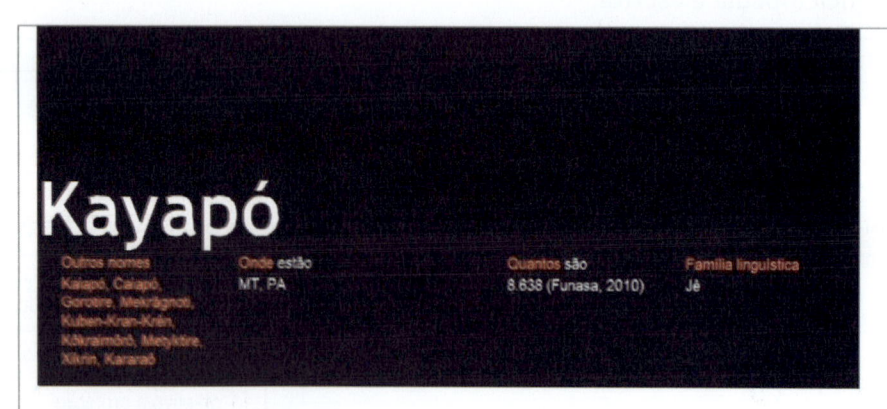

Povos Indígenas do Brasil. Instituto Socioambiental (ISA).
Disponível em: <http://pib.socioambiental.org/pt>. Acesso em: 15 mai. 2015.

Kayapó

Outros nomes	Onde estão	Quantos são	Família linguística
Kaiapó, Caiapó, Gorotire, Mekrãgnoti, Kuben-Kran-Krên, Kôkraimõrô, Metyktire, Xikrin, Kararaô	MT, PA	8.638 (Funasa, 2010)	Jê

KAYAPÓ

- Introdução
- Nome
- Língua
- Localização
- População
- Subgrupos, migrações e contato
- História e ocupação da região
- Atividades femininas
- Atividades masculinas
- Deslocamentos
- Organização social
- Organização política
- Cosmologia e ritual
- Nominação
- Os vivos e os mortos
- As guerras
- Relações com os brancos
- Nota sobre as fontes
- Fontes de informação

▭ Imprimir Verbete
🔲 Imagens deste povo

Introdução

Os Kayapó vivem em aldeias dispersas ao longo do curso superior dos rios Iriri, Bacajá, Fresco e de outros afluentes do caudaloso rio Xingu, desenhando no Brasil Central um território quase tão grande quanto a Áustria. É praticamente recoberto pela floresta equatorial, com exceção da porção oriental, preenchida por algumas áreas de cerrado.

A cosmologia, vida ritual e organização social desse povo são extremamente ricas e complexas; assim como são intensas e ambivalentes as relações com a sociedade nacional e com ambientalistas do mundo todo.

No século XIX os Kayapó estavam divididos em três grandes grupos, os Irã'ãmranh-re ("os que passeiam nas planícies"), os Goroti Kumrenhtx ("os homens do verdadeiro grande grupo") e os Porekry ("os homens dos pequenos bambus"). Destes, descendem os sete subgrupos kayapó atuais: Gorotire, Kuben-Krân-Krên, Kôkraimõrô, Kararaô, Mekrãgnoti, Metyktire e Xikrin.

Notícias deste povo
Festival da cultura indígena acontece em

Povos Indígenas do Brasil. Instituto Socioambiental (ISA).
Disponível em: <http://pib.socioambiental.org/pt/povo/kayapo>. Acesso em: 15 mai. 2015.

1. Veja, na primeira tela, que cada nome de povo é um verbete dessa enciclopédia.

    a) Você sabia da existência de todos esses povos indígenas no Brasil?

    b) Se você estivesse diante dessa tela do computador, em que nome de povo clicaria para saber mais sobre ele? Por quê?

2. Para encontrar a explicação de como os caiapós (ou Kayapó) escolhem o nome dos recém-nascidos, na segunda tela, que item da coluna da direita você poderia consultar?

Estudante realizando pesquisa online.

3. Que itens podem conter a informação sobre a divisão de tarefas na tribo?

4. Para se informar sobre o número de caiapós que existem no Brasil, qual é o item a ser consultado?

5. Observe e compare estes trechos.

Hábitat: cerrado, pantanal, campos sulinos, caatinga e mata Atlântica.
Hábito: predominantemente crepuscular e noturno.
Longevidade: 13 anos.
Tamanho: 95 a 115 cm (corpo) e 38 a 50 cm (cauda).
Peso: 20 a 30 kg.
Alimentação: frutos, pequenos mamíferos e aves.
Causas da extinção: abate por tiro, redução e destruição do hábitat.

KAYAPÓ

Introdução
Nome
Língua
Localização
População
Subgrupos, migrações e contato
História e ocupação da região
Atividades femininas
Atividades masculinas
Deslocamentos
Organização social
Organização política
Cosmologia e ritual
Nominação
Os vivos e os mortos
As guerras
Relações com os brancos
Nota sobre as fontes
Fontes de informação

▭ Imprimir Verbete

▭ Imagens deste povo

Que diferenças você nota entre os dois textos em relação:

    a) à organização das informações?

    b) ao volume das informações?

Sente-se com um colega e prepare com ele as respostas às questões a seguir para apresentar oralmente ao professor.

1. Observem estas imagens e os animais nelas representados: eles também sofrem com a ação do ser humano.

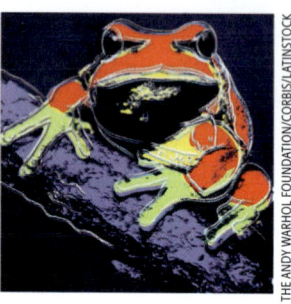   

Algumas das espécies pintadas por Andy Warhol (1928-1987), artista plástico norte-americano.

Nesta série, Andy Warhol incluiu uma rã (nativa do Sri Lanka, Ásia), um orangotango (África), uma águia (América do Norte) e uma zebra (África), todos em risco de extinção. Qual pode ter sido o objetivo do artista ao criar essas imagens?

a) Informar as pessoas sobre os hábitos dos animais que correm risco de extinção.

b) Informar sobre animais desconhecidos que estão em extinção.

c) Divulgar os nomes dos animais em risco de extinção em vários países.

d) Denunciar a extinção de animais em escala mundial.

2. Vocês acham que conhecer uma obra de arte como essa, feita por um artista famoso como Andy Warhol, ajuda na conscientização da população mundial sobre o problema da extinção das espécies?

3. Vocês têm conhecimento de animais silvestres em risco de extinção no Brasil? De quais já ouviram falar?

4. Vocês conhecem alguma organização que tenha como missão ajudar a proteger o meio ambiente ou os animais? Se sim, qual é ela?

5. O que podemos fazer individualmente para evitar a extinção de animais silvestres ou selvagens?

Atenção:
- Faça anotações para facilitar a apresentação das respostas.
- Utilize frases curtas e objetivas para responder.
- Aguarde sua vez de falar.
- Fale pausadamente, pronunciando claramente as palavras.
- Ouça as respostas dos colegas e complete-as, se for o caso.

NÃO DEIXE DE ACESSAR

- http://www.renctas.org.br/pt/home/

A Rede Nacional de Combate ao Tráfico de Animais Silvestres (Renctas) é uma organização não governamental, sem fins lucrativos, que combate o tráfico de animais silvestres. Você poderá conhecer os projetos já realizados e os que estão em andamento.

VERBETE DE DICIONÁRIO

Você sabe que o futebol é um esporte coletivo no qual todos os jogadores têm um papel importante para conseguir um resultado, não? Pois bem, nossa proposta de hoje envolve você, colegas, professores, familiares e amigos. Que tal?

Vamos, em duplas, criar um verbete de dicionário a partir de um passatempo de palavras cruzadas, que será resolvido por familiares e amigos. Lembre-se de que é preciso usar linguagem formal e de acordo com a norma-padrão, como vimos no estudo desse gênero de texto.

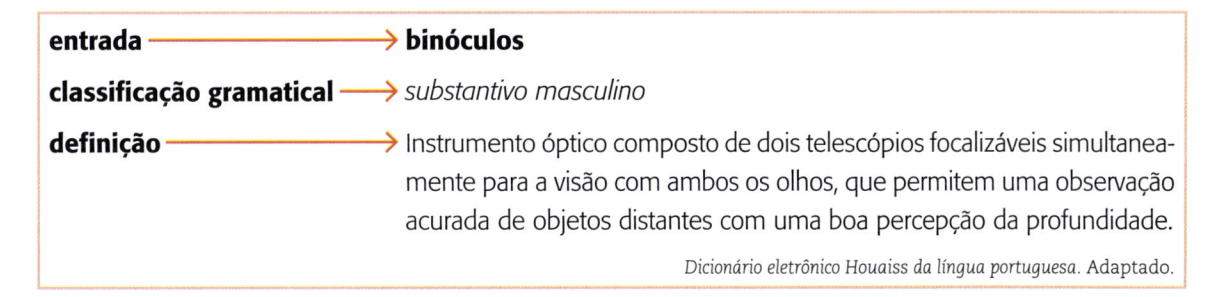

Página da Revista *Coquetel Ouro Iniciante* (São Paulo: Ediouro, n. 41).

Antes de começar

Existe um passatempo muito conhecido em que se exige um bom conhecimento do significado de palavras e expressões. Trata-se das palavras cruzadas.

Nesse passatempo, deve-se encontrar uma palavra com base em sua definição ou em uma explicação que é dada sobre ela. No diagrama, elas aparecem cruzadas, daí o nome do jogo.

1. Encontrem no diagrama acima, à esquerda, as chaves, isto é, os textos com as informações que orientam a decifração das palavras a seguir. Anote-os no caderno. Por exemplo, a chave de "sabor" é "O do chocolate é doce".

   a) batata

   c) doca

   b) careta

   d) rotina

2. Releia a chave para a palavra **binóculos**.

   "Instrumentos ópticos usados em regatas"

Agora, veja como a definição de binóculo aparece em um dicionário. Observe as partes do verbete.

entrada ⟶	**binóculos**
classificação gramatical ⟶	*substantivo masculino*
definição ⟶	Instrumento óptico composto de dois telescópios focalizáveis simultaneamente para a visão com ambos os olhos, que permitem uma observação acurada de objetos distantes com uma boa percepção da profundidade.

Dicionário eletrônico Houaiss da língua portuguesa. Adaptado.

Com a ajuda de um dicionário, escrevam um verbete para a palavra **batata** (no singular), com as três partes mostradas anteriormente: entrada, classificação gramatical e definição.

Observação: a palavra **batata** tem mais de um sentido; escrevam pelo menos dois em seu verbete.

Planejando o texto

1. Ao lado, temos a solução de um jogo de palavras cruzadas em que várias palavras foram colocadas nos quadradinhos horizontais e nos verticais. Vejam que determinada letra de uma palavra pode ser utilizada para formar outra.

2. Desenhem no caderno um esquema como este ao lado, com doze quadradinhos na horizontal e dez na vertical.

3. O professor fará um quadro igual na lousa, que será preenchido com a ajuda de todos.

4. Vamos começar a preencher o diagrama. Primeiro colocamos números de acordo com os números das palavras. Coloquem os números exatamente como estão no quadro ao lado da fotografia.

5. Agora é só começar a distribuir as palavras de acordo com a quantidade de casas: por exemplo, a palavra **curiosidade**, de número 3, vai para a linha horizontal que também tem esse número. Utilizem linhas horizontais e verticais, de acordo com a indicação dos números colocados por vocês.

Vejam na página seguinte como ficará o diagrama pronto. Esse diagrama conterá a resposta das palavras cruzadas que estamos montando.

Palavras para completar o diagrama:

Horizontais:

1. anta
3. curiosidade
4. voo
5. asa

Verticais:

1. alcateia
2. canídeo
3. mamífero
4. mula
5. perdiz

Estudantes conferindo as respostas das palavras cruzadas.

6 Escolham duas das palavras escritas no diagrama para criar verbetes de dicionário para elas, considerando-as como entradas.

7 Escrevam os verbetes no caderno, incluindo em cada um deles as três partes principais:

- a entrada;
- a classificação gramatical;
- a definição.

Avaliação e reescrita

1 Agora o professor vai anotar na lousa cada entrada que a classe utilizou para redigir seus verbetes. Com a colaboração de todos, melhorem e ampliem o conteúdo de cada verbete.

2 Anotem no caderno, ao lado do diagrama, a versão final de cada verbete.

3 Terminada a redação coletiva dos verbetes, anotem em uma folha a redação final, **eliminando a entrada**, ou seja, a palavra trabalhada.

4 Desenhem novamente o diagrama vazio, com apenas os números no lugar correto. Esse diagrama vazio será o que vocês apresentarão a um familiar, junto com as definições, para que ele o preencha.

5 Comentem com os colegas de classe qual foi o resultado, se tiveram dificuldade para preencher o diagrama, qual foi o tipo de dificuldade e o que acharam da atividade.

Atenção:
A linguagem do verbete de dicionário é objetiva, portanto não deem opinião sobre o assunto de que trata, não mostrem suas preferências nem seus gostos, pois, em um verbete, eles não devem ficar evidentes para o leitor. Se tiverem dúvidas na elaboração, consultem um dicionário.

Advérbio

Conceito

1. Releia este trecho do verbete.

> "Ao caçar uma perdiz, o lobo-guará aproxima-se lentamente [...]."

a) De acordo com o texto, ao caçar uma perdiz, o lobo-guará se aproxima da ave de modo que ela o perceba?

b) Que palavra, na frase acima, levou-o a essa conclusão?

c) Qual palavra da frase foi modificada por **lentamente**? Qual é a classificação gramatical dessa palavra?

2. Leia agora este texto sobre outro animal que vive no cerrado.

O tamanduá enxerga mal, escuta mal, mas tem um olfato muito bom, 40 vezes melhor que o nosso. E o nariz dele é tão importante que, para protegê-lo, o tamanduá esconde a ponta do focinho embaixo da grande cauda quando vai dormir.

QUEIROZ, Luiz Roberto de O. 100 animais brasileiros publicados no Estadão. *O Estado de S. Paulo*, 1997.

Tamanduá-bandeira.

a) Que palavra foi usada no texto para referir-se ao modo como o tamanduá **enxerga** e **escuta**?

b) Essa palavra traz uma informação que modifica o sentido dos verbos **enxergar** e **escutar**? Explique.

No trecho "O tamanduá enxerga mal, escuta mal [...]", a palavra **mal** expressa o modo como o tamanduá enxerga e escuta, ou seja, ela modifica o sentido dos verbos **enxergar** e **escutar**. Palavras com essa função são classificadas como **advérbios**.

3. Leia a tirinha a seguir, prestando atenção na primeira fala do Recruta Zero.

WALKER, Mort. Disponível em: <http://portaldoprofessor.mec.gov.br/fichaTecnicaAula. html?aula=18674>. Acesso em: 30 mar. 2015.

a) O que provoca humor na tira?

REFLEXÃO SOBRE A LÍNGUA

b) O Recruta Zero explica de que forma ele cumpriu as ordens do sargento. Sua maneira de expressar-se intensifica ou diminui o modo como ele afirma ter agido?

c) Todas as palavras e as expressões da fala da personagem modificam o sentido de uma palavra que não está escrita, mas pode ser subentendida. Que palavra é essa? Explique.

As palavras e expressões **profundamente**, **completamente**, **rapidamente**, **com gosto e vontade**, **sem demora**, **com determinação** são exemplos de advérbios e locuções. Outros exemplos são: **bem**, **mal**, **muito**, **demais**, **lentamente**, **felizmente**, **longe**, **cedo**, entre outros.

---

4. Observe agora:

I

"Ao caçar uma perdiz, [o lobo-guará] aproxima-se **lentamente** [...]"

II

"Mas é cedo para falar de amor
Muito cedo
Tão cedo
Muito cedo"

(fragmento de canção É cedo, Mário Ghanna)

III

"Linda demais, linda demais.
Vem ser meu amor
Você é linda **demais**, linda demais
Vem ser meu amor "

(fragmento da canção Linda demais, Naldo & Lula)

IV

"Ele chegou, **felizmente**, para alegrar a cidade. Ao contrário do Natal que provoca tristeza e lágrimas em meio a nozes europeias com falsas neves de algodão."

SARMENTO, Luiz Carlos e outros. *Crônicas de uma cidade maravilhosa.* Rio de Janeiro: E-Papers, 2008.

a) Que classes de palavras (substantivos, adjetivos, verbos, advérbios) ou orações os advérbios destacados modificam?

b) Levando em conta sua resposta anterior, a que conclusão é possível chegar a respeito das classes de palavras que os advérbios modificam?

5. Releia.

"[...] mas tem um olfato muito bom [...]"

a) Quando o autor diz que o olfato do tamanduá é bom, que palavra ele empregou para enfatizar essa característica do tamanduá?

b) A palavra que você indicou também é um advérbio. Veja outro exemplo.

"O fruto da lobeira, **muito** consumido pelo lobo-guará, ajuda a equilibrar a proporção de alimentos [...]"

A que palavra se refere o advérbio **muito**?

6. Conheça mais uma espécie dos canídeos.

Cachorro-vinagre

Nome científico: *Speothos venaticus* [...]

Hábitat: florestas, matas e campos.

Alimentação: carnívoro, alimenta-se de insetos, mas em grupo come de pacas a cutias.

Disponível em: <http://redeglobo.globo.com/sp/eptv/terra-da-gente/platfb/fauna/cachorro-vinagre-speothos-venaticus/>. Acesso em: 28 mar. 2015.

a) Ao contrário do lobo-guará, esse canídeo não vive solitariamente. Qual é a expressão no texto que indica isso?

b) Qual é a circunstância que essa expressão exprime em relação ao verbo **viver**?

I. intensidade

II. modo.

III. tempo.

> Quando há mais de uma palavra com a função de um advérbio, temos uma **locução adverbial**.

7. Algumas locuções podem ser substituídas por advérbios, e alguns advérbios podem ser substituídos por locuções. Reescreva as frases no caderno, substituindo os advérbios destacados por locuções com o mesmo sentido ou vice-versa.

a) "Se a ave voa **repentinamente** para fugir, o lobo-guará estuda a trajetória do voo e sai novamente em sua perseguição."

b) A devastação do meio ambiente ocorre **em especial** na região do cerrado, destruindo o hábitat dos animais que ali vivem.

c) "Sons e imagens foram registrados com equipamentos modernos, capazes de gravar o canto dos beija-flores **fielmente**." (Revista *Ciência Hoje das Crianças*, n. 74)

d) "O tamanduá-mirim [...] é também **frequentemente** ameaçado por outras ações do homem, direta ou indiretamente, como os atropelamentos em rodovias próximas ao seu ambiente natural."

Disponível em: <http://g1.globo.com/sp/campinas-regiao/terra-da-gente/fauna/noticia/2015/02/tamandua-mirim.html>. Acesso em: 30 mar. 2015.

Outros exemplos de locução são: **em geral**, **em silêncio**, **de dia**, **ao contrário**, **à tarde**, **de manhã** etc., mas outras podem se formar nos usos em textos, como **certo dia**, **nesse momento**, **muitos anos depois** etc.

8. Veja alguns exemplos neste trecho do verbete da enciclopédia.

> "Ao contrário dos outros lobos, seus hábitos são solitários, formando casais apenas **durante a época de reprodução**. **Uma vez ao ano**, a fêmea concebe de dois a quatro filhotes [...]."

a) As expressões destacadas referem-se a que fatos da vida dos lobos?

b) Que circunstância elas indicam a respeito desses fatos?

> **Advérbio** é a palavra que indica uma circunstância (de modo, intensidade, tempo, lugar etc.) em relação a um verbo, a um adjetivo, a outro advérbio ou a uma frase.
>
> A **locução adverbial** é formada por duas ou mais palavras e tem o valor de um advérbio.

Classificação

Há vários tipos de advérbio. Eles são classificados de acordo com a circunstância que indicam. Releia.

"Ao caçar uma perdiz, [o lobo-guará] aproxima-se lentamente em passos calculados [...]."

O advérbio **lentamente** indica o modo como o lobo-guará se aproxima de sua presa. Ele é classificado como um advérbio de **modo**.

1. Em qual dos trechos há advérbio de modo?

    a) "[ ] o nariz dele é **tão** importante que, para protegê-lo, o tamanduá esconde a ponta do focinho embaixo da grande cauda [...]"

    b) "Até logo, meu caro. Estude **bastante**".

    c) "Ao caçar uma perdiz, o lobo-guará a olha **fixamente**, sem desviar sua atenção".

    d) "Seguimos caminho sentido à Fazenda da Onça, uma Área de Proteção Ambiental administrada pelo exército, um local **muito** bonito."

> Quando os adjetivos são acrescidos da terminação **-mente**, em geral, transformam-se em advérbios de modo: **lentamente**, **alegremente**, **distraidamente** etc.
>
> Outros advérbios de modo: **devagar**, **depressa**, **rápido**, **mal**, **bem**.

2. Leia a frase.

    A organização social dos caiapós é extremamente rica e complexa.

a) Nessa frase, o que o advérbio **extremamente** indica a respeito da organização social desse povo indígena?

b) Se esse advérbio fosse retirado da frase, o sentido dela seria o mesmo? Por quê?

c) Esse advérbio termina em -**mente**. O que ele indica?

d) Que outro advérbio poderia substituí-lo nessa frase?

> Além de **muito** e **extremamente**, outros advérbios que indicam **intensidade** são: **bem**, **mal**, **pouco**, **tão**, **tanto**, **bastante** e **mais**, entre outros.

Indígena da etnia caiapó.

3. Observe o uso da palavra **hoje** neste trecho.

> A domesticação [dos cães] ocorreu entre 11 mil e 15 mil anos atrás. Nessa época, ainda não havia cães como conhecemos **hoje**, mas lobos selvagens que foram sendo amansados – só muitas gerações depois eles dariam origem às raças de cachorros.

Disponível em: <http://mundoestranho.abril.com.br/materia/quando-os-caes-se-tornaram-os-melhores-amigos-do-homem>.
Acesso em: 28 mar. 2015.

a) Que relação o texto estabelece entre os lobos selvagens e os cães que conhecemos hoje?

b) A palavra **hoje** é um advérbio. Que palavra ela modifica?

c) Que circunstância o advérbio **hoje** indica?

d) Reescreva a frase a seguir no caderno, substituindo **hoje** por outro advérbio, tentando manter o sentido da frase.

> "[…] ainda não havia cães como conhecemos hoje […]."

4. Leia a tira abaixo.

GONSALES, Fernando. Disponível em: <http://www2.uol.com.br/niquel/>. Acesso em: 15 set. 2009.

a) O que provoca humor na tira?

b) Localize um advérbio na fala da personagem. Que circunstância ele indica?

c) Se você retirar essa palavra da fala da personagem, haverá mudança de sentido? Explique.

> Além de **hoje** e **ainda**, outros advérbios que indicam **tempo** são: **ontem**, **anteontem**, **amanhã**, **cedo**, **tarde**, **antes**, **sempre**, **nunca**, **jamais**, entre outros.

5. Você já ouviu falar de um lugar chamado Vale da Morte? Leia uma notícia que fala desse lugar.

O Vale da Morte [nos Estados Unidos] foi declarado patrimônio nacional em 1933. Sua área se expandiu gradualmente até atingir 1,3 milhão de hectares. [...] Até seria compreensível pensar que não há vida no Vale da Morte. No entanto, centenas de espécies de animais vivem ali ou aparecem de vez em quando. De todas essas criaturas, as mais resistentes são os ratos-canguru.

Disponível em: <http://suacasaaterra.blogspot.com.br/2010/09/o-vale-da-morte.html>. Acesso em: 28 mar. 2015.

O Vale da Morte é o lugar mais seco, mais baixo e mais quente da América do Norte.

a) O Vale da Morte, nos Estados Unidos, é um lugar quase desabita-do. No entanto, segundo o texto, nele vivem muitos ratos-canguru. Você sabe qual é a aparência desse animal? Levante hipóteses com os colegas, considerando seu nome. Tente descrevê-lo ou desenhá--lo como você o imagina, depois pesquise para ver se sua hipótese estava certa.

b) Na quarta frase do texto, há uma palavra que se refere ao Vale da Morte para indicar que há animais vivendo nesse local. Qual é?

c) A palavra que você indicou é um advérbio de lugar. Que outros advérbios de lugar você conhece?

d) Nessa frase, há também uma locução adverbial. Anote-a no caderno e classifique-a.

> Além de **ali**, outros advérbios que indicam **lugar** são: **aqui**, **aí**, **lá**, **longe**, **perto**, entre outros.

6. Leia um trecho de uma reportagem.

> [...] em mais uns 5 bilhões de anos, quando o Sol esgotar seu combustí-vel, ele se tornará uma estrela do tipo gigante vermelha, engolindo Mercúrio, Vênus e, possivelmente, a Terra
>
> Revista *Superinteressante*. São Paulo: Abril, dez. 2007.

a) De acordo com esse trecho, a Terra será engolida pelo Sol?

b) No trecho, que palavra revela a incerteza?

c) De que forma a frase poderia ser escrita para expressar certeza?

> Além dos advérbios e das locuções de tempo, modo, lugar, intensidade e dúvida, existem os advérbios de **negação** e de **afirmação**. Veja: **não** indica negação; **sim**, **certamente**, **sem dúvida**, **exatamente** e **com certeza** indicam afirmação.

7. Compare o uso da palavra destacada nestes dois trechos.

> Estrelas grandes evoluem **rápido** e duram bem menos que as menores.
>
> Disponível em: <http://cienciahoje.uol.com.br>. Acesso em: 22 jul. 2008.

> Quando sofre uma queda, a lagartixa realiza um **rápido** movimento com a cauda no ar, com duração aproximada de um décimo de segundo.
>
> Disponível em: <http://cienciahoje.uol.com.br>. Acesso em: 22 jul. 2008.

Em qual das frases a palavra **rápido** foi usada para indicar qualidade (como adjetivo), e em qual das frases foi usada para indicar modo de acontecer (como advérbio)?

> Alguns adjetivos podem exercer a mesma função que os advérbios exercem em um texto. Por exemplo:
> O céu está **claro**. (adjetivo) / Fale **claro**. (advérbio)
> O som **baixo** do rádio me agrada. (adjetivo) / Ouça **baixo** o rádio. (advérbio)

1. Leia este trecho de outro verbete de enciclopédia e observe os advérbios destacados.

O principal hábitat das onças é a densa floresta tropical, **especialmente** perto da água: as onças são nadadoras **extremamente** vigorosas. Elas escalam terrenos **muito bem**, **sempre** caçando sua presa ao longo das folhagens.

CHINERY, Michael. *Enciclopédia de animais ilustrada.* São Paulo: Edelbra, 1992.

WESTEND61 RM / FOTOF / DIOMEDIA

a) Qual é o assunto principal do trecho: o hábitat das onças ou suas habilidades?

b) Para enfatizar as informações, o autor empregou cinco advérbios. Quantos deles indicam intensidade e quais são eles?

2. Alguns advérbios de modo podem ser também empregados como advérbios de intensidade. Leia.

O corajoso Ratinho Desperaux estreia hoje, programa de qualidade garantida para as férias infantis [...]. Há um tom de fábula, bem diferente da histeria colorida de *Madagascar 2* e o cenário do filme sugere a Europa dos contos clássicos.

Cinemascópio. Disponível em: <http://cinemascopiocannes.blogspot.com.br/2009/02/o-corajoso-ratinho-desperaux.html>. Acesso em: 28 mar. 2015.

a) Que filmes o autor compara?

b) Que advérbio ele emprega para enfatizar a diferença entre essas duas animações?

3. Nem sempre a palavra **bem** é um advérbio de modo ou de intensidade. Leia este fragmento de uma lenda.

Em épocas remotas, havia um feiticeiro a quem Exu ensinara muitos segredos. O feiticeiro poderia usá-los como bem entendesse. Com eles poderia praticar o bem e o mal, mas seria o único responsável por seus atos.

PRANDI, Reginaldo. *Contos e lendas afro-brasileiras.* São Paulo: Companhia das Letras, 2007.

a) Exu é uma divindade de religiões afro-brasileiras. Os segredos ensinados por ele poderiam ser usados para o mal ou para o bem. Observe estes dois usos da palavra **bem**.

   I. "[…] usá-los como bem entendesse […]"

   II. "[…] praticar o bem […]"

Como o feiticeiro poderia usar os segredos aprendidos?

b) Em qual das duas expressões a palavra **bem** é um advérbio e em qual não?

c) Anote a frase em que a palavra **bem** não é um advérbio e dê sua classificação gramatical.

d) Que elementos fizeram você chegar à resposta anterior?

4. Abaixo temos fragmentos de provérbios.

a) Você é capaz de descobrir de que provérbios se trata usando apenas advérbios para completá-los?

- dos olhos / mas / do coração.
- censure a dor alheia / quem dores / sentiu.
- deixe para / o que você / pode fazer.
- se vai ao longe.
- se faz / se paga.
- vale um pássaro na mão / do que dois voando.

b) Agora anote no caderno as circunstâncias que indicam cada advérbio que você usou.

 REVISORES DO COTIDIANO

Episódio 8

Nina e Leo estavam fazendo uma pesquisa sobre música brasileira. Escolheram falar sobre o frevo. Depois de algum tempo, Nina chamou a professora:

– Professora, o Leo escreveu errado uma palavra, mas não quer reconhecer. Veja o terceiro parágrafo da pesquisa.

"Nem sempre um mau dançarino de frevo é um mau sambista. Muitas pessoas dançam mau esse ritmo, que surgiu no final do século passado, mas se divertem com a animação da música."

– Não vejo nada de errado aí! – retrucou o menino.

QUANTA ESTUDIO

- Você concorda com a menina? Há mesmo alguma palavra grafada incorretamente no texto de Leo? Explique.

1. Leia este trecho de uma explicação sobre a origem de um termo.

Antes de Galileu, os corpos celestes que se moviam em órbita aos planetas eram chamados genericamente de luas. Quando o astrônomo descobriu, em 1611, as quatro luas principais de Júpiter, o grande cientista Kepler, seu amigo, sugeriu que esses astros menores fossem chamados de *satélites* dos maiores, termo retirado de *satelles* — em latim, "guarda pessoal, escolta, acompanhante". **No século XX**, o termo foi ampliado para designar qualquer um dos artefatos não tripulados que colocamos em órbita.

Disponível em: <http://wp.clicrbs.com.br/sualingua/2009/04/30/escrito-nas-estrelas/>. Acesso em: 28 mar. 2015.

Satélite em órbita ao redor da Terra.

a) A que se refere a palavra **termo** no trecho?

b) Observe o uso da vírgula separando as locuções no início da frase. Se essas locuções estivessem no meio da frase, teríamos:

    O termo, no século XX, foi ampliado.

    Os corpos celestes, antes de Galileu, eram chamados de luas.

Responda: Quando a locução adverbial é usada no meio da frase, que alteração de pontuação é feita?

2. Leia o fragmento de uma matéria publicada em um *site* dedicado à preservação dos animais.

Desde que a terra existe, muitas espécies de animais foram desaparecendo, principalmente devido à destruição imposta pelo Homem.
Em todo o Mundo, o tráfico ilegal de animais vivos floresce.

Disponível em: <http://animaisdomundo.com.sapo.pt/>. Acesso em: 28 mar. 2015.

a) No primeiro fragmento, aparece uma oração inteira que exerce papel de advérbio. Qual é ela e que circunstância indica?

b) No segundo fragmento, aparece ainda uma outra expressão que tem a função de um advérbio. Qual é ela e que circunstância indica?

c) Agora você vai reescrever a última frase colocando a expressão que funciona como advérbio:

- no meio da frase;
- no fim da frase.

Fique atento à pontuação.

> O advérbio ou a locução adverbial, quando colocados no início ou no meio da frase, em geral, separam-se do restante da frase por vírgulas.

LEITURA 2

ANTES DE LER

1. Verbetes são uma forma de definir o mundo que nos cerca, a realidade, o passado, o presente, o universo. Podem existir verbetes sobre os mais variados assuntos. Você já leu outros verbetes, além dos apresentados nesta unidade? Sobre o que eles falavam e por que você os consultou?

2. Será que só existem verbetes sobre o mundo exterior ou é possível definir em um verbete, como em uma enciclopédia, nossas emoções, nossos desejos e sonhos?

Leia estes verbetes, que revelam outros modos de definir o mundo. Existem algumas semelhanças, mas também diferenças entre estes textos e os que aparecem em dicionários e enciclopédias.

Verbetes poéticos

Vira-lata
O último boêmio.

Poeta lírico
Espécie de passarinho estrangulado em público pelas declamadoras.

Cachorro
Cria da casa, bom confidente e complemento das crianças.

Fantasma
Pobre-diabo marginal entre dois mundos. Não usa sapatos.

Circo
A verdade é que os bichos, quando imitam as pessoas, perdem a dignidade.

Herói
Camarada impulsivo que morre cedo.

Zoologia
O hipopótamo é um bruto sapatão afogado.

QUINTANA Mário. *Caderno H*. São Paulo: Globo, 2006

JORGE ZAIBA

1. Releia.

"**Cachorro**

Cria da casa, bom confidente e complemento das crianças."

ROGÉRIO BORGES

Compare a definição acima com este verbete de dicionário.

cachorro *s.m.* **1.** Cão novo. **2.** Filhote de animal parecido com o cão. **3.** Qualquer cão.

Minidicionário Larousse da língua portuguesa. São Paulo: Larousse do Brasil, 2009.

a) Aponte diferenças entre os dois textos em relação à:

- definição do animal;
- organização do texto.

b) Uma das características dos cachorros, segundo o verbete de Mário Quintana, é ser um bom confidente. O que significa a palavra **confidente**? Por que ela é associada aos cães?

c) O que você entende pela expressão **cria da casa**?

2. Em qual dessas definições há metáfora?

a) "**Fantasma**

Pobre animal entre dois mundos."

b) "**Herói**

Camarada impulsivo que morre cedo."

c) "**Zoologia**

O hipopótamo é um bruto sapatão afogado."

3. Em suas definições, o eu poético expressa uma opinião a respeito daquilo a que se refere. Nos verbetes a seguir, que adjetivos contribuem para expressar essa opinião?

a) "**Cachorro**

Cria da casa, bom confidente e complemento das crianças."

b) "**Fantasma**

Pobre-diabo marginal entre dois mundos. Não usa sapatos."

c) "**Zoologia**

O hipopótamo é um bruto sapatão afogado."

4. Leia o quadro ao lado. Comparando-se a linguagem dos "Verbetes poéticos" com a linguagem de verbetes de dicionário, podemos dizer que Mário Quintana usa uma linguagem subjetiva ou objetiva? Por quê?

5. Indique no caderno as respostas corretas. Ao compararmos as definições de Mário Quintana com verbetes de dicionário ou de enciclopédia, percebemos que:

a) a diferença principal entre eles é quanto à intenção.

b) a maneira de descrever as características do ser que está sendo definido é semelhante.

c) a diferença é que, nos verbetes de dicionário ou de enciclopédia, há uma visão objetiva do termo definido e, nos textos poéticos, uma visão pessoal do significado desse termo.

d) nos verbetes poéticos, os termos são definidos por meio de comparações e metáforas.

6. Personificação é a atribuição de qualidades e sentimentos humanos a seres inanimados ou irracionais. Leia novamente os "Verbetes poéticos", identifique aqueles em que há personificação e anote-os no caderno.

7. Neste verbete, faz-se uma crítica.

> "**Circo**
> A verdade é que os bichos, quando imitam as pessoas, perdem a dignidade."

ROCÉRIO BORGES

a) O que o eu poético critica?

b) Você concorda com a crítica que ele faz?

c) Quais atitudes podemos tomar para evitar a presença de animais nos circos?

NÃO DEIXE DE LER

• ***Guerra no Pantanal***, de Antônio de Pádua e Silva, editora Atual.
Dois meninos da cidade vão ao Pantanal e encontram uma realidade dramática. Os responsáveis pelo problema: implacáveis caçadores de jacarés.

Como fazer uma pesquisa escolar

A pesquisa escolar tem como objetivo principal investigar um assunto ou uma questão, localizando e selecionando informações que permitam a produção e a apresentação de um texto pessoal e que demonstre a compreensão do assunto e a interpretação dos resultados.

Pode-se realizar a pesquisa principalmente em enciclopédias, livros, *sites*, jornais, revistas, vídeos. Seu resultado deve ser apresentado em um texto coerente, que não seja uma mera cópia do material pesquisado nem uma grande colcha de retalhos resultante da colagem de trechos fragmentados.

Você sabe como fazer e apresentar uma boa pesquisa escolar? Oriente-se pelos procedimentos a seguir.

1. O que eu quero saber? Em primeiro lugar, tenha bem claro o objetivo da pesquisa: o que é necessário investigar e descobrir, para que é preciso buscar essas informações.

2. Quais são as fontes mais apropriadas para meu tema? Faça um levantamento das fontes em que se podem encontrar as informações desejadas. Se necessário, peça ajuda ao professor ou na biblioteca de sua escola.

JOÃO MARCOS ROSA/NITRO IMAGENS/LATINSTOCK

3. Que tipo de informação estou procurando? Leia cuidadosamente os textos encontrados e selecione apenas os pontos que interessam ao objetivo de sua pesquisa.

4. Como registrar o que interessa? Faça anotações, registrando as informações relevantes que vão sendo encontradas.

5. Revise suas anotações. Leia novamente o que você anotou e selecione o que será efetivamente utilizado no texto.

6. Como preparar os resultados? Organize o que foi selecionado, utilizando, por exemplo, itens que sirvam para formar blocos de conteúdo, como *Primeiras HQs, HQs atuais, HQs brasileiras*, entre outros, no caso de fazer uma pesquisa sobre HQs e escreva seu texto, apresentando os resultados.

- Releia o texto que foi produzido, observando em que pode melhorá-lo.
- Verifique se não caiu na tentação de "recortar/colar".

FERNANDO FAVORETTO / CRIAR IMAGEM

7 Como registrar as fontes utilizadas? Elabore a bibliografia: nome dos livros, revistas, jornais e endereços de *sites* da internet.

- Para *sites*, indique também a data de acesso.
- Para jornais ou revistas, anote o nome do veículo e a data de publicação.
- Para livros, anote o nome do autor, da obra, da editora e o número das páginas que contêm as informações ou os trechos utilizados.

FERNANDO FAVARETTO

Em que fontes posso confiar?

É essencial para uma pesquisa a verificação da confiabilidade do material consultado. Os **livros** são, em geral, considerados mais confiáveis do que a internet.

No que se refere à internet, o ideal é utilizar fontes de instituições que se responsabilizam pelas informações que oferecem, como órgãos públicos, governos, universidades, institutos de pesquisa e opinião, entre outras. Abreviações encontradas nos endereços dos sites fornecem uma primeira informação sobre isso: ".org" refere-se a sites de organizações não governamentais, ".com", a endereços comerciais, e ".gov", a sites do governo.

Dentre as fontes consultadas por meio da internet, onde é possível encontrar material nem sempre confiável, que deve ser submetido a checagem com outras fontes, estão:

- o conteúdo dos blogues, espaços destinados a expor o ponto de vista de seus responsáveis;

- *sites* de perguntas e respostas em que os internautas trocam informações entre si, como no "Yahoo respostas", em que quem dá as explicações são os próprios usuários, sem nenhuma verificação;

- *sites* no formato "wiki", de construção coletiva, como a Wikipédia, que é muito útil, mas precisa ser utilizada com cautela, pois não existe checagem oficial do *site*;

- algumas páginas produzidas por iniciativa de uma pessoa ou de um grupo também não sujeitas à verificação.

VERBETE DE ENCICLOPÉDIA

Nossa proposta aqui é a produção de verbetes de enciclopédia. Esses verbetes vão ser reunidos em uma *Enciclopédia dos bichos,* que será oferecida à Biblioteca da escola e consultada por estudantes de quarto e quinto anos. Por isso, utilize linguagem que, embora formal ou semiformal, possa ser compreendida por eles.

Cada um vai escolher um animal e escrever um verbete sobre ele. Só valem animais que existam de verdade e atualmente (não valem dinossauro nem mula sem cabeça, certo?). O importante é planejar, buscar e selecionar informações, fazer anotações e preparar-se para escrever.

Antes de começar

1. Releia e observe os destaques.

> "O **lobo-guará** é o maior **canídeo** da América do Sul."

> **Atenção:**
> Faça uma cópia de seu verbete e guarde-a para o almanaque que vai ser elaborado como projeto do ano.

Que expressões do quadro você escolheria para usar em verbetes de enciclopédia sobre os animais abaixo? Anote-as no caderno, fazendo um quadro para cada animal. Para isso, consulte o dicionário, enciclopédias ou a internet.

ave	cria	filhote	hábitos noturnos	penas
bando	cupinzeiro	formigas	macho	plumagem
bico	eclosão	garras	mamífero	ovos
carnívoro	felino	gestação	ninhada	tocas
coquinhos	fêmea	hábitos diurnos	ninho	voo

a) arara-azul-grande

b) tamanduá

c) onça-pintada

2. Imagine que os substantivos a seguir fossem usados em verbetes de enciclopédia sobre animais. Pense no significado desses substantivos e escreva alguns adjetivos que poderiam estar associados a cada um deles, nos verbetes.

a) plumagem

b) pelagem

c) hábitos

Planejando a produção

1 Decida sobre qual animal vai expor informações em seu verbete enciclopédico. Você deverá pesquisar e selecionar dados sobre ele e organizá-los, juntando, por exemplo, ilustrações, desenhos ou fotos e quadros em uma folha de papel. Pesquise em livros, enciclopédias, revistas, jornais e, se puder, na internet.

2 Planeje seu texto, fazendo anotações sobre:
- características físicas do animal;
- hábitat;

- hábitos alimentares;
- gestação;
- alguma curiosidade sobre ele;
- suas condições de sobrevivência: se corre perigo de extinção e por quê.

3 Selecione as informações que você vai usar e as fotos, as imagens ou as ilustrações que vai incluir.

4 Observe a linguagem:

a) use vocabulário adequado ao assunto como: fêmea, macho, filhotes, ninhada, crias, hábitat etc.;

b) use verbos no presente;

c) pense em seus leitores do Ensino Fundamental I: organize o texto de modo que eles se sintam atraídos pela leitura;

d) não use gírias nem termos próprios da oralidade, como **tá**, **tô**, **né**, **então**, entre outros.

5 Depois que a primeira versão do verbete estiver pronta, crie alguns pequenos quadros com outros dados ou curiosidades. Selecione fotos do animal, do ambiente onde vive etc. Se isso não for possível, faça desenhos. Atenção: a função das fotos, em um verbete, é ilustrar o que o texto diz ou acrescentar informações. Crie legendas para as fotos.

6 Faça um rascunho: planeje o espaço que o texto ocupará, onde vão ser colocadas as ilustrações, os boxes e outros elementos. Sua intenção é a de que o leitor leia e compreenda todas as informações. Coloque-se no lugar dele e tente organizar textos verbais e não verbais da maneira mais clara possível.

> **Atenção:**
> Não cole ainda as imagens.

Autoavaliação e reescrita

1 Após finalizar o texto, faça uma autoavaliação, verificando se os elementos mais importantes do gênero estão presentes. Veja se:

- foram apresentadas informações sobre o animal, como tamanho, alimentação, hábitat, hábitos e tempo de vida etc.;
- o texto foi organizado de modo que cada parágrafo trata de um assunto (ou de um grupo de assuntos estreitamente relacionados);
- as fotos estão identificadas por legendas;
- você evitou atribuir características humanas aos animais (por exemplo, dizer que um animal é preguiçoso);
- a maioria dos verbos está no presente e a linguagem é objetiva.

2 Depois de passar a limpo seu verbete, entregue-o ao professor.

> **Atenção:**
> Após a correção, finalize o verbete, colando as imagens. Todos devem utilizar o mesmo tamanho de folha para compor a enciclopédia.

Organização da enciclopédia

Para encerrar, em conjunto com a classe e o professor:

- elejam um estudante para fazer a capa da enciclopédia;
- elaborem uma introdução em que apresentem o objetivo da enciclopédia;
- disponham os verbetes em ordem alfabética.

O advérbio na frase: efeitos de sentido

Como você viu, os advérbios são empregados para modificar um verbo, um adjetivo, um advérbio ou uma frase, indicando circunstâncias de tempo, modo, lugar etc.

Os advérbios podem ser usados com outras funções na frase, criando diferentes efeitos de sentido. Veja como isso ocorre.

1. As palavras **aqui**, **ali**, **aí**, **lá** são classificadas como advérbios de lugar. Anote no caderno aquelas em que o advérbio destacado indica localização.

   a) "Depois de sei **lá** quantas tentativas, **lá** pelas 11h20, consegui 'reservar' dois ingressos […]" (*Folha de S.Paulo*, 11 ago. 2008.)

   b) "E o que estava fazendo **ali**, tão longe de casa?" (Fernando Sabino)

   c) "[…] a madame pediu para eu carregar as compras e **aí** no outro dia pediu pra eu trabalhar na casa dela." (Fernando Sabino)

   d) "Nossos fãs são muito legais, principalmente os brasileiros. […] estamos muito empolgados para tocar **aqui** em abril." (*Folha de S.Paulo*, 2 nov. 2010.)

2. Leia os versos desta canção.

Te sinto tão pertinho
Quando fico a recordar
Aquelas noites lindas
Que vivemos ao luar
[…]

KATINGUELÊ. Pertinho. Disponível em: <http://letras.mus.br/#/katinguele/46759/>. Acesso em: 28 mar. 2015.

   a) Em **pertinho**, a terminação **-inho** indica diminuição de tamanho, como ocorre com os substantivos?

   b) Que efeito o advérbio no diminutivo produz?

3. Observe o uso do advérbio destacado neste trecho.

   O cão é um mamífero da família dos canídeos, **provavelmente** originado a partir de populações selvagens do lobo eurasiático.

   a) Nesse contexto, o advérbio indica modo? Explique.

   b) Qual destes advérbios poderia substituir **provavelmente** nesse texto: **certamente**, **nunca**, **talvez**, **sempre**, **jamais**?

4. Anote no caderno a afirmação que lhe parecer mais adequada. Depois de fazer estas atividades, o que se pode concluir a respeito da função dos advérbios na frase?

   I. É fácil reconhecer os advérbios, pois eles são empregados sempre com a mesma função.

   II. Os advérbios, além de indicarem circunstâncias de tempo, modo, lugar etc., podem ser utilizados em outras funções, produzindo diferentes efeitos de sentido.

1. Leia os textos, observando os advérbios e as locuções adverbiais destacados.

Vivo esperando e procurando
um trevo no meu jardim
Quatro folhinhas nascidas ao léu
me levariam **pertinho** do céu.
[...]

WOODS, Harry e DIXON, Mort. Trevo de quatro folhas. In: João Gilberto e Tom Jobim. *O amor, o sorriso e a flor*. Rio de Janeiro: Odeon, 1960.

[...]
As quaresmeiras da serra
São manchas roxas de mágoa
E de manhã bem **cedinho**
A névoa pousa na terra
Como uma anágua de linho.

MORAES, Vinicius de. *Poesia completa e prosa*. Rio de Janeiro: Nova Aguilar, 1998.

a) **Pertinho** e **cedinho** terminam com -**inho**. No caso desses textos, essa terminação indica diminuição de tamanho?

b) Qual é o sentido de cada advérbio ou locução destacada?

2. Leia.

GARCIA, João. Com Ciência – *Revista Eletrônica de Jornalismo Científico*, SBPC. Disponível em: <http://www.comciencia.br/comciencia/handler.php?section=7&arte=37>. Acesso em: 1 maio 2015.

a) Anote no caderno a resposta certa. O objetivo desses quadrinhos é levar o leitor a:

   I. refletir sobre a passagem do tempo.

   II. informar-se sobre o problema da devastação da natureza.

   III. sensibilizar-se para a necessidade de atitudes que impeçam a destruição progressiva da natureza.

b) Identifique e anote no caderno as locuções adverbiais de tempo usadas.

c) Por que o cartunista teria utilizado tantas expressões indicativas de tempo?

3. Leia o trecho e observe o uso dos advérbios destacados.

Tenho todos os motivos para me orgulhar de meu corrupião; e devia estar contente. Mas a verdade é muito outra. Há um pequeno drama de família; estamos de mal. [...] O pior é que tomei gosto em irritá-lo. Estalo os dedos sobre sua cabeça, o que o faz emitir estranhos grunhidos, enchendo o papo de vento. [...] com essas provocações ele foi, **devagar**, **devagarinho**, criando um certo ódio de mim.

BRAGA, Rubem. *Ai de ti, Copacabana*. Rio de Janeiro: Record, 2004.

a) Do que fala o narrador?

b) A repetição do advérbio **devagar** e seu uso com um sufixo que indica diminutivo:

   I. deixa claro que o corrupião é um pássaro que reage lentamente a provocações.

   II. mostra que as provocações do narrador levavam a ave a reagir com irritação e grunhidos.

   III. sugere o progressivo processo de criação de inimizade entre o narrador e a ave.

   IV. sugere que o ódio é um sentimento que se cria lentamente.

Corrupião: ave brasileira de plumagem negra na cabeça, nas asas, na garganta e na cauda, e laranja na barriga; conhecida pela sua capacidade de imitar músicas.

4. Os advérbios **ontem**, **hoje** e **amanhã** geralmente se referem a momentos específicos de tempo: o dia anterior, o dia presente e o dia de amanhã. Leia estes quadrinhos e observe o emprego do advérbio de tempo **ontem**.

ITURRUSGARAI, Adão. *Folha de S.Paulo*, 29 maio 2004. Folhinha.

a) O que quer dizer "pedir algo para ontem"?

b) Por que a personagem ajustou a máquina do tempo para "ontem"?

c) O advérbio **ontem**, no último quadrinho, indica o dia anterior?

d) A personagem atingiu o objetivo pretendido? Por quê?

ATIVANDO HABILIDADES

1. (Saresp)

O menino de Brodósqui

Desde pequeno Cândido Portinari, o Candinho, gostava de desenhar. Nasceu em Brodósqui, uma pequena cidade do interior de São Paulo. Todos apreciavam muito seus desenhos: seus professores, seus colegas e até o padre da cidade. Ainda não tinha 10 anos quando ajudou a pintar as estrelinhas do teto da igreja.

Com 15 anos, pegou o trem e viajou para o Rio de Janeiro, para aprender mais sobre pintura e desenho. Aos 26 anos, ganhou o Prêmio de Viagem da Exposição Geral de Belas Artes e foi para a França. Durante o tempo que passou lá, não parou de pensar no Brasil, na sua cidade e nas histórias de sua infância. Quando voltou, pintou uma porção de quadros, que mostram os trabalhadores e os jogos infantis.

Portinari pintou tanto, que as tintas lhe fizeram mal, envenenando-o. Ele morreu e deixou mais de 4 000 obras, entre desenhos, gravuras, pinturas e murais, no Brasil e no exterior.

BRASIL. Ministério da Cultura; SESC. *Trabalho e jogo*. Brasília, 2005.

PORTINARI, CANDIDO. MENINOS BRINCANDO, 1955.

PORTINARI, Candido. *Meninos brincando*, 1955. Museu da Infância, Criciúma (SC).

O trecho "Durante o tempo que passou lá, não parou de pensar no Brasil, na sua cidade e nas histórias de sua infância." significa que, quando estava na França, Portinari pensava no Brasil

a) de vez em quando.

b) muitas vezes.

c) o tempo todo.

d) poucas vezes.

2. Saeb (Caderno de orientações para o professor)

Texto I

Dragão

O dragão é do tamanho de um edifício. Tem cabeça de cavalo, chifres de veado, olhos de demônio, orelha de vaca, pescoço de cobra, escamas de peixe, garras de águia e patas de tigre. Cada uma das quatro garras tem quatro unhas enormes. O dragão solta fogo pelas narinas. A força do dragão está na pérola.

NESTROVISKI, Arthur. *Bichos que existem e bichos que não existem*. São Paulo: Cosac & Naif, 2002.

Texto II

Lagartos

Os lagartos do deserto são mais numerosos que as serpentes e também mais fáceis de ver porque em geral estão ativos de dia, ao passo que muitas cobras só agem à noite. Os lagartos costumam deitar-se ao sol nas primeiras horas da manhã, para aquecer os músculos após a noite fria do deserto. Nos períodos mais quentes, vão para a sombra das pedras ou plantas, entram em tocas ou sobem nos arbustos. A maioria dos lagartos do deserto muda de cor para se adaptar ao meio ambiente.

A pele espinhuda torna alguns tipos menos palatáveis aos predadores. Quando ameaçados, alguns fazem demonstrações de intimidação, escancarando as mandíbulas. Morder o adversário é sempre uma opção, mas a maioria prefere fugir.

Desertos, Editora Globo, 1997.

Comparando-se os textos I e II, pode-se afirmar que

a) o texto I apresenta um animal pequeno.

b) o texto II informa como vive um animal.

c) os dois textos descrevem animais imaginários.

d) os dois textos referem-se ao mesmo animal.

3. (Saresp) Leia o texto para responder à questão.

cosmopolita. [Do gr. *kosmopolítes*.] S. 2g. 1. Indivíduo que vive ora num país, ora noutro, adotando-lhes com facilidade os usos e costumes. 2. Pessoa que se julga cidadão do mundo inteiro, ou para quem a pátria é o mundo: "Ele tinha viajado em toda a Europa..., era um cosmopolita, na grande acepção filosófica desta palavra, inteiramente lavado de estreitos preconceitos de raça e de nação." (Ramalho Ortigão, A Holanda, p. 241.) • Adj. 2g. 3. Que passa a vida a viajar em diversos países. 4. Que é de todos os países. 5. Que apresenta aspectos comuns a vários países: São Paulo é uma cidade cosmopolita. 6. Que sofre influência do estrangeiro: mentalidade cosmopolita. 7. Próprio de cosmopolita (1 e 2): costumes cosmopolitas. 8. Bot. Diz-se das espécies que se espalham pela maior parte do globo, espontaneamente.

FERREIRA, Aurélio Buarque de Holanda. Novo dicionário da língua portuguesa. 2. ed. Rio de Janeiro: Nova Fronteira, 1995.

O texto acima é um verbete de dicionário de língua portuguesa, cuja finalidade é esclarecer os significados e usos das palavras. Em relação à organização desse texto, é correto dizer que os números em destaque servem para indicar:

a) a origem do vocábulo.

b) a abreviação do vocábulo.

c) o significado do vocábulo em situações de uso.

d) a pronúncia do vocábulo em cada situação.

4. (Saresp) Observe a seguinte propaganda e responda à questão.

independente. Adj. 2g.

1. Que está livre de qualquer dependência ou sujeição.

2. Que é ou se tornou livre de qualquer laço ou compromisso afetivo, social, moral etc; que é senhor das próprias decisões.

3. Diz-se daquilo que, embora sendo parte de um sistema, não tem ligação ou relação direta com outra(s) parte(s) do mesmo sistema.

Dicionário Aurélio.

Esta é a principal razão para você ler a revista mais completa do País.

ISTOÉ

Independente

INDEPENDENTE. IstoÉ Dinheiro, São Paulo, n. 568, p. 103, ago. 2008. (adaptado)

O anunciante usa o verbete de um dicionário para explicar os significados do adjetivo independente e divulgar uma revista. Que efeito ele quis produzir no texto com esse uso?

a) Explicar para que serve um adjetivo.

b) Descrever como é a revista.

c) Comparar o dicionário à revista.

d) Mostrar as qualidades da revista.

Encerrando a unidade

- Nesta unidade você estudou a organização das partes de um verbete de dicionário e de enciclopédia, refletiu sobre o uso dos tempos verbais em um verbete e sobre o papel dos adjetivos e dos advérbios em um verbete.

1. O que caracteriza um verbete de enciclopédia? E um verbete poético?

2. Aponte algumas diferenças entre o verbete de enciclopédia impressa e o de enciclopédia digital.

3. Você saberia reconhecer os advérbios em um texto? Conseguiria reconhecer os advérbios que emprega em sua fala do dia a dia?

4. Como você se saiu na produção dos verbetes de dicionário e de enciclopédia? Conseguiu aplicar nesses textos o que aprendeu nesta unidade? Explique.

O elemento artístico no texto verbal: reinvenção

As inúmeras moradas do poema

Estudar e trabalhar com Arte na escola envolve produzir trabalhos artísticos, avaliar e refletir sobre eles. Além disso, envolve também conhecer e apreciar produções artísticas de diferentes culturas e épocas, observar mudanças e transformações, ter contato com criações originais e inovações, pois assim se amplia a compreensão da realidade.

A Arte exprime a leitura do mundo por meio das linguagens verbal, musical, visual e corporal, podendo estabelecer um diálogo entre as variadas formas.

Na unidade 7, por um lado, vimos a importância do ritmo, das rimas e da sonoridade em um poema. Por um lado, poetas brasileiros como Augusto de Campos e Arnaldo Antunes se utilizam de outras linguagens (das artes visuais, por exemplo) e suportes diferenciados para desenvolver suas criações poéticas.

Veja, a seguir, um poema de Arnaldo Antunes que foi musicado por ele mesmo. Ouça a música com seu professor e compare os dois textos.

As árvores

As árvores são fáceis de achar. Ficam plantadas no chão. Mamam do sol pelas folhas e pela terra bebem água. Cantam no vento e recebem a chuva de galhos abertos. Há as que dão frutas e as que dão frutos. As de copa larga e as que habitam esquilos... As que chovem depois da chuva, as cabeludas. As mais jovens; mudas. As árvores ficam paradas. Uma a uma enfileiradas na alameda. Crescem para cima, como as pessoas. Crescem como as pessoas, mas não são soltas nos passos. São maiores mas ocupam menos espaço.

ANTUNES, Arnaldo. *As coisas*. São Paulo: Iluminuras, 1992.

As árvores

As árvores são fáceis de achar
Ficam plantadas no chão
Mamam do céu pelas folhas
E pela terra
Também bebem água
Cantam no vento
E recebem a chuva de
galhos abertos
Há as que dão frutas
E as que dão frutos
As de copa larga
E as que habitam esquilos
As árvores ficam paradas

Uma a uma enfileiradas
na alameda
Crescem pra cima como as pessoas
Mas nunca se deitam
O céu aceitam
Crescem como as pessoas
Mas não são soltas nos passos
São maiores, mas
Ocupam menos espaço
Árvore da vida
Árvore querida

ANTUNES, Arnaldo e BEN JOR, Jorge. As árvores. Arnaldo Antunes. In: CD *Um som*. Rio de Janeiro: BMG, 1998.

1. Converse com um colega e socializem suas conclusões com a classe:

a) Que diferenças podemos encontrar entre a letra do poema e a letra da canção quanto à forma?

b) Que tipo de interferência Arnaldo Antunes faz em sua criação ao transformar o poema em canção?

c) No poema e na canção, os recursos utilizados para se obter musicalidade são diferentes. Que diferenças há entre um poema declamado e uma canção quanto à musicalidade?

Outros poetas, reinventando sua arte, estabelecem diálogo entre a Língua Portuguesa e as Artes Plásticas, utilizando técnicas e diferentes materiais para construir formas e imagens que revelam concepções estéticas e poéticas, trabalhando com papel, tinta, madeira e tecidos para produzir suas peças. Veja alguns exemplos de poetas que buscaram a inovação, ousaram ao experimentar outros suportes – novas "moradas" – para se expressar, estabelecendo uma relação concreta entre Literatura e Artes plásticas.

DIOVANI MENDONÇA/PÃO E POESIA

Projeto literário Pão e Poesia revela novos autores e desperta o interesse dos leitores com poemas escritos em saquinhos de pão (Franca - São Paulo)

Disponível em: <http://www.gcn.net.br/jornal/index.php?codigo=145936&codigo_categoria=12>.

DOUTORES DA ALEGRIA

Poemas esparadrápicos

O *design* imita um rolo de esparadrapo em que estão impressos, em adesivos destacáveis, poemas de autores brasileiros. O produto é vendido pela ONG Doutores da Alegria para todos que apoiam a causa, o que ajuda a manter vários projetos.

Disponível em: <http://www.doutoresdaalegria.com.br/loja/internas_prod_descricao.asp?codigo_produto=13>.

JOSÉ GASPAR CHEMIN

Uma "pedra" do paranaense Chemin

Disponível em: <http://www.revistalingua.com.br/textos.asp?codigo=12236>.

2. Uma das simbologias que são atribuídas ao pão é o sustento, o alimento diário. O fato de o projeto vincular os poemas às embalagens de pão revela uma intenção dos autores do projeto. Qual seria?

3. O suporte textual escolhido para os "Poemas esparadrápicos" tem estreita relação com a situação em que são utilizados.

a) De que modo se estabelece a relação entre língua e Artes plásticas?

b) Qual a intenção na escolha desse suporte? Qual seria o público leitor desses poemas? Explique.

4. Que tal agora trabalhar na interação entre língua e Arte, utilizando suportes reinventados para registrar seus poemas?

- Reúna-se com sua equipe e escrevam pequenos poemas.

- Escolham suportes textuais inusitados que possam expressar o encontro entre duas linguagens. Vocês podem, por exemplo, criar pequenos móbiles com poemas escritos em tirinhas de cartolina ou, ainda, em caixas de fósforos, bilhetes de metrô, passagens de trem, passaportes etc.

- Na data combinada com o professor, troquem os trabalhos entre as equipes, leiam e comentem os poemas. Se possível, façam uma exposição dos trabalhos.

Almanaque

Vamos, finalmente, produzir nosso almanaque, reunindo as produções realizadas ao longo do ano. Para isso, junte-se aos colegas do grupo definido no começo do ano e releiam as primeiras orientações dadas para o projeto, no final da unidade 1.

Depois disso, com a(s) pasta(s) com as produções textuais de vocês em mãos, leiam todas as orientações a seguir.

PLANEJAMENTO E ELABORAÇÃO

Para o planejamento inicial, é preciso saber qual é a data de entrega do almanaque – isso deve ser combinado com o professor.

Há várias providências a serem tomadas, e vocês devem dividir as tarefas de modo que todos participem.

Vai ser preciso:

a) escolher um nome para o almanaque;

b) decidir o nome das seções (as que apresentamos mais adiante são simples sugestões);

c) selecionar, entre os textos que vocês produziram durante o ano, os que vão ser publicados em cada seção;

d) fazer a capa, na qual devem haver:
   • fotos e/ou ilustrações coloridas;
   • o nome do almanaque, em destaque;
   • o nome dos componentes do grupo;

e) fazer o sumário, o qual deve conter o nome das seções e dos textos que aparecem ao longo do almanaque e o número das páginas em que se encontram;

f) se necessário, passar a limpo alguns dos textos produzidos durante o ano e que vão ser incluídos no almanaque;

g) tentar intercalar todos os textos com desenhos ou fotos, para que a leitura fique leve e prazerosa.

> **Sumário** é a enumeração das principais divisões de uma obra (capítulos ou seções, por exemplo), na mesma ordem em que essas divisões aparecem ao longo da obra e com a indicação do número da página onde estão localizadas.

> **Atenção:** Deve haver textos de todos os componentes do grupo no almanaque, mas não é preciso que todos os textos produzidos pelo grupo em cada unidade sejam publicados nas seções. Por exemplo: na unidade 2, vocês pesquisaram a história das HQs. Nesse caso, basta que no almanaque apareça um único registro escrito dessa pesquisa. Ou, se preferirem, vocês podem juntar em um novo texto as informações mais interessantes conseguidas pelo grupo.

As seções do almanaque

Abaixo damos uma sugestão de organização do almanaque, mas vocês podem criar outros nomes de seção e mesmo apresentar os textos em outra ordem.

- diário ficcional (unidade 1)
- poema (unidade 7)
- fábula (unidade 5)

- conto popular (unidade 4)

- expressões idiomáticas ilustradas ao pé da letra (unidade 1)
- história em quadrinhos (unidade 2)

- carta enigmática (unidade 1)

- relato de viagem (unidade 6)

ILUSTRAÇÕES: ROGÉRIO BORGES

- verbete de enciclopédia (unidade 8)
- história das histórias em quadrinhos (unidade 2)

Além desses textos, que já estão prontos, vocês podem acrescentar outros.

- Por exemplo, nas unidades 1, 5 e 7, há anedotas. Vocês podem copiá-las, pesquisar outras ou mesmo inventar novas piadas para a seção *De bom humor*.
- Na unidade 8, vocês tiveram contato com jogos de palavras cruzadas. Seria interessante criar algumas palavras cruzadas e colocá-las em uma seção *Passatempo*.

Outros gêneros comuns em almanaques e que vocês podem inserir são: testes, adivinhas, caça-palavras, trava-línguas, curiosidades.

Distribuição

Quando o almanaque estiver pronto, apresentem-no aos outros grupos. Depois disso, cada componente de seu grupo poderá levá-lo para casa por alguns dias, em sistema de rodízio.

BIBLIOGRAFIA

ANTUNES, Irandê Costa. *Língua, gêneros textuais e ensino.* Florianópolis: Perspectiva, v. 20, n. 1, p. 65-76, jan./jun. 2002.

AZEREDO, José Carlos. *Fundamentos de gramática do português.* Rio de Janeiro: Zahar, 2008.

_____. *Gramática Houaiss da língua portuguesa.* São Paulo: Publifolha, 2010.

BAKHTIN, Mikhail. Os gêneros do discurso. In: _____. *Estética da criação verbal.* São Paulo: WMF Martins Fontes, 2011.

BARBOSA, Jaqueline Peixoto. *Trabalhando com os gêneros do discurso*: uma perspectiva enunciativa para o ensino de língua portuguesa. Tese de doutorado, Programa de Estudos Pós-Graduados em Linguística Aplicada e Estudos da Linguagem, Pontifícia Universidade Católica, São Paulo, 2001.

BAZERMAN, Charles. *Gêneros textuais*: tipificação e interação. São Paulo: Cortez, 2009.

BECHARA, Evanildo. *Gramática escolar da língua portuguesa.* Rio de Janeiro: Nova Fronteira, 2010.

_____. *Moderna gramática portuguesa.* Rio de Janeiro: Nova Fronteira, 2009.

BRASIL. Secretaria de Educação Fundamental. *Parâmetros curriculares nacionais*: terceiro e quarto ciclos do ensino fundamental – língua portuguesa. Brasília: MEC/SEF, 1998.

BRONCKART, Jean-Paul. *Atividade de linguagem, textos e discursos*: por um interacionismo sociodiscursivo. São Paulo: Educ, 2008.

CALKINS, Lucy M. *A arte de ensinar a escrever.* Porto Alegre: Artmed, 1989.

CANDIDO, Antonio. A vida ao rés do chão. In: FUNDAÇÃO CASA DE RUI BARBOSA. Setor de Filologia. *A crônica*: o gênero, sua fixação e suas transformações no Brasil. Campinas: Editora da Unicamp, 1992.

CASCUDO, Luís da Câmara. *Literatura oral no Brasil.* São Paulo: Global, 2009.

CASTILHO, Ataliba Teixeira de (org.). *Gramática do português falado.* Campinas: Editora da Unicamp. 1996. v. I: A Ordem.

_____. *Gramática do português falado.* Campinas: Editora da Unicamp, 2000. v. IV: Estudos descritivos.

_____. *Nova gramática do português brasileiro.* São Paulo: Contexto, 2010.

CENPEC – Centro de Estudos e Pesquisas em Educação, Cultura e Ação Comunitária. *Estudar pra valer!*: leitura e produção de textos nos anos iniciais do ensino fundamental/módulo introdutório. São Paulo: Cenpec, 2005.

DIONISIO, Ângela Paiva *et alii* (orgs.). *Gêneros textuais & ensino*. São Paulo: Parábola, 2010.

_____; BEZERRA, Maria Auxiliadora. *O livro didático de português*: múltiplos olhares. Rio de Janeiro: Lucerna, 2001.

ILARI, Rodolfo. *Introdução ao estudo do léxico*. São Paulo: Contexto, 2002.

_____. *Introdução à semântica*. São Paulo: Contexto, 2001.

KATO, Mary Aizawa. *Gramática do português falado*. Campinas: Editora da Unicamp. Campinas, 2002. v. V: Convergências.

KLEIMAN, Angela. *Texto & leitor:* aspectos cognitivos da leitura. Campinas: Pontes, 2005.

_____; MORAES, Sílvia E. *Tecendo redes nos projetos da escola*. Campinas: Mercado de Letras, 1999.

KOCH, Ingedore G. V. *A coesão textual*. São Paulo: Contexto, 2002.

_____. *Desvendando os segredos do texto*. São Paulo: Cortez, 2003.

_____; FÁVERO, Leonor L. *Linguística textual*: introdução. São Paulo: Cortez, 2002.

_____; VILELA, Mário. *Gramática da língua portuguesa*. Coimbra: Almedina, 2001.

MACHADO, Anna R. (org.). *Resenha*. São Paulo: Parábola, 2007.

MARCUSCHI, Luiz Antônio. *Produção textual, análise de gêneros e compreensão*. São Paulo: Parábola, 2008.

_____. *Da fala para a escrita*: atividades de retextualização. São Paulo: Cortez, 2010.

MATEUS, Maria Helena Mira *et alii*. *Gramática da língua portuguesa*. Lisboa: Caminho, 1987.

MEURER, José Luiz; MOTTA-ROTH, Desirée (orgs.). *Gêneros textuais e práticas discursivas*. São Paulo: Edusc, 2002.

NEVES, Maria Helena de Moura. *A gramática funcional*. São Paulo: Martins, 2001.

_____. *Gramática de usos do português*. São Paulo: Unesp, 2011.

_____. *Gramática na escola*. São Paulo: Contexto, 2003.

_____. *Que gramática ensinar na escola?* São Paulo: Contexto, 2003.

PRETI, Dino (org.). *Fala e escrita em questão*. São Paulo: Humanitas/FFLCH/USP, 2006.

ROJO, Roxane. *A prática de linguagem em sala de aula*: praticando os PCNs. Campinas: Mercado de Letras, 2001.

_____. Letramento e capacidades de leitura para a cidadania. In: _____. *Letramentos múltiplos, escola e inclusão social*. São Paulo: Parábola, 2009.

_____ ; GOMES BATISTA, Antônio A. (orgs.). *Livro didático de língua portuguesa*: letramento e cultura da escrita. Campinas: Mercado de Letras, 2003.

SACRISTÁN, J. Gimeno. *A educação obrigatória*: seu sentido educativo e social. Porto Alegre: Artmed, 2001.

SCHNEUWLY, Bernard; DOLZ, Joaquim e colaboradores. *Gêneros orais e escritos na escola*. Campinas: Mercado de Letras, 2004.

SOARES, Magda. *Alfabetização e letramento*. São Paulo: Contexto, 2003.

_____. *Letramento e alfabetização*: as muitas facetas. Disponível em: <http://www.scielo.br/pdf/rbedu/n25/n25a01.pdf>. Acesso em: 24 mar. 2015.

TRASK, R. Larry. *Dicionário de linguagem e linguística*. São Paulo: Contexto, 2004.

TRAVAGLIA, Luiz Carlos. *Gramática e interação*. São Paulo: Cortez, 2005.

_____. *Gramática*: ensino plural. São Paulo: Cortez, 2011.

Jornadas.port

Caderno de Atividades 6

Língua Portuguesa

Edição: Daisy Pereira Daniel
Conrad Pichler

Caro estudante,

Este caderno foi elaborado com a finalidade de ajudá-lo a organizar seu conhecimento. Ao resolver as atividades propostas, você terá a oportunidade de buscar informações, utilizar a própria experiência e conhecimento prévio sobre os assuntos tratados, desenvolver habilidades, elaborar opiniões sobre assuntos da atualidade, refletir sobre atitudes e comportamentos e ampliar a sua visão do mundo.

As atividades estão distribuídas em oito unidades, correspondendo às unidades do livro para que possa retomar e ampliar os tópicos estudados. A cada unidade, você encontrará as seguintes seções: Reveja a jornada, Outro olhar e Leitura do mundo.

- Em **Reveja a jornada**, você irá aplicar os conceitos gramaticais trabalhados e organizá-los no quadro Para lembrar.

- A seção **Outro olhar** propõe sempre uma leitura complementar, (verbal ou não verbal) ligada a algum tema ou gênero trabalhado na unidade do livro. As atividades visam trabalhar aspectos que não foram abordados no livro ou que são tratados sob outro aspecto.

- Na seção **Leitura do mundo**, você será incentivado a refletir e se posicionar em relação a assuntos da atualidade e que envolvem temas como Consumo e Educação financeira, Ética, Direitos humanos e Cidadania, Sustentabilidade, Culturas africanas e indígenas e Tecnologias digitais. Ao final das atividades, há quase sempre um produto final: pesquisa, entrevista, coleta de dados para chegar a uma conclusão, um *post* nas redes sociais, uma crítica sobre um filme ou livro etc.

Esperamos que sua jornada por este caderno seja bastante produtiva e o auxilie a desenvolver a autonomia nos estudos.

As autoras

SUMÁRIO

Registrando o cotidiano

Reveja a jornada

Na unidade 1, falamos sobre língua e linguagem e ainda sobre diferenças entre fala e escrita. Reveja alguns conceitos no livro para refletir mais um pouco sobre esses temas.

1. Você acha que é possível estabelecer a interação comunicativa entre duas pessoas que falam línguas diferentes? Dê exemplos.

_____

_____

_____

_____

Antes de responder, leia o quadro abaixo.

> Quem produz um **texto**, seja ele verbal, seja não verbal, tem sempre uma intenção e deseja provocar uma reação em seu interlocutor.

2. Uma mesma frase pode adquirir diferentes significados conforme se modificam as intenções de quem fala. Pense em diferentes situações em que a frase *"São cinco horas."* poderia ser dita e complete-a de diferentes maneiras para exprimir essas diferentes intenções. Veja o exemplo.

> **Intenção:** dar a entender que um colega seu está atrasado.
> **Frase:** São cinco horas: *isto é hora de chegar?*

a) Intenção: dizer que você precisa ir embora.

São cinco horas: _____

b) Intenção: sugerir a um amigo que ele deve tomar remédio.

São cinco horas: _____

c) Intenção: dizer que você está com fome.

São cinco horas: _____

d) Intenção: você quer ver seu programa favorito na TV.

São cinco horas: _____

3. Leia a tira do Menino Maluquinho reproduzida a seguir.

Ziraldo. *O Menino Maluquinho em quadrinhos.* Porto Alegre: LP&M, 1991. p. 27.

Observe que, se considerarmos só a parte verbal dos quadrinhos, teremos as palavras **bombons**, **flores**, **boletins**, que, isoladas, fora da situação de comunicação específica, não seriam suficientes para compor a narrativa.

a) Que outros elementos foram necessários para que o leitor conseguisse acompanhar a história?

_____

_____

b) Por meio de todos esses elementos, o cartunista consegue construir o sentido da tira. Qual é?

_____

_____

4. Vimos que diários íntimos geralmente são escritos em linguagem próxima à do dia a dia, de maneira descontraída e espontânea. Isso também acontece nas tiras cômicas, que procuram reproduzir falas do cotidiano.

a) Leia a tirinha a seguir e procure localizar palavras ou expressões características da fala informal.

Disponível em: <http://www.avidacomlogan.com.br/index.php/2010/12/09/esta-chegando-a-hora/>. Acesso em: 16 fev. 2016.

b) Agora reescreva a fala dos balões em que essas palavras ou expressões aparecem, eliminando as marcas de oralidade, isto é, utilizando-as de modo mais adequado ao registro escrito.

_____

_____

PARA LEMBRAR

• Preencha, a seguir, as definições e os exemplos que faltam no quadro conceitual.

Língua

É um sistema construído de _____ que se combinam entre si para formar _____ em situações de interação e troca comunicativa.

Linguagem

É qualquer forma de interação entre as pessoas (palavras, desenhos, símbolos, gestos, cores).

Modalidade oral

Texto falado, produzido no momento em que se fala.

Modalidade escrita

Texto escrito, produzido em um _____ ao momento em que alguém o lê; pode ser _____ e _____ .

Há textos orais que se aproximam da _____ , como, por exemplo, a _____ .

Há textos escritos que se aproximam da _____ , como os _____ .

Exemplos de gêneros da modalidade oral:

_____ e _____ .

Exemplos de gêneros da modalidade escrita:

_____ e _____ .

Uso do dicionário

Vimos que um texto escrito pode ser revisado e melhorado, antes de ser apresentado ao leitor. Em uma revisão, nada melhor do que o dicionário para sanar nossas dúvidas.

Você pode consultar um dicionário *on-line*, mas é importante ter habilidade para consultar também os dicionários impressos. Para isso, é preciso estar familiarizado com a organização desse suporte textual.

- Leia a tira a seguir:

Quino. *Toda Mafalda*. São Paulo, Martins Fontes, 1995. p. 2.

a) Como você entendeu a fala da Mafalda no último quadrinho?

b) Se você fosse explicar à garota para que serve um dicionário, o que diria?

Vamos fazer uma revisão das regras de organização de um dicionário?

Como consultar o dicionário

Em um dicionário, as palavras aparecem em ordem alfabética. É bom lembrar que, quando há palavras iniciadas por uma mesma letra, devemos observar a segunda; se esta também for igual, devemos observar a terceira, e assim por diante. Veja ao lado:

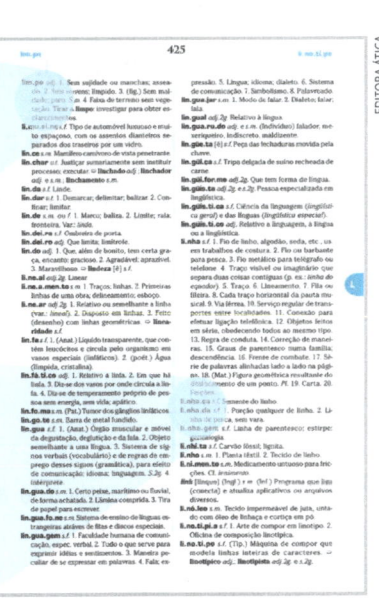

LUFT, Celso Pedro. *Minidicionário Luft*. 16 ed. São Paulo: Ática, 1999.

1. Indique em que ordem apareceriam as palavras abaixo em um dicionário:

> diário – cão – palavra – avô – escola – cemitério – aniversário

2. **Avô** e **aniversário** começam ambas com a mesma letra. A palavra **aniversário** poderia vir, em alguns dicionários, antes de **avô** e, em outros, depois? Explique.

3. Como as palavras a seguir deveriam ser organizadas segundo a ordem do dicionário? Que critério você utilizou para ordená-las?

> ecologia – eco – ecoar – economia – ecossistema

4. O conjunto de definições de uma palavra em um dicionário ou enciclopédia chama-se **verbete**. Veja o verbete **bomba** extraído do minidicionário Luft.

> **Bom.ba** *s.f.* 1. Máquina de elevar ou esgotar líquidos. 2. Aparelho com que se enchem câmaras-de-ar. 3. Projétil com substâncias explosivas, que arrebenta com um estampido. 4. Doce recheado com creme. 5. Canudo para tomar mate; bombilha. 6. (fam.) Reprovação em exame (*levar bomba*). 7. Acontecimento inesperado, sensacional.

Você pôde observar que o dicionário apresenta diferentes significados para uma mesma palavra.

a) Diga com qual dos sentidos a palavra **bomba** foi utilizada nos seguintes fragmentos:

- A queda de um avião russo na península egípcia do Sinai, ocorrida no último sábado (31), teria sido provocada por uma **bomba** colocada dentro de uma bagagem.

  Disponível em: <http://noticias.terra.com.br/mundo/europa/bomba-pode-ter-sido-colocada-entre-bagagens-de-aviao-russo,d218be775d3710ee9e5a490aa470137a885bwtka.html>. Acesso em: 23 nov. 2015.

- Onde será aplicada a **bomba**? Qual a altura (h) da entrada de água da **bomba** até o reservatório, em metros?

  Disponível em: <http://www.anauger.com.br/index.php/dimensionamento?view=form>. Acesso em: 23 nov. 2015.

b) Explique por que aparece a abreviação (fam.) diante da acepção 6?

_____

c) A última acepção registrada no verbete indica que podemos utilizar essa palavra em sentido figurado (fig.). Como você já conhece esse conceito, dê um exemplo para ilustrar esse uso.

_____

5. Experimente procurar agora as palavras **estranha** e **egocêntricas**. O que você notou?

_____

_____

6. Mais uma missão: procure no dicionário a palavra **peço**. O que observou?

_____

_____

7. Vamos refletir um pouco para não esquecer:

a) Indique em que verbete você deverá procurar as palavras abaixo:

> esgueirava – posso – faço – empinando

_____

b) E estas palavras? Como devem ser procuradas no dicionário?

> descuidadas – maiúsculos – atrevidas – pastéis

_____

> Além de saber que as palavras aparecem em ordem alfabética no dicionário, é preciso lembrar que aparecem sempre no masculino singular.

8. Será que só recorremos ao dicionário quando desejamos saber o significado de uma palavra?

_____

_____

_____

_____

_____

Na unidade Registrando o cotidiano, vimos alguns diários, reais ou fictícios. Como exemplo de diário que registra o cotidiano de pessoas reais, que relatam emoções, dramas, dificuldades, desejos e sonhos, conhecemos o *Diário de Anne Frank*. A seguir você tem trechos de um diário de outra menina que, como Anne Frank, viveu os horrores da guerra, Zlata Filipovic.

Zlata, aos onze anos, começou a escrever um diário, que ela chamava de Mimmy. Entre setembro de 1991 e outubro de 1993, ela relata seu cotidiano, à medida que testemunha os ataques sérvios que destruíram a Bósnia, seu país: as escolas são fechadas; não há água nem luz nem telefone; falta comida; os lugares que frequenta vão sendo destruídos; alguns de seus amigos são mortos.

1. Leia dois trechos de seu diário.

> Sexta-feira, 8 de novembro de 1991.
> Dear Mimmy,
>
> Vou arrumar minhas coisas e você junto, meu Diário, vou levar você. Vou passar todo o final de semana na casa de Martina e Majef (M&M). É demais!!! Mamãe deixou. Amontoei tudo na mochila: meus livros da escola, meu pijama, minha escova de dentes, toda a tralha. Só o tempo de eu botar você na mochila e lá vou eu. TCHAU!!!
>
> Quarta-feira, 13 de maio de 1992.
> Dear Mimmy,
>
> A vida continua. O passado é cruel e justamente por isso é que preciso esquecê-lo.
> O presente também é cruel e não consigo esquecê-lo. A guerra não brinca. Meu presente, minha realidade é o porão, o medo, as granadas, as chamas.
> Anteontem houve um bombardeio terrível. Com medo de sermos atingidos pelos estilhaços ou pelas balas, corremos para a casa dos Bobar. Passamos a noite toda, todo o dia de ontem e toda esta última noite no porão e no apartamento de Nedo (Nedo é refugiado do bairro de Grbavica. Deixou os pais lá e está morando no apartamento da irmã, que partiu). Vimos cenas horríveis na televisão. A cidade está em ruínas, em chamas, as pessoas morrem – adultos e crianças. É horrível. [...]
>
> FILIPOVIC, Zlata. *O diário de Zlata*. São Paulo: Cia. das Letras, 1994. p. 25 e 56.

a) Considere os trechos que leu do diário de Zlata e os de Anne Frank. Você vê alguma diferença entre eles?

_____

_____

b) Você tomou conhecimento do contexto da Segunda Guerra Mundial em que a história de Anne Frank se desenrola. Faça agora uma pesquisa para saber mais alguma coisa sobre a Bósnia, terra natal de Zlata.

- Quando ocorreu a guerra na Bósnia?

_____

- Quais os grupos étnicos e religiosos que estavam envolvidos no conflito?

_____

- Qual a origem desse conflito?

_____

2. Além das mortes e mutilações de civis e militares, as guerras trazem também o problema dos milhares de refugiados que se deslocam de suas regiões de origem. Leia o título e o olho da notícia abaixo.

ONU defende plano para acolher dois milhões de refugiados na Europa

23/10/2015, 22:20

A União Europeia (UE) deve elaborar planos de acolhimento em massa para receber dois milhões de refugiados que fogem dos conflitos no Médio Oriente, afirmou o relator especial da ONU sobre os direitos humanos dos migrantes

Disponível em: <http://observador.pt/2015/10/23/relator-da-onu-defende-plano-para-assentar-dois-milhoes-de-refugiados-na-europa/>. Acesso em: 23 nov. 2015.

a) No contexto dessa notícia, o que a palavra **refugiado** significa? Procure no dicionário e escreva.

_____

b) Em sua opinião, o que leva essas milhares de pessoas a fugirem de seus países?

_____

_____

c) Por que você acha que há extrema dificuldade para que refugiados sejam aceitos em países que não estão em guerra?

_____

_____

De palavras e imagens faz-se a história

Reveja a jornada

1. Nos quadrinhos, são muito comuns as interjeições e onomatopeias. Reveja cada conceito no livro e responda às questões.

a) Separe em colunas as palavras a seguir, conforme sejam interjeições ou onomatopeias. Diga também o que expressa cada uma.

Ai!   Psiu!   Chuac!   Toc-toc   Brrrr...

Onomatopeia	Interjeição	O que expressa

b) Observe a capa de um livro de literatura infantil que reproduzimos abaixo.

CIRANDA CULTURAL EDITORA

- Elabore uma hipótese: Qual poderia ser o assunto desse livro?

  _____

  _____

- Por que o autor do livro teria utilizado essa série de consoantes sem vogais, que não constituem uma palavra dicionarizada?

  _____

  _____

2. Releia um trecho das aventuras de Chico e Juca e encontre duas onomatopeias. Que ruído elas imitam?

> Mas, paf! – ó sorte mesquinha!
> Caem dentro da farinha. [...]
> Cheirosos, louros, tostados. [...]
> Por cúmulo da desgraça,
> Mergulhar dentro da massa! [...]
> E entra o padeiro... É agora!
> Soou a última hora!
>
> E aí estão os dois acabados,
> Rap... rap... Os dois diabinhos,
> Como dois ratos daninhos,
> Roem a casca do pão,
> E safam-se da prisão [...]
>
> BUSCH, Wilhelm. *Juca e Chico*: história de dois meninos em sete travessuras. São Paulo: Melhoramentos, 1905.

_____

3. Se você fosse contar uma história em que houvesse as cenas descritas a seguir, que onomatopeias usaria?

a) Criança com frio atravessando a rua e vento forte entre as folhas das árvores.

_____

_____

b) Pessoa adormecida em frente à televisão, roncando.

_____

c) Jovem no cinema com saco de pipoca na mão, mastigando.

_____

_____

d) Jovem mascando chiclete, fazendo uma bola e esta estourando em seu rosto.

_____

_____

4. Retome o conceito de frase no livro. Em seguida, leia o trecho, completando-o adequadamente.

> Na fala, a frase se caracteriza pela entonação, pausas e gestos que o locutor lhe confere. Na escrita, começa com _____ e termina com _____, como, por exemplo, _____ _____.

Reveja a explicação sobre tipos de frases no livro para realizar as atividades que seguem.

5. Leia esta postagem de um *site* de "verminosos" (fanáticos) por futebol.

> O estúdio de *design* Manara, da Palestina, lançou projeto interessante. Eles redesenharam em estilo minimalista os escudos de 66 clubes do mundo, inclusive do Brasil.
>
> Aproveitando esse trabalho, você sabe (ou acha que sabe) tudo sobre futebol? Então identifique os escudos: diga o nome do time e confira se acertou passando o *mouse* em cima do desenho.
>
> Some os acertos e, lá embaixo, confira seu nível de conhecimento. E aí, você sabe quantos?
>
> Disponível em: <http://www.verminososporfutebol.com.br/jogo-ludico/adivinhe-os-escudos-de-66-clubes-do-mundo/>. Acesso em: 24 nov. 2015.

a) Nesse fragmento aparecem frases de diferentes tipos.

- Localize e escreva um exemplo de frase declarativa e um de interrogativa.

_____

- Por que o autor do texto recorre a frases interrogativas nesse trecho?

_____

_____

b) Frases imperativas, geralmente, exprimem proibição, conselho, instrução, sugestão ou convite. Em qual dos períodos abaixo aparecem três fases imperativas?

- Some os acertos e, lá embaixo, confira seu nível de conhecimento.
- Então identifique os escudos: diga o nome do time e confira se acertou passando o *mouse* em cima do desenho.
- Eles redesenharam em estilo minimalista os escudos de 66 clubes do mundo, inclusive do Brasil.

c) Essas frases imperativas exprimem proibição, conselho, instrução, sugestão ou convite?

_____

Nesta unidade trabalhamos também com os sons da língua. Estudamos fonema, letra, tipos de fonema, agrupamento de fonemas. Retome o conceito de fonema no livro antes de realizar as próximas atividades.

6. Os fonemas classificam-se em sons vocálicos – as vogais – e sons consonantais – as consoantes.

> **Vogais:** fonemas sonoros que desempenham o papel de núcleo da sílaba.
> **Exemplo: ca-ne-ta.**
> **Consoantes:** fonemas que só se pronunciam acompanhados de vogais. Exemplo: **ca-ne-ta.**

a) Vamos ver quantas palavras você consegue formar com as letras de cada grupo abaixo? Atenção: não vale misturar letras de grupos diferentes!

> 1º grupo: b – c – f – j – l – m – r
> 2º grupo: a – o – i – u – e

_____

_____

b) Leia os verbetes dos dicionários e descubra a que palavra eles se referem.

Atenção: você pode utilizar palavras formadas apenas por vogais.

██████ Brinquedo constituído por duas rodelas unidas pelo centro, por onde passa um cordão que as faz descer e subir com um movimento de rotação.

_____

██████ Interjeição de espanto, surpresa ou admiração.

_____

██████ Indica localização, lugar onde algo ou alguém está.

_____

Vamos relembrar agora a diferença entre letra e fonema.

> **Letra** é o sinal gráfico utilizado para registrar os **fonemas** (sons) por escrito.

7. Leia estes trava-línguas e indique qual é o fonema explorado em cada um deles.

a) Sabia que o sabiá sabia assobiar? (folclore)

_____

b) A aranha arranha o jarro.
O jarro arranha a aranha. (folclore)

_____

8. Leia o provérbio a seguir.

Se conselho fosse bom, seria de graça.

a) Qual é o fonema que se repete e dá ritmo à frase?

_____

b) Por meio de que letras ele é representado?

_____

9. Observe as palavras destacadas nos provérbios abaixo.

> A **necessidade ensina** a lebre a correr.
>
> A **pressa** é inimiga da **perfeição**.
>
> Após a **desgraça** vem a **bonança**.
>
> Quem **nasceu** para tatu morre cavando.

a) Que letras foram empregadas para representar o som /s/?

_____

b) Quando foi preciso utilizar duas letras para representar o som /s/?

_____

c) Qual o nome do grupo de letras utilizado para representar um único som?

_____

d) Dê mais exemplos de palavras grafadas com as letras que indicou na resposta do item **a.**

_____

10. Modifique o significado das palavras a seguir acrescentando-lhes uma letra, porém sem aumentar o número de fonemas, como no exemplo: cala, calha.

> bola – vela – mala – tela – mole – rola – fila

_____

11. Leia duas trovas e observe como você pronuncia as palavras destacadas.

> Fui pro mar colher laranja,
> Fruta que no mar não **tem**:
> Vim de lá todo molhado
> Das ondas que vão e **vêm**.
>
> Você me chamou de feio,
> Sou feio mas sou dengoso,
> **Também** o tempero é feio
> Mas faz o prato gostoso.

Selecione a única alternativa incorreta. Considerando a pronúncia das palavras destacadas, é possível notar que:

a) Em todas essas palavras aparecem encontros consonantais.

b) Em todas elas encontramos a letra **m**, que se une à vogal formando um fonema nasal.

c) Na fala, aparece um som que não existe na escrita: tẽi, vẽi, tãbẽi.

d) Essas três palavras apresentam ditongos que aparecem apenas na fala.

e) **Quem**, **ontem**, **porém**, **bem**, **cem**, **armazém**, **contém** são outras palavras que apresentam o mesmo tipo de pronúncia.

- Preencha, a seguir, as definições e os exemplos que faltam no quadro conceitual.

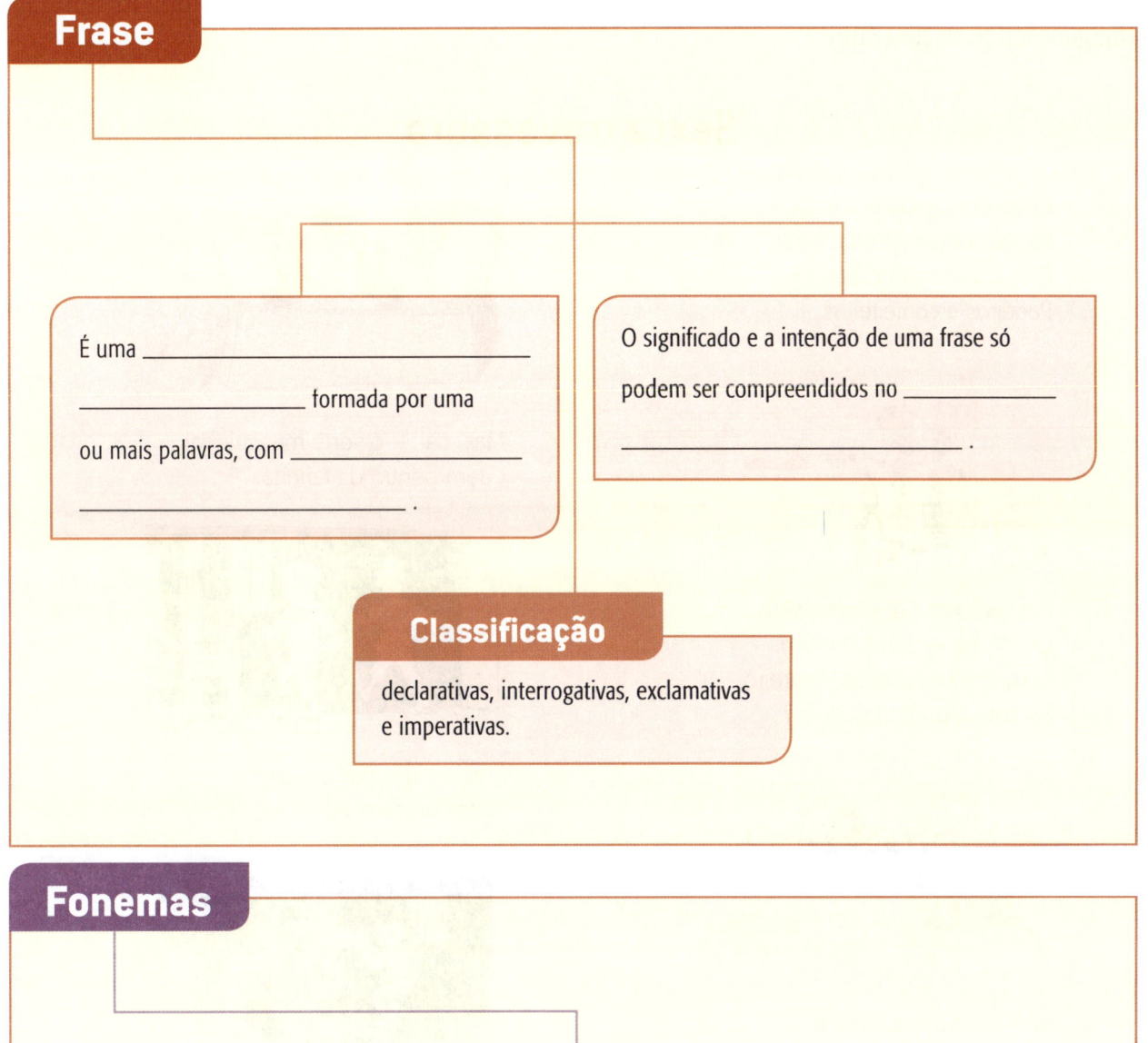

Frase

É uma _____ _____ formada por uma ou mais palavras, com _____ _____ .

O significado e a intenção de uma frase só podem ser compreendidos no _____ _____ .

Classificação

declarativas, interrogativas, exclamativas e imperativas.

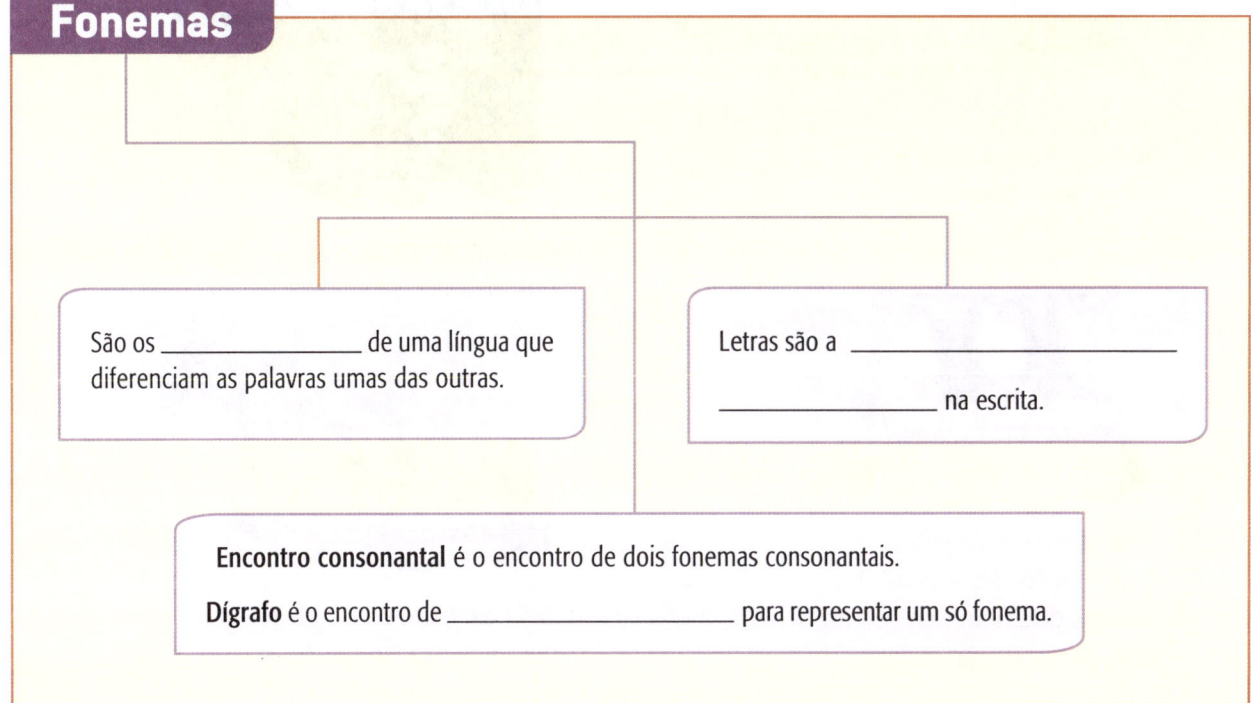

Fonemas

São os _____ de uma língua que diferenciam as palavras umas das outras.

Letras são a _____ _____ na escrita.

Encontro consonantal é o encontro de dois fonemas consonantais.

Dígrafo é o encontro de _____ para representar um só fonema.

Na unidade 2, você conheceu uma das primeiras tentativas de narrar uma história misturando imagens e textos. Relembre.

Sexta travessura

Chegou a Semana Santa.
Há tanta encomenda, tanta,
Que andam todos ligeiros
Padeiros e confeiteiros...

E o Juca e o Chico namoram
Os doces, e quase choram.
Mas, como entrar, se, matreiro,
Fechara a porta o padeiro?

Só há um meio. Qual é?
Entrar pela chaminé!

Tudo depende de jeito...
E pronto! Foi dito e feito!
Vêm os dois num trambolhão,
Mais pretos do que carvão.

Mas, paf! – ó sorte mesquinha!
Caem dentro da farinha.

E ei-los, dos pés ao nariz
Todos brancos como giz,

Atirando-se gulosos
Aos biscoitos saborosos.

Zás-trás! Parte-se a cadeira!
Vem a penca lambareira,

Por cúmulo da desgraça,
Mergulhar dentro da massa!

Vejam só que cataplasmas!
Até parecem fantasmas!

E entra o padeiro... É agora!
Soou a última hora!

E, como por encanto
Transformam-se em pães, – enquanto
O diabo esfrega o olho,
Um pimpolho e outro pimpolho.

Eia! Ao forno para assar!
Ninguém os pode salvar...

E aí estão os dois acabados,
Cheirosos, louros, tostados.

"Era uma vez! Afinal..."
Dirão todos. – Porém, qual!

Rap... rap... Os dois diabinhos,
Como dois ratos daninhos,
Roem a casca do pão,
E safam-se da prisão.

Foi essa a sexta dos dois...
Houve outra logo depois.

BUSCH, Wilhelm. *Juca e Chico*: história de dois meninos em sete travessuras. Trad. por Olavo Bilac.
São Paulo: Melhoramentos, 1905.
Disponível em: <http://www.unicamp.br/iel/
memoria/Ensaios/LiteraturaInfantil/jucaechico/
jcsexta.htm>. Acesso em: 28 abr. 2015.

- Leia agora um trecho de um diário ficcional.

Quinta-feira

Estou tendo um problema sério em me acostumar ao fato de que o verão acabou e eu tenho que me levantar todo dia de manhã para ir à escola.

Meu verão não começou muito bem, na verdade, graças ao meu irmão mais velho, Rodrick.

Uns dois dias depois do começo das férias de verão, Rodrick me acordou no meio da noite. Ele me disse que eu tinha dormido o verão inteiro, mas que, por sorte, tinha acordado bem a tempo para o primeiro dia de aula.

Você pode achar que eu fui muito burro de cair nessa, mas o Rodrick estava vestindo as roupas de escola dele e adiantou o meu despertador para parecer que era de manhã. Além disso, ele fechou as cortinas para eu não ver que ainda estava escuro lá fora.

[...]

Mas eu devo ter feito muito barulho porque, quando vi, o papai tinha descido e estava gritando comigo por comer Sucrilhos às 3:00 da manhã.

Levou um minuto para eu me dar conta do que diabos estava acontecendo.

Depois disso, eu contei pro papai que o Rodrick tinha pregado uma peça em mim e que era ELE quem devia estar levando a bronca.

Meu pai desceu para o quarto do Rodrick e eu fui junto. Não via a hora de vê-lo levar o que merecia.

Mas o Rodrick tinha disfarçado bem as coisas. E acho que até hoje o papai pensa que eu tenho um parafuso solto ou coisa do tipo.

Jeff Kinney. *Diário de um banana: um romance em quadrinhos.* São Paulo: Vergara & Riba, 2008. v. 1.

1. Quanto à forma de narrar, você vê alguma semelhança entre os trechos do *Diário de um banana* e a aventura de Juca e Chico?

_____

_____

_____

2. E quanto ao conteúdo, é possível estabelecer alguma relação? Explique.

_____

_____

_____

3. Observe os desenhos que aparecem no trecho reproduzido de *Diário de um banana*.

a) Os dois primeiros desenhos são necessários para que se entenda o caso contado por Greg? Explique.

_____

_____

b) Que tipo de informação sobre as personagens e sobre a casa delas você não teria sem o auxílio dos desenhos?

_____

_____

_____

4. O que você acha de pessoas que pregam peças nos outros?

_____

_____

5. Você já viveu uma situação em que tenha sido acusado de algo que não fez? Se isso aconteceu, conte resumidamente o que se deu.

_____

_____

_____

_____

_____

_____

_____

Leitura do mundo

Segundo um conhecido estudioso das HQs, Paulo Ramos, os chamados "quadrinhos" são uma espécie de guarda-chuva que abriga uma série de outros gêneros que utilizam uma linguagem mista – verbal e não verbal – para contar uma história ou explorar uma situação, muitas vezes cômica. Entre esses gêneros estão as tiras, as histórias seriadas, as charges e os cartuns.

Nesta unidade, trabalhamos com diversas tiras e até com uma história em quadrinhos com formato completamente diferente daquele que hoje encontramos em jornais e revistas. Vamos explorar um cartum, um gênero que se vale tanto da linguagem mista como da não verbal, porém, jamais prescinde do desenho.

1. Analise com cuidado o cartum e, depois, a tira que reproduzimos.

Disponível em: <http://www.arionaurocartuns.com.br/
charge_vicio_internet.shtml>.
Acesso em: 24 nov. 2015.

a) O que chama a atenção no cartum?

_____

b) Que recursos a personagem utiliza para atingir o fim a que se dispõe?

_____

_____

c) Observando a expressão da personagem, o que é possível concluir sobre seu estado de espírito?

_____

d) O cartum geralmente é um desenho humorístico que critica o comportamento humano em situações cotidianas. Isso é válido também para o cartum que estamos analisando? Explique.

_____

_____

e) O cartum pode utilizar apenas linguagem visual ou recorrer à linguagem mista. Você considera que, neste cartum, o cartunista pôde dispensar totalmente a linguagem verbal? Por quê?

_____

_____

2. Leia a tira abaixo.

malvados da depressão

Passo as tardes brincando nas redes sociais.

É uma espécie de segunda infância.

Uma infância muito pobre.

ANDRÉ DAHMER

Disponível em: <http://www.malvados.com.br/>. Acesso em: 24 nov. 2015.

a) Nesta tira também há alguma crítica a comportamentos humanos? Justifique.

_____

b) Segundo o cartunista, qual a consequência do fato que critica na tira? Explique.

_____

_____

3. Escreva um texto sobre como você vê o tempo que as pessoas dedicam às redes sociais.

_____

_____

_____

_____

_____

_____

_____

_____

_____

_____

_____

_____

_____

Com a palavra, o leitor

Reveja a jornada

Nesta unidade, trabalhamos com os substantivos e sua classificação, com os processos de formação do feminino, as noções de número e de aumentativo e diminutivo do substantivo, além de algumas orientações sobre o uso dos sinais de pontuação. Reveja o que você aprendeu fazendo as atividades a seguir.

1. O uso de substantivos coletivos faz parte do dia a dia em jornais e revistas. Leia estas manchetes e indique a que substantivo se refere o coletivo empregado.

a)

Banda dos Dragões da Independência toca sucessos do sertanejo universitário

Disponível em: <http://www.correiobraziliense.com.br/app/noticia/cidades/ 2011/09/07/interna_cidadesdf,268757/banda-dos-dragoes-da-independencia-toca-sucessos-do-sertanejo- universitario.shtml>. Acesso em: 25 nov. 2015.

b)

Cartografia celestial: como reconhecer as constelações no céu de Brasília

Disponível em: <http://www.correiobraziliense.com.br/app/noticia/ciencia-e-saude/ 2011/08/01/interna_ciencia_saude,263426/cartografia-celestial-como-reconhecer-as-constelacoes- no-ceu-de-brasilia.shtml>. Acesso em: 25 nov. 2015.

c)

Tsunami deixa 19 mortos no arquipélago de Samoa

Disponível em: <http://www.correiobraziliense.com.br/app/noticia/ mundo/2009/09/29/interna_mundo,145206/tsunami-deixa-19-mortos-no-arquipelago-de-samoa.shtml>. Acesso em: 25 nov. 2015.

2. Existem alguns coletivos que podem se referir a mais de um substantivo.

a) Se manchetes como as a seguir fossem publicadas, poderiam ser compreendidas sem a leitura integral da notícia?

I. Grupos visitam Hollywood, a Meca do cinema.

II. Coleção premiada tem exemplares dos anos 1960.

_____

_____

b) Reescreva as manchetes de modo a torná-las mais claras para o leitor.

_____

_____

3. No quadro "Os revisores do cotidiano", vimos a diferença entre **a cabeça** e **o cabeça**. Leia estes grupos de frases e observe as palavras destacadas.

Grupo 1:	Grupo 2:
Nada como *frutas* maduras colhidas no pé! Você gosta de *frutos* do mar?	O carro deixou uma *marca* de pneu no asfalto. Na fronteira entre o Brasil, o Paraguai e a Argentina foi construído um *marco*.

a) Qual é a diferença entre **as frutas** e **os frutos**?

_____

_____

b) Qual é a diferença entre **a marca** e **o marco**?

_____

_____

4. Leia o texto.

Cervo-do-pantanal

[...]

Arisco, ele prefere sair à noite até as clareiras, normalmente em grupos, para se alimentar de capim, juncos e plantas aquáticas. O macho, ao contrário da maioria dos outros antílopes, não luta pela posse das fêmeas. [...]

Disponível em: <http://g1.globo.com/sp/campinas-regiao/terra-da-gente/fauna/noticia/2014/12/cervo-do-pantanal.html>. Acesso em: 25 nov. 2015.

a) De que modo é indicado o sexo masculino e o feminino para o cervo-do-pantanal?

_____

b) No texto, qual é o substantivo que indica o coletivo para cervo-do-pantanal?

_____

5. Leia o texto e faça o que se pede.

Coisas de cinema

"O cinema é a arte da ilusão, já disse alguém. É tanta ilusão que eu fico a ver os filmes e imaginar como tudo dá certo nas telas. Nada sai errado. Querem ver?

O sujeito que está procurando o táxi acha na hora. Basta esticar o braço. E o mais grave: a pessoa que vai seguir o primeiro táxi também leva a mesma facilidade. [...] E quando o ator levanta da mesa no bar e deixa o dinheiro certinho, trocadinho e vai embora sem ao menos olhar para trás?

E as crianças que dormem no ato? Encostam a cabecinha no travesseiro e dormem. [...]

Já viram um cavalo beber água em cinema? Coitados. Xixi e cocô nem pensar, nunca fazem. E ninguém tira os arreios deles. [...]

Na hora de morrer, o moribundo sempre tem uma frase definitiva para dizer. Ou um segredo. Ou quem é o assassino. Depois tomba a cabeça para o lado esquerdo."

PRATA, Mário. _100 crônicas_. São Paulo: Planeta, 2008.

Indique:

a) um substantivo que forma o feminino com a troca da terminação -o por -a.

_____

b) um substantivo que forma o feminino com a terminação **triz**.

_____

c) um substantivo que é substituído por outra palavra para indicar o feminino.

_____

d) um substantivo que não sofre alteração ao indicar tanto um ser de sexo feminino quanto do masculino.

_____

6. Utilizando seus conhecimentos sobre o gênero das palavras, decifre as charadas abaixo.

O que é, o que é?

a) No masculino, conduz água e, no feminino, é utilizada para produzir açúcar.

_____

b) Ele morre queimado e ela morre cantando.

_____

Reveja no livro a noção de aumentativo e de diminutivo para responder ao que se pede.

7. Leia estes versos.

> Quando eu morrer, filhinho,
> Seja eu a criança, o mais pequeno.
> Pega-me tu ao colo
> E leva-me para dentro da tua casa.
>
> PESSOA, Fernando. "O guardador de
> rebanhos", em *Obra completa*.

O diminutivo empregado nos versos indica variação de tamanho? Explique sua resposta.

_____

8. Observe o cartaz e leia o texto.

Disponível em: <http://www.portaldapropaganda.com.br/portal/home2/16-capa/44672-campanha-da-ideia-3-para-a-prefeitura-de-salvador-fala-de-forma-criativa-da-importancia-do-descarte-correto-de-lixo>. Acesso em: 26 nov. 2015.

a) Na frase *Aquele lixinho pode virar um problemão*, qual dos dois substantivos – lixinho e problemão – indica variação de tamanho?

_____

b) De que maneira poderia ser substituída a forma **problemão** sem perda de sentido na frase?

( ) Um problema de tamanho grande.   ( ) Um problema grave.

( ) Um problema sem solução.

9. Leia a tirinha e responda ao que se pede.

Disponível em: <http://meninomaluquinho.educacional.com.br/PaginaTirinha/>. Acesso em: 26 nov. 2015.

• As reticências empregadas na frase do segundo balão indicam:

( ) hesitação, pois a personagem não sabe como continuar a frase.

( ) suspensão na sequência da frase, indicando que a personagem ainda tem algo para falar.

• Preencha, a seguir, as definições e os exemplos que faltam no quadro conceitual.

Substantivo

Palavra que dá nome aos seres, aos objetos, aos sentimentos, às ações, aos lugares, a tudo que tem existência _____

_____ ou _____ .

Classificação

Os substantivos classificam-se em:

_____

_____

Flexão

Os substantivos podem se flexionar em:

_____

Gênero

Quanto ao gênero dividem-se em:

Masculino

Feminino

Pode ocorrer de diferentes maneiras.

Forma

Quanto à forma, apresentam-se em grau normal,

Grau aumentativo

Forma-se pelo acréscimo das terminações _____ ou pelo emprego de palavras como _____ _____ ao lado do substantivo.

Grau diminutivo

Forma-se com as terminações _____ ou _____ ou empregam-se palavras como _____ e _____ ao lado do substantivo.

No trabalho com as práticas de escrever uma carta do leitor, estudamos que uma carta enviada a um jornal ou revista pode ter várias intenções: opinar sobre um fato, comentar, criticar ou elogiar um assunto publicado, geralmente de interesse para a maioria dos leitores.

Leia e observe os dados ao lado para responder às questões a seguir. A tabela apresenta um dos resultados de uma pesquisa intitulada "Dia Mundial sem Carro" sobre trânsito em uma cidade, para a qual foram entrevistadas 700 pessoas. Trata-se de um fato que interessa a grande parte da população em todas as cidades do país, já que praticamente todas as pessoas precisam se deslocar diariamente pela cidade a caminho da escola, do trabalho ou de outros lugares.

Respeito no trânsito - 2014

São respeitados no trânsito de São Paulo?

(%)	Muito/ Um pouco respeitados	Um pouco/muito desrespeitados
Motoristas	39	61
Pedestres	28	72
Ciclistas	18	80
Motociclistas	20	80

Sem mudanças significativas em relação aos anos anteriores

Base: Amostra (700)

IBOPE inteligência

WWW.NOSSASAOPAULO.ORG.BR-REDE NOSSA SÃO PAULO

Fonte: IBOPE Inteligência. (Os dados indicam a porcentagem de pessoas das 700 que foram entrevistadas.)

1. Quais são as pessoas a que se refere a pergunta que dá título ao gráfico?

_____

2. As duas colunas indicam:

I. São muito/Um pouco respeitados.

II. São um pouco/muito desrespeitados.

a) Quem são os mais desrespeitados, de acordo com a pesquisa?

_____

b) Entre pedestres e ciclistas, quais deles são mais respeitados? Em sua opinião, por que isso acontece?

_____

_____

_____

3. Em sua opinião, pensando em sua cidade, quem dessas quatro pessoas representadas é mais desrespeitada?

_____

_____

4. Agora, leia estes artigos do *Código Nacional de Trânsito* para responder às questões.

CAPÍTULO IV
DOS PEDESTRES E CONDUTORES DE VEÍCULOS NÃO MOTORIZADOS

Art. 70. Os pedestres que estiverem atravessando a via sobre as faixas delimitadas para esse fim terão prioridade de passagem, exceto nos locais com sinalização semafórica, onde deverão ser respeitadas as disposições deste Código.

Parágrafo único. Nos locais em que houver sinalização semafórica de controle de passagem será dada preferência aos pedestres que não tenham concluído a travessia, mesmo em caso de mudança do semáforo liberando a passagem dos veículos.

Art. 71. O órgão ou entidade com circunscrição sobre a via manterá, obrigatoriamente, as faixas e passagens de pedestres em boas condições de visibilidade, higiene, segurança e sinalização.

Código Nacional de Trânsito, p. 32.
Disponível em: <http://www.denatran.gov.br/publicacoes/download/ctb.pdf>.
Acesso em: 26 nov. 2015.

a) Quando o pedestre não tem prioridade para atravessar na faixa de pedestre?

_____

b) Se o semáforo abrir para os veículos e o pedestre ainda estiver atravessando a faixa, o que acontece?

_____

c) Quando não há respeito a pedestres e ciclistas é falta de educação ou desrespeito à lei?

_____

5. Você é ciclista ou somente pedestre? Já aconteceu com você algum momento de desrespeito no trânsito? Ou já presenciou alguma cena em que alguém foi desrespeitado e as disposições do Código Nacional de Trânsito não foram obedecidas? Descreva a cena e comente o artigo ou parágrafo que não foi obedecido.

_____

_____

_____

_____

_____

_____

Leitura do mundo

O espaço destinado à circulação dos habitantes de uma cidade interfere no cotidiano dos cidadãos. Assim, a estrutura urbana, que compreende ruas com faixa de rolamento em ordem, sem buracos, calçadas e faixas de pedestres bem conservadas, sinalização correta de semáforos, existência de ciclovias etc., pode facilitar ou dificultar esses deslocamentos. Muitas vezes, os próprios cidadãos precisam e devem participar da construção dessa estrutura, opinando, criticando, dando sugestões etc., e uma das formas de participar e contribuir é escrever uma carta a um jornal ou a um órgão oficial da Prefeitura da cidade, expondo os problemas do próprio bairro ou cidade e pedindo solução por meio de argumentos convincentes.

1. Leia a notícia a seguir e veja um grave problema que pode ocorrer quando a mobilidade na cidade é difícil.

18/09/2015 18h30 – Atualizado em 18/09/2015 18h30

Idosa atropelada reclama de falta de faixas de pedestre, em Goiânia

Vítima conta que ainda sente dores no corpo por causa do acidente. Secretário disse que vai analisar região para saber se é viável instalar botoeira

A pensionista Z. F. foi atropelada por uma moto há três meses, na Avenida Engenheiro Fuad Rassi, na Vila Jaraguá, em Goiânia, mas ainda sente dores nas costas e no tornozelo, que ficaram machucados por causa do acidente. Segundo a moradora, faltam faixas de pedestre para que as pessoas atravessem a rua com mais segurança na região.

"Olhei do lado direito e não vinha vindo nada. De repente, eu senti que eu subi e caí sentada. Foi um grande susto, estou traumatizada, tenho medo de atravessar a rua [...]."

Segundo a pensionista, a rua é muito movimentada, principalmente no final da tarde, e a única faixa de pedestre fica longe. [...]

Disponível em: <http://g1.globo.com/goias/noticia/2015/09/idosa-atropelada-reclama-de-falta-de-faixas-de-pedestre-em-goiania.html>. Acesso em: 18 fev. 2016.

botoeira: semáforo com dispositivo que pode ser acionado por pedestres por meio de botões quando necessário.

a) Quais são os argumentos apresentados pela vítima para justificar sua reclamação?

_____

b) A quem se refere a palavra **secretário** no texto?

_____

c) Qual a posição oficial expressa pela pessoa responsável pela instalação de faixas de pedestres?

_____

2. De acordo com o Código Nacional de Trânsito, o que deveriam ter feito a vítima e o responsável pelo atropelamento para evitar o acidente?

_____

_____

3. De acordo com o Código Nacional de Trânsito, o secretário cumpriu seu dever? Explique sua resposta.

_____

_____

4. Faltam faixas de pedestre em sua região? Elas atendem à população, ou seja, existem em boa quantidade, estão bem sinalizadas, são seguras e bem conservadas como determina o Código Nacional de Trânsito? Elas são obedecidas por motoristas, motociclistas e pedestres?

Pesquisa

Propomos a você uma pesquisa em seu bairro para identificar os problemas relacionados a trânsito ou a transportes em sua região. Você poderá fazer perguntas a colegas ou familiares e também observar a atitude de pedestres e motoristas que circulam em seu bairro. Depois, escrevam, com base nessas informações, uma **carta de reclamação** para a Secretaria Municipal de Transportes de sua cidade ou outro órgão responsável pedindo providências.

Planejando o texto

1. Primeiramente, procure saber o nome do responsável do atendimento no caso de reclamações, dúvidas ou solicitações e o endereço para envio da carta. Caso a secretaria possua um *site*, acesse-o para obter essas informações.

2. Coloque o nome ou o departamento a quem se destina a carta. Por exemplo: Ao Depto. de Engenharia de Tráfego. Depois, escreva o motivo pelo qual você está enviando essa carta. Indique o que ocorre, onde ocorre e quais as consequências. Se possível, comente fatos ou acidentes ocorridos.

3. Escreva sua opinião, apresentando pelo menos dois argumentos para justificá-la. Se possível, dê sugestões para solucionar o problema.

_____

_____

_____

_____

_____

_____

_____

_____

_____

_____

4. Agora, escreva um rascunho, incluindo o remetente, a data, a saudação final e seus dados pessoais com os dados para receber uma eventual resposta. Depois, passe-o a limpo, revisando-o para ver se não há emprego de termos inadequados à situação de produção, se não há incorreções gramaticais e se não esqueceu de algum detalhe. Em seguida, envie sua carta de reclamação ao órgão competente.

_____

_____

_____

_____

_____

_____

_____

_____

_____

_____

_____

_____

_____

_____

_____

_____

_____

_____

_____

_____

_____

_____

_____

Reveja a jornada

Nesta unidade, trabalhamos com os adjetivos e seu papel na construção de textos. Retome o conceito e realize as atividades a seguir.

1. Leia o texto. Localize os adjetivos e verifique a que substantivo se referem.

> Era uma borboleta amarela. Passou roçando em meus cabelos, e no primeiro instante pensei que fosse uma bruxa ou qualquer outro desses insetos que fazem a vida urbana. Ela borboleteava junto ao mármore negro do Grande Ponto [...], indiferente aos carros que passavam roncando sob suas leves asas. Fiquei a olhá-la. Tão amarela e tão contente da vida, de onde vinha, aonde iria?
>
> BRAGA, Rubem. *200 crônicas escolhidas*. São Paulo: Record, 2002.

a) Quais são os adjetivos usados para caracterizar a borboleta?

_____

b) Desses adjetivos, qual ou quais são os que possuem uma forma para o masculino e outra para o feminino, e qual ou quais têm uma única forma para acompanhar os substantivos masculinos e femininos?

_____

_____

2. Leia este trecho de um texto narrativo e observe a expressão destacada.

> O clima do ônibus era descontraído. O motorista colocara no toca--fitas uma seleção de **ritmos jovens** e quentes: som gostoso, que provocava reações de alegria nos passageiros.
>
> REY, Marcos. *Sozinha no mundo*. São Paulo: Ática, 2002.

a) Em sua opinião, o que seriam "ritmos jovens"?

_____

b) Na frase "Todo jovem gosta de ritmos modernos", a palavra **jovem** é substantivo ou adjetivo?

_____

3. Substantivos e adjetivos são classificados como nomes. Muitas vezes, só podemos identificar se se trata de um adjetivo ou de um substantivo pelo contexto em que a palavra se encontra.

a) Copie os provérbios em que os adjetivos destacados têm função de substantivos.

I. Azeite, vinho e amigo: melhor o **antigo**.

II. Burro **velho** não aprende.

III. É nos tempos **maus** que se conhecem os bons amigos.

IV. Às vezes, o **barato** sai caro.

_____

_____

b) De que modo você chegou a essa conclusão?

_____

_____

_____

_____

4. Uma locução adjetiva é formada por duas ou mais palavras e tem o valor de um adjetivo. Leia estas duplas de frases e compare os adjetivos e as locuções destacados.

I. Pequeninos sinos **de prata** estavam presos nas flores.
   Pequeninos sinos **prateados** estavam presos nas flores.

II. A borboleta passou entre os ramos de uma árvore **sem folhas**.
    A borboleta passou entre os ramos de uma árvore **desfolhada**.

- Há alteração de significado em alguma das duplas de frases ou o adjetivo e a locução adjetiva têm sentido correspondente? Por quê?

_____

_____

_____

5. Adjetivos ocorrem em textos de gêneros variados. Leia esta notícia com a previsão do tempo e observe os adjetivos destacados.

Nuvens escuras anunciam chuva em Passo Fundo

[…]

Há previsão de chuva **moderada** em partes do oeste e noroeste gaúchos, onde as nuvens mais **carregadas** ficam concentradas. No sul gaúcho, [...] a expectativa é de tempo **estável**.

Sobre a temperatura, os ventos mais **quentes** de quadrante norte garantem sensação entre abafamento e calor à tarde.

Para a região metropolitana de Porto Alegre, previsão de pancadas **isoladas** e de **fraca** intensidade no final do dia.

[…]

Disponível em: <http://zh.clicrbs.com.br/rs/noticia/2009/11/
nuvens-escuras-anunciam-chuva-em-passo-fundo-2727719.html>. Acesso em: 27 nov. 2015.

Os adjetivos empregados pelo autor:

a) deixam o texto mais conciso.

b) ajudam o leitor a imaginar como está o clima.

c) não precisariam ser usados.

d) descrevem as condições do clima na região.

6. Leia o trecho inicial desta matéria publicada em uma revista.

Palcos centenários

Eles são símbolos de erudição e tradição. Mesmo que hoje sejam mais acessíveis, são o retrato de uma época em que o lazer cultural era restrito a uma minoria. Os teatros municipais do Rio e de São Paulo têm muito em comum: por seus palcos, passaram nomes mundialmente reconhecidos e em suas aveludadas poltronas já se sentaram figurões da sociedade. […]

Revista *Aventuras na História*. Disponível em: <http://aventurasnahistoria.uol.com.br/noticias/terra-brasilis/teatros-munici
pais-de-sao-paulo-e-do-rio.phtml#.Vj4Y179M1wQ>. Acesso em: 27 nov. 2015.

a) Qual é o assunto tratado na matéria?

_____

b) No título, a palavra **centenários** é um adjetivo. Qual substantivo ou substantivos ele caracteriza e a quem se refere esse ou esses substantivos?

_____

c) Qual a relação entre o adjetivo **centenários** e o conteúdo da matéria?

_____

O adjetivo pode apresentar variação para indicar comparação e intensidade. Retome o conceito de grau superlativo trabalhado no livro para responder às questões a seguir.

7. Leia a tira e identifique a ocorrência de um adjetivo no grau superlativo.

Disponível em: <http://www2.uol.com.br/lae rte/tiras/hugo/tira42.gif>. Acesso em: 7 nov. 2015.

Nessa tira, o superlativo formou-se:

a) por meio do acréscimo de um sufixo.

b) por meio de uma partícula.

c) por meio de uma palavra auxiliar.

8. Leia agora esta tira.

Disponível em: <http://verbeat.org/laerte/2010/11/lola-21.html>.
Acesso em: 18 fev. 2016.

No texto da tira, aparecem:

a) a variação de grau de um substantivo, que já estudamos anteriormente;

b) a variação de grau de um adjetivo.

Indique quais são e como se formaram.

_____

_____

9. Escreva as respostas para as questões a seguir, empregando um dos adjetivos do quadro em uma das formas do superlativo. Use um adjetivo diferente para cada resposta.

alto/alta	frio/fria	longo/longa	falado/falada

O que você sabe sobre...

a) o rio Nilo, que fica na África?

_____

_____

b) o monte Everest, que fica na China?

_____

_____

c) o continente antártico?

_____

_____

d) a língua chinesa?

_____

_____

10. No estudo do texto *O compadre da morte*, trabalhamos a **personificação**. Reveja o conceito no livro para responder à questão.

Autorama

atravessar a rua é divertido:
ônibus brincam de cabra-cega,
carros de *videogame*,
pedestres de piques,
mas ninguém morre de mentirinha.

TAVARES, Ulisses. *Viva a poesia viva*. São Paulo: Saraiva, 2009.

Indique o verso que apresenta uma personificação.

a) "atravessar a rua é divertido"

b) "mas ninguém morre de mentirinha"

c) "ônibus brincam de cabra-cega"

d) "pedestres de piques"

● Preencha, a seguir, as definições e os exemplos que faltam no quadro conceitual.

Adjetivos

Adjetivos são palavras que atribuem _____

_____

Locução adjetiva é o conjunto de _____

_____

Adjetivo pátrio é aquele que se refere a um _____

_____

Graus comparativos do adjetivo

● _____.

● _____.

● _____.

Grau superlativo

Absoluto

● _____ sintético: é formado

com o acréscimo de uma _____
ou uma partícula.

● _____ analítico: é formado

com uma palavra _____.

Relativo

● É formado pela expressão:

" _____ (adjetivo) de todos"

ou " _____ (adjetivo) de todos".

Outro olhar

O que você, seus colegas, amigos ou familiares conhecem das histórias e contos populares tradicionais do Brasil? Muito? Pouco? Quase nada? Nesta unidade, vimos um conto popular brasileiro e um conto africano. E indígena? Você conhece algum? Já ouviu histórias cujos títulos são *A Onça e o Bode* e *O Jabuti e a Onça?* Ou parecidos com esses?

Muitas ou quase todas essas narrativas são de origem indígena ou contêm elementos indígenas, constituindo um patrimônio cultural herdado dos primeiros povos habitantes de nosso país.

O historiador e crítico literário Silvio Romero (1851-1914) recolheu muitas delas e publicou-as em um livro chamado *Contos populares do Brasil*, em que reuniu contos e histórias com elementos europeus, elementos africanos e elementos indígenas. Leia uma delas, com origem no povo Tapajós, grupo indígena que habitava a região amazônica e que hoje é considerado extinto.

O Jabuti e a Onça

arredar-se: afastar-se.

A Onça ouviu uma cantiga, veio ter com o Jabuti e perguntou-lhe:

— Como tocas tão bem na tua flauta!

O Jabuti respondeu:

— Eu toco assim a minha flauta. O osso do Veado é a minha flauta. ih! ih!

A Onça tornou a falar:

— Mas não foi assim que eu te ouvi cantar!

O Jabuti respondeu:

— Arreda-te mais para lá um pouco; de longe vai te parecer mais bonito.

O Jabuti procurou um buraco, pôs-se na entrada e tocou na flauta: ih! ih!

Quando a Onça ouviu, correu para o agarrar. O Jabuti meteu-se pelo buraco adentro.

A Onça meteu a mão pelo buraco, e apenas lhe agarrou a perna.

O Jabuti deu uma risada, e disse:

— Pensavas que agarraste a minha perna e agarraste apenas a raiz de um pau!

A Onça disse-lhe assim:

— Deixa-te estar!

Largou então a perna do Jabuti. O Jabuti riu pela segunda vez e disse:

— Na verdade, era de fato a minha própria perna.

A grande tola da Onça esperou ali, e tanto esperou, até que morreu.

ROMERO, Silvio. *Contos populares do Brasil*. Lisboa: Nova Livraria Internacional, 1885.

1. Narrativas como essa, que envolvem bichos, apresentam, de maneira geral, alguns pontos em comum. Assinale F (Falso) ou V (Verdadeiro) para cada afirmação a seguir a respeito da história que lemos.

a) (   ) A narrativa envolve um par de animais em lados opostos.

b) (   ) Os dois animais gostam de música.

c) (   ) No final da história, o mais forte engana o mais fraco.

d) (   ) O final da história mostra a esperteza do mais fraco.

e) (   ) No final da história, a inteligência vence a prepotência.

f) (   ) O fio condutor da narrativa é a flauta do jabuti.

g) (   ) O fio condutor da história é a disputa entre o mais forte e o mais fraco.

2. Em relação a essa história:

a) Qual a lição que se pode aprender com a sua leitura?

_____

b) A lição que se pode aprender com essa leitura só interessa ao povo que a criou ou ela tem significado para pessoas de outras culturas? Explique sua resposta.

_____
_____

3. Preencha o quadro, marcando com um X se você conhece alguma das histórias desta lista.

Narrativas	Já ouvi	Nunca ouvi	Já li	Nunca li
A Onça e o Gato				
A Onça e o Bode				
A Onça, o Veado e o Macaco				
A Raposa e a Onça				
O Jabuti e a Raposa				
O Urubu e o Sapo				
O Veado e a Onça				

a) Qual ou quais delas você conhece de ter ouvido ou lido?

_____

b) Como você avalia o seu conhecimento sobre narrativas de origem indígena?

_____

O ato de ouvir e contar histórias, passadas de geração a geração, não só resgata a memória de uma comunidade e proporciona momentos lúdicos e de interação entre as pessoas como também desenvolve a imaginação, pois cada ouvinte recria em sua fantasia as cenas e personagens.

Conheça mais uma história de origem oral indígena.

O macaco sabido

Há muito tempo viviam na floresta todos os bichos, numa sociedade.

O macaco era inteligente, a onça muito forte. O macaco aprendeu muitas coisas: sabia pescar e um dia descobriu que, esfregando dois pedaços de madeira, um no outro, dava fogo. Com o fogo cozinhava sua comida, e todo o mundo animal sentia aquele cheiro bom e queria aprender com o macaco.

Mas a onça, que era forte e burra, não queria aprender nada. Andava vigiando o macaco para comer da comida dele, já pronta. Foi assim que, um dia, a onça apareceu de repente na casa do macaco, que tinha pescado, naquele momento, um grande peixe.

A onça disse:

— Eu quero esse peixe.

O macaco respondeu, tremendo de medo:

— Vou cozinhar primeiro, depois comemos.

A onça lambeu os beiços, mas o macaco resolveu dar uma lição na atrevida e disse:

— Para cozinhar preciso de fogo. Vá buscar fogo para mim.

— Onde?

— Lá – o macaco apontou o sol, que naquele momento parecia uma tocha.

A onça tolamente correu em direção ao sol. Andou, andou, andou e não encontrou sol nenhum.

Quanto mais pensava estar próxima daquele fogo, mais longe se encontrava.

Assim, cansada e faminta, andou pela floresta toda.

O macaco sabido aproveitou a ausência da inimiga, fez seu foguinho, cozinhou o peixe e comeu tudo. Deixou só o espinhaço. Foi quando viu que a onça vinha voltando. Subiu numa árvore muito alta e esperou.

A onça chegou furiosa e viu o espinhaço do peixe e a brasa apagada. Gritou:

— Macaco, você me paga! Estou com fome e não encontrei fogo nenhum. O fogo estava com você. Desça daí!

O macaco:

— Não desço, não, que não sou bobo.

A onça:

— Vou morrer de fome – e lambeu o espinhaço até se queimar na brasa. [...]

Deste dia em diante as onças nunca mais se meteram a valentes com os macacos.

AYALA, Walmir. *Histórias dos índios do Brasil*. Rio de Janeiro: Ediouro, 2011.

1. Nessa narrativa, aparece mais de um dos elementos comuns a narrativas de origem indígena. Cite pelo menos um.

_____

_____

2. De qual trecho você mais gostou? Indique-o por escrito.

_____

_____

3. Para fazer a dramatização dessa história, quantas pessoas seriam necessárias? E para reescrevê-la?

_____

4. Pesquise uma história indígena para reescrevê-la com suas palavras, evitando os diálogos. Siga estas orientações.

a) Escolha uma história curta e com diálogos.

b) Procure memorizar a sequência dos fatos; assim, se esquecer alguma frase, o importante – que são os fatos encadeados – será mantido.

c) Estude os detalhes das cenas e verifique em que momentos seria interessante imprimir mais emoção à narrativa, criando certa expectativa no leitor. Fazer algumas pausas curtas, usando reticências, também chama a atenção do leitor.

d) No final da narrativa, informe a fonte de sua pesquisa: se um livro, se um familiar ou amigo, se na internet.

_____

_____

_____

_____

_____

_____

_____

_____

_____

_____

_____

_____

Moral da história

Reveja a jornada

Nesta unidade, trabalhamos com os artigos e seu papel na construção de textos. Retome o conceito no livro e realize as atividades a seguir.

1. Leia o texto a seguir, escrito por Monteiro Lobato. Trata-se do trecho de uma história contada pela personagem tia Nastácia, do Sítio do Picapau Amarelo. Observe o emprego dos artigos destacados na narrativa, que imita e representa a linguagem coloquial usada por tia Nastácia.

Era uma vez **um** rei que teve **um** filho que nasceu grandão e forte demais. Com oito anos de idade já devorava **um** boi inteiro. **O** rei, muito assustado, chamou seus conselheiros para lhe darem opinião, porque naquela toada **o** menino acabaria com todos **os** bois do reino. Os conselheiros acharam que o melhor era soltá-lo pelo mundo. O rei concordou. Deu ao filho uma bengala de ferro, um machado, uma foice de bom tamanho e soltou-o no mundo.

O príncipe saiu. [...] Foi andando, andando. Em certo ponto encontrou **um** homem que atravessava **um** rio sem se molhar. Era **o** Passa-vau.

— Bom dia, Manuel-da-Bengala! — gritou **o** homem!

LOBATO, Monteiro. *Histórias de tia Nastácia*. São Paulo: Brasiliense, 1974.

Naquela toada: naquele modo de ser, de agir.

Passa-vau: parece indicar o nome do personagem que atravessa o rio onde há vau, ou seja, onde há um trecho raso ou um banco de areia, o que permite não molhar os pés.

Agora complete a frase abaixo de acordo com o que vimos sobre a função do artigo. Para responder, preencha os espaços com um dos fragmentos relacionados a seguir:

I. inicialmente desconhecidos do interlocutor;

II. agora são conhecidos do interlocutor, pois já apareceram no texto anteriormente.

Nessa narrativa, o artigo indefinido (**um** rei, **um** filho, **um** boi, **um** homem, **um** rio) introduz no texto personagens _____.

Os artigos definidos (**o** rei, o menino, **os** bois, **o** Passa-vau, **o** homem) retomam a referência a esses personagens, que _____.

2. Pense nesta questão: Devemos empregar o artigo definido antes de nomes de pessoas? Leia este fragmento e veja como foi empregado o artigo em uma situação como essa.

> Uma lua escarrapachada no céu, parecendo ovo frito. O som vindo do rádio do carro de seu Valdir, com porta aberta. Kátia e Débora aproveitaram pra dançar e fazer ginástica. Bete e Carolina chegando, tomando sorvete. Papo gostoso de noite de verão.
>
> — Gente, vocês lembram do Marcos? — falou Carolina.
>
> — Que Marcos? O que morava aqui do lado? — perguntou Kátia, cuspindo fora o chiclete e apontando o edifício do lado.
>
> — É, o Marcos... vocês até puseram um apelido nele, não foi? — continuou Carolina.
>
> KUPSTAS, Márcia. *Eu te gosto, você me gosta*. São Paulo: Atual, 2003. p. 55.

Nessa situação de comunicação específica, só encontramos o artigo definido diante do nome de uma das personagens da cena: Marcos. Assinale F (Falso) ou V (Verdadeiro) para cada afirmação sobre a ocorrência de artigo definido diante de substantivos próprios.

( ) A presença do artigo no fragmento reproduzido revela que todas as pessoas presentes conhecem Marcos: ele é uma pessoa determinada, conhecida do grupo.

( ) A presença do artigo diante de substantivos masculinos próprios é obrigatória.

( ) Empregamos o artigo definido diante do nome de pessoas com as quais se mantém certo grau de familiaridade e afetividade.

( ) Devemos evitar o uso do artigo diante de nomes de pessoas com as quais mantemos distanciamento, ou seja, que não pertençam à esfera de nossa convivência. Por exemplo: Fernando Henrique Cardoso foi presidente do Brasil. Santos Dumont é o inventor do relógio de pulso.

3. Leia este texto informativo sobre a ação dos bandeirantes em nosso país.

> [...]
>
> Os grandes perdedores, no entanto, foram os índios. Nas tribos visitadas pelos bandeirantes não ficava palha sobre palha. Muitos territórios viraram desertos humanos, ocupados, depois, por súditos portugueses. Por isso, hoje quase não se veem índios em São Paulo, Minas Gerais, **na** Bahia e **no** Nordeste em geral. [...]
>
> Disponível em: <http://super.abril.com.br/historia/ os-brutos-que-conquistaram-o-brasil>. Acesso em: 30 nov. 2015.

LINK: Há a presença do artigo somente precedendo os nomes **Bahia** e **Nordeste**.

Geralmente não se emprega o artigo definido antes dos nomes de cidade, porém ele é empregado antes de nomes de países, continentes, desertos, rios e mares. Entretanto, essa norma nem sempre é clara, pois alguns nomes não admitem artigo. O emprego de artigo definido com o nome de estados brasileiros também não é uniforme e depende do uso.

- Quais dos nomes de países, regiões e estados brasileiros que aparecem no quadro admitem artigo? Anote o artigo antes do nome.

Países	Regiões	Estados brasileiros
Estados Unidos	Sudeste	Mato Grosso do Sul
Áustria	Norte	Pernambuco
Cuba	Pantanal	Santa Catarina
Canadá	Oeste	Goiás
Portugal	Sul	Minas Gerais
Alemanha	Leste	Rondônia

4. Reescreva o trecho a seguir, completando **ou não** as lacunas diante dos substantivos próprios com um artigo definido ou suas combinações. Lembre-se: de+o = do; em+o = no; em+a = na...

[...] Nessa ocasião, várias regiões _____ Ásia e _____ Oceano Pacífico eram colônias ou possessões europeias, como, por exemplo, _____ Indochina, antigo nome _____ Vietnã, então uma possessão francesa, _____ Indonésia, então possessão holandesa, e _____ Cingapura, então possessão inglesa. _____ Japão queria seguir o exemplo das potências colonialistas europeias. Quando _____ Hitler iniciou sua guerra na Europa, os japoneses encontraram uma oportunidade para transformar essas colônias europeias _____ Ásia e _____ Pacífico em colônias japonesas. Assim, enquanto _____ Inglaterra, _____ França e _____ Holanda estavam muito ocupados com os problemas causados pela Alemanha nazista, o Japão aproveitou para conquistar os territórios nos quais estava interessado. [...]

Disponível em: <http://educacao.uol.com.br/disciplinas/historia/2-guerra-mundial-1-em-1942-conflitos-locais-se-tornam-guerra-mundial.htm>. Acesso em: 30 nov. 2015.

5. O poema a seguir retrata um estranho local. Complete o texto com um artigo definido ou indefinido conforme se expresse determinação ou indeterminação dos elementos do texto.

FELICIDADE

Sérgio Vaz

_____ felicidade

era _____ lugar estranho.

Lá, _____ meninos, após _____ chuva,

comiam _____ arco-íris

e saíam coloridos pela rua

jogando futebol.

Lá, _____ futuro era decidido no par ou ímpar.

_____ passado simplesmente não existia.

Disponível em: <http://colecionadordepedras.blogspot.com.br/2006/05/felicidade-felicidade-era-um-lugar.html>. Acesso em: 30 nov. 2015.

6. As frases a seguir apresentam indefinição a respeito do objeto a que se referem por causa dos artigos empregados. Acrescente a cada uma delas uma continuação que determine e particularize o dado apresentado na anterior, empregando o artigo definido. Por exemplo:

> Muitas pessoas querem aprender a falar **uma** língua.
> **A** língua que eu gostaria de falar é o chinês.

a) As crianças viram **uma** igreja ao longe.

_____

b) Participei de **uma** pescaria maravilhosa com meus melhores amigos.

_____

c) Tivemos **uma** prova difícil ontem.

_____

d) Todos deveriam fazer na vida uma viagem a **um** lugar diferente.

_____

7. Qual a diferença de sentido entre as frases a seguir?

I. Lúcio comeu pudim.

II. Lúcio comeu **o** pudim.

Responda indicando se cada afirmação é falsa (F) ou verdadeira (V).

(   ) Não há diferença de sentido entre essas frases. É possível utilizar uma pela outra.

(   ) Na frase I, é possível apenas saber que Lúcio comeu pudim, não sendo possível saber em que quantidade.

(   ) Na frase I, pode-se afirmar que Lúcio comeu **todo** o pudim, não deixando nada para ninguém.

(   ) Na frase II, pelo emprego do artigo, pode-se afirmar que Lúcio comeu **todo** o pudim, o pudim **inteiro**.

Nesta unidade trabalhamos também com o conceito e uso dos **numerais**, classes de palavras que podem aparecer em diferentes gêneros textuais. Retome o conceito antes de realizar as próximas atividades.

8. Leia um trecho de uma notícia.

Projeto reúne os versos de Fernando Pessoa mais citados na internet

Um *site* lançado no 125º aniversário de nascimento de Fernando Pessoa (1888-1935), no último dia 13, pretende descobrir quais são os versos do poeta português mais citados nas redes sociais.

Através da coleta de citações, visível na página "O mundo em Pessoa", uma equipe procura mostrar quais são os versos "que mais inspiram os leitores de todo o mundo", informaram nesta quinta-feira (20) os idealizadores do estudo, a Universidade de Lisboa e o portal português sapo.pt. [...]

Segundo as estatísticas já disponíveis, o poema "Tabacaria", escrito com o nome de Álvaro de Campos, é o mais popular nas redes sociais.

O pseudônimo tem mais que o dobro de referências no último mês (374) que o segundo mais repetido, "II – O meu olhar é nítido como um girassol" (128), assinado como Alberto Caeiro.

Disponível em: <http://www1.folha.uol.com.br/ilustrada/2013/06/1298689-projeto-reune-os-versos-de-fernando-pessoa-mais-citados-na-internet.shtml>. Acesso em: 30 nov. 2015.

a) Você já sabe a diferença entre algarismo e numeral. Analise as alternativas a seguir, dizendo se são falsas (F) ou verdadeiras (V).

(   ) **125º**, **1888**, **13** e **20** são exemplos de algarismos.

(   ) **374**, **128** e **1935** são exemplos de numerais.

(   ) **quinta** e **dobro** são exemplos de numerais.

(   ) **quinta** e **20** são exemplos de numerais.

b) A notícia poderia começar falando de um *site* lançado no **centésimo vigésimo quinto** aniversário de nascimento de Fernando Pessoa.

- Nesse caso, que tipo de numeral teria sido usado?

_____

- A segunda forma é mais adequada a uma notícia do que a original? Por quê?

_____

c) No trecho aparece também um numeral multiplicativo. Qual é?

_____

d) Observe as palavras destacadas:

> **Segundo** as estatísticas já disponíveis, o poema "Tabacaria", escrito com o nome de Álvaro de Campos, é o mais popular nas redes sociais.
>
> O pseudônimo tem mais que o dobro de referências no último mês (374) que o **segundo** mais repetido...

- Ambas são numerais ordinais? Explique.

_____

9. Identifique em cada fragmento a **palavra que expressa quantidade** e escreva seu significado.

a) Após uma década de perseguição, Maomé e seus seguidores migraram para Medina, a cerca de 300 quilômetros de Meca. O profeta veio a governar a cidade e, vários anos depois, ele e um pequeno exército de fiéis retornaram a Meca.

_____

b) Há pouco mais de um século, os imigrantes trouxeram agitação para a cidade de São Paulo. Sua grande riqueza é a sua diversidade cultural, constituída de mais de 70 grupos étnicos e nacionais.

_____

c) Meu pai matou meia dúzia de vacas e abriu pipas de vinho branco para quem quisesse beber. Nunca se tinha dado festa igual. (Graciliano Ramos, "História de um bode".)

_____

d) Durante o Festival Toonik Tyme, os *inuits*, habitantes do ártico canadense, revivem seus costumes milenares.

_____

🛑 PARA LEMBRAR

- Preencha, a seguir, as definições e os exemplos que faltam no quadro conceitual.

Artigos

São classificadas como **artigos** as palavras: _____

_____.

Antecedem os substantivos definindo-lhes o _____

(masculino ou feminino) e o _____ (singular ou plural).

Usamos artigos:

- _____ (**um, uns, uma, umas**) para nos referirmos a um ser qualquer entre outros de sua espécie.

- definidos (_____) quando queremos falar de um ser específico, individualizando-o.

Os artigos podem combinar-se com outras palavras:

- **de + o = do, de + a = da;**
- **por + o = pelo; por + a = pela;**
- **em + a = na, em + o = no** etc.

Numerais

São palavras que têm a função de indicar a _____

de seres ou a _____ que eles ocupam em uma série.

Podem também indicar _____ e divisão.

Os numerais podem ser:

- _____ : indicam uma quantidade exata de seres.

- _____ : indicam a posição que um ser ocupa em uma série.

- _____ : indicam quantidade multiplicada.

- _____ : indicam parte de um todo.

Outro olhar

Apólogo

Um gênero que se confunde frequentemente com a fábula é o *apólogo*, narrativa curta que também transmite uma moral, implícita ou explícita. Os que aceitam essa distinção consideram que a fábula teria como personagens centrais animais irracionais enquanto o apólogo seria protagonizado por objetos inanimados, tendo ambos os gêneros a finalidade de levar a refletir sobre o comportamento moral dos homens. Leia e reflita sobre o apólogo abaixo.

A revolta das partes do corpo

Conta a narrativa que, em tempos em que no homem todas as partes ainda não formavam um todo único como agora, em que cada membro tinha sua opinião e sua linguagem, as diferentes partes se indignaram com o fato de ter a seu encargo o trabalho de fornecer tudo ao estômago, enquanto o estômago, vadio no meio deles, só fazia usufruir dos prazeres por eles proporcionados. Revoltados, fizeram um pacto: as mãos não mais levariam alimentos à boca; a boca não receberia os alimentos; os dentes não os triturariam... Dito e feito, o paro foi geral. Resultado: sem os alimentos, o corpo começou a definhar e caiu em extrema fraqueza; juntamente com o corpo todos os membros também se enfraqueceram. Daí compreenderam que a função do estômago também era produtiva e que os alimentos que para lá eram remetidos eram devolvidos para todas as partes do corpo gerando força e energia. Essa energia era distribuída de forma igual para o corpo através do sangue, que circulava pelas veias indo a todos os pontos por menores e mais distantes que estivessem. E assim, a vida de todos os membros era preservada. [...]

TITO LÍVIO. *Ab Urbe Condita* (Desde a fundação da cidade), versão disponível em: <http://litviva.blogspot.com.br/2011/03/apologo-e-fabula.html>. Acesso em: 1º dez. 2015.

1. Contra quem os órgãos do corpo protestavam? E qual era o motivo da revolta?

2. O que foi proposto para enfrentar esse problema?

3. O que aconteceu quando a resolução foi posta em prática?

4. Que moral podemos tirar dessa historieta? Assinale a(s) alternativa(s) que lhe parecer(em) mais adequada(s) para explicar a reflexão que o apólogo traz para nosso dia a dia em sociedade.

a) ( ) Alguém que se recuse a efetuar suas tarefas compromete o esforço de todo um grupo.

b) ( ) Nossa ação traz efeitos, positivos ou negativos, para o grupo social a que pertencemos.

c) ( ) Ninguém pode deixar de se preocupar com o próximo.

d) ( ) Precisamos nos alimentar de alimentos saudáveis se quisermos que nosso corpo funcione como um todo organizado.

Nesta unidade falamos bastante sobre a moral das fábulas e agora também da dos apólogos. Mas, será que todos devemos concordar com a moral que esses textos nos apresentam?

Para refletir sobre isso, primeiro leia uma das fábulas mais conhecidas tanto por jovens como por adultos.

A formiga e a cigarra

No Inverno, a Formiga tirava os grãos de trigo fora de sua cova para os secar, quando surgiu a Cigarra, que implorava que repartisse aquela comida com ela porque temia morrer de fome.

A Formiga perguntou a ela o que havia feito durante a primavera e o verão, já que não guardara alimento para se manter.

A Cigarra respondeu:

– A primavera e o verão gastei cantando e brincando pelos campos.

A Formiga então, continuando a recolher seu trigo, lhe disse:

– Companheira, se aqueles seis meses gastou em cantar e bailar, como se fosse comida saborosa e a seu gosto, que agora cante e dance.

Disponível em: <http://www.dominiopublico.gov.br/download/texto/ea000378.pdf>.
Acesso em: 1º dez. 2015.

Leia agora uma nova versão dessa mesma fábula para responder às questões apresentadas.

A formiga e a cigarra

Certa vez uma jovem cigarra costumava chiar ao pé de um formigueiro. Só parava quando estava cansadinha; e seu divertimento então era observar as formigas na eterna faina de abastecer as tulhas. Mas o bom tempo passou afinal e vieram as chuvas. Os animais todos, arrepiados, passavam o dia inteiro cochilando nas tocas. A pobre cigarra, sem abrigo em um galhinho e metida em grandes apuros, achou melhor sair à procura de ajuda. Mancando, com uma asinha a arrastar, toda molhada, lá se dirigiu para o formigueiro. Bateu – tique, tique, tique... mal tinha forças para bater na porta, faminta e com frio. A porta abriu e apareceu uma formiga, embrulhada num xale, toda agasalhada.

– O que você quer? – perguntou a formiga, examinando a triste cigarra toda suja de lama e tossindo.

– Estou procurando abrigo. O tempo está frio e a chuva não parou ainda...

– O que você fez durante o tempo bom de sol, que não construiu sua casa, nem juntou comida para os dias chuvosos?

A pobre cigarra, toda tremendo, respondeu depois de um acesso de tosse:

– Bom, eu estava cantando... gosto muito de cantar... e esqueci de fazer uma casa e procurar comida para guardar... E agora, não sei o que fazer...

– Ah! Então era você que cantava nessa árvore enquanto nós trabalhávamos?

– Isso mesmo, era eu.... – respondeu a cigarra.

– Pois entre, amiguinha! Nunca poderemos esquecer as boas horas que sua cantoria nos proporcionou. Aquele chiado nos distraía e aliviava o cansaço do trabalho. Entre, amiga, que aqui você encontrará comida e uma caminha quente para descansar durante todo o inverno.

A cigarra entrou, passou todo o período das chuvas na casa da formiga, sarou da tosse e voltou a ser a alegre cantora dos dias de sol.

Disponível em: <http://baudaarteira.blogspot.com.br/2011/12/fabula-cigarra-e-formiga-nova-versao.html>. Acesso em: 1º dez. 2015.

1. Qual é a principal diferença entre as duas versões da história? Assinale as alternativas que lhe parecerem adequadas para responder à pergunta feita.

a) (   ) Na primeira versão, a original, a formiga castiga a cigarra por considerá-la preguiçosa.

b) (   ) Na segunda, a formiga recompensa a cigarra por considerá-la uma parceira.

c) (   ) Na segunda, a formiga considera a cigarra como uma amiga, como alguém que suaviza a vida das pessoas com quem convive.

d) (   ) Na primeira versão, a formiga se mostra compreensiva e generosa.

e) (   ) Na segunda versão, a formiga se mostra como alguém que gosta de controlar a vida alheia.

2. Qual das interpretações abaixo você considera mais adequada à nova versão da fábula?

a) (   ) "Água mole em pedra dura tanto bate até que fura."

b) (   ) "A rico não devas, a pobre não prometas."

c) (   ) Devemos ser tolerantes na vida e tentar enxergar o outro com um olhar de carinho e compaixão.

d) (   ) "Quando a carroça anda é que as melancias se ajeitam."

e) (   ) Devemos ser duros com as pessoas que nos cercam para que não se tornem preguiçosas e desmotivadas pelo resto da vida.

3. Escreva um pequeno texto apresentando uma situação do dia a dia em que a moral da nova versão da fábula pudesse ser aplicada.

_____

_____

_____

_____

_____

_____

Trilhando caminhos

Reveja a jornada

Nesta unidade, trabalhamos com os pronomes, sua classificação e emprego na frase. Retome o conceito de pronome, no livro, e realize as atividades a seguir.

1. Leia estes trechos que são a continuação do capítulo do relato de Marco Polo, lido na unidade.

> **I.** "Quando se parte de Quirmã, cavalga-se por sete dias através de caminhos muito diversos. Durante os três primeiros dias não se encontra água, a não ser verde como uma erva, salgada e amarga: quem dela beber, ainda que uma só gota, vomita pelo menos umas dez vezes. [...]", p. 46.
>
> **II.** "Partindo de Gobiã, segue-se, durante umas boas oito jornadas, por um deserto em que tudo é seco, não há frutos nem água, a não ser amarga como aquela de que falamos acima [...].", p. 47.
>
> CONY, Carlos Heitor; ALCURE, Lenira (adapt.). *As viagens de Marco Polo.*
> Rio de Janeiro: Ediouro, 2001.

a) No primeiro trecho, a que se refere a palavra **dela** (combinação **de** + o pronome **ela**)?

_____

b) No segundo trecho, qual é o pronome demonstrativo que faz a ligação com a palavra *água*, dita anteriormente?

_____

2. Leia estes trechos de um relato de viagem e observe os pronomes destacados.

I. É em metrópoles como Nova York que os Estados Unidos mostram **sua** modernidade.

II. Ao **me** afastar do centro, procurei ruas arborizadas para descansar um pouco.

III. Símbolos da cidade, como a Estátua da Liberdade, causam grande impacto no turista; fiquei ansioso quando **a** vi de longe e admirado ao vê-**la** de pertinho com a tocha em **suas** mãos.

a) A quem se refere o pronome **sua** no 1º trecho?

_____

b) A quem se refere o pronome **me** no 2º trecho?

_____

c) Escreva a palavra ou as palavras às quais se referem os pronomes **a** e **suas** e a contração **-la** no 3º trecho.

_____

3. Reescreva os trechos destacados, substituindo palavras repetidas desnecessariamente por **pronomes oblíquos**.

a) Levamos meia hora até a Cachoeira das Antas. No final, tem uma pontezinha bem estreita e é preciso muito cuidado para atravessar **a pontezinha**.

_____

b) A arqueologia estuda ruínas de antigas civilizações, utilizando métodos e técnicas para **interpretar as ruínas** e **relacionar as ruínas** a aspectos da cultura que os criou.

_____

4. Reescreva o trecho destacado, substituindo as palavras repetidas desnecessariamente por pronomes possessivos.

a) Em 1808, marujos, capitães, almirantes e nobres acompanharam **D. João VI e a família de D. João VI** em uma longa viagem para o Brasil.

_____

b) Nas próximas décadas, a ESA (Agência Espacial Europeia) pretende enviar uma missão tripulada a Marte. Os astronautas levarão mais de 200 dias para chegar ao **destino dos astronautas**.

_____

c) O jornalista, no decorrer **da viagem do jornalista** ao Pantanal, escreveu numerosas reportagens, relatando as dificuldades de sobrevivência do lobo-guará, animal em vias de extinção.

_____

5. Leia esta tira.

Disponível em: <http://www2.uol.com.br/niquel/seletas_rurais.shtml>.
Acesso em: 16 nov. 2015.

a) Na leitura do primeiro quadrinho, pelo uso do pronome *aquele*, podemos deduzir que o porco a que se refere a personagem está próximo, relativamente próximo ou mais distante dela?

_____

b) Na leitura do segundo quadrinho sua opção de resposta foi confirmada?

_____

c) O que provoca o humor nesta tira é:

    I. o fato de os dois primeiros animais não conhecerem tomadas elétricas.

    II. um dos animais não saber que o porco é 'estrangeiro'.

    III. o formato diferente do focinho do porco americano.

    IV. as tomadas americanas serem diferentes das brasileiras.

6. Leia este título de notícia.

O Ártico está mais verde, e isso é mau sinal

Derretimento do Polo Norte provocado pelo aquecimento global faz aumentar a cobertura vegetal na região. [...]

Jornal *Correio Braziliense*. Disponível em: http://www.correiobraziliense.com.br/app/noticia/eu-estudante/me_gerais/2014/01/03/me_gerais_interna,406152/o-artico-esta-mais-verde-e-isso-e-mau-sinal.shtml>. Acesso em: 1º dez. 2015.

O pronome **isso** no título refere-se:

a) à cor verde que predomina no Ártico. (   )

b) ao fato de o Ártico estar mais verde. (   )

c) ao fato de ser um mau sinal. (   )

d) ao fato de o Ártico estar verde. (   )

7. Leia estes trechos. Localize os pronomes demonstrativos ou suas combinações e indique a que termo eles se referem.

a) "Na ausência de teatro, de concerto, de restaurante, o turista sofre. E esse sofrimento ele procurará evitar a qualquer preço."

_____

b) "A rua mais longa do mundo é a Yonge Street, em Toronto [no Canadá], que tem 53 milhas. Estive nessa também, mas não medi."

_____

c) "Qualquer roteiro turístico, em qualquer cidade, incluirá forçosamente um museu. E há boas razões para isso."

_____

SCLIAR, Moacyr. *Dicionário do viajante insólito*. Porto Alegre: L&PM, 2003.

• Preencha, a seguir, as definições e os exemplos que faltam no quadro conceitual.

Pronomes

São palavras que _____ ou

_____ um substantivo, apontando

uma das **pessoas do discurso**.

São três as **pessoas do discurso**:

• primeira (quem fala);

• segunda (com quem se fala);

• terceira (de que ou de quem se fala).

Tipos de pronomes

• Pronomes _____ têm a função específica de designar as pessoas do
discurso.

• _____ são palavras e expressões que os interlocutores
usam para dirigirem-se um ao outro.

• Pronomes _____ indicam a posição dos seres em relação
às pessoas do discurso, situando-as no tempo, no espaço ou em um texto, em relação ao que se
falou ou se vai falar.

• Pronomes _____ são os que indicam posse.

• Pronomes _____ referem-se à terceira pessoa do discurso de
maneira vaga e imprecisa.

• Pronomes _____ aparecem em perguntas diretas ou indiretas.

Outro olhar

No trabalho com esta unidade, lemos vários relatos. Antes de visitar um local, muitos viajantes, em geral, fazem pesquisas sobre o lugar que gostariam de visitar para obter dicas, orientações ou explicações. Com o surgimento das tecnologias digitais, essa busca se tornou uma atividade comum, com acesso rápido a informações de localização, atrações, normas a observar etc. O Parque Nacional do Iguaçu, localizado no estado do Paraná, é considerado Patrimônio Natural da Humanidade. Uma série de informações pode ser encontrada no *site* do parque.

Conheça a página do parque, que permite a interação do usuário da internet com as informações disponíveis.

Disponível em: <http://www.cataratasdoiguacu.com.br/index_brasil.asp>. Acesso em: 3 dez. 2015.

1. As informações estão organizadas em linhas horizontais e verticais.

a) Quais são as informações dispostas na horizontal?

_____

b) Como estão organizadas as informações na vertical e que tipo de informação contém cada uma delas?

_____

_____

2. Além do texto, a página apresenta quais outros elementos?

_____

3. Como interagir com a página do *site* e escolher o *link* a ser seguido para obter as informações desejadas? Preencha o quadro de acordo com o que se pede.

Objetivo do internauta	Links
1. Saber como encontrar determinada atração dentro do Parque.	
2. Como adquirir ingressos.	
3. Informar-se sobre os passeios e escolher o de preferência.	
4. Saber como o parque faz o tratamento e descarte do lixo produzido no local.	
5. Obter outras informações que não constam da página.	
6. Convidar um amigo para conhecer a página.	
7. Organizar e agendar uma visita ao parque.	
8. Para fazer reclamações ou obter informações.	
9. Onde se alimentam dentro do parque.	
10. Como chegar ao parque.	

Leitura do mundo

A rede mundial de computadores, ou internet, surgiu do avanço da tecnologia há várias décadas, mas foi somente a partir de 1990 que se tornou acessível à população em geral e passou a ser utilizada por vários segmentos da sociedade. Entidades, associações e empresas a utilizam para um contato mais próximo com o público ou para vender seus produtos; estudantes e internautas em geral, para fazer pesquisas, para publicações e compartilhamentos ou para interação em redes sociais. A internet passou a ser uma fonte e troca inesgotável de conhecimento, informação e notícias em apenas um clique, facilitando a vida de muita gente.

Vimos a página criada pelo Parque Nacional do Iguaçu, que disponibiliza informações *on-line*. Como ela, existem muitas outras.

Leia agora a página de outra cidade e componha, a partir dela, uma página para sua cidade ou outro local de sua escolha que você conheça bem. Depois de pronta, se tiver oportunidade, faça a postagem no Facebook para que outros internautas possam ter acesso às informações que você tornar disponíveis.

Siga estas orientações.

1. Observe a página do *site* oficial da cidade do Rio de Janeiro.

Disponível em: <http://www.rioguiaoficial.com.br/informacoes-turisticas>. Acesso em: 3 dez. 2015.

2. Observe como estão dispostas as informações sobre a cidade quando se clica sobre os itens da barra horizontal.

Rio de Janeiro	Informações	Eventos	O que fazer	Onde comer	Onde ficar
• NOTÍCIAS • RIO IMPERDÍVEL • PRAIAS • PARQUES E FLORESTAS • ARREDORES • ROTEIROS • ALUGUEL DE BICICLETAS • AGÊNCIAS • SOBRE O RIO • TEMPLOS RELIGIOSOS	• *DOWNLOADS* • TRANSPORTES • TELEFONES ÚTEIS • POSTOS DE INFORMAÇÕES • SERVIÇOS	• SEMINÁRIOS, CONGRESSOS E FEIRAS • CULTURA E ARTE • ESPORTE • GASTRONOMIA	• COMPRAS • ENTRETENIMENTO • CULTURA E ARTE • RIO COM CRIANÇAS • ESPORTES E BEM--ESTAR	• BARES E BOTEQUINS • RESTAURANTES • CAFÉS / DELICATÉSSEN • *FAST-FOOD* • QUIOSQUES	• CAMA E CAFÉ • ALBERGUES • APART-HOTÉIS • HOTÉIS • POUSADAS

3. Componha uma página para a cidade que você escolheu, preenchendo o quadro abaixo com três colunas: *Informações úteis* (número de habitantes, localização, como chegar e outras à sua escolha); *O que fazer* (principais atrações: passeios, museus, praças, parques etc.); *Onde comer* (restaurantes, lanchonetes, quiosques etc.).

4. Crie um logotipo para sua cidade e insira-o na linha superior, incluindo o nome da cidade. Em seguida, preencha as colunas com as informações. Se necessário, faça uma pesquisa sobre a cidade de sua preferência.

Logotipo e Nome da cidade:		
Informações úteis	**O que fazer**	**Onde comer**

5. Utilize cores, desenhos, fontes (letras) diferentes para compor um visual agradável.

6. Depois de pronto, digite a versão final para a postagem, incluindo os recursos visuais que escolheu. Mas cuidado! Não exagere! A página deve ter um visual agradável e "limpo".

7. Existem duas maneiras de postar sua versão final. Veja qual delas é possível para você.

a) Organize o conteúdo em meia folha de papel sulfite com as informações e imagens. Tire uma foto e publique-a com algum comentário.

b) Se tiver oportunidade, faça a página diretamente no programa de apresentação *Power point* e salve como imagem. Já está pronta para a postagem.

Peraltices com palavras

Reveja a jornada

Nesta unidade, você estudou os verbos. Retome o conceito no livro e realize as atividades a seguir.

1. Releia o trecho de texto que lemos na unidade para responder às perguntas propostas.

> Num casarão antigo, situado na Alameda Santos número 8, nasci, cresci e passei parte da minha adolescência.
> Ernesto Gattai, meu pai, alugara a casa por volta de 1910, casa espaçosa, porém desprovida de conforto.
>
> GATTAI, Zélia. *Anarquistas, graças a Deus.* São Paulo: Record, 1998.

a) Os verbos utilizados no fragmento indicam ação, fenômeno da natureza ou estado?

_____

b) O trecho "nasci, cresci e passei parte da minha adolescência" indica:

- passagem de tempo.
- fenômeno da natureza.
- ações de várias personagens.
- ações ocorridas no tempo presente.

2. Relembre:

> Quando falamos de algo que temos certeza de que acontece, aconteceu ou vai acontecer, usamos o **modo indicativo**. Quando damos uma ordem, um conselho ou fazemos um pedido a nosso interlocutor, usamos o **modo imperativo**. Já quando falamos sobre algo de que não temos certeza se aconteceu, acontece ou acontecerá, ou quando achamos possível que o fato venha (ou não) a acontecer, usamos o **modo subjuntivo**.

Reconheça em que modo verbal estão as formas verbais destacadas.

a) "... mas uma coisa **é** certa/ quem **quiser** intimidade/ não **deixe** a janela aberta!"

> ORTHOF, Sylvia. *Doce, doce... e quem comeu regalou-se.* São Paulo: Paulus, 1987.

_____

b) "Eu **sou** o Zé Nicolau/ e **comando** a brincadeira,/ pois **brinco** de general!"

ORTHOF, Sylvia, obra citada.

c) "**Venham** pulando carniça/ atrás do passo apressado/ do meu cavalo-de-pau!"

ORTHOF, Sylvia, obra citada.

d) "Ai seu foguista/ **Bota** fogo/ Na fornalha."

BANDEIRA, Manuel. "Trem de ferro". In: *Estrela da vida inteira*. Rio de Janeiro: Nova Fronteira, 2009.

e) Talvez eles **enviem** os poemas amanhã.

3. Leia o trecho a seguir, fragmento de uma notícia, e observe as formas verbais destacadas.

Para garantir segurança, pais de alunos cavam valas em frente à escola

Buracos são para diminuir a velocidade dos veículos no local.
Atitude foi motivada após criança ter sido atropelada na semana passada.

Disponível em: <http://g1.globo.com/ma/maranhao/noticia/2015/11/para-garantir-seguranca-pais-de-alunos-cavam-valas-em-frente-escola.html>. Acesso em: 2 dez. 2015.

Agora responda:

a) Em que tempo e modo estão as formas verbais destacadas?

b) O emprego dessas formas verbais indica certeza das informações, possibilidade de que algo se realize ou incentivo ao leitor para fazer algo?

c) Se essas formas verbais empregadas estivessem em outro modo verbal, o efeito sobre o leitor seria o mesmo? Por quê?

4. Há várias maneiras de se fazer um pedido ou dar uma ordem, não obrigatoriamente empregando o modo imperativo. Leia este trecho narrativo e procure identificar quantas ordens são dadas.

O homem alto tirou a máscara e começou a gritar ordens e distribuir tarefas.

O barco virou um formigueiro.

— Levantem a vela! Cada um por si e Deus por todos!

— Todas as cordas enroladas!

— Mexam-se! Cara feia, pra mim, é fome.

Baita e Kutala olhavam admirados aquele corre-corre quando o comandante gritou para eles:

— Façam o que os outros estão fazendo! Mexam-se!

LEMINSKI, Paulo. *Guerra dentro da gente*. São Paulo: Scipione, 1997.

5. As formas verbais do imperativo são muito empregadas em textos publicitários, nos quais sempre se espera um determinado comportamento do leitor. Recupere o sentido do fragmento abaixo flexionando no imperativo os verbos que estão nos parênteses.

(Vir) _____ saborear os pratos típicos do Círio de Nazaré. Não (deixar) _____

de experimentar as frutas exóticas do Pará. E (aproveitar) _____ para conhecer nossas belezas naturais, como a Ilha do Marajó e a Praia de Alter-do-Chão.

"Sabores do Pará". In: *Revista Cláudia Cozinha Viagem*. São Paulo: Abril. (Adaptado)

6. Leia o trecho a seguir. Depois reescreva-o, modificando os tempos verbais de forma a concordarem com o novo começo proposto.

[...]
A repórter da BBC Poonam Taneja conta que o pai era um piloto de traslado. E diz que sua vida de criança era dominada pela aviação – os feriados eram dedicados a aviões e voos.
Taneja diz que suas memórias mais antigas são de brinquedos empilhados no cockpit de uma aeronave Cessna. Enquanto o pai aumentava suas horas de voo, levava a filha em voos vespertinos para a França – sempre com a pequena bicicleta da filha no bagageiro. [...]

Disponível em: <http://www.bbc.com/portuguese/noticias/2015/10/151012_microavioes_pilotos_tg>.
Acesso em: 2 dez. 2015.

• A repórter da BBC Poonam Taneja contou... _____

_____

_____

_____

Retome o conceito de formas nominais do verbo no livro antes de realizar as próximas atividades.

7. Leia a tira para responder às questões.

O Estado de S. Paulo, 2 jun. 2009.

a) Na tira acima, são utilizadas formas verbais não flexionadas, isto é, não relacionadas a qualquer pessoa verbal. Localize as formas verbais utilizadas no infinitivo.

_____

b) Imagine o amestrador dos cães dirigindo-se diretamente a eles, ordenando-lhes que realizem as ações citadas acima. Como ele se dirigiria "a seus alunos"?

_____

c) Em que modo verbal foram empregadas as formas verbais que você utilizou no item anterior?

_____

d) Se em vez de referir-se ao currículo do presente ano, o cãozinho se referisse ao do próximo ano, como ficaria sua fala?

_____

8. Existem na língua portuguesa muitas expressões idiomáticas com verbos, como as mencionadas abaixo.

> **Expressão idiomática** ou **expressão popular** é uma expressão que se caracteriza por não ser possível identificar seu significado por meio de suas palavras individuais ou de seu sentido literal.

• Anote abaixo o significado de cada expressão idiomática.

Abrir o coração	
Abrir o jogo	
Agarrar com unhas e dentes	

🔴 PARA LEMBRAR

- Preencha, a seguir, as definições e os exemplos que faltam no quadro conceitual.

Verbos

Verbos são palavras de forma variável que exprimem _____

_____, representando-os no tempo.

Flexão

- A forma dos verbos se modifica, isto é, eles se flexionam, para indicar:
- **pessoa** (primeira, segunda ou terceira);
- **número** (singular ou plural);
- **tempo** (presente, passado ou futuro);
- **modo** (indicativo, subjuntivo e imperativo).

Flexão de tempo

- Tomando como base o momento da fala, temos formas verbais para distinguir três situações temporais:

- Tempos **passados**, que se aplicam a _____

_____.

- Tempos _____, que se aplicam a fatos contemporâneos ao momento da fala.

- Tempos **futuros**, que se aplicam a _____

_____.

Flexão de modo

- A forma dos verbos se modifica para mostrar as diferentes atitudes (_____

_____) da pessoa que fala em relação àquilo

que ela fala. A essa variação damos o nome de **flexão de modo**. São três os modos verbais:

_____.

Formas nominais

Os verbos não flexionados são chamados de **formas nominais**. São três as formas nominais:

_____.

Outro olhar

Vimos nesta unidade, em que estudamos características dos textos poéticos, que o que define um poema não é apenas a forma, mas principalmente a maneira original, única, de olhar o mundo. Assim, não é apenas o poema dividido em versos ou estrofes que pode conter linguagem poética, pois nos textos poéticos não interessa apenas o **que** é dito, mas também o **como** é dito.

Lembrando-se dessa explicação, é fácil entender que a linguagem poética pode também aparecer em textos em prosa, isto é, em textos organizados em parágrafos. Nesse caso, dizemos que se trata de prosa poética. Veja um exemplo.

Nas águas do tempo

Meu avô, nesses dias, me levava rio abaixo, enfilado em seu pequeno concho. Ele remava, devagaroso, somente raspando o remo na correnteza. O barquito cabecinhava, onda cá, onda lá, parecendo ir mais sozinho que um tronco desabandonado.

— Mas vocês vão aonde?

Era a aflição de minha mãe. O velho sorria. Os dentes, nele, eram um artigo indefinido. Vovô era dos que se calam por saber e conversam mesmo sem nada falarem.

— Voltamos antes de um agorinha, respondia.

Nem eu sabia o que ele perseguia. Peixe não era. Porque a rede ficava amolecendo o assento. Garantido era que, chegada a incerta hora, o dia já crepusculando, ele me segurava a mão e me puxava para a margem. A maneira como me apertava era a de um cego desbengalado.

No entanto, era ele quem me conduzia, um passo à frente de mim. Eu me admirava da sua magreza direita, todo ele musculíneo. O avô era um homem em flagrante infância, sempre arrebatado pela novidade de viver.

COUTO, Mia. *Estórias abensonhadas*. São Paulo: Cia. das Letras, 2012, p. 9.
Disponível em: <http://www.companhiadasletras.com.br/trechos/13294.pdf>.
Acesso em: 3 dez. 2015.

1. O fragmento acima, trecho de um conto do escritor moçambicano Mia Couto, trata de:

a) (   ) memórias de um narrador que relembra fatos vividos com o avô.

b) (   ) histórias de um avô muito forte (musculíneo) e autoritário.

c) (   ) histórias de um avô que gostava muito de andar em um barquinho.

d) (   ) história de um avô que aborrecia e intimidava a mãe do narrador.

2. Complete colocando F (Falso) ou V (Verdadeiro) em cada alternativa que descreve a personagem do avô.

a) (   ) O avô era calado e mal-humorado.

b) (   ) O avô era um homem magro, mas forte.

c) (   ) O avô era um homem seguro que transmitia confiança ao neto.

d) (   ) O avô apavorava o neto com seus silêncios.

e) (   ) O avô se caracterizava pela alegria de viver que demonstrava.

3. O garoto se lembra do avô:

a) (   ) com carinho e saudades.

b) (   ) com desagrado.

c) (   ) com temor e arrependimento.

d) (   ) com tristeza pela perda do companheiro.

4. Escolha os trechos que justificam a resposta assinalada na atividade 3.

a) (   ) "Era a aflição de minha mãe."

b) (   ) "Ele remava, devagaroso, somente raspando o remo na 'correnteza'."

c) (   ) "No entanto, era ele que me conduzia, um passo à frente de mim."

d) (   ) "O avô era um homem em flagrante infância, sempre arrebatado pela novidade de viver."

5. Assinale quais das alternativas abaixo mostram exemplos da maneira original e poética de o autor se expressar.

a) (   ) Ele remava, devagaroso...

b) (   ) O avô era um homem em flagrante infância...

c) (   ) No entanto, era ele quem me conduzia...

d) (   ) ... chegada a incerta hora, o dia já crepusculando...

e) (   ) Voltamos antes de um agorinha...

f) (   ) Os dentes, nele, eram um artigo indefinido.

6. Localize o nome do livro de onde foi tirado o trecho citado. Considerando que Mia Couto utiliza linguagem poética, procure explicar seu significado.

_____

_____

_____

Leia o poema abaixo, que faz parte de um livro escrito e editado por jovens de todo o mundo. Ele contém histórias, poemas, lembranças pessoais que foram reunidas para expressar esperanças e medos sobre a forma como os indivíduos se tratam em sociedade.

Eu tenho um sonho

Eu tenho um sonho
lutar pelos direitos dos homens

Eu tenho um sonho
tornar nosso mundo verde e limpinho

Eu tenho um sonho
de boa educação para as crianças

Eu tenho um sonho
de voar livre como um passarinho

Eu tenho um sonho
ter amigos de todas raças

Eu tenho um sonho
que o mundo viva em paz
e em parte alguma haja guerra

Eu tenho um sonho
Acabar com a pobreza na Terra

Eu tenho um sonho

Eu tenho um monte de sonhos...

Quero que todos se realizem
Mãs como!

Marchemos de mãos dadas
e ombro a ombro

Para que os sonhos de todos
se realizem!

ABD. HALIM HADI/SHUTTERSTOCK

SHRESTHA, Urjana. Eu tenho um sonho. In: *Jovens do mundo inteiro*. Todos temos direitos: um livro de direitos humanos. 4. ed. São Paulo: Ática, 2000. p. 10.

1. Releia o título do livro em que foi publicado o poema e explique por que ele foi escolhido para fazer parte desse livro.

_____

_____

_____

2. Retome os dois primeiros versos do poema. A seguir, responda às questões.

a) ( ) Qual a relação entre esses versos e o restante do poema?

( ) Não há relação direta, pois os versos falam de sonhos do eu poético.

( ) Os demais versos do poema apresentam os diferentes direitos pelos quais o eu poético quer lutar.

( ) O poema fala de direitos apenas dos homens, não das mulheres e crianças.

( ) O poema fala de sonhos que só interessam ao eu poético em seu dia a dia.

b) Avalie cada afirmação colocando F ou V em cada uma. Quais os direitos pelos quais o eu poético quer lutar?

O eu poético pretende lutar pelo:

( ) direito à educação, a um mundo não poluído, à liberdade.

( ) direito a um mundo melhor e ao acesso dos bens de consumo.

( ) direito à igualdade de raças e ao de viver em um mundo sem guerras.

( ) direito de viver em um mundo menos desigual e injusto.

3. Segundo o eu poético, de que forma esses sonhos podem se tornar realidade? Procure um verso que comprove sua resposta.

_____

_____

4. Há um verso que se repete no poema todo.

a) Qual é?

_____

b) Essa repetição reforça a ideia de que o eu poético tem um único grande sonho ou de que são muitos os sonhos que quer ver realizados?

_____

_____

c) Agora relembre o que estudamos sobre poema na unidade 7 e crie um pequeno poema em que também fale dos sonhos que você quer ver realizados.

Siga estas orientações:

- Utilize o mesmo recurso da repetição, a que o poeta recorreu: repita a cada dois versos "Eu tenho um sonho".

- Lembre-se de que o poeta deve ter um olhar original para o mundo que o rodeia. Assim, não imite o que já foi dito no poema. Se o conteúdo for o mesmo, utilize sua própria maneira de se expressar.

- Não se esqueça de falar, como no poema, de sonhos que envolvem direitos a que a sociedade toda deveria ter acesso.

Reveja a jornada

Nesta unidade, trabalhamos com os advérbios, seus valores e efeitos de sentido, além do uso dos sinais de pontuação empregados em um texto. Reveja o que você aprendeu fazendo as atividades a seguir.

1. Leia a tira.

MEU PAI NÃO ACREDITAVA NAS TERAPIAS NATURAIS!

ERA BEM CÉTICO, SABE?...

AGORA ELE JÁ NÃO DUVIDA DA ENERGIA DAS PEDRAS!

UM CRISTAL QUE TENHO EM CASA CAIU NO PÉ DELE!

HOJE VAMOS CONVERSAR SOBRE CROMOTERAPIA...

...APROVEITANDO QUE O PÉ DELE FICOU ROXO!

beckilustras@gmail.com
ALEXANDRE BECK

BECK, Alexandre. Armandinho.

a) Encontre no texto da tira dois advérbios que indicam tempo.

_____

b) No penúltimo balão, qual o sentido que **agora** tem no contexto da tira?

_____

2. Leia este título de matéria em uma revista na versão digital.

10 coisas que você provavelmente não sabia que podem ser letais

Revista Galileu. Disponível em: <http://revistagalileu.globo.com/Ciencia/noticia/2015/09/ 10-coisas-que-voce-provavelmente-nao-sabia-que-podem-ser-letais.html>. Acesso em: 3 dez. 2015.

a) Nesse contexto, que sentido tem o advérbio **provavelmente**? Explique sua resposta.

_____

_____

b) Qual destes advérbios poderia substituir **provavelmente** nesse título?

( ) certamente   ( ) talvez

( ) nunca   ( ) jamais

3. Leia os quadros com advérbios e locuções adverbiais de afirmação, de negação e de dúvida. Depois, reescreva as frases a seguir, acrescentando a cada uma delas um dos advérbios ou locução adverbial à sua escolha, mas sem repeti-los. Você terá de fazer algumas modificações na frase.

sem dúvida, com certeza, certamente, realmente	não, de modo algum, de jeito nenhum	talvez, provavelmente, possivelmente

a) Vai chover.

_____

_____

_____

b) Vamos sair mais cedo da escola hoje.

_____

_____

_____

c) Minha tia chega à noite.

_____

_____

_____

d) Os alunos serão aprovados.

_____

_____

_____

4. Escreva os advérbios correspondentes às locuções adverbiais.

a) com naturalidade   **c)** em silêncio

_____   _____

b) com calma   **d)** com força

_____   _____

- Escreva uma frase com um dos advérbios encontrados.

_____

5. Agora escreva a locução correspondente aos advérbios.

a) friamente

_____

b) certamente

_____

c) rapidamente

_____

d) habilmente

_____

- O que podemos fazer com frieza? E com rapidez? Escolha uma dessas locuções e escreva uma frase com ela.

_____

6. Leia estas frases, substituindo os advérbios por outros de sentido oposto.

a) As crianças andam devagar.

_____

b) Alguns alunos chegaram tarde.

_____

c) Nunca vou passar o fim de semana na praia.

_____

d) Nossos políticos se expressam mal ao falar em público.

_____

e) As jovens conversavam tranquilamente.

_____

f) Moro em uma avenida muito barulhenta.

_____

7. Releia as palavras que você escreveu como resposta no exercício 6 e faça a associação com as frases abaixo.

I. Advérbios que indicam o tempo em que algo acontece ou pode acontecer. _____

II. Advérbios que indicam a intensidade com que algo acontece ou pode acontecer. _____

III. Advérbios que indicam o modo como algo acontece ou pode acontecer. _____

8. Leia este texto de pergunta-resposta e observe os advérbios destacados.

Por que a panela de pressão cozinha mais rápido?

Porque dentro dela a água atinge temperaturas mais altas que o normal. [...] A água consegue atingir temperaturas de 105 e até 110 graus sem entrar em ebulição. Como o calor é maior, a comida fica pronta **mais depressa**. [...]

Disponível em: <http://super.abril.com.br/comportamento/agua-fica-mais-quente-por-causa-da-pressao>. Acesso em: 3 dez. 2015.

a) Na expressão "... cozinha **mais** rápido?", com que o autor está comparando a panela de pressão?

_____

b) Na expressão "... a comida fica pronta **mais** depressa", com que o autor está comparando a velocidade do cozimento?

_____

_____

9. Observe o emprego do advérbio nesta tira.

Disponível em: <http://meninomaluquinho.educacional.com.br/PaginaTirinha/PaginaAnterior.asp?da=28112015>. Acesso em: 7 mar. 2015.

a) De que outras formas você poderia escrever **muito perigoso** sem mudar o sentido da frase nessa fala?

_____

_____

b) Com o uso desse advérbio, temos uma comparação ou uma intensificação do adjetivo **perigoso**?

_____

_____

10. O uso do sufixo -inho/-inha geralmente indica variação de tamanho na formação dos substantivos diminutivos. Qual é o sentido dos advérbios em que foi aplicado esse sufixo nestes trechos?

I. "Ao escutar aquilo, Nero teve um estalo e pensou **baixinho**..."

DUARTE, Marcelo. *Deu a louca no mundo*. São Paulo: Ática, 1999.

_____

II. "Pimpa voltou para o quarto e ficou lá, sem fazer nada, até que Edna aparecesse à **noitinha** para informar que o jantar estava servido."

REY, Marcos. *Sozinha no mundo*. São Paulo: Ática.

_____

_____

III. "Ainda hoje: Asteroide gigante vai passar **pertinho** da Terra."

Disponível em: <http://super.abril.com.br/blogs/superblog/ainda-hoje-asteroide-gigante-vai-passar-pertinho-da-terra/>. Acesso em: 3 dez. 2015.

_____

11. Leia este trecho de uma matéria jornalística e observe a locução adverbial destacada.

> O homem está começando a arrumar as malas para conhecer o planeta de seus sonhos: Marte. **Depois de longos preparativos, uma difícil viagem permitirá descobrir os segredos de um outro mundo** – e assim também aprender mais sobre a própria Terra.
>
> Disponível em: <http://super.abril.com.br/tecnologia/viagem-ao-planeta-vermelho>. Acesso em: 3 dez. 2015.

- Reescreva a frase destacada no trecho, alterando a posição da locução adverbial de duas formas e empregando adequadamente as vírgulas.

_____

_____

_____

_____

_____

_____

_____

_____

• Preencha, a seguir, as definições e os exemplos que faltam no quadro conceitual.

Advérbios

Advérbios são palavras que modificam o sentido de um _____, de um _____, de outro _____ ou de uma _____ inteira. Indicam uma circunstância (modo, intensidade, tempo etc.).

Locução adverbial

É o _____ de duas ou mais palavras com valor de advérbio.

Os advérbios e as locuções adverbiais são classificados de acordo com a _____ que indicam.

Os advérbios podem ser usados em funções diferentes das habituais, criando nos textos diferentes efeitos _____.

Existem advérbios de:

• **modo:** _____

• **intensidade:** _____

• **tempo:** _____

• **lugar:** _____

• **afirmação:** _____

• **negação:** _____

No trabalho com a leitura do infográfico, na seção "Provocando o olhar" desta unidade, você pôde ler e observar nas imagens informações sobre a extinção e ameaça de extinção de animais terrestres, aquáticos e alados.

Vamos agora olhar a questão de outro ângulo, sob um outro olhar. Leia a matéria a seguir para responder às questões propostas.

Como se salva um animal da extinção?

Notícias sobre animais costumam ser más notícias: perda do *habitat*, problemas com espécies invasoras, caça predatória etc. No meio de tantas desgraças, uma novidade passa despercebida: o homem está conseguindo consertar alguns de seus erros, salvando vários bichos da extinção. No Brasil, inclusive. [...] O elefante africano foi salvo porque o marfim caiu na ilegalidade. Seja como for, é importante saber que décadas de política ambiental produziram resultados.

No Brasil

VEADO-CAMPEIRO

POPULAÇÃO: 100 em 1980; 10 mil em 2005.

PROBLEMA: Caçado por espalhar febre aftosa, era, na verdade, vítima dela.

SOLUÇÃO: Depois que recebeu um espaço especial no Parque Nacional das Emas (GO), outros estados seguiram o exemplo.

MARCOS AMEND/PULSAR IMAGENS

MICO-LEÃO-DOURADO

POPULAÇÃO: 272 em 1992; 1 200 em 2007.

PROBLEMA: Seu *habitat*, a mata Atlântica, é extremamente ameaçado.

SOLUÇÃO: Reservas maiores, que prevejam o seu deslocamento. A meta é, até 2025, estabelecer 2 mil animais em liberdade.

IMAGEBROKER RM J/SPI/DIOMEDIA

JACARÉ-DE-PAPO-AMARELO

POPULAÇÃO: 2 mil em 1980; 20 mil em 2007.

PROBLEMA: Outra vítima da destruição da mata Atlântica.

SOLUÇÃO: Em parte, preservou-se sozinho, fugindo para longe do litoral. E surgiram vários criadouros. Em Maceió tem um com 5 800 animais.

R. P. FERREIRA/PULSAR IMAGENS

Disponível em: <http://planetasustentavel.abril.com.br/noticia/ambiente/meio-ambiente-panda-animal-silvestre-habitat-bufalo-falcao-veado-mico-leao-jacare-condor-504560.shtml>. Acesso em: 3 dez. 2015.

1. Quais fatores ajudaram a salvar o veado-campeiro do risco de extinção?

_____

_____

2. Ponha **F** (Falso) ou **V** (Verdadeiro) para cada uma das afirmações. O jacaré-de-papo-amarelo foi salvo da extinção porque:

a) (   ) a mata Atlântica foi preservada.

b) (   ) o animal migrou de seu _habitat_ natural para outro.

c) (   ) deixou de ser caçado em seu _habitat_ natural.

d) (   ) seu instinto de conservação o ajudou.

e) (   ) foi vítima da destruição da mata Atlântica.

3. Dessas três espécies que conseguiram ou estão conseguindo se salvar da extinção, qual delas obteve proporcionalmente mais sucesso? Por quê?

_____

_____

4. Releia este trecho do texto da matéria.

> ... o homem está conseguindo consertar alguns de seus erros, salvando vários bichos da extinção.

- Nos textos que acompanham as imagens das espécies salvas, que atitudes comprovam que esses "erros" foram cometidos pelo homem? Explique sua resposta.

_____

_____

5. O autor da notícia inicia o texto fazendo uma afirmação.

a) Que afirmação é essa?

_____

_____

b) Ao longo da notícia, essa afirmação se confirma? Por quê?

_____

_____

c) Esse recurso utilizado no início da notícia pelo jornalista provoca que efeito de sentido no leitor?

_____

_____

_____

_____

Como salvar um animal da extinção? Como contribuir para que o desaparecimento de uma espécie não ocorra na natureza? O risco de extinção de muitas espécies – não só da fauna brasileira como também da fauna mundial – é um fato, mas felizmente existe ainda a esperança de que seja possível salvar muitas delas, seja por um trabalho constante de biólogos e estudiosos, seja pelo trabalho individual de pessoas que dedicam parte de seu tempo em prol da preservação das espécies. De que modo **você** poderia contribuir?

Leia esta matéria jornalística.

MEIO AMBIENTE/AVES

Fotógrafo cria pôster para conscientizar sobre preservação

Fotógrafo produz pôsteres de aves de biomas brasileiros para conscientizar sobre a preservação do meio ambiente

RENATO RIZZARO

Fotógrafo de profissão, Renato Rizzaro registra a vida selvagem há anos. Antes, era um *hobby*. Hoje, dedica-se à criação de **pôsteres** com fotografias de aves de todos os biomas brasileiros. A terceira edição apresenta imagens de dezenas de pássaros da **Amazônia**; os trabalhos anteriores retrataram a mata Atlântica e o Pantanal. [...]

Disponível em: <http://revistagloborural.globo.com/Revista/Common/ 0,,EMI337725-18095,00-FOTOGRAFO+CRIA+POSTER+PARA+CONSCIENTIZAR+SOBRE+PRESERVACAO.html>. Acesso em: 3 dez. 2015.

O pôster representa uma poderosa forma de comunicação, pois alia elementos textuais e gráficos de rápida apreensão, com grande apelo visual por causa das cores, fontes diferentes, disposição e organização dos elementos no espaço, recursos que despertam rapidamente a atenção do leitor.

O fotógrafo Renato Rizzaro estudou os pássaros do bioma amazônico, fotografou-os e produziu um belíssimo pôster para divulgar a existência dessas aves e despertar nas pessoas o desejo e a necessidade de preservá-las.

Elaboração de um pôster

- Crie você também um pôster para conscientizar seus colegas de outras turmas sobre a importância da preservação da fauna brasileira.

Antes de começar

1. Escolha espécimes da fauna ou flora brasileira ameaçadas de extinção. Você pode escolher também um rio ou praia ameaçados pela poluição ou outro aspecto ambiental de sua escolha.

2. Você pode trabalhar com fotos, ilustrações ou desenhos seus, ou com colagens para montar o pôster. Escolha o tipo de letra que vai usar: letras maiúsculas e minúsculas, letra de forma ou corrida, coloridas ou em preto e branco etc. Lembre-se de usar no título, principalmente, tamanhos que possam ser lidos à distância de mais ou menos 1 metro. Privilegie mais a imagem do que o texto.

3. Uma das características do pôster é a hierarquia das informações. Escreva com letras grandes a informação para a qual quer chamar a atenção.

Planejando o pôster

1. Depois de fazer suas escolhas, e antes de criá-lo, observe alguns aspectos do pôster de Renato Rizzaro.

a) A disposição dos elementos em foco: as aves.

Observe que estão dispostas em diferentes tamanhos, cores e posições: de frente, de lado, de costas, estabelecendo-se contrastes interessantes e harmoniosos entre elas. O contraste é um poderoso instrumento de expressão e uma maneira de intensificar a intenção que se pretende passar ao leitor.

b) A utilização de diferentes cores e fontes.

Observe que as fotos foram organizadas alternando-se cores fortes e cores mais neutras lado a lado. O fundo é em tom neutro para valorizar os elementos. O título tem letras maiores do que o texto dedicado a cada ave, e em cor mais clara para não "brigar" com as cores vibrantes das aves. Combinar cores e fontes diferentes, porém sem exageros, é o que faz um pôster despertar o interesse pela leitura e por seu significado.

2. Crie seu pôster. Lembre-se de que o texto deve ser conciso e as imagens devem chamar a atenção do leitor. Depois de pronto, exponha-o em sala de aula ou em algum local da escola, junto com os de seus colegas.

Um pôster pode ser elaborado levando em conta as seguintes intenções:

- apresentar e divulgar um evento cultural, como o lançamento de um filme, um livro etc.; a realização de uma exposição, *show* ou eventos de outros tipos; a propaganda de um produto ou serviço; a divulgação de campanhas ou outros eventos.

- informar sobre hora, local, dia de alguma exposição.

- divulgar campanhas ou outros eventos.

- manifestar opiniões, reivindicações etc.